KB260367

An Introduction to
Moral Philosophy and Moral Education

울력 진석찬 문고 06

도덕 철학과 도덕 교육

로빈 배로 지음 | 정창우 옮김

울력

서울대학교 사범대학 교육연구재단 지원 저술연구도서 (58)

도덕철학과 도덕교육 (울력 진석찬 문고 06)

지은이 | 로빈 배로
옮긴이 | 정창우
펴낸이 | 강동호
펴낸곳 | 도서출판 울력
1판 1쇄 | 2013년 6월 5일
등록번호 | 제10-1949호(2000. 4. 10)
주소 | 서울시 구로구 고척로4길 15-67 (오류동)
전화 | 02-2614-4054
팩스 | 02-2614-4055
E-mail | ulyuck@hanmail.net
가격 | 18,000원

ISBN | 979-11-85136-00-4 93190

· 잘못된 책은 바꾸어 드립니다.
· 옮긴이와 협의하여 인지는 생략합니다.

알렉산드라와 나타샤에게, 내 모든 사랑과 함께

차례

제3부 도덕이론의 함의

제4부 도덕교육

일러두기

1. 이 책은 *Robin Barrow*의 *An Introduction to Moral Philosophy and Moral Education* (Routledge, 2007)를 완역한 것이다.
2. 이 책은 원서의 체제를 따랐다.
3. 본문에서 책과 신문, 저널 등은 『 』로 표시하였고, 논문은 「 」로 표시하였다. 원어를 병기하거나 원어만 표기할 때는 책과 신문 저널 등은 이탤릭체로, 논문은 " "로 표시하였다.
4. 원서에서 이탤릭으로 강조된 부분은 이 책에서 중고딕으로 표시하였다.

감사의 말

나는 이 책을 준비하는 과정에서 특히 데비 파블라Devi Pabla의 도움을 크게 받았다. 또한 고맙게도, 잭 마틴Jack Martin 교수, 태소스 카제피데스Tasos Kazepides 교수, 루스 조너선Ruth Jonathan 교수, 유안 로이드Ieuan Lloyd 박사, 윌리엄 헤어William Hare 교수, 하워드 우드하우스Howard Woodhouse 교수, 패트릭 키니Patrick Keeney 교수 등으로부터 코멘트와 조언을 받았다. 나는 또한 편집장인 애너 클락슨Anna Klarkson과 라우틀리지Routledge 출판사의 모든 스태프들에게 감사한 마음을 전하고 싶다. 이 책과 이전 책 모두를 발행하는 과정에서 이분들과 함께 일한 것이 내겐 큰 기쁨이었음을 밝히고 싶다.

서론

덕은 악으로부터 벗어나는 것에서 시작하고, 지혜는 어리석음을 깨닫는 것
에서 출발한다.

(호라티우스, 『서간집』, 1.1)

도덕철학을 공부하려고 선택한 사람들 대부분은 도덕이란 것에 대해 더 깊이 이해하고 싶기 때문에 그렇게 하였을 것이다. 예술사 수업을 듣는 학생이 스스로 예술가가 되기보다는 예술을 어떻게 감상하고 판단하고 비평하는지 더 깊이 이해하고 싶은 것처럼, 도덕철학을 공부하는 학생은 스스로 도덕적인 사람이 되는 것보다는 도덕적 사변에 동참하여 도덕 논쟁을 더 깊이 이해하고 싶어 한다. 도덕철학도는 도덕적 의문에 대한 답을 모두 배우거나 도덕 판단을 하는 데 훨씬 더 숙련되기를 원하지 않는다. 하지만 법학도, 공학도, 사학도가 자신의 전공 분야를 보다 잘 이해하고, '법,' '공학,' '로마제국'과 같은 것이 무엇인지, 그리고 그것을 다루는 적절한 방법이 무엇인지를 알고자 원하는 것처럼, 도덕철학도는 도덕성을 이해하고자 한다.

도덕철학 입문서의 대부분은 이러저러한 방식으로 다양한 도덕 이론과 논쟁을 소개하고, 학문 분야를 설명한다. 하지만 독자의 도덕적인 삶을 이끄는 데 필요한 것을 직접 제시하지는 않는다. 입문서에 나오는 많은 고찰 사례들이 실제 삶에서 도출된 것인지는 모르겠지만, 그것에 대한 전체적인 이해만으로는 세상살이에 대한 실제적인 안내를 받을 수 없다. 많은 미학도들이 공부를 통해 예술을 새로운 방식으로 볼 수 있게 되지만, 철학도들이 도덕철학을 공부했다고 해서 자신의 도덕적인 삶을 위한 깨우침을 얻는 것 같지는 않다. 일상적인 도덕 문제에 대해서 분별력이 없기는 도덕철학을 전공한 학생이나 일반인이나 매한가지다. 적어도 그 이유 중 하나는, 입문서와 전공 과정이 도덕철학을 폭넓게 다루지만 그 모두를 깊이 다룰 수는 없으므로, 특정 이론을 발전시키거나 특별한 입장을 추구하도록 하는 데 급급하기 때문이다. 심지어 역사적인 관점이나 특정 학파의 관점에서 그러한 이론들을 다루지 않을 때조차도 이론과 개념들 간의 차별성과 경쟁의식을 강조하는 데 초점이 맞추어지는 것 같다. 종종 입문서 수준 이상의 논문들이 어떤 한 입장을 취하기도 하지만, 이러한 것들은 일반적인 입문서로서는 부적절한 것으로 인식되는 것 같다.

이제는 이러한 선입관에 도전하고 도덕성에 대해 확실하게 언급할 수 있는 다양한 요소들을 수합하여 응집력 있게 논할 수 있는 도덕철학을 도입할 시점이다. 또한 (도덕철학을 연구하는 불완전한 방식의 결과로) 아직도 깊이 논의되지 않은 것들이 많이 있으며, 이에 따라 불가피하게 깊이 논의되지 않은 논쟁거리들이 많음을 보여 줄 시점이기도 하다. 이러한 논지에서 이 책은 일반적인 도덕철학 입문서와는 다른 의도로 계획되었다. 물론 저자들이란 보통, 좋은 명분이 있건 없건 간에, 자신의 저서를 독특한 것으로 간주하는 경향이 있어 조심스럽지만, 어쨌든 필자는 이 책에서 채택한 접근이 어떤 이유로 독특한지 설명할 수 있다.

이 책의 목적은 도덕성의 본질에 대한 논쟁을 소개하고, 사람들과 그들의 행동을 선과 악 혹은 옳고 그름으로 나누어 판명하는 근거와 마땅히 해야 하는 것을 도덕원리에 비추어 판단하는 법을 이해하는 데 있다. 이 책은 선악을 판별하는 체크리스트를 제시하는 것이 아니기 때문에 자기 수양서나 행동 가이드와는 완전히 다르며, 이 점에 대해 충분히 설명할 것이다. 하지만 교조적이거나 결정적이지 않은 방식으로 다음의 종류를 분명히 짚고 구분할 것이다. 그것은 그 자체로 항상 선한 것, 항상은 아니지만 일반적으로 선한 것, 선하지는 않지만 정당화되는 것, 본질적으로 선 혹은 악으로 분류될 수 없는 것이다.

대체로, 입문서는 어떤 분야에 대한 개략적인 소개이고 그 해당 분야가 매우 광범위하기 때문에, 너무 구체적이기를 기대하거나 특정 학자, 이론, 혹은 입장을 분명하게 연결시키는 데 소극적이다. 입문서 저자는 일반적으로 특정 입장을 취하거나 일관된 관점을 가지고 서술하지 않는다. 왜냐하면 입문서는 주제를 개괄하고, 가지각색의 경쟁 이론, 서로 다른 관점을 가지고 접근하는 많은 철학자들, 때로는 양립할 수 없는 특정 개념을 소개하는 데 목적을 둔 책이기 때문이다. 필자는 이러한 보통의 입문서 저자들과는 다른 방식을 취하고자 했다. 이 책에서 필자는 개별 철학자에 대한 언급을 고의적으로 피했다. 개념의 역사적 배경에 주된 관심이 있거나 개념과 논쟁을 특정 인물과 연결 짓길 원하는 사람들을 위해서는 각 장의 끝에 간단하고 대략적인 도서에 관한 주석('이 장을 위한 참고 문헌')을 달아놓았다. 이 주석은 사람과 개념 사이의 역사적·현대적 관계에 대한 정보를 줄 것이다. 그러나 이 책이 주로 강조하는 것은 개념과 논쟁의 근원이나 찬반 논거가 아니라 그 자체에 대한 것이다.

논쟁과 함께 관련 철학자들을 열거하는 것은 추론 자체에 대한 초점을 흐리게 만들지도 모른다. 또한 도덕철학을 소개할 때 많은 경쟁 이론과 특정 이름을 언급하는 현실은 대개 부주의한 독자로 하여금 공리주의나 직관주의, 목적론이나 의무론, 덕 윤리나 페미니즘처럼 다양한 이론 보따리 사이에서 한 입장을 선택해야 한다고 결론짓게끔 한다는 점에서 오도할 소지가 많다. 문제는, 우리는 완전히 페미니스트가 되어 덕 윤리에 헌신할 수 있지만, 어떠한 접근도 도덕성 자체에 대해 적절하고 완벽하게 설명할 수는 없다는 것이다. 또한 페미니스트를 자칭하는 사람, 덕 윤리학자로 규정되는 사람뿐만 아니라 상황 윤리, 마르크스주의 혹은 어떤 특정 입장에서 사고하는 사람들의 작업에서도 어떤 통찰이 발견된다.

예를 들어, 목적론이나 의무론 중에서 양자택일해야 한다거나 그 두 입장이 불가피하게 갈등하고 있다는 견해는 참으로 이상하고, 이러한 이론들이 예외없이 대조적인 입장에서 소개되어 왔다는 사실에 의해 적어도 부분적으로 설명될 것이다. 이것은 앞으로 계속 설명·탐구하겠지만, 일단 도덕성에 대해 합리적으로 이해하려면 두 입장의 요소를 모두 포함해야 한다는 것을 시사한다. 또한 오늘은 공리주의, 내일은 직관주의에 집중하면 공부의 편의를 도모할 수 있을지 모르겠지만, 세상에는 아직 "공리주의자"와 "직관주의자"의 입장 모두를 포괄해 줄 그 어떤 것도 없다. 공리주의를 다룬 논문을 실제로 보면, 우리는 그 논문에 공리주의가 제대로 들어 있지 않음을 곧 발견할 수 있다. 오히려 우리는 공리주의로 분류할 수 있는 여타의 많은 이론들을 발견할 수 있다. 그리고 너무 많은 변형을 가하지 않는 한에서, 이 이론들 중 어떤 것은 똑같이 다른 어떤 사조로 분류될 수 있다. 다른 어떤 이론이 공리주의로 분류되지 않은 것은 그럴 만한 합리적인 이유가 있기 때문이다. 만약 우리가 원하는 것이 도덕성을 이해하는 것이라면, 도덕 이론에 대한 분류는 도덕성을 이해하는 데는 도움이 될지 모른다. 그러나 지금까지의 논의가 말하고자 하는 바는 도덕 이론에 대한 분류가 우리를 심각하게 잘못 이끌 수 있다는 것이다. 왜냐하면 사실상 도덕 이론의 분류는 일반적으로 서로 정반대라고 가정되는 온갖 종류의 입장을 도출하도록 요구하기 때문이다.

개별 철학자, 역사적 전개, 도덕 이론에 대한 표준적 분류에 초점을 맞추는 것이 현명하지 못한 또 하나의 이유는, 그것이 우리로 하여금 도덕성을 원리적으로 완전히 이해할 수 있는 영역이라고 생각하도록 만들기 때문이다. 다시 서두에서 언급했던 문제로 재빨리 돌아가 보자. 삶은 혼란스럽고 복잡하며, 특히 도덕 영역에서 종종 해결할 수 없는 문제를 제시한다. 그러나 이는 일반적으로 무시되는 중요한 결과를 함축하는데, 특정 도덕 이론이 어떤 문제를 해결할 수 없다는 것에 동의했다고 해서, 그 사실이 필연적으로 반대 입장의 이론을 취하게 하는 것은 아니라는 것이다. 하지만 사람들은 일상적으로, 가령 헌신적인 공리주의자가 무엇을 해야 할지 모른다는 사례를 들어 공리주의에 반대한다. 어떤 개별 사상가나 학파가 전적으로 옳다는 생각을 거부하면서, 그리고 아무리 설득력 있는 이론이라도 모든 것을 포괄할 수는 없으며, "이 상황에서 도덕적으로 옳은 행위는 무엇인가?"라는 질문에 명확하고 정확한 답을 내려줄 수 없다는 걸 인정하면서, 필자는 도덕성을 이해하기 위해 조각을 맞추며 절충하는 접근이 필요하다고 생각한다.

결국, 필자는, 역설적이지만, 아무리 설득력 있는 도덕 이론일지라도 모든 것을 설명하려고 해서는 안 된다는 걸 주장하려고 한다. 이는 종종 무시되는 점인데, 우리는 도덕 이론이 무엇을 위해 있는지, 무엇을 해야 하는지에 대해 생각을 확실히 할 필요가 있다. 예를 들어, 주어진 이론의 비평가들은 그 이론이 명확하게 안내해 주지 못한다거나 그 이론이 요구하는 방식으로 추론하는 것이 실제에서는 어렵다는 점을 유난히 지적하려고만 한다. 이는 도덕 이론이 우리가 실제로 결정을 내릴 때 도움을 줄 수 있어야 하고, 또 그렇게 하도록 설계되었음을 가정하는 것이다. 하지만 이는, 앞으로 논의하겠지만, 심각하게 잘못된 것이다.

이 책의 두드러진 특징 중 일부는 학자의 이름과 학파를 활용하거나 역사적 접근을 취하여 내용을 조직하는 것을 의도적으로 피한다는 것이다. 전문 용어는 최소한으로 줄이고 개념 자체에 초점을 맞출 것이다. 어느 정도까지는 주요 이론의 입장에서 도출한 도덕 이론을 제안하고 논의하겠지만, 또한 그 경계와 한계를 명확히 할 것이다. 어떤 도덕 이론도, 원리상으로나 실제로, 모든 도덕 문제를 해결할 수는 없다는 걸 지적할 것이다. 만약 도덕 문제의 해결을 이 책의 취지로 알았다면, 뭔가 잘못 이해한 것이다.

도덕철학자가 도덕적 문제 사태에서 곤란하게 여기는 부분은, 거리의 평범한 사람들이 걱정하는 것과 완전히 같은 것은 아니지만, 별반 다르지 않아 보인다. 어떤 특정 도덕 문제에 당면하여 평범한 사람들은 특히 다음의 네 가지 점을 걱정하고 혼란스러워 한다. 첫째, 시공을 초월하여 무엇이 옳고 그른지에 대한 광범위한 의견 불일치가 존재하며, 우리 사회 내부에서 그런 불일치가 점차 증가하고 있다는 것이다. 둘째, 행위를 도덕적 혹은 비도덕적인 것으로 만드는 요인에 대해서도 불일치(또는 최소한 불확실성)가 존재한다는 점이다. 가령 투우가 도덕적으로 받아들일 수 없는 것이라면, 어째서인가? 셋째, 그 답을 안다고 가정한다면, 행동을 도덕적인 것으로 판단하는 분명한 기준에 대해서 무엇이라고 말해야 하는가, 그것이 과연 그 기준임을 어떻게 증명하고 보여 주는가? 도덕적 주장의 진실을 어떻게 확립할 수 있는가? 넷째, 실제로 도덕적 행동을 유지하는 것과 관련한 많은 문제들과 의문들이 있다는 것이다. 무엇을 해야 하는지 아는 데 어려움이 없을 때조차도, 행동으로 옮길 때는 많은 장애와 유혹이 뒤따른다.

비록 의지박약, 동기, 도덕교육이 철학적 질문의 대상일지라도, 도덕철학자가 위의 네 번째 질문에 직접적으로 관여하지는 않는다. 물론, 실제로 어떻게 더 도덕적인 사회를 실현할 것인가의 문제는 확실히 철학을 넘어선 것이다. 내가 분명히 하기를 바라듯이, 무엇이 도덕적이고 또 도덕적이지 않은가에 대한 만연된 불일치가 존재한다는 점에 대해 철학자가 반드시 걱정할 필요도 없다. 이것은 부인할 수 없는 사실이고, 이러한 측면을 문제가 있는 것으로 볼 필요까지는 없지만, 그래도 이에 대한 설명이 필요하다. 어떤 기준에 의해 우리가 어떤 행동을 도덕적이라 판단하게 되고, 그러한 질문에 어떻게 자신의 대답을 실증하고 증명하는가에 대한 문제는 철학자의 핵심 관심사이며, 보통 사람에게도 분명 중요한 문제인 것이다.

도덕성에 대한 사람들의 상식적인 가정은, 오류는 아니지만, 심각하게 잘못 이해되고 있는 것이 많다. 앞으로 더 자세히 논의하겠지만, 여기서 간단한 목록을 제시해 보고자 한다(이 중 어떤 것은 방금 언급한 네 가지 기본적인 관심사와 하나 혹은 그 이상으로 관련되어 있다).

1. 도덕성을 기술하거나 설명하는 것은 어떤 특정 행동 규범code을 기술하는 것이라는 생각. 도덕성을 술 마시지 마라, 욕심 부리지 마라, 훔치지 마라, 이웃을 사랑하라, 약속을 지켜라, 세금을 내라 등과 같은 특정 규칙이나 금지 차원에서 정의할 수 있다는 생각.
2. 한 개인의 도덕적 자질이 그의 행동이나 행위에 의해서만 판단된다는 생각.
3. 도덕적으로 선한 것은 그것이 신이나 강력한 권위the Big Chief, 자연에 의해 수립되었기 때문에 그러하다는 생각.
4. 종교적 신앙이 아니라면 도덕성에 대한 어떤 근거도 세울 수 없다는 생각.
5. 객관적인 도덕적 진실은 없고, 다만 무엇이든지 당신이 선하다고 믿는 것이(혹은 사회가 선하다고 믿는 것이) 바로 선이라는 생각.
6. 도덕성을 법과 사회가 용인한 것 또는 이해타산the prudent의 결과로 간주하는 생각.
7. 도덕 이론이 행동에 대한 분명한 지침을 주어야 한다는 생각.

이러한 가정이 함축하는 공통 전제는, 우리가 도덕성에 대해 생각하는 것은 그것이 행동에 대해 분명하고 확실한 방향을 제시함으로써 끝난다는 것이다. 이러한 전제는 매우 공통적이면서도 매우 잘못된 것이어서 지금 여기서 다루어야만 한다. 자연과학과 같은 학문 분야에서는 확실하고 명백한 진리를 찾고, 찾기를 기대하며, 이를 획득한다. 그러나 모든 영역의 학문에 이와 같은 방식을 적용할 수 있는 것은 아니며, 같은 정도의 확실성을 기대할 수도 없다. 예를 들어, 역사가는 과학자처럼 실험을 할 수 없다. 이러저러한 이유로 인해 역사가의 결론은 종종 과학자보다 덜 확고하고 더 논쟁적이다. 하지만 그렇다고 해서 역사가가 내리는 결론이 반드시 덜 진실하다고 말할 수 있는 것은 아니다. 또한 베를리오즈Berlioz는 매우 훌륭한 관현악 작곡가였다거나 쇼스타코비치Shostakokvich의 교향곡이 시벨리우스Sibelius의 그것에는 미치지 못한다는 미학적 판단은 역사적 판단보다 더 내리기 힘들다. 하지만 그렇다고 진위를 판별할 수 없는 것은 아니다. 이 음악의 예에서, 베를리오즈는 매우 훌륭한 관현악 작곡가라는 것과 같은 판단은 진실이고 그렇게 옹호될 수 있다고 실제로 말할 수 있다. 반면, 쇼스타코비치의 교향곡이 시벨리우스의 그것에 미치지 못한다는 것과 같은 두 번째 판단의 문제는 실제로 해결할 방법이 없다. 그러나 어떤 경우든지 간에 판단을 지지하는 일관되고 적절한 주장과 그렇지 못한 주장 사이에는 분명히 차이가 있다. 한 작곡가가 다른 작곡가보다 더 뛰어난지의 문제를 해결할 수 있든지 없든지 간에, 우리는 그 문제에 대해 합당한 점을 말하는 것과 난센스를 말하는 것을 확실히 구분할 수 있다. 강조하고 싶은 요지는, 다른 주제의 문제나 학문 영역에서는 진실을 확보하려는 시도에 있어 서로 다른 방법들을 요구하고 있고, 서로 다른 정도의 확실성을 필요로 한다는 것이다. 그러나 인간 지식의 확실성이 진실의 문제와 혼동되어서는 안 된다. 우리가 증명할 수 없다고 할지라도 어떤 것은 진실일 수 있다. 이 책이 전체적으로 논의하는 것은, 도덕성에 관한 어떤 진실이 확실히 있다는 것과, 그중 어떤 것은 그 진실을 거부할 어떤 이유도 없음을 논리적으로 증명할 수 있다는 것이다. 그리고 이것이 우리가 여기서 희망할 수 있는 확실성의 수준이겠지만, 우리가 말해야 하는 것을 도덕성에 대한 진실로 간주하고 이를 잠정적으로 받아들여야 한다고 결론 내리는 것만으로 충분하다. 어떤 학문 분야에서는 몇몇 질문이 다른 질문들보다 답하기가 더 쉽다는 것을 인식해야 한다. 과학의 상대적인 확실성에도 불구하고, 우리는 블랙홀의 본질에 대해 확신하지 못한다. 반대로 낙태가 도덕적으로 정당한지 결정하기는 어려운 반면, 도덕적 행위자로서 신뢰를 얻기 위해서는 강제적이기보다 자유롭게 행동해야 한다는 것은 절대적으로 확실하다.

위에서 나열한 일곱 가지 상식적 가정이 매우 의심스러운 것이라면, 다음 일곱 가지 질문의 목록은 도덕철학자뿐만 아니라 일반 개인에게도 적절한 관심사일 것이다.

1. 도덕성은 어떻게 정의되는가? 도덕과 관련 없는 질문이 아니라 도덕적인 질문이게끔 하는 것은 무엇인가? (이는 두 번째부터 일곱 번째까지 주어지는 질문과는 다르며, 그 이전에 먼저 답해야 할 질문이다. 즉, 이것은 도덕이고, 저것은 도덕이 아님을 어떻게 결정하는가. 혹은 선과 악을 어떻게 구분하는가. 이러한 질문은 도덕을 다른 영역과 구분하는 방법에 대한 문제이다. 이는 미학 영역을 다른 것과 구분하는 방법에 대한 질문과, 어떤 그림이 미학적으로 만족스러운가를 결정하는 방법에 대한 질문 간의 차이와도 유사하다.)

2. 도덕성에 관한 우리의 사고를 어떻게 정초할 것인가? 논박할 수 없는 것은 무엇이고, 따라서 도덕 영역을 탐구할 근거가 되는 것은 무엇인가? 근본적이고 주어진 것으로 혹은 어떤 의미에서는 증명되고 정초된 것으로 받아들일 수 있는 것은 무엇인가?

3. 이러한 근본 전제를 바탕으로 추론함으로써 우리는 무엇을 알 수 있는가?

4. 영리한 사람은 자신의 이익을 위해 다른 사람의 도덕적 헌신을 이용할 것이라는 견해에 맞서서 어떤 의견을 제시할 수 있는가? 말하자면, 대부분의 사람들이 도덕적이라면, 내가 도덕적이어야 할 어떤 이유도 없다는 의견을 어떻게 다룰 것인가?

5. 도덕성은 신이 내린 명령을 행하는 것이라고 말하는 사람에 맞서서 어떤 논의를 제시할 수 있는가?

6. 도덕성은 권력 있는 자가 요구한 것을 행하는 것이라고 말하는 사람에 맞서서 어떤 논의를 할 수 있는가?

7. ”나는 두려워서 그렇게 행동했다,” “내 이익 때문에,” “이데올로기 때문에”와 같은 다양한 변명에 대해서 뭐라고 말할 수 있는가?

이 질문들은 이 책의 본론에서 깊이 탐구할 것이지만, 이 서론의 나머지 부분에서 이와 관련된 많은 견해를 다루어 보는 것도 유용할 것이다.

도덕 이론은 매일의 행동 지침을 제공해야만 하고, 도덕적 영역에서 발생하는 모든 질문과 문제에 답을 제시해야만 하는 것으로 여겨진다. 또한 도덕 이론은 때때로 실행 가능한 이상에 이르는 길을 제시하는 것이 최소한의 임무인 것으로 간주된다. 이로 인해 철학자들은 특정 상황에서 그 이론에 따르는 개인의 의무가 불분명하다는 것을 보여 주거나, 개인들이 실제로 그 이론에 따라 추론할 수 없다거나, 그 이론의 이상이 실현 불가능함을 증명함으로써 어떤 이론을 비난하거나 거부할지도 모른다.

특정 이론이나 이름을 거론하고 싶지는 않지만, 간략한 설명을 위해 행복이 최고선이고 우리의 도덕적 의무는 최대 다수에게 최대 행복을 주는 것이라는 공리주의나 다른 변형 이론들을 언급할 수 있겠다. 공리주의를 있는 그대로 요약하는 것은 매우 어렵다. 게다가 수많은 연구들이 공리주의 속에서 문제를 발견하고 발전시키고 있다. 즉, 최대 행복을 실제로 계산할 수 없다든가, 공리주의 원리에 의거하여 행동하는 것이 불가능하다든가(왜냐하면 알 수 없고 예측할 수 없는 것들이 많기 때문에), 공리주의는 우리로 하여금 둘 중 어느 것을 선택해야 하는지 확신하지 못하게 할 수도 있다든가, 우리가 직관적으로 잘못되었다고 느끼는 행동을 정당화하기도 한다는 주장들이 있다. 하지만 필자가 반대하는 것은 공리주의의 개연성에 대한 의문과는 무관하다. 요지는 위의 네 종류의 반대가 명제(때때로 공리주의는 당신이 행해야 할 것을 분명하게 말할 수 없다)로서 반드시 거짓이라는 것을 말하는 것이 아니라, 이러한 반대들이 공리주의나 어떤 다른 이론의 결점에 대한 증거나 그에 대한 반증을 구성하지 않는다는 것이다.

도덕 이론은 구호 장비가 아니다. 혹은 도덕적 의사 결정을 안내하기 위한 것도 아니며, 심지어 실제적인 도덕성의 이론적 모델도 아니다. 미학 이론이 형태에 있어 이상적 미의 원리를 정초하려고 시도하듯이, 도덕 이론은 도덕적 이상이나 도덕성의 본질을 이해하려고 시도한다. 어떤 특정 미학 이론을 충분히 이해하게 되면, 우리는 이제까지 알려진 어떤 실제 작품도 완벽하지 않다는 결론을 내리게 된다. 하지만 그렇다고 해서 그 미학 이론을 결코 무효로 만들 수는 없다. 마찬가지로, 도덕 이론은 이상적 세계를 원리나 규칙과 같은 용어를 사용하여 그려내려는 시도이다. 따라서 공리주의는 최대 다수의 최대 행복을 목표로 하는 문제가 우리가 살고 있는 이 세계에 존재하는지와 관련이 없다. 공리주의가 (간략한 용어로) 말하는 것은, 도덕적으로 완전한 사회는 무엇보다도 각 개인의 완전한 행복을 보증하는 사회라는 것이다. 그것이 공리주의의 이상이다. 그리고 이러한 견해는, 완벽한 사회는 사람들이 신을 숭배하고, 행복하든 그렇지 않든 간에 약속을 지키면서, 개별성을 표현하면서, 공동선이라고 불리는 미스터리한 것을 발전시키면서 살도록 하는 사회라고 말하는 주장들과는 대조적이다.

도덕 이론의 본질은 일련의 원리들이고, 이는 영원히 변할 수도 협상할 수도 없는 것이다. 어떤 도덕성에도 관심이 없거나 어떤 도덕성도 존재하지 않는 사회가 있을지 모른다. 그러나 우리가 살아가는 사회가 적어도 도덕성에 대해 관심이 있다면, "법적인" 것을 언급하면서 "도덕성"을 말하는 언어적 혼란이 없다면, 어떤 공통 근거를 전제하고 있음이 틀림없다. 또 어떤 사회는 매우 특이한 도덕 규칙을 가지고 있을지도 모른다. 그러나 서로 다른 사회의 사람들이 만나서 같은 주제를 논의하는 것이 가능하다면, 우리는 분명 어떤 것을 공유하고 있는 것이다. 예를 들어, 공정성의 개념을 포함하는 어떤 원리들이 도덕성을 정의한다고 주장하는 내용이 이 책 본문에 등장한다. 잠시 이 주장이 옳다고 가정해 보자. 이는 "도덕성은 공정성에 관한 것이다"와 같이 말할 수 있는 것처럼, 도덕성의 영역을 정의하는 어떤 원리들이 존재한다는 것을 가정하는 셈이다. 결과적으로, 도덕적이라고 주장하는 사회는 어쨌든 이러한 원리를 인식하고 있음을 보여 주어야만 한다. 이러한 제한된 의미에서, 도덕성은 보편적이고 절대적이다. 역사를 통틀어 도덕성은 무엇보다도 공정하게 행위하는 것과 관련 있어 왔다. 행위를 비도덕적인 것이 아닌 도덕적인 것이 되게 하기 위해서, 공정함은 필연적인 혹은 절대적인 명령이다. 이 책에서 나는 선을 악과 반대되는 것으로서 정의 내리진 않을 것이지만, 그러나 도덕의 영역을 이해타산적이거나 이기적인, 혹은 심미적인 것과는 다른 것으로서 묘사할 것이다. 도덕성을 정의하는 원리들은 다양한 선과 덕을 이야기해 준다. 그러나 이러한 원리들은 시간과 장소의 경계를 넘어 도덕성을 규정하는 반면에, 원리에서 비롯되는 규칙, 실천, 가치 들은 분명히 어느 정도는 시간과 공간의 영향을 받는다. 도덕적 관점으로 여겨지는 것은 공정성과 관련이 있어야 하지만, 사실 공정성은 특정한 지역적 상황에 영향을 받는다. 결과적으로, 더 낮고 더 특수한 행동의 수준에서는 문화들 간에 어떤 합당한 차이가 존재할 뿐만 아니라, 사회 내에서 어떤 자의적 결정도 있고, 사회들 간에 불확실성과 양립 불가능한 차이들도 있다.

우리는 절대적이면서 명확한 지침을 주는 능력에 의해서 어떤 이론의 질이나 진실을 판단해서는 안 되기 때문에, 이로 인해 도덕 이론에 문제가 있는 것으로 봐서는 안 된다. 이 글의 서두에서 자유와 관용이 진정한 도덕 이론의 본질적 부분일지 모른다고 언급한 바 있다. 왜냐하면 자유와 관용은 합당하고 불가피한 불확실성의 정도에 비례하여 반드시 요청되는 것이기 때문이다. 만약 안락사를 받아들일 수 있는지 없는지 확신할 수 없다면, 분명히 그것을 금지하거나 지시하는 것도 옳을 수 없다. 도덕적 근거에 의해, 우리는 불확실하고 다양한 의견들 속에서 살아가는 법을 배워야 한다.

이러한 생각을 논리적으로 쫓아가다 보면, 도덕 이론의 본질은 특정 행동 규칙을 제안하는 것이 아니라 원리에 의거하여 일반적 지침을 제공하는 데 있다는 결론에 다다른다. 그러나 어떤 원리들이 더 특수한 가치의 명확한 근원이 되는지는 논쟁거리다. 예를 들어, 만약 우리가 진실에 가치를 둔다면, 필연적으로 성실함과 정직에도 가치를 둘 것이다. 그리고 성실함과 정직은 배반, 시험 답안을 미리 빼내는 것, 개인적 인간관계에서 상대방을 대하는 방법, 소득 신고를 정직하게 할 것인가의 여부 등과 같은 이슈들을 고려하기 전까지, 우리로 하여금 대체로 약속을 지키고, 진실을 말하며, 시험에서 부정행위를 하지 않도록 할 것이다. 이 단계에서 문화에 따라 커다란 변수가 있을 수 있고, 같은 문화 내에서도 논쟁과 불확실성이 있을 수 있다. 그러나 이 점이 도덕 이론을 약화시키거나 무효로 만드는 것은 아니다. 왜냐하면 가령 친밀한 관계에 있는 특별한 두 사람에게 구체적으로 올바른 방법일지도 모르는 것이 간혹 도덕 이론을 넘어선 것일 수도 있기 때문이다. 물론 그 방법은 도덕 이론의 지배를 받지만, 현실에서 우리가 해야만 하는 것은 충실함, 성실함 등에 대한 헌신과는 다른 어떤 것들에 의존한다. 또한 "이 사람은 이 상황에서 지금 무엇을 해야 하는가?"와 같은 구체적 질문에 대한 명확한 답은 없을지도 모른다. 그러나 여기서 중요한 점은 도덕 이론이 불충분하다고 해서 그것을 버리거나 비난하지 않고, 그 사실과 직면하는 것이다. 이런 식으로 삶은 종종 혼란스럽다. 그리고 도덕 이론은 당신이 정확히 무엇을 해야 하는지 항상 말해 줄 수는 없지만, 어떤 행동 방식이 잘못인지는 명확히 말해 줄 수 있으며, 의사 결정시 고려할 필요가 있는 원리가 무엇인지도 안내해 줄 수 있다.

도덕 이론을 정초할 때, 우리는 제기된 주장이 임의적이어서는 안 될 뿐만 아니라 우리 모두에 의해 인식되어야 한다는 것을 안다. 대개 사람들은 도덕성을 자연적으로 주어진 것이 아니면 인간이 고안한 것이란 식으로 순전히 대조적인 입장에서만 보려는 경향이 있는데, 이런 경향을 넘어서는 것이 필요하다. 사실, 도덕성은 단순히 자연적으로 주어진 것도 아니고, 세상을 바라보는 우리의 방식에 의해서 영향을 받지도 않으며, 인간이 임의적으로 발명한 것도 아니다. 도덕성이 어떤 의미에서는 그리고 어느 정도까지는 자연적으로 주어진 것이라고 말할 수도 있겠지만, 명확하게 어느 정도인지는 모른다. 그러나 도덕성을 어느 정도까지는 인간이 만든 것이라고 인정한다고 해서, 도덕성이 임의적 구성물이라거나 완전히 다른 형태를 취할 수 있다는 것을 의미하지는 않는다.

이것이 어떻게 가능한지 좀 거친 비유를 들어 보면, 사랑은 생물학적으로 사람들이 서로에게 이끌린다는 의미에서 자연적인 현상이다. 그리고 사랑은 단지 우리가 그 개념을 생각하고, 그 후 그것에 의미를 부여하기 때문에 존재하는 것이 아니라 실제로 존재하는 것이다. 그러나 이 사랑이란 것은 배려하고, 원하고, 필요로 하고, 질투하는 등의 감정과 정신적 태도를 포함할 것이다. 감정에 대한 경험이 논쟁의 여지가 없는 현상이고 인간 본성에 대한 사실이라 할지라도, 이와 같은 사랑의 감정은 그것의 실현을 위해서 우리의 정신이나 신념 체계에 부분적으로 의존하고 있다. 그러므로 이러한 측면에서 사랑은 세상에 존재하는 것이라기보다는 마음에 있는 것이라고 말할 수 있다. 또 다른 수준에서 보면, 사랑이 취하는 방식, 의식, 실제, 기대 등은 분명 인간이 고안한 것이다. 왜냐하면 모든 사회가 사랑이란 것을 인식하고, 그렇게 함에 있어 본질적으로 같은 현상임을 언급하는 반면, 사랑으로 여겨지는 것과 사랑하고 있는 사람을 판단하는 증거는 매우 다를 수 있기 때문이다. 그러므로 사랑은 문화적으로 다양하지만 실재하는 사실이고, 어느 순간에는 유전자, 양육, 환경의 복합적인 결과로서 사랑에 빠질 수도 있고 그렇지 않을 수도 있다. "왜 나는 사랑에 빠져야 하나?"라는 질문은 무의미한 질문이다. '사랑을 그만둘 때가 되었다'고 말하는 것도 마찬가지다.

도덕성도 이와 다소 유사하다. 상세하게 설명하자면, 도덕성은 우리가 고안한 것이지만, 사랑이 그러하듯 인간됨의 일부인 감정sentiment에서 나온 것이다. 우리 대부분이 도덕적으로 살고자 하는 것은 유전적 유산과 양육이 혼합된 결과이다. 그렇지 않다면 분명 우리는 사랑에 대한 본능적 열망을 무디게 할 수 있었을 것이다. 하지만 우리는 그렇게 하지 않는다. 대부분의 경우에 의무감, 즉 해야만 하는 것에 대한 관심은 주어진 것이고, 도덕성의 근본 원리를 이해하기 위해 그러한 감정을 기꺼이 활용할 수 있을 것이다. "왜 나는 도덕적이어야 하나?"라는 질문은 "왜 나는 사랑에 빠져야 하나?"라든가 "왜 나는 친구를 가져야 하나?"라는 질문과 같은 값을 지닌다. 당신이 의무감이나 사랑을 느끼지 못한다거나 친구를 원하지 않는다면, 근거는 없다. 그러나 의무감이나 사랑을 느낀다면, 이 질문들은 적절하지 못한 것이다.

만약 도덕적 감정moral sentiment이 오직 양육에 의해 계발되는 것이기 때문이라고 한다면, 어째서 인간이 도덕적 감정을 느끼는지, 혹은 역사적으로 언제 그런 감정이 처음 출현했는지 말하기는 어렵다. 그러나 일반적으로 우리는 도덕적 감정을 지니고 있다. 여기서 중요하게 구분해야 할 것이 있다. 개인으로서의 나에게 왜 도덕적이어야 하는가를 묻는 질문은 논쟁의 여지가 있는 반면에, 전체로서의 사회에 초점을 맞춘 같은 질문은 아주 다른 경우가 된다는 것이다. 도덕성이 정의상 좋은 것이라는 사실은 제쳐

두더라도, 왜 사회가 도덕적이어야 하는지에 대한 분명하면서도 논쟁의 여지가 없는 압도적인 이유들이 있다. 도덕성이 없다면, 사회나 그에 속한 개인들이 안전할 수 없고, 결과적으로 존재할 수 없다. 도덕의 가치를 사회에 설득하는 것은 결코 어렵지 않다. 정작 어려운 것은 다른 사람의 도덕성을 이용해도 무방하다고 생각하는 개인들에게 그렇게 해서는 안 된다고 설득하는 것이다(간단히 말해서, 필자는 개인이 왜 도덕적이어야 하는지에 대한 주장을 제시할 수는 있지만, 형벌이나 비난의 두려움이 아닌 다른 근거로, 개인으로 하여금 그 주장의 결론대로 살아가도록 할 방법은 없다고 생각한다).

우리는 도덕적인 유전자, 혹은 적어도 사회적으로 수용되는 행동으로 기울어지는 어떤 유전자를 지녔는지도 모른다. 그래서 어떤 이는 양육과 상관없이 자라면서 도덕적 성향을 갖는다. 하지만 우리 대부분은 도덕적인 사람으로 자라도록 배웠기 때문에 그렇게 되는 경향이 있다. 예술을 감상하는 사람들 대부분이 최소한 그렇게 하도록 배웠고 키워졌기 때문에 그렇게 하듯이 말이다. 도덕적 감정을 지닌 어떤 사람이 순수하게 지적인 의미에서 자신이 왜 도덕적이어야 하는지 묻는다면, 이 책은 추론의 방식으로 대답해 줄 것이다. 그러나 도덕적 감정이 없는 사람이 같은 질문을 한다면, 비난, 강제, 처벌, 협박이 유일한 대답이 될 것이다. 물론 이러한 대답이 대체적으로 옳다면, 이는 개인과 사회 모두에 대한 도덕교육의 중요성이 매우 크다는 것을 강조하는 것이다.

도덕성을 중용의 관점에서 보는 오랜 전통이 있다. 이러한 관점에 서 있는 사람은 자신의 삶의 방향을 세울 때, 용기는 무모함과 소심함 사이의 중간에 위치한 덕이고, 좋은 기질은 차분함과 신경질적임, 관대함은 인색함과 낭비 사이의 덕이라는 사실에 신경 쓴다. 지나침이 실패를 이끈다는 것은 자명하며, 어떤 성향이나 마음의 상태가 지나침을 탐닉할 수 있다는 것도 진실이다. 하지만 이러한 접근은 도덕을 계산의 대상으로 다루는 세련되지 못하고 약삭빠른 사람에게만 제한된 가치를 지닌다. 결국, 어떤 사람이 도덕적 관점에서 지나치게 관대하거나(자신의 선에 대해서 지나치게 관대할지라도), 지나치게 연민을 느끼거나, 지나치게 친절할 수는 없다. 중용의 관점에서 모든 덕과 악을 분류할 수는 없다. 엄격히 말해서, 불관용의 정도라는 것은 도덕적으로 받아들일 수 없다. 옹졸함, 편파성, 비열함은 항상 그 자체로 나쁘다. 물론 이는 자명한데, 불친절, 정직하지 못함, 참을성 부족, 불성실함, 증오, 배반, 사기, 속임, 비겁함과 같은 단어처럼, 우리가 이러한 단어들을 사용하는 예를 보면, 그것들이 나쁨을 의미하기 때문이다. 이 모든 경우에서 문제는 우리가 참을성 부족, 사기, 비겁함 등으로 여기는 것이 무엇인가 하는 점이다. 그럼에도 불구하고 자명한 잘못을 지시하는 이 많은 단어를 우리가 인식하고 있다는 사실에 중요한 어떤 것이 있다. 이러한 사실은 도덕적 주장의 진실을 확립하는 것이 관심사인 우리로 하여금 다음을 상기시키는데, 그것은 그 주제에 대해 놀라울 정도의 자명함과 합의가 있다는 것이다. 물론 이것이나 저것이 배반이나 비겁, 불친절인지 아닌지는 논쟁이 있을 수도 있지만, 의심할 여지 없이 확실하여서 잘못 행동했다고 절대적으로 결론 내릴 수 있는 예들이 있다.

광의적으로 말하면, 본론에서 필자는 어려운 문제에 초점을 맞춘 철학이 종종 인정하는 것보다 도덕 영역에서는 더 많은 합의가 있고, 일반인이 깨달을 수 있는 것보다 훨씬 더 많은 합당한 개방성의 여지가 있음을 논의할 것이다. 도덕에 대한 진정한 이해를 통해서, 우리는 윤리적 문제에 진실이 있지만 사람들이 해야만 한다고 확신하여 말할 수 있는 것은 우리가 기대하는 것보다 더 제한적이라는 것을 이해하게 된다. 오늘날 심각하게 퍼져 있는 교조주의, 광신, 심지어 확신이나 상대주의, 주관성 모두는 분명히 양립할 수 없으며 어떤 정당성도 지닐 수 없지만, 오늘날 우리 사회에 확산되어 있다. 윤리 행위의 핵심은 원리가 명하는 것의 한계를 인식하면서 도덕성을 정의하는 일련의 특정 원리들에 흔들림 없이 헌신하는 것이다.

이 장을 위한 참고 문헌

도덕철학이나 윤리학에 대한 많은 입문서들이 있다. 이 입문서들은 도덕철학의 역사, 윤리 이론, 현대의 도덕적 사조, 실제적 도덕 문제 등 다양한 것들에 초점을 맞춘다. 그러나 많은 입문서들은 명확한 대답을 제시하지 않는 것을 미덕으로 여기며, 메리 워녹Mary Warnock의 『지성인을 위한 윤리학 입문An Intelligent Person Guide to Ethics』에 대한 레이 몽크Ray Monk의 서평과 맥을 같이 한다. "워녹의 책이 가치 있다면, 그것은 모든 딜레마에 대해 최종 해답을 제시하지 않는다는 것이다. 어떻게 그렇게 할 수 있었을까? 이 책은 단지 독자들에게 도덕적 질문들을 진지하고 신중하게 생각하는 것이 어떤 것인지 보여 주기 때문이다." 모든 도덕적 문제가 해결될 수 없고, 이 책의 일부 기능이 사람들로 하여금 사고 과정에 초점을 맞추도록 하는 것인 한, 도덕적 문제들의 결론과는 상관없이 이 책은 할 도리를 할 뿐이다. 그러나 필자에게는 말 그대로 진짜 '딜레마'(정의상, 풀 수 없는 문제)와 '어느 정도 의견의 불일치는 있지만 원칙상 반드시 풀 수 없는 것은 아닌 문제' 사이를 구분하는 것도 중요하며, 사람들에게 널리 받아들여지는 결론을 평상시보다 더 많이 강조하는 것도 정말로 중요하다고 생각한다.

다음에 소개할 입문서 목록은 대부분 1980년대부터 지금까지 출판된 서적들을 담고 있으며, 몇 가지를 제외하면 현재까지도 유용하다. 여기에는 특정한 인물이나 학파에 초점을 맞춘 것(예를 들어, 헤겔 윤리학)이나, 도덕을 종교와 연결시킨 것(예를 들어, 기독교 윤리), 단일한 영역의 상상적 도덕 경험에 집중한 것(예: 환경 윤리) 등이 포함된다. 리처드 노먼Richard Norman의 『도덕철학자들: 윤리학 입문The Moral Philosophers: an Introduction to Ethics』과 레이먼드 드브테르Raymond Devettere의 『덕 윤리학 입문: 고대 그리스인들의 통찰력Introduction to Virtue Ethics: Insights of the

Ancient Greeks』과 같은 책들은 역사적 내용이 압도적이다.

 나머지 책들은 현대 이론들을 다루는 데 더 치우쳐 있다. 이 책들의 제목에 나오는 "도덕"이라는 단어와 "윤리"라는 단어가 서로 바꾸어 쓸 수 있다는 점은 미리 알아둘 만한 것이다. 이 부분에 대해서는 앞으로 3장에서 더 자세히 설명하도록 하겠다. 버너드 윌리엄스Bernard Williams의 『도덕성: 윤리학 입문*Morality: An Introduction to Ethics*』, 스코트 래Scott B. Rae의 『도덕적 선택: 윤리학 입문*Moral choices: an Introduction to Ethics*』, 에드워드 벤덤Edward Bentham의 『윤리학 입문*An Introduction to Ethics*』, 사이먼 블랙번Simon Blackburn의 『윤리학: 매우 짧은 입문*Ethics: a Very Short Introduction*』, 몬터규 브라운Montague Brown의 『도덕의 기초 탐구: 윤리학 입문*The Quest for Moral Foundation: an Introduction to Ethics*』, 레이 빌링턴Ray Billinton의 『살아 있는 철학: 도덕 사상 입문*Living Philosophy: an Introduction to Moral Thought*』, 톰 레건Tom Regan의 『동물의 권리: 인간의 잘못: 도덕철학 입문*Animal Rights: Human Wrongs: an Introduction to Moral Philosophy*』(동물의 복지에 대한 레건의 관심 때문에 이 책의 관점은 특별한 것으로 여겨진다. 하지만 그럼에도 불구하고 이 책은 일반적인 입문서이다), 도널드 파머Donald Palmer의 『왜 선해지기 어려운가: 윤리 이론 입문*Why It Hard to be Good: an Introduction to Ethical Theory*』, 그리고 필립 휠라이트Philip Wheelwright의 『윤리학에 대한 비판적 입문*A Critical Introduction to Ethics*』.

 흥미로운 것은, 현재 출간된 출판물을 살펴보면, 도덕교육과 특별히 연관된 도덕철학적 측면을 연구한 서적(본서가 바로 논하고자 하는 바)은 눈을 씻고 찾아도 찾아볼 수가 없으며, 교육에서 도덕철학이나 도덕적 문제점에 관한 책은 있다 해도 아주 미미한 수준이라는 것이다(본서가 출판되는 현시점에서 미리 얻은 정보에 의하면, 콜린 린지Colin Wringe가 『도덕교육: 옳고 그름의 가르침을 넘어서*Moral Education: Beyond the Teaching of Right and Wrong*』라는 책을 썼는데, 아마도 이 책은 예외인 것 같다). 그리고 위에서 언급한 도덕철학 연구 방법이나 교육에 있어서의 도덕철학 및 도덕적 문제점에 관해 제목 상으로는 연관이 있는 것처럼 보이는 책들조차도 거의 대부분은 그 중심 내용이 리더십과 관리에 관한 윤리적 이슈들이거나 도덕적 습관을 형성시키기 위한 교수법 "교본" 정도로 분류할 수 있는 책들이다. 이 두 영역의 서적들 중에서도 이렇다 할 철학적인 책들은 거의 없다(예외라면 윌리엄 헤어의 『가르침에 대한 논쟁*Controversies in Teaching*』이 있다).

공리주의는 이 책에서 한두 번 사례로 다루어질 사조이다. 공리주의를 적극적으로 주창했던 사람은 프랜시스 허치슨Francis Hutcheson(1694-1746)이었다. 그는 자신의 책『미덕 혹은 도덕적 선에 관한 우리의 관념들의 근원에 관한 고찰*Inquiry concerning the Original of our Ideas of Virtue or Moral Good*』에서 "최대 다수에게 최대 행복을 낳는 행위가 최선의 행위"라고 말한다. 그러나 세간의 주목을 가장 많이 받은 공리주의자 중에는 제러미 벤담Jeremy Bentham(1748-1832)의『도덕과 입법의 원리 서설*Introduction to the Principles of Morals and Legislation*』과 존 스튜어트 밀John Stuart Mill(1806-73)의 『공리주의*Utilitarianism*』가 있다. 공리주의에 대한 최근 연구서로는 앤서니 퀸턴Anthony Quinton의『공리주의 윤리학*Utilitarian Ethics*』과 도널드 레건Donald H. Regan의 『공리주의와 협력*Utilitarianism and Co-operation*』, 아마르티아 센Amartya Sen과 버너드 윌리엄스가 편집한『공리주의와 그 너머*Utilitarianism and Beyond*』, 프레이R. G. Frey가 편집한『공리와 권리*Utility and Rights*』, 지오프리 스카Geoffrey Scarre의『공리주의*Utilitarianism*』, 데이비드 브레이브룩David Braybrooke의『공리주의: 부활, 복구, 개혁*Utilitarianism: Restorations. Repairs. Renovation*』이 있다. 필자는『플라톤』,『공리주의와 교육』,『공리주의: 현대적 해석*Utilitarianism: a Contemporary Statement*』을 썼지만, 마지막 책은 공리주의가 진실이라고 전제한 것은 아니다.

강한 직관주의 노선을 선택한 철학자 중 가장 주목할 만한 학자는『옳은 것과 선 그리고 윤리학의 기초*The Right and the Good and Foundations of Ethics*』를 쓴 로스W. D. Ross이다. 로스 전에는 『다섯 설교*Five Sermons*』의 저자 조셉 버틀러 주교Bishop Joseph Butler(1692-1752)와 리처드 프라이스 Richard Price(1723-91)가 있으며, 허드슨W. D. Hudson의 『윤리적 직관주의 *Ethical Intuitionism*』라는 책을 통해서는 유용한 조사 연구 결과를 살펴볼 수 있다.

 "덕 윤리학Virtue Ethics"은 많은 사람들이 그 기원을 찾기 위해 아리스 토텔레스 시대로 거슬러 올라가지만, 상대적으로 최근에 생겨난 윤리학 의 한 분야이다. 덕 윤리학은 "나는 무엇을 해야만 하는가"라는 질문 자 체를 잘못된 것이라고 보는데, 이런 관점은 덕 윤리학의 접근 방식의 핵심 이라 할 수 있다. 그래서 필자는 우리가 어떤 사람이 되어야 하는가를 심 도 있게 생각해 보고, 좋은 성격을 갖기 위해서는 어떤 미덕들을 지녀야 하 는가에 초점을 맞추어 생각해 볼 것이다. 위의 질문이 좋은 질문이기는 하 나, 도덕을 연구하는 학자에게 있어 유일한 질문이라고 생각할 필요는 없 어 보인다. 도덕철학에 관한 다른 전통적 질문들을 생각해 보지 않고서 이 질문에 답한다는 것 자체도 쉬운 일이 아니다. 페미니즘이 정통성을 갖는, 거대하고 일관성 있는 하나의 사조가 될 수 있는가라는 질문은 논란의 여 지가 매우 많다. 페미니스트 윤리 이론이라는 것이 존재하는가 하는 질문 은 말할 것도 없다(여러 페미니스트들의 관점에서 본 도덕에 관한 여러 입장들 과 구별되는 페미니스트 윤리를 말한다). 미덕과 페미니스트 윤리에 관한 유용 한 책으로는 피터 싱어Peter Singer가 편집한 『윤리학 지침서*A Companion to Ethics*』가 있고, 이 책에서 그레그 펜스Greg Pence의 「덕 이론Virtue Theory」 과 진 그림쇼Jean Grimshaw의 「여성 윤리학의 관념The Idea of a Female Ethic」이 특히 주목할 만하다.

 앞으로 목적론적 윤리학 이론과 의무론적 윤리학 이론(공리주의와 직관주 의와 함께)에 대해서도 언급하게 될 것이다.

"도덕 이론이 모든 것을 설명할 필요는 없다"는 주장은 중요하다. 만약 도덕적 진실이라는 것이 존재한다면, 원칙적으로 사고에서 절대적인 명확성clarity이 확보될 수 있고 모든 문제를 해결할 가능성이 있지 않느냐고 말할 수 있지만, 이것은 제대로 성찰되지도, 면밀히 검토되지도 않은 상태에서 사람들이 상식적으로 추론해 내는 것일 뿐인 듯하다. 마찬가지로, 필자가 아는 한에서, 도덕 이론이 개연성이 있으려면, 우리에게 해답을 주고 우리에게 무엇을 해야 하는지 실질적으로 말해 주어야 한다는 걸 명시적으로 말한 사람은 아무도 없다. 그런데 이렇게 분명하게 이야기하지 않는 것 자체가 철학자들이 과거에나 오늘날에나 하나의 도덕 이론을 만들려고 하면 논쟁과 비판만 하다가 결국은 받아들이지 않는다는 것을 암묵적으로 의미하는 것 같다. 이러한 경향에 반대하면서 필자가 제안하는 것은, 실질적으로 뿐만 아니라 원리상으로도, 도덕성에 관해 진정으로 논하다 보면 해결할 수 없는 문제들이 많다는 것을 깨닫게 될 것이라는 점이다.

나는 우리가 흔히 말하는 "일반인man in the street"이라는 말에는 성차별적 요소가 배제되고 일반적인 사고 수준을 강조하는 의미가 담겨 있다고 본다. 물론, 이 책에서 필자가 다루는 주제는 그다지 철학에 전문 지식이 없는 많은 사색가들의 관심사일 가능성도 있다. 필자만 보더라도 "철학" 혹은 "철학적"인 것이 무엇인가를 정의하지 않고서도 "철학적" 문제들을 언급하고 있다. 철학이라는 단어는 물론 의미가 다양하고 많은 곳에서 쓰이고 있다. 무어G. E. Moore(1873-1958)는 공식적인 분과 학문으로서 철학이 무엇인가라는 질문에 대해 자신의 서가 책장들을 가리키며, "이 책장 속의 모든 책들이 바로 철학입니다"라고 말했다고 한다. 『철학 사전 Dictionary of Philosophy』에서 저자 레이시A. R. Lacey가 말한 바와 같이, "철학을 전문적으로 연구하는 학자로서 자신의 전문 분야에 대해 간결한 정의, 심지어 학자들 사이에 합의된 정의조차 내놓을 수 없다는 것은 부끄러운 일이다. '철학이란 무엇인가?' 자체가 하나의 철학적 질문이다"(p. 176).

필자가 관심이 있는 철학 분야(일부 사람들은 분석철학이라고 부르기도 한다)는 관념을 분석하거나 개념을 이해하는 것이다. 그리고 이 철학의 가장 분명한 특징은 다른 형태의 연구와는 달리 그 자체가 경험적 실험을 전혀 사용하지 않는다는 것이다. 주요 화두가 되는 문제들은 사랑, 아름다움, 도덕적 선, 우정 등의 "분명한 특징이 무엇이고," 이것들을 "통해 우리가 나타내고자 하는 것은 무엇인가" 하는 것이다.

잘못된 것은 아니지만, 사람들을 오도하는 7가지 "꽤 상식적인 가정들"은 일반적으로 말해서 철학자들의 실수는 아니다. 하지만, 그럼에도 불구하고 많은 학자들은 객관적인 도덕적 진실은 없다는 생각을 가지고 있다. 그리고 이들은 무의식적으로 "도덕 이론이라는 것은 명확한 지침을 제시해야 한다"고 생각한다. 그리고 이 모든 생각들이, 필자가 본서에서 논하겠지만, 잘못된 생각들이며 간과할 수 없는 문제이다.

학문에 따라 확실성의 정도가 다르다는 주장은 알렉산더 대왕의 스승이었던 그리스의 철학자 아리스토텔레스(384-322 BC)가 그의 저서 『니코마코스 윤리학』에서 처음 제기하였다. 이에 대한 기본적인 성찰은 허스트P. H. Hirst가 「교양 교육과 지식의 본질」(레지널드 아샴볼트Reginald D. Archambault가 편집한 『철학적 분석과 교육*Philosophical Analysis and Education*』의 한 장)에서 정립하였다. 여기서 허스트는 특정 기본 학문들은 무엇보다도 어떤 주장이 진실성을 얻기 위해 입증된 방식에 의해서 그 차별적 특징이 드러난다고 주장한다. 마치 수학적 가설을 정립하는 방식이 과학적 가설을 정립하는 방식과 다른 것과 마찬가지 논리이다. 사람들이 도덕적이어야 할 타당한 이유가 없다는 생각을 어떻게 다루어야 하는지의 문제는 아리스토텔레스와 마찬가지로 그리스 출신이자 그의 스승이기도 했던 플라톤(c429-347 BC)의 『국가』에서도 최대의 화두였다.

"언제 어디서나 도덕성을 규정하는" 원리가 존재한다는 점과 "더 낮은 혹은 더 구체적 단계"에서의 "문화 간 차이가 존재한다"는 점을 명확히 구분하는 것은 도덕을 이해하는 데 핵심이며, 상대주의(불필요하게 많은 사람들을 매우 귀찮게 만드는 사조)의 문제를 해결하는 데 있어 근간이 될 것이다. 이것은 또한 관용과 자유를 상황에 따라 우리에게 부과되는 가치로 인식하는 데 간접적인 영향을 미친다. 이 시점에서 필자는 어쩌면 이 책 전반에 걸쳐 도덕 이론이라는 것을 한 번 걸러낸 뒤 남아 있는 이론들의 궁극적 본질과 그 이론들의 중요성을 강조하고자 한다고 말할 수 있을지도 모른다.

제3장에서 논하게 될, "자연적인" 것과 "인위적인" 것을 구분하는 것은, 마치 "우연한" 것과 "임의적인" 것을 구분하는 것과 같이, 또 다른 중요한 주제가 될 것이다. '우연한' 사실이라는 것은 '그러지 않았더라면 이러했을 것이라는 사실'을 의미한다. 이 책을 읽고 있다는 사실은 우연한 사실이다. 왜냐하면 지금 현재 당신이 이 책을 읽고 있다는 것은 논란의 여지가 없는 사실이지만, 만약 필자가 이 책을 쓰지 않았거나, 오늘 당신이 초청을 수락하여 외출하였거나 아팠더라면, 이 책을 읽고 있지는 않았을 것이다. 하지만 우연이라는 것이 반드시 임의적이라는 것을 의미하지는 않는다. 당신이 왜 이 책을 읽고 있는가에 대해서는 충분한 이유와 명확한 설명이 존재할지 모른다. 우리가 결정하는 것은 우연한 것인지 모르겠지만, 이러한 우연한 결정들이 반드시 임의적인 것은 아니다.

도덕을 사랑에 비유하는 것은, 제3장에서 언급하게 되겠지만, 도서관의 분류 체계에 비유하는 것과 마찬가지로 매우 위험한 것이다. 그리고 모든 비유들이 그렇듯이, 유사한 대상이라고 가정된 것들이 얼마나 비교 가능한지도 논란의 대상이다. 그럼에도 불구하고 필자는 도덕을 사랑에 비유하는 것을 좋아하고, 그게 도움이 된다고 생각한다. 이 책에서는 사랑에 빠지는 것이 어느 정도는 인간 본성의 결과일 수도 있고, 어느 정도는 우리가 사고하는 방식의 결과일 수도 있다고 본다. 2000년 10월 『인디펜던트 온 선데이*Independent on Sunday*』지에 실린 기사를 인용하면서 인라이트D. J. Enright는 자신의 책 『상처받은 시간: 회고*Injury Time: a Memoir*』에서 다음과 같이 언급하고 있다. "로맨틱 소설의 작가들은 콘돔 한 박스를 꺼내드는 세세한 내용까지 빠트리지 않음으로써, '피임 기구 사용을 다소 부정적으로 보이게 하고, 로맨틱한 사랑이 모든 것들을 다 무마한다는 영원한 착각을 불러일으킨다.'" 이 시점에서 플라톤의 영향력 있는 '형상形相 이론이나 이데아 이론'을 여기에 추가할 필요가 있다. 이 이론에 의하면, 사랑의 이데아는 시간을 뛰어넘어 더욱 완벽한 형태를 띠기 때문에 실제적인 사랑의 어떤 예보다 더욱 진실하다는 것이다. 『도덕의 지침으로서 형이상학*Metaphysics as a Guide to Morals*』의 저자 아이리스 머독Iris Murdoch과 같은 현대 철학자들은 위에서 설명한 플라톤의 관점을 완전히 지지하는 경우이고, 거의 대부분의 학자들은 개념 분석을 할 때 플라톤의 입장을 부분적으로 받아들이는 경우가 많다. 또 한 가지 강조할 점은 우리의 생각이 "자연"과 "이데아"에 영향을 받을 뿐만 아니라 우리의 신념이나 행동 패턴들이 어느 정도는 사회적 조건의 산물이기도 하다는 점이다.

"나는 왜 도덕적이어야 하는가?"라는 질문을 조금 다른 방식으로 이해하는 것에 관한 내용이 다시 한 번 등장할 것이다. '사회는 왜 도덕적이어야 하는가'에 대한 질문은 어조에 있어서 토머스 홉스Thomas Hobbes(1588-1679)의 일부 저서와 비슷하다. 홉스는 그의 저서 『리바이어던*Leviathan*』에서 자연 상태에서의 인간의 삶을 "고독하고, 빈곤하며, 불결하고, 잔인하며, 짧다"고 말한다. 하지만 전체로서의 사회와 개인으로서의 우리 대부분은 합의된 규칙과 사회계약으로부터 이득을 얻는다는 좀 더 온화하게 표현된 내용도 있다. 대표적인 책이 존 로크John Locke (1632-1704)의 『관용론*A Letter Concerning Toleration*』, 장-자크 루소Jean-Jacques Rousseu(1712-78)의 『사회계약론』, 존 롤스John Rawls의 『정의론*A Theory of Justice*』 등이다. 이러한 도덕적, 정치적 사고의 계열은 이마누엘 칸트Immanuel Kant(1724-1804)의 사유와는 구분된다. 칸트의 도덕적 미덕과 의무에 관한 관념은 어떤 특정 행동이 사회에 미치게 될 영향보다는 그 행동의 본질이 가지고 있는 옳고 그름을 바탕으로 한다. 필자는 특정 학파에 집중해서 연구하거나 여러 학파들을 비교 분석해서 서로 따져보기보다는 여러 학자들의 이론을 두고 필요할 때마다 참고하도록 하겠다.

최근에 출판된 유전학 관련 책들은 매우 많다. 필자는 『양육 대 본성 *Nature via Nurture*』을 저술한 매트 리들리Matt Ridley를 특히 주목하게 되었는데, 이 책은 인간의 사고와 개별적 자율성에 영향을 미치는 요인에 대해 매우 명료하고 분명한 입장을 가지고 서술하고 있다. 대체로 "성장 과정에서 도덕적 감정이 인위적으로 발달되었기 때문에" 이러한 감정을 가지게 된다고 필자가 말한다고 해서 우리의 도덕적 감정이 임의적이라는 이야기는 아니다. 오히려 아이리스 머독의 주장과 맥을 같이 하는데, 머독은 교육이 우리를 행복하게 만들어 주지는 않으며, 단지 우리에게 행복할 수 있는 능력을 인지시켜 주고 이해시켜 줄 뿐이라고 주장했다. 같은 맥락에서 도덕적 감정은 어떤 사람에게는 양육 과정과 상관없이 생길 수도 있고, 개구리나 말 같은 동물에게 교육을 시킨다고 생기는 것도 아니지만, 환경의 영향을 받는 것은 분명하다. 그리고 그 발달 형태도 아무렇게나 규칙 없이 발달하는 것은 아니다.

중용의 교리 하면 특히 떠오르는 책이 아리스토텔레스의 『니코마코스 윤리학』이다. 하지만 "모든 일에 중용을 지켜라"라는 주제는 더욱 오래된 것이다. 고대 그리스의 델파이 신전에는 "지나침이 없게 하라Nothing in Excess"라는 문구가 새겨져 있었으며, 고대 로마의 시인 호라티우스(Horace, 65-8 BC)는 "만물에는 정도가 있다"고 생각하였고(*Satires* 1.1), 이 장 서두의 명구를 남긴, 중용의 신봉자였다(*Odes* 2.10).

"편파성과 비열함은 항상 그 자체로 나쁜 것이다." 마지막은 아니지만 처음으로 필자는 "그 자체로in itself"라는 문구를 사용하였다. 내재적 가치(어떤 것의 가치 그 자체)의 개념에 관한 저작들이 몇 편 있기는 하다(예를 들어, I. M. Gregory and R. G. Woods "Valuable in Itself"). 내재적 가치와 외재적 가치(즉, 무언가 그 자체로 가치가 있는 것과 외부 요인에 의해서 그 가치가 결정되는 것)의 차이는 분명 중요하며, 그 개념의 차이를 복잡하거나 뭔가 이상하다고 생각할 필요는 없는 것 같다. 여기서 그 자체로 가치가 있다고 말하는 것이 무슨 의미인지 상세히 설명할 필요가 있다. 우리가 친절한 것은 그 자체로 좋은 것이라고 말하면, 친절함이 가져오는 결과나 상황들은 고려하지 않은 채, 그 친절함은 무조건 좋은 것이다. 물론 이런저런 이유로 사람들이 친절할 수 없는 상황도 있을 것이고, 친절하게 행동해서 문제가 생기는 일도 있을 수 있다. 그러나 그 내재적 가치의 관점에서만 보았을 때, 친절함은 언제나 좋은 것이다. 비록 무관심이 도덕적으로 중립이라 볼 수 있고 불친절함이 극단적인 상황에서 도덕적으로 정당화될 수 있을지라도, 친절함은 그 자체로도 또 불친절과 무관심과 비교했을 때에도 좋은 것이다. 물론, 친절함이 때때로 적절치 않을 수도 있고 친절함을 베푸는 게 불가능할 수도 있으므로, 친절한 것이 항상 좋은 것은 아닐 수도 있다. 그래도 친절한 것은 그 자체로 좋은 행위다. 친절함을 운동과 한 번 비교해 보면 더 이해하기 쉽다. 운동을 하면 우리에게 좋다는 것은 다 알고 있다. 좋기는 하지만 운동은 도덕적으로 중립적이다. 내재적으로 좋은 어떤 것은 또한 외적 혹은 외재적 가치를 지닐 수도 있다. 예를 들어, 친절함은 그 자체로 좋을 뿐만 아니라 인기를 얻게 해주고, 좋은 명성을 떨치게 해주고, 사람들과 잘 어울리게 해준다는 점에서 외재적 가치 또한 지닌다.

필자가 반역treachery은 잘못된 것이 "자명하다"고 말하면, 여기에는 두 가지 의미가 내포되어 있는데, 첫 번째는 반역이 나쁘다는 것은 분명한 사실이라는 뜻이고, 두 번째는 어떤 행동은 분명히 반역적이라는 뜻도 된다. 문제가 되는 것은 어떤 행동이 항상 반역인지 분명하지 않으며, 어떤 반역 행위는 그 자체로는 나쁜 것이지만, 그럼에도 불구하고 어떤 상황에서는 정당화될 수도 있다는 것이다.

제1부

도덕 이론의 성격과 한계 이해

1. 성실성: 공유된 도덕적 가치

I부에서는 도덕 이론의 근거를 명확히 하고, 그 토대를 설정하는 것에 관심이 있다. 어떤 것이 도덕성과 관련되어 있는지 이해하기 어려운 이유의 일부는 도덕 이론이 할 수 있는 것과 할 수 없는 것이 무엇이고, 도덕성의 본성이 무엇인가에 대한 오해와 착오로 인한 것이다. 1장은 성실성에 대한 논의 형태에서 어떤 공통 근거에 초점을 맞출 것이다. 그 다음 세 장은 수많은 기본적인 차이점과 오해들을 소개할 것이다. 특히, 도덕성·종교·자연 간의 관계, "권리"와 "절차적 정의"의 관점에서 사고하는 현대적 경향, 그리고 도덕성의 대상이나 목적이 고려될 것이다.

　도덕성과 관련해 가장 명확한 문젯거리는 어떤 행동이 도덕적인지 아닌지에 대하여 사람들 간에 생각이 일치하지 않는다는 것이다. 어떤 문화는 간음한 사람을 돌을 던져 죽이는 것을 도덕적으로 있을 수 없는 행위라고 생각하는 반면, 다른 문화는 그것을 도덕적으로 당연하다고 생각한다. 같은 문화 안에서도 어떤 이는 동물 생체 해부가 도덕적으로 옹호될 수 있다고 생각하고, 어떤 이는 생체 해부에 관여하는 사람에게 손상을 입히거나 심지어 살인하는 것까지도 도덕적으로 허용될 수 있다고 생각한다. 같은 가족 구성원이나 친구들 사이에서도 어떤 이는 낙태를 도덕적으로 수용할 수 있다고 생각하고, 다른 이들은 그것을 도덕적으로 받아들일 수 없다고 여긴다. 이러한 불일치가 가장 두드러진 어려움이라면, 더 심한 내적인 위험은, 그리하여 궁극적으로 가장 우려할 만한 것은, 많은 사람들이 도덕성의 근거가 없다고 느낀다는 점이다. 사람들은 일반적으로 도덕적 주장이나 판단은 진실로서 증명되거나 설명될 수 없다고 믿는다. 도덕적 주장이나 판단은 종교와 관련 있다고 하였지만, 오늘날 많은 이들에게 종교는 예전만큼 구속력을 가지지 못한다. 게다가, 다양한 요인들, 이를테면 운명론, 사람들 간의 가치에 대한 큰 이질감, 점증하는 이기심과 물질주의가 도덕성은 죽었다는 감정의 확산을 조장하였다. 오히려 도덕성은 구식 개념이 되었고, 우리의 경건한 선조들이 객관적인 옳고 그름의 문제로 보았던 것이 이제는 견해, 선호, 심지어는 취향의 문제가 되어버렸다.

　도덕성은 견고하게 정초할 수 없고, 도덕적 주장들은 단순히 견해의 문제라는 생각을 필자는 완전히 잘못된 것이라고 믿고 있다. 이 책을 관통하는 주제들 중 하나를 도입함에 있어서, 우리는 많은 도덕적 문제들이 어렵고, 어떤 것들은 실제로 해결 불가능하며, 도덕적 질문에 답은 없다는 생각에 혼란스러워 할 것이다. 그러나 이는 완전히 별개의 문제이다. 도덕과 무관한 의미에서, 예를 들면 내가 해외로 취업할 것인지 아닌지에 관해 결정해야 할 때, 가장 현명하거나 좋은 결정을 내리는 것은 어려울 것이다. 그러나 물질적 이익, 나와 가족의 만족, 직업적 성공 등의 관점에서 그것이 현명한 결정이 될지 미리 아는 것이 불가능하다고 해서, 이러한 경우에 더 낫거나 더 나쁜 선택이 없다거나, 다른 문제에 대한 다른 선택들도 이와 유사하게 문제가 될 것이라는 것을 보여 주는 것은 아니다. 그리고 이러한 예에서 가장 유익한 경로를 추구하는 것이 가능하든 그렇지 않든 간에, 이슈를 조사하는 적절하고 부적절한 방법들이 있느냐의 문제가 또한 남는다. 정확하게 동일한 방식으로 해결할 수 없는 도덕적 불일치가 존재한다는 것을 인정하더라도, 도덕적 질문에 대한 답변이 제시될 수 없다거나, 도덕성에 대해 추론하기 위한 적절한 방법이 없다거나, 혹은 도덕적 진실이 없다고 말할 수는 없다. 어떤 것이 도덕적으로 진실인지에 대한 질문은 우리가 그것을 얼마나 확신하고 알 수 있는지에 대한 질문과는 구별되어야 한다.

논의한 바와 같이 도덕적 불확실성과 불일치의 사실로부터 도덕적 진리가 존재하지 않는다는 것이 필연적임을 연역하는 것은 실수이다. 그러므로, 강조하건대, 도덕적 진실이 없다는 널리 퍼진 의구심 역시 특별한 근거는 없다. 대부분의 사람들이, 그들이 뭐라고 반대하든, 사실상 단순한 견해를 초월하는 도덕적 진실에 대한 믿음을 가지고 있다는 것은 그들이 성실성integrity의 존재를 믿고 존중함을 의미한다. 성실성이라는 말 자체는 사용할 수도 있고, 안 할 수도 있다. 그러나 사람들은 일상적으로 "그는 성실성이 부족해," "나는 그를 믿지 못 하겠어"와 같은 식의 비판을 한다. 그리고 이런 비판은 그것이 사실에 대한 문제이며, 비판 받는 대상에게 불만이 있음을 동시에 의미한다. 우리는 자유나 평등 중 무엇이 궁극적으로 더 중요한지, 낙태를 하는 것이 옳은지 그른지, 언론의 자유는 어디까지인지, 일부일처제가 바람직한지에 대하여 대립하고 논쟁한다. 그렇더라도 우리는 다음과 같은 사실에 동의하는데, 그것은 우리의 삶을 성실하게 영위해야 하며, 성실성이 부족한 사람은 도덕적 실패 때문에 그만큼 더 비난받으리라는 것이다.

이런 식으로 직설적으로 말하면, 대번에 독자는 이러한 지적이 중요하지 않다고 여길지 모른다. 사전 역시 "성실성"이란 말을 "도덕원리를 준수하는 것"이라는 식의 전형적인 설명으로 정의할 것이다. 그리고 어떤 견해이건 간에 분명히, 도덕성은 도덕원리를 무시하는 것보다 그것을 준수하는 것과 관련 있다. 그러므로 성실성이 도덕적으로 선함은 자명하다. 그러나 '성실성'에 대한 필자의 주장이 중요한 이유 중 일부는, 성실성이 단순히 도덕원리를 "준수하는 것" 이상과 관련 있기 때문이며, 또한 도덕 개념으로서 성실성에 초점을 맞추는 것이 도덕성에서 필수적이거나 핵심적인 부분이라고 흔히 잘못 고려되고 있는 다양한 다른 요소들에서 벗어나도록 하기 때문이다. 덧붙여, 여기서 먼저 지적하고 싶은 것은, 도덕성을 단지 관습의 문제로 보려는 사람들도, 도덕성을 성실성의 관점에서 볼 때는 성실성이 요구하는 바를 인지하는 듯 보인다는 점이다. 큰 수치심 없이 "나는 매우 도덕적인 사람은 아니야"라고 말하는 사람은 있어도, "나는 성실성이 부족한 사람이야"라고 말하는 사람은 드물다.

성실한 사람이 도덕원리를 "준수하는 것"은 단순히 도덕원리대로 행위함을 의미하지 않는다. 성실한 사람은 도덕원리가 적어도 자신에게 어떤 권위를 가지는지 인식하기 때문에 그에 부합하여 행위한다. 단순히 약속을 지키거나, 약속을 지키지 않으면 치를 대가가 두려워 약속을 지키는 것은 성실성이 아니다. 누군가가 진실로 성실한지는 협박과 뇌물의 유혹 따위에도 불구하고 그가 약속을 지킬 때 정확히 판단할 수 있다. 약속을 지키는 이유가 약속을 지키지 않는 것은 잘못이라고 인지하기 때문이라고 할 때만, 나는 성실하다는 칭찬을 받을 만하다. 더 나아가 성실한 사람에게는 일관성과 결단성을 기대할 수 있다. 특정한 상황마다 도덕적 이유를 들어 특정한 방식으로 행위하려 한다면, 나는 성실성을 확립할 수 없다. 나는 일관성 있으면서도 최소한 유혹이나 반대로 행위하라는 협박과 관계없이 행위한다고 간주될 수 있는 것들을 보여 줄 필요가 있다. 원리에 의거해 행위하려는 나의 헌신에 진심이 담겨 있어야 함은 두말할 필요도 없다. 이는 또한 성실한 사람은 자신을 이해할 필요가 있음을 의미한다. 칭찬이나 존경에 대한 기대, 두려움 따위를 동기로 행동하는 사람들은, 비록 자신은 원리에 의거해 행위한다 생각하더라도, 성실하다고는 할 수 없다. (어원을 따져 보면, 라틴어로 "성실성"이라는 단어는 이차적으로 "전체성wholeness" 을 의미한다. 이 책이 이러한 어원 문제를 다루지는 않겠지만, 필자는 전체성이란 개념이 성실성이라는 도덕적 개념과 연관된다고 생각한다. 즉, 성실한 사람은 폭넓고

수미일관한 도덕적 관점을 가져야지, 하나나 두 개로 분리된 원리들에 단순히 집착해서는 안 된다.)

도덕원리에 근거해 행위하는 성실한 사람은 암암리에 자신과 다른 사람의 이익을 계산하여 행위하지 않고, 다른 특정한 목적에 의해 동기화되지 않으며, 규칙을 단순히 추종하지는 않는다는 사실 또한 중요하다. 당신한테 이익이 되기 때문에 진실을 말하는 것과, 결과와 상관없이 그렇게 해야 한다고 믿기 때문에 진실을 말하는 것 사이에는 중요한 차이가 있다. 또한 원리에 근거해 진실을 말하는 것과 단순히 진실을 말해야 한다는 규칙을 준수하는 것 사이에는 차이가 있다. 준수해야 하는 규칙이기 때문에 규칙을 따르는 것은 원리의 존재를 믿는 것과는 다르다. 규칙을 준수하는 사람은 어떤 환경에서라도 항상 그 규칙을 따를 것이다. 그러나 앞으로 논의하겠지만, 진실을 말하는 것이 선이라는 원리는 필연적으로 진실을 항상 말해야 한다는 결론으로 나아가지 않는다(이는 인도하는 원리와 명령하는 규칙 사이의 본질적 차이다).

요컨대, 우리는 성실한 행동과 규칙에 구속된 행동을 구별해야 한다. 성실한 행동은 원리를 지켜야 한다는 인식으로부터 나온 의식적이고, 진심 어린, 일관성 있는 원리 고수와 관련 있다. 그리고 '다른 원리의 요구를 무시하는 것'과 '무시하지는 않지만 초래되는 다른 모든 유형의 결과'를 구분하기 위해, 우리는 원리 고수에 "결과와 상관없이"라는 말을 덧붙일 수 있다. 만약 원칙적으로 어떤 여성이 진실을 말해야 한다면, 성실한 그 여성은 좋은 평판을 얻지 못하더라도 그렇게 할 것이다. 그러나, 만약 어떤 다른 도덕원리가 동등하게 혹은 더 강하게 그녀에게 진실을 말하지 말 것을 요청한다면, 그녀는 그렇게 할 것이다. 그러므로, 만약 진실을 말함으로써 결과적으로 타인에게 큰 해를 끼치는 것을 피해야 한다는 원리에 찬성한다면, 그녀는 진실을 말하지 않을 것이다.

이러한 구별은 우리를 문제의 핵심으로 다가가게 한다. 성실성이 도덕적 개념이라는 이유로, 여기서 문제의 원리, 즉 성실성에 관한 원리가 "자기 자신을 잘 돌봐라," "정직하게 살아라"와 같은 오랜 원리와 같을 수는 없다. 성실성에 관한 원리는 도덕원리임에 틀림없다. 성실성의 개념이 결코 모든 문제를 해결하지 않는다. 필자가 성실성을 도입한 이유는 그것이 "덕"이나 "도덕성"과 같은 단어들이 함의하는 어떤 것을 가지고 있지 않기 때문이다. 필자가 말했듯이, 대부분의 사람들은 성실성이라는 말에 편안함을 느끼는 것 같다. 그들은 도덕성이 죽었다고 말할지도 모른다. 그러나 그들은 성실성이 중요하지 않다고 말하지는 않는다. 그들은 자신들을 "도덕적"이라거나, 더욱이 "덕스러운"이라는 개념으로 나타내는 것을 젠체하거나 오만하다고 생각할지 모른다. 반면에 그들은 분명히 자신의 성실성을 방어할 준비는 되어 있을 것이다. 성실성이라는 단어에 대비되는 꽤 일상적인 용어는 위선hypocrisy이다. 그리고, 비슷하게, 우리 모두는 종종 자신이 행한 약간의 위선에 대해 죄의식을 가지고 있는지 모르겠지만, 말과 행동을 다르게 하는 것은 무언가 잘못이라는 확신을 공유하고 있다. 보편적이고 공통적인 도덕감moral sense은 없다는 너무나 쉬운 전제에도 불구하고, 필자는 위선의 양면성이 그 자체로 도덕적으로 불쾌하다는 통찰(비록 어떤 경우에는 그것을 정당화할 수 있는 것으로 상상할 수 있지만)을 공유하지 않는 어떤 문화나 역사도 알지 못한다. 그리고 사람들은 자신이 양면적이거나 위선적이라고 느낄 때는 언제나 그렇게 할 수밖에 없었던 어떤 제약이나 다른 도덕적 요청에 호소함으로써 자신의 위선을 설명하거나 정당화하고 싶어 한다. 즉, 성실성이 도덕적으로 칭찬할 만하다거나 위선이 도덕적으로 비난받을 만하다는 것을 어느 누구도 부인하지 않는다. (비록 그것이 어떤 더 높은 선과 연관될 수 있다고 주장하더라도) 위선에 어떤 잘못도 없다고 주장하는 사람은 아직까지 없다. 반대의 주장에도 불구하고, 성실성의 관점에서 생각할 때, 사람들은 도덕성에 대한 인식과 헌신을 공유한다.

이 점을 인식하는 것이 중요하다. 하지만 성실성의 개념에 대한 성찰은 도덕성에 어떤 영원 불변하는 핵심이 존재하고, 나아가 도덕성을 주관적 판단의 문제로서 무가치한 것으로 간주하려는 유형적인 경향에도 불구하고 사람들이 도덕성의 핵심에 대해 인식한다는 사실에 주목하게 만드는 반면, 성실성을 지닌 사람은 정작 도덕적 원리에 따라 행동하기 때문에 도덕성 자체를 규정할 수는 없다. 그리고 어떤 이유에서 순교자가 도덕적 성실성을 확보할 수 있는지와 같은 보다 진전된 질문에 그 자체로 답변할 수 없다. (성실성을 지닌 사람은 단지 도덕적 원리에 따라 행동하기 때문에, 이러한 원리들 자체는 성실성의 측면에서 규정될 수 없고, 원리에 기반한 행위의 선goodness에 대해 우리 모두가 인식한다는 것이 어떤 원리여야 하는가에 대해 우리에게 알려 주는 바가 없으며, 원리에 따라 행동한다는 것 외에 뭔가 중요한 것을 더 이상 제공해 주지도 않는다.) 그럼에도 불구하고 성실성에 대한 관념은 진실하고 일관된 원리에 기반한 행위가 가치 있고 우리에게 요구된다고 하는 공유된 생각을 우리에게 상기시켜 준다는 점에서 유용한 출발점을 제공한다. 그러한 행위가 바람직하다는 것은 도덕성에 대한 하나의 사실처럼 보인다.

지금까지 우리가 다룬 의문은 '우리가 공유하는 어떤 도덕적 감정이나 도덕감이 있느냐'는 것과 '도덕적 관점에 대하여 최소한의 공통적인 핵심을 얼마간이라도 상정할 근거가 있느냐'는 것이었다. 대체로 말해서, 대답은 '그렇다'이다. 이제 우리가 다룰 두 번째 질문은 '우리가 살아가는 주어진 세계에서, 어떻게 도덕성에 대한 자신의 믿음을 유지할 수 있는가'라는 것이다.

2차 세계대전이 끝을 향해 치달을 때, 어떤 남자가 게슈타포에 체포되었다. 그는 자신이 매우 잘 알고 있는 두 남자한테 심문받고 있다는 사실을 알았다. 그중 한 사람은 친한 사이였고, 다른 한 사람은 서로 예의를 차리는 사이였다. 사실, 그는 완전히 결백했지만, 이 사람들 때문에 체포되어서 심하게 고문을 당했다. 두 남자는 그를 몇 달 동안 감금하였고, 일상적으로 폭행하였다. 결국 그는 실명했고, 장애를 갖게 되었으며, 평생 동안 성 불구자가 되었다. 그가 풀려날 때, 고문자들은 그에게 그의 아내와 자식들의 자취는 아무것도 찾을 수 없을 것이라고 말했는데, 실제로 그렇게 되었다.

몇 달 후에 전쟁은 끝났고, 그는 배고픔과 피폐함에 찌든 외톨이가 되어 있었다. 그러던 어느 날 남자는 거리에서 우연히 두 남자를 지나치게 되었다. 그들은 활기차게 웃고 말하였고, 건강 상태도 좋아 보였다. 그들은 전쟁 기간 동안 그들이 그 남자에게 한 괴상하고 야만적인 행위에 대해 전혀 책임을 추궁당하지 않았다.

인간의 비인간성을 주제로 한 수천 가지 이야기 중 하나일 뿐인 이 이야기를 거론한 주된 이유는, 우리가 살아가는 세계에서 어떻게 도덕적 세계에 대한 믿음을 유지할 수 있느냐는 문제를 드러내기 위해서이다. 남들이 하는 대로 따라 사는 세상에서 우리는 어떻게 선을 믿을 수 있는가? 비도덕성이 도덕성의 자리를 그렇게 빈번하게 또 그렇게 확실하게 차지하는 이 세상에서 우리는 어떻게 도덕성을 믿을 수 있는가? 아마도 이야기 속의 남자는 우리 모두보다 훨씬 더 많은 고통을 받았을 것이다. 그러나 이야기 속의 남자, 속고 배신당하고 강간당하고 살해된 수백만의 사람들, 그리고 이보다는 다행스럽지만 그래도 기만이 횡행하고 정직에 대한 보상도 없는 현실을 보아 왔을 우리 모두는 공통점을 지니고 있다. 그것은 우리가 "신은 죽었다"는 사실을 우리 주변에서 발견하거나 역사를 통해 알게 된다는 것이다. 정직하게 평가하자면, 우리가 이 세상에 대해 어떤 다른 말을 하더라도, 이 세상은 반드시 선이 승리하는 질서 있는 장소는 아니라고 우리를 믿게 만든다. 그리고 그때, 우리는 이것이 우연의 문제라는 느낌을 받는다. 왜냐하면, 점차 우리는 삶을 합리적으로 정돈된 것이라기보다는 무작위나 혼돈의 문제로 느끼기 때문이다. 이제 우리는 삶을 따뜻한 어떤 것으로 느끼는 것은 바라지도 않는다. 세상은 악한 곳인가, 도덕적 행위는 실제로 승리하거나 인정이나 보상을 받는가 하는 질문은, 도덕적 진리는 있는가(그리고 그것은 무엇인가) 하는 질문과는 논리적으로 구별되어야 한다. 결국, 우리가 종종 깨닫듯이, 우리는 보상이나 명예가 아닌 도덕적 삶 그 자체를 추구한다고 가정된다. 그러나 악이 선을 자주 이기는 악한 곳이 결국 이 세상이라는 인식은 사람들에게 도덕성은 추구할 가치가 없으며, 너무 심각하게 고려할 필요도 없다는 생각을 제안하는 강력한 요소임에 분명하다.

서두에서 제시한 예화의 역사적 배경이 최근이기는 하지만, 이러한 예화 속의 문제가 새로운 것은 아니다. 2500년 전 플라톤은 『국가』에서 정확히 같은 문제로 씨름했다. 현세에서는 즉각적인 이익이 돌아올지 분명하지 않고, 사후의 보상이라는 생각도 인정되지 않을 때, 사람들을 도덕성의 길로 따르도록 하기 위해서는 어떻게 설득해야 하는가? 사후의 보상에 관한 지적은 뒤에서 더 설명할 것이다. 여기서는 다만 두 질문을 구별할 것인데, '신은 있는가, 그렇다면 신은 우리에게 무엇을 요구하는가'라는 질문과 '우리를 구속하기 때문에 따라야만 하는 특정한 행위의 원리들이 있는가'라는 질문은 다르다는 점이다. 플라톤처럼, 필자는 하늘이 덕을 보상할 것이라는 쉽지만 설득력 없는 주장이나, 이 세상에서 반드시(또는 자주) 보상받을 것이라는 공공연한 잘못된 주장은 피할 것이다.

덕은 그 자체로 보상이라는 말은 어떤 의미에서는 사실일 수 있지만, 필자는 그런 상투적인 말 뒤로 숨지 않을 것이다. 다른 보상이 없는 만큼 도덕성은 그 자체로 보상이다. 그리고 도덕적 행위는 정의상 우리가 해야만 하는 행동이기 때문에, 우리가 도덕적으로 행위해야 한다는 것은 분명한 사실이다. 그러나 도덕성은 우리가 추구해야만 하는 것이기 때문에, 우리가 도덕적이어야 한다는 주장은 분명히 순환 논리이다. 이러한 순환 논리에서는 "왜 나는 그것을 당연히 해야 하는가?," 즉 "무엇이 내가 그것을 하도록 하거나 동기화하는가?"라는 질문이 제기된다. 도덕적 행위의 당위성의 근거로 본성nature을 다양한 측면에서 고려할 필요는 있지만, 필자는 그것에 직접적으로 호소하지는 않을 것이다. 자연스러운 어떤 경향성이 있고, 그래서 그것에 빠져들 수밖에 없다거나, 어떠한 권리들은 자연적으로 또는 본성적으로 주어졌다고 주장하지는 않을 것이다. 예를 들면, 어떤 이는 종種으로서 인간은 경쟁적이기 때문에 도덕적으로 행위해야 하는 것이 옳다고 주장할지 모른다. 그러나 이러한 사실에 대한 주장이 진실인지에 대한 의문과는 완전히 별도로(우리가 감당할 수 있는 공포심과는 별도로, 인간의 내적인 협동성에 대한 주장 역시 똑같이 좋은 경우는 되지 못할 것이다), 필자는 "당위ought"를 "사실is"에서 직접 이끌어 낼 수 없다는, 철학자들이 널리 인정하는 견해를 수용한다. 어떤 것이 그러하기 때문에 당연히 그렇게 되어야 한다거나 도덕적으로 좋다고 주장하는 것은 오류이다. 권리에 관한 언어는 항상 문제가 많다. 하지만 '어떤 권리는 자연적으로 주어진다'고 할 때, 자연적이라는 개념은 분명히 문제를 회피하는 것이다. 우리는 모두 자유에 대한 자연권을 가졌다고 생각하는 것은 좋다. 그러나 자연이 여하튼 우리한테 자유토록 명령하였다는 의미에서 자유롭다는 주장은 사리에 맞지 않는다(이러한 문제는 4장에서 더 깊이 탐색할 것이다).

필자의 전제는 세상은 질서가 없는 곳 같다는 것이다. 우리의 문제는 사건들의 무질서한 속성에 익숙해진다는 것이다. 부분적으로는 (아마도) 질서를 부여하는 것이 우리의 본성이기 때문에, 그리고 부분적으로는 (분명히) 그렇게 하지 않는 것이 어리석기 때문에, 우리의 집단적 행위에 질서를 부여하고자 한다. 따라서 도덕성은 인간이 고안하였지만, 임의적인 것은 아니다. 예를 들어, 식탁 예절은 대체로 어떤 형식을 갖출 수 있다. 그러나 행위 규범은 단순히 식탁 예절과 비교될 수 없다. 또한 행위 규범은 운전 규칙과도 비교될 수 없다. 운전 규칙에서 우리 모두는 다 같이 오른쪽과 왼쪽 중 한쪽으로만 운전하면 된다. 도덕성은 우리가 가진 잠재성을 극대화하기 위해 우리의 행위를 다스리는 원리를 고안하려는 시도이다. 이러한 도덕적 능력, 그리고 예술을 창조하고, 정신을 고양하며, 자연을 통제하는 능력을 통해 우리는 최대한 완전한 삶을 살며 자신을 발전시킬 수 있다. 나아가 종種으로서 살아남을 수 있으며, 개인으로서 번영할 수 있다. 도덕성이 인간 행위의 질質에 관한 것이라는 데는 논쟁의 여지가 없지만, 우리의 삶을 가능하게 하고 잘 살게 하기 위한 원칙을 찾기 위한 것이라는 전제가 없다면 그것은 성립될 수 없다. 지금까지 뭐라고 하였든 간에, 도덕성 그 자체는 도덕 규칙이 아니며, 도덕성의 대상에 대한 진술도 아니다. 도덕적 행위가 그 자체를 위해 우리에게 부과된 것이라면, 이에 관하여 더 고려해야 할 것이 여전히 남아 있다. 이는 음악 하기와 비슷한데, 음악 감상의 즐거움 그 자체가 음악 하기의 보상이지만, 음악 하기의 요점은 인생을 살아갈 만한 가치가 있는 것으로 느끼도록 공헌한다는 데 있다. 우리는 비참하게 되는 것을 우리 삶의 궁극적인 목적으로 삼지 않는다. 그리고 세상이 그렇게 되기를 조금도 바라지 않는다. 야만성, 허무주의, 혹은 이기적이고 과도한 개인주의가 판을 치는 세상에 관해서는 거론할 것이 없다. 이는 도덕의 문제가 아니라, 왜 도덕성이 필요한지를 설명하는 배경일 뿐이다. 일단 도덕적 체계가 자리를 잡으면, 개인은 그것을 이용할 수 있는데, 그런 개인은 다른 사람들 대부분이 도덕규범을 지키므로 자신은 지킬 필요가 없다고 스스로 확신한다는 점을 우리 모두는 알고 있다. 그러나 이것은 우리가 집단적으로 스스로에게 비도덕적이거나 심지어 도덕과 무관한 세상을 소망한다고 말하는 것과 다르다. 그리고 어떤 사람은 양심의 가책 없이 타인을 이용하기도 하고, 또 어떤 사람은 게슈타포처럼 자신의 행위를 정당화하는 **명백한** 잘못을 저지르는 반면에, "난 어떤 아이를 심하게 때렸어"와 같은 말을 자랑스럽게 하는 사람을 우리는 상상하기 어렵다. 대개 약한 처분이 내려지기를 간청하거나 자신의 행위를 정당화하려고 한다. 이를 위해 그들은 스스로 믿든 혹은 그렇지 않든 간에 "다른 사람이 잘못했다고 생각해," "그는 중요한 사람이 아니야," "나도 놀랐어," "나는 명령에 따랐어"와 같은 이야기를 한다. 이 모든 것은 사람들이 실제로 도덕적 수치감을 가지고 있음을 말해 준다. 유일한 예외는 아마도 우리가 사이코패스라고 분류하는 극소수의 사람일 것이다. 그리고 시각장애인의 존재가 시력은 믿을 수 없다는 것을 증명하지 못하듯이, 사이코패스는 도덕적 추론의 주관성을 증명하지 못한다.

그렇다면, 도덕성은 단순히 본성적으로 주어진 것이 아니다. 도덕성은 어떤 상당한 제약 속에서 우리가 고안한 것이다. 우리는 이 세상이 존재하는 방식과 우리가 누구인지를 설명하는 이론을 만들어 낼 수 있다. 일반적으로 도덕성은 인간 삶을 다스리는 원리들의 집합체이다. 그러므로 중요한 문제는, 우리가 번성하고 발전하며 이익을 증진시키고 성취하며 살아남기 위해, 그중 어떤 원리를 어떤 이유로(왜냐하면 우리는 다른 종류의 이유들이 다른 원리들을 지지한다는 것을 살펴볼 것이기 때문에) 우리 행위를 다스리는 데 이상적인 것으로 보아야 하는가이다. 도서관의 분류 체계가 도서관의 목적을, 결혼 관습이 결혼 관계를 맺는 목적을 만족시켜야 하는 것과 같은 방식으로, 도덕 이론은 이러한 인간의 목적을 만족시켜야 한다.

왜 우리는 도덕적이어야 하는가에 대한 궁극적인 대답은 그것이 인간으로서 우리에게 이로움advantage이 있기 때문이다. 왜 도덕 체계를 악용하면 안 되는지 묻는 개인에게 할 수 있는 대답의 일부는 당신이 그 대가를 치를 것이라는 점이다. 그러나 또 다른 대답은 당신이 다음과 같은 생각의 영감을 잃어버릴지 모른다는 이유에서이다. 즉, 사랑과 우정을 등지는 사람이 잠재적인 즐거움의 일부와 삶의 경이로움을 잃어버리는 것과 같이, 도덕 체계를 악용하는 사람은 도덕적인 인간이 열망하는 아름다움, 삶의 질, 웅장함을 잃어버릴 것이다. 선택의 결과든 아니든 간에, 사랑이나 우정 없이 또는 어떤 성숙한 미적 자각 없이 사는 것은 도덕적 의미에서 잘못된 것이 아니다. 그러나 그런 사람의 삶은 빈궁하고, 시시하며, 자신의 능력을 아주 간단하게 쓸모없는 것으로 만들어 버린다. 그러한 삶은 우리 속에 잠재하는 커다란 만족감을 느낄 수 있도록 하는 원천을 포기하는 것이다. 우리 속에 잠재하는 만족감은 우리로 하여금 도덕적 행위에 대한 보상이상의 어떤 것을 경험할 수 있게 해준다. 그러므로 도덕 체계를 악용하는 사람에게 필자는 이렇게 말할 것이다. "도덕적 가치에 등을 돌리지 마라. 유익함을 얻기 위해 네가 할 수 있는 것을 하라." 도덕교육의 방법에 대해서도 이러한 관점에서 다음과 같은 시도를 할 수 있다. 즉, 사람들이 스스로의 유익함을 위해 잠재적으로 풍성한 경험을 할 수 있도록 다양한 방법을 활용하라. 같은 방식으로, 도덕적 삶은 어떤 만족감을 가져온다고 주장할 수 있다. 이러한 필자의 주장에 대해 도덕적 동기로서 외재적 보상 개념을 도입하는 것이라고 오해할 수 있다. 그러나 도덕적 삶을 영위하면서(혹은 미학적 감각을 계발하거나 좋은 친구를 사귀면서) 느끼는 만족감은 명성이나 돈을 얻는 따위의 외재적 보상이 아니라고 생각한다. 도덕적 삶의 만족감이 외재적 보상인지 아닌지는 별로 중요하지 않다. 그리고 도덕 체계는 일반적으로 유익하며 바람직하다. 도덕 체계를 벗어나려는 사람은 다양한 종류의 벌칙을 받을 위험성이 있다. 그러나 이러한 위험에 대한 두려움을 이용하여 도덕 체계에서 벗어나려는 사람을 막는 방법과는 별개로, 그들에게 풍부하고 실제적인 개인적 만족감을 어떤 물질적 이득으로부터 벗어나 있는 것과 바꾸는 것이 더 쉬운 일임을 설득하여 도덕 체계에서 벗어나려는 것을 막는 것이 훨씬 타당하다.

이 장을 위한 참고 문헌

사이먼 블랙번Simon Blackburn이 쓴 『윤리학: 매우 짧은 입문*Ethics: a Very Short Introduction*』의 한 장은 대부분의 사람들이 "도덕은 죽었다고 느끼게

된 데” 영향을 준 몇몇 요인을 다루는 데 유용하다. 「윤리학에 대한 일곱 가지 위협Seven Threats to Ethics」이라는 제목의 장은 “신의 죽음,” “상대주의,” “윤리적 이기주의,” “진화론,” “결정론과 허무주의,” “타당치 못한 요구들,” “허위의식” 등을 고찰한다. 필자는 주로 ‘신의 죽음’(논의컨대, 많은 사람들에게 신은 살아 있는 존재이고, 신의 죽음은 도덕성과 무관하다), ‘상대주의,’ “타당치 못한 요구들”(도덕 이론이 무엇을 할 수 있고, 무엇을 해야만 하는지에 대해 사람들이 오해하고 있는 개념)을 논의하는 데 초점을 맞출 것이다.

진실과 확실성의 차이에 관한 논의, 그리고 블랙번의 책 전체에 걸쳐 나타나는 인식, 지식, 믿음의 차이에 관한 논의는 엄격히 말해서 “인식론” 혹은 ‘지식 철학’으로 불리는 영역으로 우리를 안내한다. ‘인식론’ 혹은 ‘지식 철학’은 도덕철학뿐만 아니라 대부분의 다른 철학 부류들(예를 들어, 미학, 과학철학)과 뚜렷하게 겹치는 부분이 많다. 이러한 주제를 다룬 표준적인 입문서로는 로데릭 치솜Roderick Chisholm이 쓴 『지식 이론*Theory of Knowledge*』이 있다. 또한 우즐리A. D. Woozley가 쓴 『지식 이론: 입문*Theory of Knowledge: introduction*』, 필립스 그리퍼스A. Phillips Griffiths가 편집한 『지식과 믿음*Knowledge and Belief*』은 일련의 고전 논문들을 제공해 준다.

원리(혹은 원칙)principles와 규칙rules의 차이는 도덕적 행위를 이해하는 데 있어 중요하다. 어떤 독자는, 전체적으로, 필자가 규칙 종속적인 행위를 지나치게 강조한다고 느낄지 모르겠다. 왜냐하면 어쨌든 우리 사회에서 규칙을 구속적인 것으로 여기는 사람은 거의 없다고 생각되기 때문이다. 하지만 잠깐 다시 생각해 보면, 우리 사회 안팎의 수백만의 개인들(특히 종교나 정치에 헌신하는 많은 사람들, 하지만 꼭 이들만 도덕 규칙을 따른다는 것은 아니다)은 사실상 일련의 엄격한 규칙에 따라 살아가고 있다. 때문에 사람들은 대개 윤리적 상대주의를 비판하는 도덕철학자를 찾는다. 하지만 필자는 다음과 같은 태도가 도덕을 개연성 있게 이해하는 데 있어 더 적절할 것이라고 생각하는데, 그것은 윤리적 상대주의와 교조적이고 규칙 지배적인 행위 사이에서 어느 한 편을 들기보다는 정확히 가운데 서서 양쪽의 잘못된 주장을 비판적으로 바라보는 것이다.

멜 톰슨Mel Thompson이 쓴 『윤리학*Ethics*』 역시 중심적인 윤리 개념으로 성실성을 언급한다. 이미 앞에서 필자는 모든 사람은 다음과 같은 통찰을 공유한다고 주장한 바 있다. 그것은 위선 혹은 "이중성으로, 이중성은 비록 어떤 경우에는 정당화될 수 있지만, 그 자체로는 도덕적으로 불쾌한 것이다." 그런데 여기서 "도덕적으로"란 말을 빼야 하는가? '도덕적으로'란 말을 빼는 것은 논점을 회피하는 것으로 보일지 모른다. 대체로 사람들은 이중성을 그냥 못마땅한 것이나 불쾌한 것으로 인식한다고 해야 하는가? 그러는 편이 필자가 이 글을 쓰는 목적에 도움이 될 것이다. 이 글의 주된 목적은 '승인approval하고 승인하지 않는disapproval' 공통된 특정 감정이 있음을 모든 사람에게 알리는 것이기 때문이다. 그런데 사실상 이런 경우에 있어서 우리가 느끼는 불쾌감은 도덕적인 종류의 것이다. 우리는 단순히 이중적 행위를 꺼리는 것이 아니라, 이중적 행위를 잘못된 것이라고 생각한다. 이런 사실을 감안한다면 '도덕적으로'란 말을 빼는 것은 정당화될 수 있다. 그리고 이런 사실은 우리로 하여금 '단순히 잘못되고 허용할 수 없는 것,' '본질적으로 잘못된 것일지라도 상황에 따라 정당화되는 것' 사이에 존재하는 더 심각한 차이점을 깨닫게 해준다(3장을 참고하라). 이러한 구분은 서론의 '이 장을 위한 참고 문헌'에서 필자가 언급한 '내재적 가치'와 '외재적 가치' 사이의 차이점과 분명히 연관되어 있다. 그리고 이러한 구분은 매우 복잡한 도덕적 사고의 원천을 인식하는 것을 방해한다. 비록 이중성이 그 자체로 도덕적으로 나쁘더라도, 그것이 정당화되는 상황을 상상하는 것은 가능하다. 그러한 상황에 대한 보다 정확하고 엄밀한 묘사는 다음과 같다. 이중성은 언제나 나쁘고, 정당화될 수 없으며, 어떤 개인의 사례에 있어서도 인정될 수 없다. 그 이중성이 어떤 사람의 인격적인 특성으로 생각되더라도 말이다. 또한 위선적이고 양면적인 개인의 행동은 본질적인 면에서도 나쁘다. 반면에, 어떤 사례에서 위선과 이중성은 정당화될 수 있다. 질 페이튼 월시Jill Paton Walsh의 소설 『불명예의 빚*Debts of Dishonour*』(p. 256)에 나오는 인물은 위선에 대해 다른 견해를 가지고 있다. "위선자가 되지 마, 마틴. 도덕적 문제는 신경 쓰지 마. 돈을 걸었으면, 우리는 단지 우리 자신을 위해 정신을 차려야 해." 여기서 화자에게는 도덕적 태도를 취하는 것이 위선일 뿐이다. 그러나 필자의 추측으로는, 이런 사례에서조차도 화자는 자기 이익과 도덕성을 구별하고 있고, 위선을 도덕적으로 훨씬 더 타락한 것으로 느낀다는 것이다. 오스카 와일드Oscar Wilde는 『진지함의 중요성*The Importance of Being Earnest*』에서 특유의 위트로 수수께끼 같은 문제를 다음처럼 분명히 하고 있다. "너는 사악한 척하지만 실제로는 언제나 선해. 나는 네가 이런 이중적인 삶을 살지 않기를 바라. 그건 위선이야"(Wilde 1999: 378).

이 장의 서두 부분의 결론은 믿을 수 없을 정도로 간단하다. 왜냐하면 그 결론은 도덕성에 대한 하나의 사실, 즉 진실하고 원칙에 근거한 행위는 도덕성의 충분조건은 아니지만 필요조건은 된다는 사실을 우리에게 알려 주고 있기 때문이다.

게슈타포에게 체포된 남자 이야기는 그 남자의 친구가 필자에게 얘기해 준 사실이다. 그 유명한(우리를 인도할 객관적인 도덕 기준이 없다는 의미에서) "신의 죽음death of God"을 선언한 사람은 독일 철학자 프리드리히 니체Friedrich Nietzsche(1844-1900)이다. 『선악의 저편*Beyond Good and Evil*』과 『차라투스트라는 이렇게 말했다*Thus Spake Zarathustra*』에 나타난 니체의 생각은 복잡하다. 관련 서적으로는 로널드 헤이먼Ronald Hayman이 쓴 짧은 에세이 『니체: 니체의 목소리*Nietzsche: Nietzsche of Voices*』와 마이클 태너Michael Tanner가 쓴 『니체: 매우 짧은 입문*Nietzsche: a Very Short Introduction*』이 있다. 니체의 교육철학을 공부하기 위해서는 데이비드 쿠퍼David E. Cooper의 『진실성과 학습*Authenticity and Learning*』을 보라.

장-자크 루소는 지금까지 쓰여진 논문 중 플라톤의 『국가』를 교육에 관한 가장 훌륭한 논문이라고 평가하였다. 『국가』는 분명히 교육에 관한 현존하는 최초의 논문이다. 형식적으로, 『국가』가 다루는 주요 문제는 국가와 개인 모두에게 이상적인 국가와 정의의 본질에 관한 것이다. 『국가』는 플라톤의 가장 긴 대화편(대개 소크라테스가 다른 인물들과 대화를 나누는 형식을 띠고 있기 때문에 대화편이라고 불린다) 중 하나로서, 화이트헤드A. N. Whitehead가 '서양 철학의 모든 역사는 플라톤에 대한 일련의 주석'이라고 명명한 바에서 알 수 있듯이, 광범위한 이슈를 다룬다(종교와 도덕성 사이의 관계에 대한 문제는 다음 장에서 다루어질 것이다). 『국가』에 대한 기초적이지만 완벽한 철학적 입문을 위해서는 크로스R. C. Cross와 우즐리의 『플라톤의 국가: 철학적 주해*Plato's Republic: a Philosophical Commentary*』를 읽어 보라. 로빈 배로Robin Barrow의 『플라톤, 공리주의와 교육*Plato, Utilitarianism and Education*』은 도덕철학과 교육철학에 중점을 두고 있는데, 반면에 배로의 『플라톤』은 다소 일반적인 관점을 제공한다.

자연과 도덕성의 관계는 다음 장에서 살펴볼 것이다. 4장은 "자연권"에 특별히 관심을 두고 있다. "사실"에서 "당위"를 도출할 수 없다는 견해는 주로 스코틀랜드 철학자 데이비드 흄David Hume이 쓴 『인간 본성론*A Treatise of Human Nature*』과 관련된다. 한편 무어G. E. Moore가 쓴 『윤리학 원리*Principia Ethica*』의 "만물은 그 자체이지 다른 것이 아니다everything is what it is and not another thing"라는 문구는 선의 환원 불가능성을 주장하는 유명한 말로, 버틀러 주교Bishop Butler의 말을 인용한 것이다. 허드슨W. D. Hudson이 편집한 『사실/당위 질문*The Is/Ought Question*』도 참조하라.

"도덕성의 목적"에 대한 참고 문헌은 지오프리 워녹Geoffrey Warnock의 인상적인 표제를 생각나게 한다. 도덕성이 넓은 의미에서 잘 사는 것과 관련 있다는 기본적인 생각은 매우 그리스적인 것이고, 지적할 만한 가치가 있다. "사이코패스"라든가 "소시오패스sociopaths"(반사회적 이상 성격자)에 대한 참고 문헌은 무의미하거나 무용하지 않다. 필자는 진짜 반도덕적인 사람, 즉 어떤 도덕감이나 양심을 전혀 가지고 있지 않는 사람은 거의 없으며, 사이코패스는 일종의 정신 이상으로(그래서 반드시 용서될 수 없는 것은 아니지만) 분류된다고 생각한다. 관심의 요점은 우리 대다수가, 우리의 도덕적 행동이나 도덕적 실패 안에 존재하는 차이에도 불구하고, 실천적 목적들을 위해 기본적인 도덕적 이해를 공유한다는 것이다. 우리는 잘못을 저지른다. 하지만 우리는 잘못했다는 것을 안다. 그리고 우리 자신을 정당화하기 위해 변명, 정상 참작, 우리를 통제한 외부의 힘 등 다양한 것들에 의존한다(누구도 기꺼이 잘못을 행하진 않는다는 것은 플라톤의 도덕철학의 중심 신조였다).

도서관 분류 체계에 대한 비유는 3장에서 보다 자세하게 살펴볼 것이다.

2. 도덕적 진리의 가능한 원천으로서 종교, 자연, 직관

대부분의 사람들은 도덕적 의무를 보상, 사람들의 인식, 위협과는 상관없이 구속력을 갖는 것으로 생각한다. 만약 내가 진실을 말해야 하는 도덕적 의무를 지니고 있다면, 나는 진실을 말해야만 한다. 진실을 말하지 않으면 벌을 받거나, 말하면 보상을 받아서가 아니라, 단순히 그것이 나의 의무이기 때문에 그 자체를 위해서 진실을 말해야 하는 것이다. 물질적인 것이든 정신적인 것이든 간에, 진실을 말하면 그와 관련된 보상이 있을지도 모르고, 가끔은 그렇게 하도록 나에게 압력을 가하는 요소가 있을지도 모른다. 그럼에도 불구하고 '진실을 말하는 것은 도덕적 의무다'라고 말하는 것은, 외재적 보상 혹은 강압에 관계없이 해야만 한다는 의미를 함축적으로 내포하고 있다.

거짓말을 하는 것은 도덕적으로 나쁘다는 주장을 고려해 보자. 이 주장은 상당히 다양한 사회와 문화에서 일반적으로 수용되어 왔고, 오늘날에도 공식적으로 전 세계에서 받아들여지고 있다. 대부분의 독자들은 거짓말을 하는 것은 나쁘다고 받아들일 것이다. 반면에 '자살하는 것은 나쁜 것인가'라는 질문에는 상당한 의견 차이가 있을지 모른다. 그렇다고 해서 거짓말이 정당화될 수 있는지, 언제 정당화될 수 있는지, 또는 거짓말과

"하얀 거짓말" 간에 차이가 있는지 등, 보다 진전된 질문들에 대해 별로 의견차가 없을 것이라는 점을 말하고자 하는 것이 아니다. 하지만 대부분의 경우에 우리는 공통적으로 "거짓말을 하는 것은 도덕적으로 옳지 않다"는 명제를 옳다고 여긴다.

하지만 무엇을 근거로, 다시 말해 무엇을 위해 우리가 이런 주장을 해야 하는가? 왜 거짓말을 하는 것이 도덕적으로 옳지 않은가? 첫 번째로 확실히 해두어야 할 것이, 이 질문에서 "왜"는 기름이 다 떨어졌으니깐 차가 섰다는 식의 인과관계를 묻는 것이 아니라는 점이다. 이 상황에서 "왜"는 원인을 묻는 것이 아니라, 충분한 설명이 될 수 있는 이유를 묻는 것이다. "도대체 무슨 이유로 우리는 진실을 말해야만 한다고 주장하는 것인가?"라고 말이다. '거짓말을 해서는 안 된다는 주장'과 '거짓말에 대한 여러 가지 도덕과 무관한 맥락에서 나온 주장' 사이에는 큰 차이가 있다. 가령 "거짓말을 해 봐야 얻을 게 없으니까," "통상적으로 거짓말을 하면 사람들이 얼굴을 찌푸리니까," "거짓말을 하면 사람들이 당신을 믿을 수 없게 되므로," "어떤 상황에서는 거짓말을 하는 것이 불법이기 때문에," "거짓말을 하면 사람들 사이에서 인기를 잃게 되니까" 등은 도덕과 무관한 맥락에서 나온 주장이다. 이러한 주장들은 모두 진실이기는 하지만, 그 진실 여부를 가리기 위해서는 그 사실 하나하나를 경험을 통해 확인해야 한다. 현실적으로는 이렇게 확인하는 것이 힘들지 모르나, 원론적으로 그것은 사람들이 정말로 거짓말하는 사람을 불신하게 되는지 혹은 어떤 거짓말들이 불법적인지를 그저 살펴보는 것이다. 하지만 도덕적 주장은 이러한 방식으로 확인할 수는 없다. 우리는 어떤 형태든지 간에 직·간접적 관찰을 통해서 사람들이 정말로 거짓말을 하는 것이 잘못된 것이라고 생각하는지에 대한 주장을 확립할 수 있겠지만, 정말로 그 행위가 잘못된 것인지는 별개의 문제이다. 사람들이 지구가 둥글다고 생각한다고 해서 그 사실이 지구가 둥근 것의 증명일 수는 없다. 지구가 평평하다고 믿는 사람들이 있다고 해서 지구는 평평하지 않다는 진실이 바뀔 수도 없는 것이다. 마찬가지로, 특정 사람들이 무엇이 도덕적인지 혹은 비도덕적인지를 생각한다는 것 자체가 도덕이란 무엇인지에 관한 논쟁의 일부가 될 수 없다. "거짓말을 하는 것이 왜 도덕적으로 잘못인가"라는 질문은 '무엇이 잘못이라고 말하는 것은 무엇을 의미하는가'의 문제이다. 개인적인 이득과는 상관없이, 어떤 이유에서 거짓말을 하는 것은 하면 안 되는 행위라는 결론에 도달하게 되는 것일까?

역사적으로, '내재적 이유'와 '외재적 이유' 혹은 '어떤 것을 그 자체만을 위해서 하는 행위'와 '다른 이득이 있어서 하는 행위'를 구별하기까지는 꽤 오랜 시간이 걸렸다. 초기 사회에서는, 사람들 각자가 생각하는 자기 이익을 바탕으로, 힘을 가진 자의 강압이나 협박이 더해져 행동 규범이 정해졌음은 두말할 여지가 없다. 말하자면, 누군가가 무엇인가를 했다면 힘을 가진 우두머리가 무서워서 한 행동이었고, 살아남거나 곤란한 상황을 피하기 위해서는 당위와 필요를 거의 구분할 수 없었다. 이러한 상황에서는 사람들이 왜 그렇게 행동하는지에 대한 정확한 설명이 존재한다. 하지만 그 행동이 무엇이든지 간에, 그것은 도덕적이라고 분류되지는 않는다. 왜냐하면 우리가 말하는 도덕적 행동의 의미는 개인적 이익, 안전 등과는 전혀 상관없이, 우리가 그렇게 행동해야 한다고 인지해서 그렇게 행동하는 것이기 때문이다. 그러므로 우리는 진실을 말해야만 하는 이유를 단순히 최고 우두머리가 그렇게 하라고 명령해서라고 말할 수는 없는 것이다. 도덕성은 우두머리가 그렇게 말한다고 해서 그렇게 정의되는 것이 아니다. 오히려 누군가가 우리에게 한 번도 설득력 있게 이야기해 준 적은 없지만, 우두머리가 우리에게 하라고 시키는 것이 우리가 해야만 하는 것과 우연히 일치하는 것뿐이라고 결론지을 몇 가지 이유가 필요할 것이다.

이는 "왜 거짓말을 하는 것이 도덕적으로 옳지 않은가?" 혹은 더 넓게 말해, "우리는 왜 도덕적으로 옳은 일을 해야만 하는가?"라는 질문에 답하기 위해서는 가장 오래되고 일반적이지만 결국은 지지받을 수 없는 시도(신이 이러한 영역을 관장한다는 것)로 우리를 이끈다. 불행히도 이런 관점은 별 효용이 없을 것이다. 가장 우선적인 이유는 신이 존재한다는 것을 확립하는 엄청난 문제를 간과할 수 없기 때문이고, 이 주장이 만족스러울 만큼 확립된다고 해도, 현재 우리가 읽는 십계명이 정말 신이 말한 그대로인가를 입증하는 문제에 다시 봉착하게 되기 때문이다. 신의 존재를 믿는 철학자나 신의 존재를 개인적으로 확고하게 믿는 사람이 있다 하더라도, 사실대로 믿는 이는 거의 없다고 봐야 한다. 만약 그런 사람이 있다 하더라도, 신의 존재 여부를 묻는 공적 검증을 견딜 수 있다는 주장이나, 신의 존재에 관한 합법적인 반박을 넘어서 확립할 수 있는 논거가 있다고 인정할 사람은 거의 없다. 신의 존재가 객관적 주장에 의해 증명되고, 십계명은 의심의 여지 없이 신이 말한 대로 정확히 우리에게 전해져 오고 있다고 주장할 사람은 거의 없다는 것쯤은 누구나 알 것이다. 당연히 신을 믿을 수 있고, 자신이 다니는 교회의 설교에 따라 행동하는 것이 그 자체로 말이 안 되는 것은 아니다. 다만 신이 무엇을 원하는지 우리가 정확히 알고 있으며, 신이 존재한다는 사실을 우리가 주장으로 정립시켜 왔고 또 정립시킬 수 있다는 생각은 거의 불가능하다는 것이다.

우리가 어떤 특정 종교를 믿는다고 해도, 도덕성의 근간을 찾아내거나 우리의 근본적인 도덕적 가정을 정당화하는 과제는 여전히 남아 있다. (이미 우두머리 이야기에도 적용되는 이유이지만) 그 이유는 신이 자신이 옳다고 생각하는 바에 따라 우리로 하여금 진실을 말하도록(혹은 물건을 훔치지 말라고) 명령하고 있다고 가정해야 하거나, 도덕적으로 옳은 것은 그것이 무엇이든지 간에 신이 명령한 것이라고 우리가 암묵적으로 생각하기 때문이다. 우리는 신의 뜻에 의거하여 그 명령을 따른다는 가정이 좀 더 간단하지만, 우리의 고민을 해결하는 데에는 전혀 도움이 되지 않는다. 만약 신이 X라는 행위가 좋다고 생각하였기 때문에 우리로 하여금 X를 하라고 명령한다면, 그 다음에 할 수 있는 질문은 왜 X가 좋으냐는 것이다. X가 대체 무엇이기에 신은 그렇게 판단한 후에 X가 좋다고 인식하느냐는 말이다. 자신의 종교에 대해서 성찰하지 않는 종교 신봉자에게 이러한 질문은 아무 의미도 없는 것이 될 것이다. 이런 이들은 신이 하라고 하는 것에 대해 해야 할 필요성을 느끼는 것뿐이다. 하지만 어떤 것이 우리의 도덕적 의무라고 말하는 것이 무엇을 의미하는지 이해하려는 우리에게는 여전히 만족스럽지 못한 답이다.

도덕적으로 선한 것은 신이 명령한 것이라는 가정도 마찬가지로 실마리를 제공해 주지는 않는다. 만약 "도덕적으로 선한 것"이 단순히 "신의 명령에 따르는 것"을 의미한다면, 이제는 "왜 우리는 신이 명령하는 것을 행해야만 하는가"라는 질문에 답해야만 한다. 왜냐하면 "신은 선하니까"라고 대답할 수는 없기 때문이다(신은 신의 명령에 따른다는 뜻으로 해석될 수 있기 때문에, 이는 별로 의미 없는 해석이다). 그러므로 우리가 신이 명령하는 대로 행해야 하는 이유는, 신은 전지전능하고, 우리가 그 명령을 따른다면 자비롭게 보상을 해줄 수도 있지만, 그렇지 않다면 파괴시킬 수도 있기 때문이라고 결론 내리지 않으면 안 될 것 같다. 하지만 이렇게 결론을 내리면, 그것은 전지전능한 우두머리 이야기로 다시 돌아가는 것밖에 되지 않는다. 신이 하라는 대로 하는 것은 현명한 행동이고, 그러므로 그 자체가 진리를 말하는 것일지도 모른다. 하지만 이런 상황은 진리를 말하는 것이 도덕적으로 좋은 일이라고 말하는 것과는 또 다른 문제이다.

중요한 것은 도덕성과 종교가 논리적으로 서로 별개의 문제이며, 우리들은 이 둘을 혼동해서는 안 된다는 것이다. 어떤 종교는 도덕적이지 않은 경우가 있고, 종교 없이도 도덕성은 존재할 수 있다(물론 가장 독실한 독자들조차도 무신론자들 역시 도덕적 선택의 문제에 직면해 있다는 것을 부인하지는 않을 것이다). 어떤 종교들은(기독교도 그중 하나인데) 도덕적 관점과 깊이 연관되어 있기는 하지만, 종교에서 주장한 대로 하였다면 세상이 달라졌을

지도 모른다는 식의 조건부적 사실에 불과하다. '어떤 도덕적 의무감을 우리는 어떻게 혹은 어떤 의미에서 갖는지,' 혹은 '어떤 의무는 도덕적이라고 말하는 것이 무슨 의미인지'를 묻는 질문은 종교에 호소해서 해결될 문제가 아니다. 실제로, 우리가 하려는 것은 가령 한편으로 합법적이고, 현명하며, 자기 이익에 도움이 되는 종교적인 행위 동기와, 다른 한편으로 도덕적인 행위 동기를 구분하는 것이다.

역사적으로, 도덕성의 문제를 자연(본성)에 근거하여, 도덕적인 것은 자연적인 것이라고 주장하려던 시도도 있었다. 하지만 이 또한 막다른 골목에 몰린 주장일 뿐이라는 것이 드러난다. 여기서 첫 번째 문제는 자연적인 것을 결정하는 것인데, 이는 앞서 우리가 논의한 누구의 신을 말하는 것인지, 그 신의 종교적 특성과 명령은 무엇인지를 결정하는 문제와 비교할 수 있을 것이다. 이 문제는 일차원적으로는 해결할 수 없다. 각각의 사람들마다 자연스럽다고 생각하는 것이 다 다를 것이고, 원론적으로 자연스럽다고 여겨지는 것이 대체 무엇인가의 문제도 남아 있다. 그리고 정말 말 그대로 자연 그대로 주어진 것과, 겉으로는 자연스러운 것처럼 보이나 실은 오랜 시간에 걸쳐 문화적 압력에 의해 창조되고 발전된 것을 어떻게 구분하느냐의 문제도 여전히 남아 있다. 그러므로 가장 단순한 수준에서 보면, 예나 지금이나 인간은 천성적으로 "공격적인가" 그렇지 않은가, 인간은 원래 일부일처제를 추구하는 존재인가 그렇지 않은가, 인간은 원래 사회적인가 그렇지 않은가를 두고 논쟁을 벌이고 있다. 더 중요한 문제는, 그런 특성들이 자연적인지 문화적으로 생겨난 것인지와는 상관없이, 항상 그것들에는 예외가 따른다는 것이다. 아이를 갖고자 하는 본능이 전혀 없는 여성은 부자연스러운 것인가? 일반적으로 아이를 갖고자 하는 여성들의 욕망은 그들의 유전자에 저장되어 있는 것이지 사회적 압력이나 조건의 산물은 아니라는 것을 우리 모두가 알고 있다고 가정해 보자. 그렇다면, 한편으로 아이를 원치 않는 여성은 정말로 부자연스러운 것이다. 다른 한편으로, 유전적 계승이라는 관점에서 보면, 아이 갖기를 원하지 않는 것 자체도 그저 자연적인 현상일 뿐이다.

자, 그럼 "자연적인"이 의미하는 것은 대체 무엇인가? 유전의 지배를 받는다는 의미에서, 천성적으로 타고나는 것을 의미하는가? 아니면 보편적으로 진실인 것을 의미하는가? 대체 무엇인가? 가령 어떤 사람들은 동성애가 자연적인 것인지의 문제를 유전적인 문제로 보기도 한다. 모든 사람이 이기심을 가지고 있기 때문에 이기적인 것이 자연적인 것이라고 주장하는 보편성의 맥락에서, 동성애를 보편적이라고 보기는 힘들다. 하지만 가끔은 동성애나 이성애를 그저 선택의 문제일 뿐이라거나, 또 다른 시각에서는 둘 다 모두 환경에 대한 반응의 문제라고 본다면, 동성애가 자연적인 문제일 뿐이라고 생각할 수도 있다. 그렇다면, 이제 동성애가 어떻게 발생하는가의 문제와는 상관없이, 이성애와 마찬가지로 "도덕적으로 수용할 수 있다"는 맥락에서, 동성애를 "정상적인 것"으로 받아들일 수 있는지를 묻는 또 다른 시각이 등장한다. 보편적이거나 천성적인 것으로 보이는 것들의 어떤 특징들은, 사실 아주 오랫동안 환경적인 압력과 조건화 때문에 나타난 결과일 수도 있다. 그러므로 이러한 특징들은 환경적 영향을 받아 내부적으로 생겨난 것들이지, 반드시 태어날 때부터 인간이 갖게 되는 원초적인 특성은 아니다. 여러 동물들이 수세기에 걸쳐 인간의 손에 길들여져 왔듯이, 인간도 어쩌면 아리스토텔레스가 천성의 특징이라 생각하는 정치적 본능을 사회화를 통해 갖게 되었는지 모른다. 개를 생각해 보면, 한편으로 개는 "자연적으로" 인간과 함께 살게 되었지만, 다른 한편으로 개가 인간과 같이 살도록 길들여졌다는 것 자체가 자연적인 일이 아니다. 개의 길들여짐은 사실 부자연적인 것이다.

개의 사육이 자연적이다, 그렇지 않다의 문제를 여기서 논할 필요는 없다. 그것은 단지 자연적인 것으로 여길 수 있는 것이 무엇인가라는 바로 그 질문은 명확하게 답할 수 있는 성질의 것이 아니라는 것을 상기시켜 주려 했을 뿐이다. 그 답이 명확하다 하더라도, 자연이 우리에게 무엇이 도덕인지를 말해 주기를 바랄 수 있을까? 도덕적이라는 것이 자연적으로 행동하는 것과 같은 것인가?

그렇다고 주장하는 사람들도 있기는 하다. 도덕적이라고 자연스럽게 받아들이는 것이나 좋은 것이라고 일반적으로 생각하는 주장 중 하나는, 도덕적인 것은 단순히 권력에 순응하는 것일 뿐이라는 것이다. 하지만 이 주장은 도덕성의 근원을 찾고 정당화하는 것이라기보다는 도덕성을 부인하는 것이나 마찬가지다. 거짓말을 하지 않고 도둑질을 하지 않는 등의 행동은 순전히 지배자에게 유용하기 때문에 하는 것이고, 그 이외의 구속력은 없다고 말하는 것과 같다. 하지만 그 결과는 지배자에 대한 복종으로부터 벗어날 수 있다면 규칙을 어겨도 된다는 뜻이 된다. 이러한 견해가 도덕성을 부인한다고 해서, 나는 그 사실 때문에 도덕성이 거부될 수 있다고 주장하고 싶지는 않다. 권력의 권위를 세울 목적으로 권력자들에 의해 사회에 적용된 규칙들만큼 도덕성을 가진 것도 없다는 주장은 사실일 수 있다. 하지만 그럼에도 불구하고 소위 도덕적 규칙이라는 것은 권력의 권위를 세우는 것 이외에는 정당화될 이유가 없다는 견해를 넘어서는 그 이상의 무엇인가가 분명히 있다.

또 다른 주장은 도덕적인 것(예를 들어, 우리가 해야만 하는 것)과 자연적인 것은 강자가 약자를 지배하는 것이라고 말한다. 이 주장은 최소한 우리에게 질문에 대하여 이해할 수 있는 답을 제시해 주기는 한다. 도덕성의 정당화는 자연에서 찾을 수 있다고 말이다. 지금까지 우리가 살펴보았듯이, '우두머리나 신이 우리에게 요구하는 것이 무엇인지 확실치 않다'는 것과 같은 맥락에서, "자연적인" 것은 무엇을 의미하는가라는 질문은 차치하더라도, 자연적인 것을 어떤 주어진 의미에서 결정할 것인가 하는 방법도 분명하지 않다. 강자가 약자를 지배하는 것은 자연스러운 일이라는 것이 그렇게 명약관화한 사실인가? 많은 사람들은 그렇게 강자가 약자를 지배하는 상황이 인간에게 자연스럽고 사회적으로 거부감 없이 받아들여지는 일이라고 주장하기도 했다. 하지만 여기서 간과하고 넘어갈 수 없는 문제는, 자연적인 것이 곧 좋은 것이라는 명제를 받아들여야 할 분명한 이유가 없다는 것이다. 대부분의 사람들이 약자를 때리는 걸 자연스러운 일이라고 주장한다고 해서, 그것을 도덕적으로 옳은 일로 받아들이는 것은 분명 우리의 직관에 반하는 일이다. '무언가가 어떤 경우'라는 것과 '무언가가 어떻게 되어야 한다는 것' 사이에는 분명한 차이가 있다. 무언가가 어떤 경우라고 해서 꼭 그렇게 되어야만 한다는 주장은 성립되지 않는다. 만약 무언가가 어떤 경우라고 해서 꼭 그렇게 되어야만 한다는 주장이 옳은 것이라면, 이상한 결과들이 속출할 것이다. 가령, 내가 당신을 혐오할 정도로 싫어하기 때문에 내가 반드시 그래야만 한다거나, 에이즈가 만연해 있기 때문에 모두가 에이즈에 걸리는 것이 옳다는 식의 논리로 말이다.

필자는 바로 앞 문단에서 "직관에 반反한다"는 표현을 사용하였다. 그리고 어떤 시점에서든, 우리는 직관에 대해 한 번 생각해 보아야 한다. 왜냐하면 어떤 이들은 "직관"을 우리가 가지고 있는 것의 전부라고 아주 강력하게 주장하기도 했기 때문이다. "왜 나는 진실을 말해야만 하는가"라는 질문에 답하기 위해서, 우리는 이 질문의 도덕적 가치를 정당화하는 이유들을 만들어 내서 답할 수는 없다. 오히려 진실을 말하는 것이 그 자체로 자명하게 좋은 것이라는 사실을 인지해야만 한다. 본질적인 도덕적 진실은 그저 직관에 따르거나 직관에 따를 수밖에 없는 것이다. 마치 아름다움이라는 것이 백문이 불여일견인 것처럼 말이다. 또 다른 예를 들어 보면, 우리는 그림이나 교향곡 같은 것에 대해 이야기를 할 수는 있지만, 결국에는 베토벤의 교향곡을 듣고 감동을 받을 수도 있고 그렇지 않을 수도 있다. 이와 비슷한 예로, 우리는 우정이라는 것이 좋은 것이라고 인지할 수도 있고 그렇지 않을 수도 있다.

직관주의적 설명에 대해 직접적으로 반대하는 주장도 있다. 직관은 다양하다는 것이다. 직관적으로 동성애는 옳지 않은 것이라고 느끼는 사람이 있는 반면에, 동성애가 나쁜 것은 아니라고 생각하는 사람도 있다. 복제, 낙태, 안락사, 매춘 등 다른 이슈들에 대해서도 마찬가지다. 또한 직관을 우리에게 자연적으로 주어진 것이라거나 오류가 전혀 없는 완벽한 것처럼 말하는 것도 문제가 있다. 대부분의 경우에, 사람들이 "직관적으로 느끼는 것"은 우리가 정말로 "자연적으로" 느끼는 것이 아니라 직관적이라고 보도록 배워 왔기 때문에 그렇게 느끼는 것이다. 이것이 그리 문제될 것은 없다. 왜냐하면, 지금까지 우리가 논의해 왔듯이, 자연적인 것이 반드시 좋은 것은 아니기 때문이며, 지식을 바탕으로 한 "직관"은 무지를 바탕으로 한 직관보다는 분명 더 낮다고 생각되기 때문이다. 하지만 우리가 풀려는 숙제에 대한 답변은 단순히 직관으로 무엇이 옳은지를 판단하기는 어렵다는 것이다.

하지만, 그런 점들을 인정하더라도, 필자는 직관이라는 개념을 살리기 위해선 무언가를 해야 할 필요가 있다고 느낀다. 왜냐하면 어쨌든 직관은 도덕을 이해하는 데 있어서 매우 중요하고 피할 수 없는 개념이기 때문이다. 비록 여기서 우리가 문제 삼는 것은, 이른바 "자연적" 본능과 구분되는 것으로서, 문화적으로 길들여진 직관이다. 여기서 우리는 좋든 싫든 간에 인정해야 할 것이 있는데, 그것은 인간사에는 증명되거나 이성적으로 설명되고 정당화되기보다는 직감으로 느껴야만 하는 것들이 분명 존재한다는 점이다. 필자는 "우정은 왜 선한(혹은 좋은) 것인가?"라는 질문에 답하는 것이 어려울 뿐만 아니라, 질문 자체도 이상하다고 생각한다. 물론, "우정"이 무엇인지 모르는 사람에게 그 의미나 어떤 행위가 우정 어린 것인지 등을 설명할 수도 있고, 우정의 좋은 점에 대해서도 간략하게 설명해 줄 수는 있다. 하지만 이 모두와 상관없이, 모든 상황이 전부 동일하다면, 우리가 우정이란 것을 그 자체로 바람직한 것으로 생각한다는 사실은 분명하다(우정을 그 자체로 바람직한 것으로 생각한다는 사실이 바람직하지도 않고 득될 것도 없는 위험한 우정이나 서로 혐오할 수밖에 없는 우정의 가능성을 배제하는 것은 아니다. 우정은 물론 선한 것이지만, 그 선의 질과 결과는 나쁠 수 있다. 예를 들어, 사랑은 분명 선한 것이지만, 이기적인 사랑도 있을 수 있고, 비극적인 결말로 치닫는 사랑도 있다. 하지만 사랑 그 자체는 본질적으로 여전히 선한 것이다). 행복, 친절, 아름다움도 모두 마찬가지다. 이러한 것들은 고귀한 동시에 우리에게 영감을 주는 개념들이다. 만약 우리가 그러한 본질적 가치를 볼 수 없다면, 무언가 잘못된 것이다. 또한 직관이 저마다 다르다는 사실은 심각하게 고려해야 할 실천적인 문제다. 하지만 우리는 다음과 같은 점을 다시 한 번 짚고 넘어가야만 한다. 즉, 시각처럼 공통적인 신체 감각도 사람들마다 다르며, 정반대의 결과를 보고할 수도 있지만, 그렇다고 해서 시각에 결코 의존해선 안 된다고 주장하는 사람은 아무도 없다는 점이다. 게다가 가장 중요한 것은 특정 상황에서 특정 행동을 하는 경우, 우리의 직관은 저마다 다르게 작용하는 반면, 구체적 상황이 아니라 추상적 상황에서 무언가를 직관할 때는 일률적으로 느낀다는 점이다. 사람들 대부분이 피할 수 없는 진실을 거의 비슷하게 느끼는 것과 마찬가지로 말이다. 예를 들어, 우리는 원론적으로 (약속을 지키지 못할 정당한 이유가 없는 상황이라는 가정하에) 약속 이행은 중요하지 않다고 생각하는 걸 잘 이해할 수 없다. 만약 우리가 약속이라는 것이 무엇인지 안다면, 모든 상황이 동일한 조건에서는 '약속은 지켜야 하는 것'이라고 생각해야 옳다. 이는 그 결과 때문이 아니라, 약속을 지키지 않는다면 사람들이 약속을 하는 의미가 사라지기 때문이다. 다시 말하면, 어떠한 약속도 처음부터 해서는 안 된다는 주장은 할 수 있을지 모르나, 일단 약속을 해놓고서 약속을 지켜야 한다는 생각을 하지 않는다면, 말이 안 된다.

필자는 "이득"을 언급하면서 외재적 이득과 내재적 이득 사이의 차이점에 대해 강조한 바 있다. 외재적 이득은 내가 어떤 행위를 한 결과에 따라오는 것으로, 가령 내가 남에게 친절을 베풀었을 때 따라오는 이득과 같다.

반면 내재적 이득은 행위 자체가 주는 이득이다. 필자는 또한 '우리는 왜 거 짓말을 하면 안 되는가'와 같은 여러 도덕적 문제를 고려할 때 외재적 이득 을 따져서는 안 된다고 가정한 바 있다. 그런데 문제를 이렇게 과도하게 단 순히 나누는 것은 여기까지 하고, 좀 더 복잡하게 생각해 볼 필요가 있다. 왜냐하면, 우리가 그리려는 최종적인 그림 속에 부분적으로 통합되어야 할 뿐만 아니라, 표면적으로는 외재적 이득의 측면에서 결과consequences와 밀접한 관련이 있는 도덕적 사고의 한 유형이 있기 때문이다.

우리의 논의에 공리주의적 요소를 도입하려면, 필자는 사람들이 흔히 받 아들이는 생각들을 방어해야만 한다. 필자가 보기에 사람들이 흔히 받아 들이는 생각들 중 하나는 공리주의가 다양한 방식으로 부적합하다는 것 과, 다른 하나는 공리주의를 표면적으로만 논의할 경우, 필자의 의도와는 다르게, 결과적으로 오해를 낳을 소지가 많다는 것이다. 평범한 일반인들 에게 "공리주의적 주장"이란 그저 목적이 수단을 정당화하는 것이라는 의 미로 다가온다. 사전을 찾아보면, "공리적인utilitarian"을 "유용한useful"이 라고 정의하고, "공리"도 "유용함"이라는 명사형으로 정의해 놓았을 것이 다. 그리고 공리주의 이론을 "미덕의 기준을 공리公利로 보는 이론"으로 혹 은 "최고선은 최대 다수의 최대 선에 있다고 주장하는 이론"이라고 정의 하였을 것이다. 공리주의에 관한 많은 입문서들도 공리주의란 "최대 다수 의 최대 행복"에 관한 이론이라고 소개한다. 그리고 공리주의를 결과론(어 떤 행동의 도덕적 가치를 그 결과를 보고 평가하는 것)과 목적론(의무론과 대비되 고, 목적을 추구하는 경향으로 행동을 판단하며, 결과와 상관없이 어떤 도덕적 행동 이 옳다고 생각하지 않는다)으로 분류한다.

공리주의에 대한 이러한 설명의 어떤 것도 반드시 혹은 정확하게 틀린 것은 아니지만, 오도의 소지가 많다. 또한 그것은 필자가 공리주의에서 가 장 중요하게 여기는 내용도, 일반적으로 받아들여지는 도덕 이론의 필수 적인 요소도 잡아내지 못한다. 공리주의를 이해하는 데 있어 이런 어려운 측면을 설명하기 위해, 필자는 약간 전문적인 구분을 도입해야만 한다. 그 것은 행위 공리주의와 규칙 공리주의의 구분이다. 행위 공리주의라는 것은 각각의 행위를 공리에 따라 판단해야 한다고 가정한다(효용의 의미를 우리 가 어떻게 결정하든지 간에 말이다). 반면에, 규칙 공리주의는 효용에 따라 판 단되는 규칙을 따라야 하며, 어떤 상황에서는 효용성의 원리에 준하지 않 더라도 그 규칙을 따라야 한다고 전제한다.

공리주의를 하나의 도덕 이론으로 간주한다면, "공리utility"를 "유용성 usefulness"과 동일시해서는 안 된다. 공리주의의 가장 중심적인 교의는 바 로 행복이다. 행복이라는 단어는 여러 가지 이유에서 이상적인 단어는 아 니다. 하지만 공리주의는 그 형태가 다양함에도 불구하고, 대부분 이 세 계에서 가능한 최대의 행복이나 만족, 혹은 최소의 불만과 불행을 보장하 는 것과 관련된 이론이라는 점에는 의심의 여지가 없다. 간단히 말하면, 공 리주의는 도덕성을 고통이 전혀 없는 이상적인 세상을 만들어 내는 데 도 움이 되는 행농이라고 본다. (누군가 빈대할 것이 틀림없더라도) 필자가 보기 에 공리주의자는, 공리주의에 근거하여, 규칙 공리주의자가 되어야 한다는 사실은 분명하고 논란의 여지가 없는 것 같다. 간단히 말해, 만약 누군가 가 행위 공리주의를 채택했다고 하면, 이때 모든 개인은 모든 상황에서 어 떤 행동이 최고의 행복(혹은 최소의 고통)을 낳는가를 고민해야만 하는 입 장에 놓이게 된다. 안 봐도 이것은 엄청난 재앙을 초래할 게 확실하다. 규 칙이 존재할 때, 우리 모두가 더 나은 삶을 살 것이라는 점은 분명하다. 이 러한 사실을 인정하는 것은, 규칙을 따르는 것이 때때로 더 많은 고통을 야기하더라도, 전체적으로 우리의 삶은 나아질 것이라는 것을 의미한다. 만약 진실을 말하는 것에 관한 규칙도 없고 가정도 없다면, 삶은 예측할 수 없고 혼란스러워지며, 그 결과 매우 불안정하고 불안해질 것이다. 이제 사람들은 선택 결과에 대한 그들의 평가에 전적으로 의존하여 진실을 말 할지 여부를 결정할 것이라는 점은 말할 필요도 없다(가령, 만족과 행복에는 전혀 도움이 안 되는 결정을 내릴 수도 있다). 그리고 상황을 잘못 판단해서 내린 잘못된 선택들은 물론 전체 행복의 양을 줄어들게 만들 것이다. 하지만 중요한 점은, 인간의 전반적인 안전과 안녕을 위해 합의된 규칙들이 필요하다는 사실은 분명하다는 점이다.

지금까지 살펴본 바를 통해 규칙 공리주의에 관하여 논의해 보면, 규칙 공리주의가 목적론이라는 주장은 이 이론이 적어도 행복이라는 목적에 초점을 맞추고 있다는 점에서 볼 때 사실로 받아들일 수 있다. 하지만 일단 규칙을 만들게 되면, 공리주의자들은 이 규칙에 의해 요구되는 행위를 따라야 한다는 점을 인정해야 하기 때문에, 규칙 공리주의가 목적론이라는 주장에는 한계가 있다. 마찬가지로, 규칙 공리주의는 분명히 결과론도 아니다. 왜냐하면 규칙 공리주의는 단순히 진실을 말한 결과로 인해 행복이 증가될 때가 아니라, 어떤 상황에서건 진실을 말해야 한다고 가정하기 때문이다.

필자가 말하고자 하는 것은, 도덕성에 대한 이해 속에 통합될 필요가 있는 공리주의의 측면은 바로 공리주의가 행복과 같은 것을 도덕성의 평가 기준으로 중요하게 생각한다는 점이다. 이런 공리주의의 일면은 도덕성에 관한 모든 이해에 포함시킬 필요가 있다. 앞서 언급했듯이, 행복이라는 단어는 이상적이지도 않고, 다른 어떤 단어를 이런저런 이유에서 대체하지도 않는다. 어떤 사람들은 "복지well-being"라는 단어가 행복, 만족, 고통으로부터의 자유 등이 갖는 어감을 전달하지 않기 때문에 그것을 선호하는 반면, 또 어떤 사람들은 "만족"이 "행복"보다 좀 덜 특정한 느낌을 주기 때문에 '만족'이라는 단어를 더 선호한다. 한편 또 어떤 사람들은 '행복'이라는 단어가 신체적으로 느끼는 특정 감각을 넘어선 무엇이며, 개인적인 성취감을 포함하는 개념이라고 주장하기도 한다. 필자는 이 문제를 더 이상 논하지 않을 것이며, 행복, 복지, 고통의 부재가 각기 다 다를지 모르나 특별한 구분 없이 사용할 것이다. 하지만 필자는 어떤 그럴듯한 도덕 이론의 근거

중 일부는 일반적으로 복지와 관련된 것이어야 한다고 생각한다. 물론 특정 상황에서 그 결과와 상관없이 따라야만 하는 규칙이 있을 것이며, 복지 외에도 도덕성을 정의하는 다른 원리나 요소도 있을 것이다. 물론 무엇이 복지를 구성하며 행복을 구성하는지에 대해서는 논란의 여지가 있다.

과거에 일부 철학자들이 이른바 사회계약론에 몰두한 바 있다. 그런데 최근 몇 년 동안 그 이론에 수정을 가하는 방식으로 사회계약론에 대한 관심이 되살아나고 있다. 이 이론의 핵심은 사실상 계약이 시민들 사이에서 이루어진 것이라는 일반적인 역사적 주장이 아니라, 자기 이익 증진에 관심을 가진 개개인이 협력의 차원에서 동의한 것이라고 볼 수 있는 도덕 이론 혹은 도덕적 법이다. 이러한 동의 상황에서 각 개인들은 (사회에 대한 일반적 사실과 같이) 이미 알고 있는 것으로 추정되기도 하고, 때로는 (자신의 사회적 위치, 천부적 재능, 능력 등에 대해) 전혀 모른다고 가정된다. 이러한 맥락에서 필자가 어떤 특정 계약을 지칭하는 것은 아니다. 필자는 우리가 어떤 것을 왜 해야 하는지 혹은 하면 안 되는지, 그 이면에 깔려 있는 관점에서 계약을 보고 있다. 하지만 그럼에도 불구하고, 도덕성을 인지할 수 있는 다른 이유가 무엇이든지 간에, 지각 있는 사람들이 사회를 처음부터 다시 꾸릴 때 채택할 것으로서 도덕성을 생각하는 것은 가능한 일이다.

필자가 앞서 논의했듯이, 도덕성을 그저 권력의 문제로 다루는 것은 실수라고 할 수 있다. 도덕성을 권력의 문제로 보는 것은, 역사적으로 일어났던 일의 모든 진실과도 상관이 없으며, 도덕성이란 무엇인가에 대한 그럴듯한 설명도 아니다. 또한 신에게 그 해답을 의지하는 것도 별 소용이 없다. 신이 존재한다 하더라도, 도덕성에 대한 우리의 감각은 신에 대한 헌신과는 다른 무엇이어야만 한다(아니면 우리가 도덕성이라고 느끼는 것 자체가 존재하지 않는지도 모른다). 자연이 우리를 인도하도록 하는 것도 위험천만한 일이다. 자연적인 것과 비자연적인 것을 분명히 구분할 수 있다 하더라도, 자연적으로 일어나는 것 혹은 우리가 자연스럽게 하고자 하는 것을 옳은 것 혹은 해야만 하는 것과 동일시할 수는 없다.

안타깝게도 직관에 의지할 수 있는 영역이 별로 없다는 것은 주지의 사실이며, 공리주의라는 특정 이론은, 적어도 일반인들이 이해하고 있듯이, 우리의 질문에 대한 해답이 될 수는 없다. 그러나 "왜 우리는 진실을 말해야만 하는가"와 같은 도덕적 질문에 대한 대답 중 일부를 공리주의에서 찾을 수 있는데, 왜냐하면 우리는 '진실을 말하면 이로울 게 전혀 없는 세상이 됐으면 좋겠어'라는 진술을 이상하다고 느끼기 때문이다. 또한 진실을 말해야 한다는 도덕적 의무는, 진실을 말하는 것이 우리 모두에게 이익이라거나, 복지 전반을 향상시킨다거나, 내세에 보상이 있다거나, 물질적인 혜택이 있을 것이라는 맥락에서 설명할 수 있는 것이다.

이미 우리는 도덕적 영역의 일부 특징을 이해하기 위한 발판을 닦기 시작했다. 하지만 도덕성의 근본적이고 규정적인 원리를 직접적으로 고려하기 전에, 일부 남아 있는 예비적 구분과 비교(차이점)를 다루어야 하고, 좀 더 신중을 기할 필요가 있다.

이 장을 위한 참고 문헌

본문에서 신에 대해 언급하였기 때문에, 필자는 여기서 종교철학서를 소개할 수밖에 없다. 존 힉John Hick은 『신의 존재*The Existence of God*』에서 종교의 역사에 등장하는 신에 대한 여러 주장을 모아 보여 준다. 테리 미시Terry Miethe와 앤터니 플루Antony Flew의 『신은 존재하는가*Does God Exist?*』는 유신론자와 무신론자 간의 논쟁을 담고 있다(저자 플루는 나중에 그의 생각을 바꾼 것으로 알려져 있다). 리처드 스윈번Richard Swinburne은 『신의 존재*The Existence of God*』에서 신이 존재할 가능성이 반반이라고 주장한다. 또 유용하게 참고할 만한 책으로는 바실 미첼Basil Mitchell이 편집한 『종교철학*The Philosophy of Religion*』, 토머스 모리스Thomas V. Morris가 편집한 『신의 개념*The Concept of God*』, 존 힉과 아서 맥길Arthur McGill이 편집한 『여러 방면의 주장*The Many-Faced Argument*』이 있다. 정통 종교에 내재한 자명한 모순에 특별히 관심이 있는 독자라면, 알렉산더 워Alexander Waugh의 『신*God*』을 매우 재미있게 읽을 수 있을 것이다. 요즘과 같은 다문화 시대에도 불구하고, 필자가 계속해서 기독교에 초점을 맞추는 것은 단지 논의를 확실하게 전달하기 위함이다. 우연히도 『브루어의 구문과 우화 사전*Brewer's Dictionary of Phrase and Fable*』에서는 신이라는 단어가 아리아어 'gheu(호소하다)'에 어원을 두고 있어 '선good'과는 전혀 관련이 없다고 설명한다.

자연과 도덕성에 관한 주장과 관련해 1장에서 논한 "존재"와 "당위" 사이의 관계에 관한 주제가 아마도 가장 먼저 떠오를 것이다. 당트레브A. P. d'Entreves의 『자연법*Natural Law*』과 오코너D. J. O'Conner의 『아퀴나스와 자연법*Aquinas and Natural Law*』이 이러한 주제에 관한 좋은 입문서가 될 수 있을 것이다. 피터 싱어가 편집한 『윤리학 길잡이*A Companion to Ethics*』에 실린 스티븐 버클Stephen Buckle의 「자연법Natural Law」도 참고할 만하다. 자연권에 관해서는 이 책의 4장에 소개된 참고 문헌을 참고하도록 하라.

'인간은 정치적 동물이다'라고 말한 아리스토텔레스의 주장을 살펴보려면 『정치학*Politics*』을 읽어 보면 된다. 아리스토텔레스가 이렇게 말한 뜻은 사회적 본성이 선천적으로 우리 안에 심어져 있다는 것이다. 그리고 아리스토텔레스는 이러한 인간의 사회적 본성을 정당한 것과 그렇지 않은 것을 구분할 수 있는 인간 고유의 언어 능력과 연계시킨다. 일반적으로 좋다고 여겨지는 것은 단순히 권력에 순응하는 행동일 뿐이라는 주장은 플라톤의 『국가』에 등장하는 트라시마쿠스라는 인물로부터 나온 것이다(어떤 이들은 니체의 철학에서 나온 것이라고 주장하기도 한다). 하지만 트라시마쿠스는 다른 주장을 한 것으로도 알려져 있는데, 그가 한 주장의 다른 의미는 강자가 약자를 지배하는 것은 자연스러운 것이고, 그래서 도덕적으로 옳은 일이라는 것이다(매우 유명하여 많이 들어본 말이긴 하지만 니체의 입장을 대변하기엔 좀 무리가 있어 보인다). 둘 사이의 차이점은 "힘은 옳은 것이다"와 "옳은 것은 힘이 세다"의 차이점과 같은 맥락으로 볼 수 있다.

서론의 참고 문헌 이외에도 직관주의에 대해 더 참고하고 싶다면 피터 싱어가 편집한 『윤리학 길잡이』에 실린 조너선 댄시Jonathan Dancy의 「직관주의Intuitionism」와 허드슨W. D. Hudson의 『현대 도덕철학*Modern Moral Philosophy*』이 있다. 아리스토텔레스는 『니코마코스 윤리학』에서 우정에 관해 매우 흥미로운 이야기를 전한다. 한편, 만약 약속을 지키지 않는 것이 중요하지 않다고 전제하게 되면 약속이라는 것 자체가 무의미해질 것이라는 주장은 칸트주의 정신을 이어받은 것이다. 행위 공리주의와 규칙 공리주의의 차이점에 관해서는 이미 언급한 참고 서적 외에도 스마트와 버너드 윌리엄스J. J. C. Smart and Bernard Williams의 『공리주의: 찬성과 반대 *Utilitarianism: For and Against*』에서의 논쟁이 참고할 만하다. 행복에 관해서는 로빈 배로의 『행복*Happiness*』, 엘리자베스 텔퍼Elizabeth Telfer의 『행복*Happiness*』, 넬 나딩스Nel Noddings의 『행복과 교육*Happiness and Education*』을 참고하라.

플라톤의 『국가』만큼 오래된 사회계약론의 전조도 있지만, 주요 참고 문헌은 이 책 서론의 '이 장을 위한 참고 문헌'에서 소개된 것들이 있으며, 특히 루소와 롤스가 있다.

3. 몇 가지 차이점과 실수

기본적인 차이점들을 깨닫지 못하는 것은 도덕의 본질 이해를 방해하는 한 요소이다. 그래서 이번 장에서는 다양한 도덕 이론과 도덕철학에 대하여 우리가 일반적으로 도출하는 상당히 잘못된 결론과 더불어 일반적으로 범하기 쉬운 실수와 무시되는 몇 가지 차이점을 살펴보고자 한다.

그러나 우선은 "도덕morality"과 "윤리ethics"를 구별해 보도록 하자(필자는 두 가지를 구별하지 않을 것이다). 덧붙여 말하자면, 어원적으로 '도덕'과 '윤리'는 차이가 없다. "윤리"는 그리스어 *ethikos*에서, 그리고 "도덕"은 라틴어의 *moralis*에서 유래했다. 두 가지 모두 "습관이나 관습"을 의미한다. 그래서 우리는 도덕을 단순히 관습과 같다고 오해하기도 한다. 따라서 많은 철학 사전이나 입문서는 두 단어를 동의어로 다룬다. 그러나 오늘날 점점 더 많은 사람들이 "윤리"라는 단어를 이론적 측면에서 사용하거나 "도덕철학moral philosophy"과 동의어로 사용한다. 반면에 "도덕"이라는 말은 실제적인 도덕 문제나 상황에 적용할 때 사용한다. 예를 들면, "행복은 최고선인가?"라는 질문이 윤리에 관한 것처럼 보이고, "이때 나는 진실을 말해야 하는가?"라는 질문은 도덕에 관한 것처럼 보인다. 그러나 이와 반대로, 동시대의 문제에 초점을 맞춘 실제적인 수업이나 책의 종류를 서술하는 데 있어서 우리는 "실천 윤리학practical ethics"이라는 말을 "실천 도덕practical morality"이라는 말보다 더 자주 사용한다. 몇몇 사람은 상대적으로 특정한 규범을 "도덕"규범으로, 더 추상적이고 일반적인 이론을 "윤리" 이론으로 구별한다. 그러나 한편으로, "윤리"라는 말은 "우리는 직업 윤리에서 이것을 요구한다"에서와 같이 특별한 규칙이나 행동 규범을 묘사할 때 종종 더 선호된다. 또한 북아메리카에서는 "윤리"를, 영국에서는 "도덕"이나 "도덕철학" 등을 선호하는 것처럼, "윤리"와 "도덕"의 구별은 부분적으로 지리나 문화에 따라 영향을 받는다는 논의가 있다.

물론, 우리가 특정 규범들(예를 들면, 사업가나 전문직 종사자를 위한 규범들)과 우리 인생을 지배하는 기본 정신 혹은 원리들을 구별해야만 한다고 주장하는 경우가 있다. 이 경우, 전자는 순서대로 "기업 윤리"나 "연구 윤리," "의료 윤리" 등과, 후자는 "도덕" 혹은 "도덕성"과 관련 있을 것이다. 이러한 차이는 중요하다. 안타깝게도, '직업윤리'와 '도덕'은 등치 개념이 결코 아니어서 현재의 용례는 너무도 다양하지만, 특정 규범들에 대하여 진술하려 하면 오히려 윤리와 도덕의 구분은 쓸모없어져 버린다. 그리고 이렇게 윤리와 도덕의 구분이 쓸모없는 경우가 그렇지 않은 경우보다 더 일반적이다. 두 단어를 활용하는 방식은 너무도 다양하다. 간혹, 두 단어를 구분하는 것이 개념을 명확히 하는 데 더 효과적일 정도로 활용 방법이 확립된 경우도 있다. 그리고 점점 더 많은 사람들이 "윤리"라는 단어를 더 자주 사용하는 것도 확실해 보인다(그리고 확실히 출판업자들은 "윤리"라는 단어를 더 사랑하는 것 같다. 최근에 출간되는 책 제목에는 "도덕"이나 "도덕철학"보다 "윤리"라는 단어가 훨씬 많이 등장한다). 사실이 그렇더라도, 필자는 "도덕"과 "윤리"를 대략 같은 뜻으로 사용할 것이다. 비록 필자는 자신을 "윤리학자"보다는 "도덕철학자"로 생각하길 좋아하지만, 이 특별한 주제에 대하여 독자들이 명확히 알아야 하는 것은 '도덕'과 '윤리'의 활용법이 아니다. 이 책은 '윤리' 또는 '도덕'에 관한 책이라고 할 수 있다. 이 책은 윤리, 윤리 이론, 도덕철학에 대한 입문서이다. 그리고 이 책은 다양한 윤리 · 도덕 문제와 딜레마를 다루고 설명할 것이다. 물론, 이 책은 또한 "도덕교육"에 관한 책이고, 그것이 적절한 표현일 것이다. 무슨 이유에서인지 사람들은 "윤리 교육" 또는 "윤리에 관한 교육"이라는 표현은 잘 쓰지 않는다.

주의를 기울일 필요가 있는 또 다른 차이점은, '단순한 행동behaviour'과 '의미 있는 행위action' 사이의 차이다. 그러나 사람들은 두 차이를 인정하기보다는 무시하는 쪽을 더 선호할 것이다. 엄밀히 말하면, "behaviour"는 우리가 무엇을 하는지, 신체적인 수행에 주목한다. 반면에 "action"은 단순한 행위를 설명하고 유발할지 모르는 무언의unstated 의도와 믿음에 대한 암시를 내포한다. 그러므로 손을 흔드는 것은 behaviour이고, 그것을 도움을 구하는 울부짖음, 반가움 등으로 이해할 때는 action이 된다. 그러나 실제에서는 대체로 이러한 구분을 유지하기 어렵다. 왜냐하면 상황이나 의도가 어떠하든, 일반적으로 action보다는 behaviour에 주목하기 때문이다. 따라서 사람들은 도덕에 관하여 action을 단순한 behaviour만큼 자주 언급하지 않는 것이 보통이다. 엄밀히 말하면, 도덕적 행위는 행위자가 자각하는 의지 작용을 함축하기 때문에, 구별에 대한 주의 없이 behaviour를 자주 사용하는 것은 잘못이지만, 필자는 종종 그 차이점을 무시할 것이다. 그러나 윤리와 도덕 사이의 차이와 달리, 이는 매우 중요한 개념상의 차이와 관련이 있다. 우리가 관찰할 수 있는 신체적인 수행 또는 behaviour에 대하여 말하는 것과 의미 있는 행위인 action의 차이를 아는 것은 중요하다. 그러므로 이를 명심할 필요가 있고, 특히 도덕적 행위와 책임을 말할 때, 때때로 명확하게 표현할 필요가 있다. 궁극적으로 도덕성은 behaviour가 아니라 action에 관한 것이다. 즉, 도덕성은 우리의 의도, 동기, 신념에 관한 것이지 우리의 신체적인 수행에 관한 것이 아니다.

한편, 지금부터는 도덕적 가치에 관한 몇 가지 차이점에 주목할 필요가 있다. 첫 번째는 서로 다른 종류의 선과 가치들 사이의 차이점, 특히 도덕적 가치와 다른 가치들 사이의 차이점이다. 모든 가치가 도덕적 가치인 것은 아니고, 모든 판단이 도덕 판단인 것은 아니다. 불행하게도 우리는 흡연이 괜찮은지, 공손하게 행동해야 하는지, 집을 깨끗이 해야 하는지와 같은 질문을 도덕적인 것으로 여기는 실수를 매우 자주 저지른다. 예를 들면, 다른 많은 가치들 중 미적 가치는 경제적 가치와 구별된다. 법적 옳음은 관습적 옳음과 구별된다(만약 어떤 것이 법적으로, 관습적으로 동시에 옳더라도 그렇다. 즉, 어떤 것이 법적으로 옳다고 말하는 것은 그것이 관습적으로 옳다고 말하는 것과 구별된다). '부러진 칼은 나쁘다'와 '비열한 행위는 나쁘다'는 그 의미가 매우 다르다. 반복해서 말하면, 모든 가치가 도덕적 가치인 것은 아니다. 도덕적으로 좋은 것이 있고, 도덕과 상관없이 좋은 것이 있을 수 있다. 그러므로 여기서는 도덕적으로 좋은 것에 초점을 맞추려고 한다. 가령, 과음, 거만함, 자만처럼 도덕과는 무관하지만 나쁜(또는 좋은) 행위들이 있다. 도덕 이론이 해야 할 것 중 일부는 도덕적인 영역과 도덕과 무관한 영역을 나누고, 무엇이 도덕적인 문제를 더 도덕적으로 만드는지 설명하는 것이다.

예를 들어, 우리가 주어진 상황에서 거짓말이 도덕적으로 허용될 수 있다고 생각하든 혹은 그렇지 않든 간에, 거짓말은 도덕적 문제이다. 반면, 겉보기에 과식은 본질적으로 도덕적 문제는 아니다. 비록 과식이 개탄할 만한 것이고, 혐오스럽고, 환영받지 못하는 행위일지라도, 우리의 관심은 처음부터 도덕과 무관한 것과 구별되는 도덕적인 것에 있었다. 그리고 우리가 도덕과 관계없는 영역과 구별되는 도덕의 영역을 정의해야만, 비로소 도덕적인 것과 비도덕적인 것의 차이점을 밝혀내는 작업이 의미를 갖는다. 또한 이와 관련하여 사람들이 "비도덕적immoral"이라고 부르는 것(알면서도 나쁜 일을 행하는 것)과 "무도덕적amoral"이라고 부르는 것(도덕적 의무라는 것을 몰라서 행하는 것)의 차이점에 주의를 기울여야 한다.

둘째, 우리는 특정 실천 규범(교사, 의사, 변호사처럼 제한된 집단을 위한 것이든지, 기독교 규범처럼 온 인류를 위한 것이든지 간에)과 도덕(또는 윤리)을 구분할 필요가 있다. 필자가 도덕규범으로 부르고 싶은 것은 십계명처럼 특정 명령과 금지가 분명하게 담긴 목록이다. 도덕철학과 이론들이 항상 이런 부류의 특정 목록과 관계있는 것은 아니다. 도덕철학은 우리의 행위(행동)를 지배하는 일반적 원리를 밝히는 것과 관련 있다. 그러나 우리는 이런 원리들을 맥락과 상황에 따라 달리 해석할 필요가 있다. 왜냐하면 같은 원리더라도 시간과 장소가 달라지면 다른 행동을 요구할 수 있기 때문이다. 본질적으로 이러한 점은 상대주의의 논점이 무엇인지 설명하도록 돕는다. 특수성의 수준에 따라 상대성 혹은 차이가 존재한다. 그렇다고 우리의 행동을 지배하는 원리들이 상대적이라는 말은 아니다.

셋째, 다음으로 주의를 기울여야 할 차이점은 '(도덕적인) 선good'과 '옳음right' 사이의 차이점이다. 우리는 사건의 어떤 상태(예: 공정한 보수의 분배), 어떤 사람들(예: 정직한 사람들), 어떤 경험들(예: 사랑)을 '선'으로 설명할 것이다. 일반적으로 그 반대는 '악bad'으로 설명할 것이다. 그러나 어떤 행동(예: 약속 지키기)들은 일반적으로 '옳은right'이라고 표현한다. 공교롭게도 그리고 혼란스럽게도, 우리는 행동을 '선'으로 표현하는 경우(예: "그가 그녀를 용서한 것은 '선한' 일이다")가 있다. 그러나 행위는 옳고 그름에 관한 것이고, 사람·사건의 상태·경험은 선과 악에 관한 것이라는 기본적인 관점은 유지된다.

이러한 차이의 구분이 현학적으로 보일지 모른다. 그러나 이러한 구분은 목적론과 의무론의 논쟁과 관계가 있다. ("목적"을 의미하는 그리스어의 *telos*와 "언어"나 "근본적 이유," "근거," "추론"을 뜻하는 *logos*에서 유래한) 목적론은 '선'을 의무, 책임, 옳은 행위 같은 것들보다 상위에 둔다. 목적론은 해야만 하는 것을 해야 한다고 가정한다. 왜냐하면 그런 행위는 선을 더 많이 산출하기 때문이다. 그리고 목적론은 다른 대안적인 행동보다 선을 더 많이 산출하는 행동을 했을 때, 그 행동을 도덕적으로 옳다고 말한다. (누군가에게 필요하고 의무인 것을 뜻하는 그리스어에서 유래한) 의무론은 인간의 의무를 좋은 것과는 논리적으로 독립된 것으로 본다. 따라서 의무는 선의 관점으로 설명되거나 정당화될 수 없다. 선의 총합을 얼마나 늘렸는지 그 결과와 상관없이 내가 해야만 하는 것이 나의 의무이다.

물론, 여기서 우리는 다른 차이점의 가능성을 부인할 수는 없다. 어떤 행위는 이 세계에 '선'을 증가시킨다고 추정되기 때문에 허용될 수 있거나, 그런 결과를 고려하지 않고 허용될 수 있다. 그러나 도덕 이론이 이런 대안들 중에서 하나의 대안과 다른 대안을 엄격하게 통합해야만 하는 것은 분명 아니다. 다음과 같은 상황을 상상해 보자. 한 사람이 법 집행관이고, 어떤 죄수를 관리하고 있다. 그런데 폭도들이 그 죄수를 넘겨줄 것을 요구하고 있다. 그 폭도들은 죄수를 자신들 뜻대로 처벌하기를 원한다. 법 집행관은, 만약 그 죄수를 폭도들에게 넘겨주지 않으면, 폭동과 폭력, 살인이 널리 발생할 것이라는 것을 알고 있다. 표면적으로 본다면, 의무론의 가설은 그 법 집행관이 그 죄수를 폭도들이 마음대로 처벌하도록 넘겨주어서는 안 된다고 주장할 것이다. 왜냐하면 그것은 결과와 관계없이 잘못된 일이기 때문이다. 반면에 목적론은, 그 죄수는 죄를 지은 사람이고 그 사람을 넘겨주지 않으면 다른 무고한 생명이 희생될 것이므로, 이런 경우에는 더 큰 선을 위해서 그 죄인을 넘겨주어야 한다고 주장할 것이다.

대개의 경우, 이러한 예는 목적론에 비판적인 사람이 예상하는 목적론의 결함이 드러나도록 고안된다. 그러나 위의 예에 대하여 목적론적 관점을 취한다고 생각되는 사람들은 적어도 두 가지 반응을 매우 강하게 보인다. 첫째, 즉각적인 폭동이 일어날 수 있고 무고한 사람들이 희생될 수 있음에도 불구하고, 법 집행관은 죄인을 넘겨주어서는 안 된다. 왜냐하면, 죄인을 넘겨주면 법에 대한 존중심을 약화시키고, 미래에 또 다른 폭도들이 유사한 요구를 하도록 조장할 것이기 때문이다. 그렇게 되면 오랫동안 더 큰 선을 실현할 수 없다. 둘째, 폭도들은 정면 대응하면서 실제로 수많은 무고한 사람의 죽음보다는 한 사람의 죄수의 죽음을 택하라고 주장할 것이기 때문에, 그 죄수를 폭도들에게 넘겨주어야 한다고 주장할 수 있다. 두 개의 반응은 목적론적 입장에서 어쨌든 확실히 그럴듯한 방어이다.

그러나 필자는 더 많은 것을 제안하고 싶다. 의무론자가 의무를 다하는 것은 그것이 의무이기 때문이다. 그래서 추측할 수 있듯이, 의무론자는 법 집행관이 폭도들에게 죄수를 넘겨줘서는 안 된다고 생각한다. 왜냐하면 의무론자는 그렇게 의무를 다할 때 세상이 더 좋은 곳이 된다고 생각하기 때문이다. 의무론자는 세상이 어떤 특별하고 명확한 선의 관점에서 더 행복하거나 믿을 만하거나 더 낫기 때문에 더 좋은 곳이라고 생각하지 않는다. 이보다는 사람들이 자신의 의무를 다한다는 사실 때문에 세상이 도덕적으로 보다 더 선한 곳이 된다고 생각한다. 그러나 자신의 도덕적 신념의 근거가 무엇이든지 간에, 누군가가 어떤 것을 절대적인 도덕적 의무로 보면서 동시에 도덕적 선을 위해서는 실질적인 중요성이 없는 것으로 보아야 한다는 주장은 도저히 이해할 수 없다. 이제 반대로 생각해 보자. 의무론자는 법 집행관이 이렇게 해야만 하는지 또는 저렇게 해야만 하는지는 (규칙을 따르거나 또는 그 규칙에 예외를 허용하는지의 관점에서) 둘 중 어느 것이 더 바람직한 것인지의 문제라고 믿는다. 일반적으로 말해서, 의무론자는 자신의 이론적 입장이 많은 구체적 규칙과 의무를 만든다는 것을 인정한다. 왜냐하면 의무론에 따르면 언제나 옳은 어떤 규칙과 의무가 존재하고, 때문에 그것을 일단 공식화하면 많은 구체적 규칙과 의무가 생기기 때문이다.

요약하면, 목적론과 의무론이 필연적으로 서로 다른 판단과 처방을 내놓는다는 생각은 잘못되었다는 것이다. 뿐만 아니라 더 심하게는, 도덕적으로 해야 할 올바른 일을 결정하는 데 있어서 궁극적인 선과 특별한 권리와 의무에 대해서 이 두 이론을 전혀 언급하지 않는 이론을 고안한다는 것은, 불가능한 일은 아니지만, 매우 힘들다는 것이다. 행위가 선에 공헌하기 때문에 옳은지 또는 결과와 상관없이 옳은 것을 하는 것이 선한 것인지에 대한 의문을 필자는 모든 도덕적 행위를 추상적인 것으로 대하는 질문(특수한 상황들에 대한 질문과는 반대되는)이라고 생각한다. 따라서 그러한 질문은 다소 의미 없는 질문인 듯하다.

넷째, 선한 행동과 정당화되는 행동을 구분하는 것은 매우 중요하다. 사람들은 옳은 행동을 선한 행동과 동일시하기도 하고, 정당화되는 행동과 동일시하기도 한다. 예를 들어, "친절은 선한 것이다," "나는 그녀를 불친절하게 대했던 것을 정당화하였다," 그리고 애매한 표현인 "내가 그녀를 친절하게 대해야 하는 것은 옳다"의 차이점을 살펴보자. '친절은 선한 것이다'는 친절 그 자체에 대한 진술이다. 그러나 불친절은 본질적으로 나쁘지만 정당화되는 경우가 있다. 가령 여러 악 중에서 덜 나쁜 것을 선택하는 경우를 생각할 수 있다. "내가 그녀를 친절하게 대해야 하는 것이 옳다"는 "그녀를 친절하게 대하는 것은 그 자체로 선한 행동이다"인지, "상황에 따라 나는 그녀에게 친절해야 한다"인지 불분명하고 애매한 표현이다.

우리가 인생에서 종종 해결할 수 없는 딜레마를 만난다는 것을 강조하는 것은 매우 중요하다. 가령, 내가 친구의 소재를 그의 아내에게 알리지 않겠다고 약속했다고 하자(그리고 나는 이 약속을 지켜야 한다). 그리고 그의 아내는 확실히 곤경에 처해 있다(그리고 나는 그녀를 도와야 한다). 똑같이 중요한 의무들 중에서 나는 무엇을 해야 하나? 필자의 의견을 더 강조하기 위해 본질적으로 나쁘거나 잘못된 것을 예로 들어 보겠다. 살인은 나쁘다. 그러나 나는 짐승 같은 정신병자가 순수한 소녀를 강간하고 죽이는 것을 막기 위해 그를 살해한다. 그리고 분명히 우리는 때때로 이러한 예를 들어 (비록 그 행위가 본질적으로 나쁜 행동이더라도) "그가 그런 행동을 한 것은 옳았다"고 말한다. '본질적으로는 나쁘거나 잘못되었지만 상황에 따라 정당화되는 행동'과 '본질적으로 옳은 행동' 사이에 존재하는 차이점을 필자는 매우 중요하다고 생각한다. 그래서 필자는 전자를 '정당화되는 행동'으로, 후자를 '옳은 또는 선한 행동'으로 지칭하고자 한다.

비평가들은 우리에게 주어진 도덕 이론들이 우리의 도덕 문제를 다 해결해 주지도 못하고, 특히 잘못된 행동을 묵과할 수도 있다고 비판해 왔다. 예를 들면, 공리주의는 앞에서 언급한 두 가지 비난을 받아 왔다. 우리가 열 명을 죽임으로써 수천 명의 생명을 구할 수 있는 상황에 직면하면, 공리주의자는 "괜찮아, 우리는 열 명의 무고한 사람을 죽여서 수천 명을 구해야 해"라고 말할 것이라는 이야기를 우리는 수도 없이 들었다. 그러면 명백한 잘못을 "해야만 한다"고 말하는 도덕 이론은 잘못됐다는 결론이 나오겠지만, 이에 대하여 분명히 공리주의자는 '우리는 잘못된 것을 옳다고 말하지 않는다'며 반박할 것이다. 공리주의자가 말하는 것은 때때로 결코 옳지 않은 것임에도 불구하고 정당화된다는 것이다. 그리고 모든 도덕 이론을 실제 삶에 적용하면, 때때로 앞에서와 같은 문제 상황과 딜레마에 직면하게 된다. 열 명을 죽이지 않으면 수천 명의 무고한 생명이 죽는다는 사실을 분명히 알면서, 어떤 근거에 의거해서 열 명의 무고한 생명을 희생하지 않는 것이 도덕적으로 우월하다고 주장할 수 있을까? 물론 어떤 사람은 그 결과와 관계없이 무고한 사람 열 명을 죽이는 것은 도덕적으로 허용할 수 없다고 간단히 단언할 것이다. 그리고 다른 많은 사람들도 이 문제에 관해서 같은 입장을 견지할 것이다. 그러나 단언은 논증이 아니다. 여하튼 이 질문이 묻고자 하는 바는 무고한 사람을 죽이는 행동이 도덕적으로 잘못됐는지의 여부가 아니라, 잘못된 행동임에도 불구하고 도덕적으로 정당화될 수 있는지에 관한 것이다. 그렇다면 우리는 도대체 어떤 근거에 의거해서 무고한 사람 열 명 대신 수천 명이 죽도록 행동하는 것을 도덕적으로 선호해야 한다고 주장할 수 있는가? 여기서 문제는 공리주의가 아니라 인간이 처한 상황이며, 모든 이론은 본질적으로 잘못된 행동을 때때로 정당화하는 것으로 볼 수 있다. 따라서 옳은 행동과 정당화되는 행동을 구별하는 것은 매우 중요하다.

마찬가지로, 공리주의를 반대하는 동전의 다른 면(공리주의자는 행동의 결과를 알 수 없기 때문에 종종 무엇을 해야 하는지 알 수 없다고 하는 반대 주장)은 도덕 이론의 핵심을 완전히 놓치고 있다. 이 같은 반대는 거의 모든 결과론에 대해서 제기할 수 있다. 그러나 의무론에는 제기할 수 없다. 의무론이 어떤 행위를 예외 없이 그리고 결과와 상관없이 행하라고 주장한다면, 그와 같은 섣부른 선택은 훨씬 나쁜 문제를 초래할 수 있다. 그렇다면 도대체 어떤 사람이 어떤 상황에서도 약속을 지키고, 해로움을 막고, 진실을 말하고, 친절해야 한다고 심각하게 주장할 수 있단 말인가? 첫 번째 답변은, 때때로 서로 다른 원리들이 충돌하기 때문에 그 원리 모두를 따르는 것은 논리적으로 불가능하다는 것이다. 우리의 도덕적 입장이 정확히 무엇이든지 간에, 우리 대부분은 자유와 평등의 원리를 믿는다. 그러나 우리는 살아가면서 이 세계에서는 자유와 평등의 원리가 갈등하고 있다는 것을 깨닫는다. 따라서 이 두 원리를 일관되게 지지하는 것은 불가능하다. 두 번째 답변은, 특정 원리를 지지하는 것이 가능할 때에도, 그 원리를 따르는 것이 옳지 않은 상황(그 원리에 대해 헌신하고 있음에도 불구하고)을 상상할 수 있다는 것이다. 앞에서 제시한 것과 같은 딜레마를 공리주의자만 마주하는 것은 아니다. 다른 사람 수백 명을 넘겨주지 않으면 무고한 열 명을 죽이겠다고 할 때, 우리는 어떻게 해야 하는가? 강도가 아내를 죽이려고 할 때, 우리는 어떻게 해야 하는가?

중요한 점은 사람들이 하나의 도덕 이론에서 너무 많은 것을 기대한다는 것이다. 어떤 도덕 이론이 삶에 대한 일관된 규범을 제공하지 못하면, 사람들은 그것이 비판받아 마땅하고, 그 오류가 드러나는 것도 당연하다고 생각한다. 사람들은 논리적이고 상황 의존적인 온갖 이유들로 이렇게 도덕 이론을 비판하기 마련이다. 도덕 이론의 역할은 '삶에 대한 일관된 규범을 제공하는 것'이 아니라는 게 필자의 주요 논지 중 하나이다. 사실, 필자는 다음과 같이 생각하는데, 일부 사람들이 도덕철학에 만족하지 못하는 이유 중 하나는 그들이 도덕철학에서 실제보다 더 많은 것을 얻을 수 있다고 가정하거나 믿기 때문이다. 도덕철학이 우리의 기대를 충족시키지 못하는 것은, 그 이론이 잘못되어서가 아니라 우리의 인생이 그러한 것이기 때문이다. 물론 십계명과 같은 명확한 삶의 규칙이나 도덕규범이 있다. 이러한 규범은 융통성이 없고, 정당화의 과정을 거치지 않고 지지된다는 점에서 문제가 있다. 그러나 이것이 부적절한 이유는 기독교 사상가들이 주의를 기울이지 않아서가 아니라, 그렇게 될 수밖에 없기 때문이다.

만약 충분히 정당화된 도덕규범을 만들 수 없다면, 도덕 이론이 하는 일은 무엇인가? 도덕 이론은 무엇을 할 수 있나? 도덕 이론은 도덕성의 영역이 어떻게 작동하는지를 우리가 이해할 수 있게 해준다. 또한 도덕 이론은 도덕적인 결정을 내리는 데 있어 결정적 요소인 일련의 원리들에 대하여 우리가 논의할 수 있도록 해준다. 이는 도덕 이론이 모든 경우에 대하여 해야 할 행동을 분명히 규정해 줄 수 없고, 또 그것이 필연적임을 의미한다. 그러나 이는 또한 도덕 이론이 인간이 처한 상황과 도덕성의 본질에 대해서 답해 줄 수 있다는 걸 의미한다. 만약 인간이 자유를 소유한 존재라는 사실을 인정한다면, 우리는 예상할 수 없는 일과 딜레마, 어려운 선택이 존재할 수 있음을 깨달아야만 한다. 도덕 이론이 우리의 모든 문제를 해결하지 못한다거나 본질적으로 나쁜 행동을 때때로 정당화한다는 이유로 그것을 비판할 수는 없다. 도덕 이론이 인간 본성을 이해하지 못하거나 논리적으로 앞뒤가 맞지 않을 때에만 그것을 비판할 수 있다. 훌륭한 과학은 즉각적으로 실익을 낳지 못하더라도 훌륭한 과학 이론으로 남듯이, 훌륭한 도덕철학도 갖가지 목적 모두를 한데 묶지 못하더라도 훌륭한 도덕철학으로 남아 있을 것이다.

그러면 도덕은 주관적인 문제인가, 아니면 객관적인 문제인가? 가장 먼저 구분해야 하는 것은 이 질문이 정확히 무엇을 의미하는가 하는 점이다. "도둑질은 악이다" 또는 "친절은 선이다"와 같은 도덕 명제는 과학적으로 확실히 증명할 수 없다. 따라서 만약 누군가가 도둑질은 악이고 친절은 선이라는 "객관적 진리"를 물리학을 연구하는 방법과 동일한 방식으로 경험적으로 증명할 수 있다는 관점을 취할 경우, 그때의 객관적인 도덕적 진리란 존재하지 않는다. 그러나 도덕적 주장을 과학적 주장과 비교해야 할 이유는 없다. 그리고 객관성을 과학적으로 증명 가능한 것과 동일시해야 할 그럴듯한 이유도 없다(가령, "많은 사람이 친절은 선하다고 믿는다"와 같은, 도덕에 관한 주장들이 있을 수 있다. 이런 주장은 제한된 의미에서 객관적인 면이 있다. 그러나 몇몇 도덕적 관점을 원용한 이와 같은 주장은 그 자체로 도덕적 주장은 아니다). 비록 우리가 "객관성"을 훨씬 넓은 의미에서 "확실하게 증명 가능한 몇몇 방법"과 동일시하더라도, 우리는 도덕이 객관적이지 않다는 것을 인정해야 한다. 도덕철학이 수천 년 동안 존재해 왔지만, 우리는 도덕 명제들이 수학 명제들만큼 확실하게 확립되었다고 주장할 수 없다. 그런데 이러한 사실이 중요한가? 도덕 명제가 과학 명제가 아니듯이, 도덕 명제는 수학 명제도 아니다. 도덕 명제는 수학 명제처럼 확실할 수 없으며, 같은 방법으로 증명할 수는 없을 것이다. 도덕 명제는 심리학이나 사회학 또는 역사학의 방법론으로도 입증할 수 없을 것이다. 이 모든 학문들은 각각의 방법론을 가지고 있다. 그것이 우리가 왜 각각의 학문들을 다르게 인식해야 하는지의 이유이다. 그러므로 도덕 명제의 객관성을 다른 학문에서 요구하는 정도의 객관성에 맞추려는 것은 어리석은 일이다.

도덕의 경우에 제기될 수 있는 한 가지 의문은 무언가가 진리라는 주장을 부정하는 것이 불합리하다는 결론을 지지할 수 있는 충분히 냉철한 추론이 존재하는가이다. 필자는 이런 의미에서 도덕이 객관적일 수 있음을 제2부에서 증명할 것이다. 사람마다 기호가 다르고, 사람마다 가정하는 것이 다르기 때문에 도덕이 주관적이라고 생각하는 것에 맞서, 필자는 도덕이 객관적이거나 객관적으로 정립될 수 있다고 본다. 도덕이 본성적으로 객관적인지에 관한 문제에 부딪힐 때, 사람들 대부분은 이런 식으로 생각한다. 그렇다면 "너는 약속을 지켜야 해"와 같은 도덕적인 주장은 이성적으로 설명 가능하므로 객관적인가? 아니면 개인마다 자신의 선호에 따라 선택하는 것이므로 주관적인가?

이미 지적한 바와 같이, 필자는 도덕이 객관적인 것이라고 주장할 것이다. 그런데, 어떤 사람들은 도덕을 글자 그대로 '신이 고안한 것'이라고 생각하고, 또 어떤 사람들은 일상 언어적인 의미로 "자연적으로 주어진 것"으로 받아들인다. 하지만 어떤 맥락에서든 필자는 이와 같이 도덕은 신이 부여한 것God-given이라는 식의 주장을 하지 않을 것이며, 그와 같이 논의할 필요가 있다고 생각하지도 않는다. 혹은 도덕은 신이 부여한 것이라는 이유로 우리가 도덕을 지키거나 지키지 않는 것에 대해서 두려움에 떨 필요도 없다. 사람들은 어떤 것이 진실이면 어떤 방법으로든 인간의 인식과는 독립된 어떤 현실에 부합해야 한다고 생각한다. 필자는 이런 주장이 정확히 무엇을 의미하는지 잘 모르겠다. 그럼에도 불구하고, 사람들은 이 세상을 둘로 나누고 싶어 하는 것 같다. 인간이 존재하지 않아도 대륙과 바다가 존재하는 것처럼, 참인 진리들이 존재하는 세상과, 인간이 없으면 진리도 존재하지 않는 것처럼, 인간의 선호 때문에 "진리"가 존재하는 세상으로 말이다.

이 모든 것이 필자를 매우 당황스럽게 한다. 물론 인간이 없으면 도덕이 없는 것은 당연하다. 마치 인간이 없으면 출산, 관계, 우정, 적의敵意, 거주지가 없는 것과 마찬가지로 말이다. 그러나 이것이 출산, 우정, 집 등이 실재가 아니라는 것을 의미하는가? 물론 아니다. 그렇다면 이것은 출산 행위나, 우정의 사례나, 집이 단순히 개인이 인식하거나 선호하기 때문에 존재한다는 것을 의미하는가? 이것도 물론 아니다. 제도, 관계, 행동, 심지어 건물은 인간이 만들었지만 객관적인 것이다. 인위적으로 만들었거나 인공적인 현상에서도 진실과 거짓은 존재할 수 있다.

지금까지의 논의를 바탕으로, 필자는 "도덕"이라는 단어가 의미하는 바가 일반적으로 사람들이 인식하는 것보다 더 확실하고 덜 논쟁적인 것임을 주장할 것이다. 어떤 의미에서 도덕은 사실 결혼이나 우정, 축구, 예술처럼 인간이 구성한 것이거나 인공적인 것이지 단순히 "자연적으로 주어진" 것이 아니다. 그러나 정말로 우리가 주의를 기울여야 할 질문은 구체적으로 다음과 같은 것들이다. 축구, 결혼, 예술 등을 각각 인간이 구성한 것이라고 말하는 것은 무엇을 의미하는가? 그리고 축구, 결혼, 예술 등은 모두 같은 의미에서 또는 같은 방법으로 인간이 만든 것인가? 또한 어느 정도로, 어떤 방법으로 축구, 결혼, 예술 등이 자연적이라거나 자연적으로 주어졌다고 말할 수 있는가? 축구, 결혼, 예술 등은 각각 이 정도 혹은 저 정도로 인간이 구성한 것이라거나 자연적으로 주어진 것이라고 인정하는 다양한 주장들은 어떤 의미를 함축하는가? 결국, 인간은 아무것도 만들 수 없다. 인간은 직각을 가진 원을 만들 수 없다. 또한 삼각형의 내각의 합을 360°로 만들 수 없으며, 세상을 온통 흑백으로 만들 수도 없다. 반대로, 인간은 짜임새 있거나 없는, 명확하거나 애매한, 완전하거나 불완전한, 세상의 이론과 갈등하거나 그렇지 않은 이론을 만들 수 있다. 어떤 의미에서 우리는 스스로 도덕을 만들어 낸다. 그러나 이를 인지한다고 해서 우리가 도덕이라고 부르는 것이 임의적인 것으로 되는 것은 아니다. 최소한, 우리는 다른 지식·신념과 조화를 이루는 명확하고 완전하며 일관성 있는 도덕 이론을 찾아야 한다.

책을 분류할 필요가 있는 도서관을 예로 들어보자. 도서관에서 책을 분류하기 위해서는 색상, 높이, 무게, 크기, 길이, 표지 디자인, 사서의 선호, 주제 등을 기준으로 삼는 방법이 있을 것이다. 그러나 도서관의 목적에 따르면 이 중 단지 몇 가지 방법만이 의미가 있을 것이다. 가령 어떤 도서관이 도서관의 목적과 관련하여 합리적인 접근을 시도한다면, 검색과 사용을 최대한 쉽게 하기 위해 적절한 방법으로 분류할 것이다. 예를 들어, 사람들이 책을 주제별로 읽는다면, 우리는 곧바로 색상과 크기, 사서의 개인적 선호에 따라 분류하는 방법을 거부할 것이다. 우리는 소설과 자서전, 시, 역사, 수필을 구분할 수 있다. 그러므로 장르에 따라 분류하는 것도 가능하다. 하지만 이것은 작가가 반드시 장르를 구별해서 글을 써야 한다거나, 장르의 구별이 임의적이라는 것을 의미하지 않는다. 만약 인간이 없다면 장르의 구별도 존재하지 않거나 성립하지 못했을 것이라는 관찰은 진실이다. 또한 특정한 인간 집단은 장르를 구별하지 못한다는 사실에도 불구하고, 장르를 없애거나 부인할 수 없다는 점에서 그것의 구별은 의미를 갖는다. 특별한 몇몇 부족이 시와 소설을 구별하지 못한다고 해서 시와 소설의 구별을 금지할 수는 없다(실제로 호머 시대의 그리스나 초서 시대의 영국은 시와 소설을 구분하지 않았다). 자서전과 소설을 분류하는 정확한 기준이 무엇인지, 특별한 도서관에는 특별한 분류 방법이 필요한지, 각각의 분류법이 비슷한 정도로 중요한지에 대해서는 논란의 여지가 있다. 이 모두는 사실이고 논의할 만하며, 그래서 다른 반론도 있어 보인다. 그러나 타당성 있는 반론은 없다. 우리가 어떤 부류의 사람인지, 도서관이 왜 있는지를 고려할 때, 중요한 점은 도서 분류에 관한 단지 몇 개의 대안 체계만이 의미를 갖는다는 사실이다.

어떤 종류의 도서 분류 체계는 매우 임의적이고, 원칙적으로는 언제라도 바뀔 수 있는 것이 사실이다. 그래서 장르를 정한 다음, 우리는 일반적으로 저자 이름순으로 책을 선반에 놓기 시작한다. 만약 어떤 방법이 상대적으로 쉬운지에 관한 논의 없이 우리가 책을 제목순으로 또는 그 역순으로 진열하는 대신 저자의 이름순으로 놓는다고 해서 어느 누가 반대하겠는가? 그렇게 분류 방법을 바꿨다고 해서 도서관 이용에 무슨 문제가 생기지는 않을 것이다. 하지만 색상을 기준으로 책을 분류하는 체계로 바꾼다면, 그러한 분류는 도서관 이용자에게 아무런 도움이 되지 못하므로 나뻔 체계기 될 것이다. 그러므로 필자는 분류 체계의 일부 세부 사항이 상이한 환경 때문에 바뀔 수 있다는 것을 문제 삼지 않을 것이다(필자는 도덕도 이런 도서관 분류 체계와 정확하게 같다고 말할 것이다. 문화마다 도덕적 차이가 존재하고, 이런 차이 중 일부는 전적으로 수용 가능하고, 이치에 닿고, 정당화될 수 있다. 그러나 이러한 차이가 하나의 전체로서 혹은 원리로서의 도덕, 즉 좀 더 엄밀하게 말하면 도덕성을 주관적이거나 상대적인 것으로 만들지는 않는다). 그러나 상황의 차이에 따라 분류 체계가 바뀔 수 있다는 사실이, 개인적 취향이나 선호와는 전혀 상관없이, 우리가 나쁜 분류 체계와 좋은 분류 체계를 구별할 수 있다는 사실을 변경하지 않는다. 좋은 분류 체계는 사람들이 선호하는 것과 관련 있어야 한다. 일단 사람들의 선호와 적절한 방식으로(일관되고 논리적으로) 연관되어야, '사실상ipso facto' 좋은 체계인 것이다. 하지만 이유와 상관없이 그 체계를 좋아하지 않는 사람이 그 체계가 나쁘다고 말하는 것은 옳지 않다. 물론 모든 사람 또는 절대 다수가 그 체계를 좋아하지 않는다면, 그 체계에 무언가 잘못된 점이 있고, 좋은 체계는 아닌 것이다. 그러나 이것을 '좋은 것은 다수가 좋아하는 것이다'라는 주장과 혼동해서는 안 된다. 좋은 것은 다른 무엇보다도 다수의 사람들이 좋아하는 것에 대한 올바른 이해에 근거한 것이어야 한다(예를 들면, 이 사례에서 사람들이 철자 순으로 읽고 싶어 하는지, 아니면 역순으로 읽고 싶어 하는지, 사람들이 시와 소설을 구별하고 싶어 하는지). 그러나 일단 다수의 선호에 대한 올바른 이해에 근거한 다음에는, 도서관 분류 체계의 목적에 근거하여 합리적인 방식으로 분류가 진행되어야 한다. '고칠 필요가 있는 부분을 고친다는 것'은 결혼이나 우정, 인간의 다른 제도에 대해서도 같은 설명을 할 수 있다. 결혼이나 우정, 인간의 다른 제도는 이따금 변화하는 인간의 필요와 바람에 주의를 기울여야 한다. 그러나 그런 제도들은 인간의 선호나 성향뿐만 아니라 그 제도가 시행되는 목적을 고려하여 합리적이고 일관성 있게 고안되어야 한다.

이와 마찬가지로, 도덕 이론은 인간 성향에 기반하고 있고 또 그래야 (5장에서 다룰 복지를 미리부터 언급한 이유 중 하나는 이러한 설명을 위해서이다. 사람들은 자신의 복지에 신경을 쓴다. 이러한 사실을 무시하거나 거스르는 도덕 체계는 성공할 가능성이 거의 없다) 하지만, 도덕의 목적을 일관되고 합리적인 방법으로 고려하여 분류하고 조직해야 한다. 도덕 이론이 일단 그렇게 조직된다면, 이제 문제는 그 이론이 대체로 정당하다고 할 수 있는지에 관한 것, 즉 객관적 진실에 관한 것이 된다. 물론 도덕 이론은 실제로 간단히 진실이 되거나 거짓이 되지는 않는다. 왜냐하면 그 문제는 매우 복잡하기 때문이다. 그러나 복잡성과 제한 조건이 주관성과 같은 것은 아니다.

이 장을 위한 참고 문헌

일반적으로 도덕 용어의 의미에 대한 철학적 연구를 지시하기 위해 몇몇 학자들은 "메타윤리학meta-ethics"이라는 용어를 사용하기도 한다. 그러나 도덕 용어의 의미를 연구하는 것과 도덕 이론이나 현실적인 도덕 문제를 비판적으로 연구하는 것을 분명하게 구분할 수 없는 한, 필자는 우리가 당연하게 여기는 구분들이 사실과는 다르다고 생각한다.

여기서 나열하는 광범위한 참고 도서들은 "윤리학"과 "도덕철학" 사이의 차이점에 주목하면서 제시된 것이 아니다. 여하튼 필자는 "윤리학"과 "도덕철학" 사이의 구분은 잘못됐다고 생각한다. 그러나 이러한 구분은 서론에서 이미 제시한 참고 문헌에다 윤리학이나 도덕철학 작업에 대한 수많은 참고 문헌을 덧붙이기에 편리하다(적어도 나의 주된 관심은 아니지만, 만약 이 참고 문헌들이 대표적인 서적들로 평가되며, 이러한 평가가 합리적이라고 생각된다면, 이는 "윤리학"이 내가 선호하는 "도덕철학"보다 더 대중적임을 의미하는 것일지도 모른다).

메리 워녹Mary Warnock의 『1900년 이후의 윤리학*Ethics since 1900*』은 20세기의 윤리 이론과 이론가들을 다룬다. 반면에 그녀의 『지성인을 위한 윤리학 입문*An intelligent Person's Guide to Ethics*』은 죽음을 둘러싼 도덕적 이슈와 같은 것들을 다룬다. 이 책은 또한 권리와 윤리학이 어디서 유래하였는지를 다루는 장을 포함하고 있다. 메리 워녹의 남편인 지오프리 워녹Geoffrey Warnock은 『현대 도덕철학*Contemporary Moral Philosophy*』에서 20세기 전반의 윤리학의 발전을 날카롭게 비판한다. 반면에 버너드 윌리엄스Bernard Williams가 쓴 『윤리학과 철학의 한계*Ethics and the Limits of Philosophy*』는 그의 초기 작품인 『도덕성*Morality*』과 다른 관점을 지닌다.

많은 고전 텍스트들은 제목에서 "윤리학"이라는 용어를 사용하길 더 좋아한다. 헨리 시즈위크Henry Sidgwick의 『윤리학 방법론*The Methods of Ethics*』과 『윤리학 역사의 개요*Outlines of the History of Ethics*』가 그 예이다. 『윤리학 방법론』은 일종의 공리주의적 기초를 제공한다. 그리고 브래들리F. H. Bradley의 『윤리학 연구*Ethical Studies*』는 우리가 도덕적이어야 하는 이유, 의무를 위한 의무, 이기심과 자기희생과 같은 이슈를 다루고 있다. 무어G. E. Moore의 『윤리학』은 『윤리학 원리』보다 더 간단하고, 더 입문적인 수준에서 윤리학을 다룬다. 또한 로스W. D. Ross의 『윤리학의 기초*Foundations of Ethics*』, 윌리엄 릴리William Lillie의 『윤리학 입문*An Introduction to Ethics*』, 유잉A. C. Ewing의 『윤리학』, 매보트J. D. Mabbott의 『윤리학 입문*An Introduction to Ethics*』 역시 참고하길 바란다.

반면에, 20세기 후반에 사람들은 "도덕"이란 개념을 더 선호한 것 같다. 헤어R. M. Hare의 『도덕의 언어*The Language of Morals*』는 당시 큰 충격을 주었고, 『도덕적 사유: 그 단계, 방법 그리고 논점*Moral Thinking: Its Levels, Method and Point*』은 많은 추종자를 만들었다. 『현대 도덕철학 입문*A Modern Introduction to Moral Philosophy*』을 쓴 앨런 몬테피오리Alan

Montefiore, 『현대 도덕철학*Modern Moral Philosophy*』을 쓴 허드슨W. D. Hudson, 『도덕성의 두 가지 이론*Two Theorise of Morality*』을 쓴 스튜어트 햄프셔Stuart Hampshire가 그들이다(여기서 '도덕성의 두 가지 이론'이란 아리스토텔레스와 스피노자의 이론을 가리킨다. 이들은 매우 강한 결정론자이기도 했지만, 그럼에도 불구하고 일종의 인간의 자유를 믿으며, 어떤 자명한 원리에 근거하여 윤리적 결론을 세우려고 하였다). 조엘 쿠퍼먼Joel J. Kupperman이 쓴 『도덕성의 기초*The Foundations of Morality*』는 윤리 이론의 필요성과 윤리 이론이 할 수 있고 또 해야만 하는 것에 대한 논의를 포함한다. 최근의 논의로는 존 호스퍼스John Hospers가 쓴 『인간 행위: 윤리학 문제 입문*Human Conduct: an Introduction to the Problems of Ethics*』이 있다. 이 책은 그리스의 소피스트로부터 "현대의 도덕철학자"에 이르기까지 위대한 인물과 학파를 다루고 있다. 또한 이 책은 다른 책과 구분되는 관점을 지니고 있는데, 이러한 차이점은 후에 다른 학자들이 도덕성을 다소 상대주의적인 것으로 보도록 만들었다. 즉, 엄슨J. O. Urmson의 『정의주의적 윤리학 이론*The Emotivist Theory of Ethics*』은 도덕성을 상대주의적인 것으로 바라보는 시각을 더 구체화하였다. 또한 우리가 이론들을 일반적으로 "도덕 이론"이 아니라 "윤리 이론"이라고 부르는 데 일조하였다. 그리고 맥키J. L. Mackie가 쓴 『윤리학: 옳고 그름의 창조*Ethics: Inventing Right and Wrong*』는 "도덕성의 목적"을 한 장으로 다룬다.

리처드 드 조지Richard T. de George가 편집한 『윤리학과 사회*Ethics and Society*』는 "사랑과 정의," "인간 존중," "정신 건강 윤리"에 관한 논문을 포함한다. 조너선 글로버Jonathan Glover는 『죽음을 부르고 생명을 살리는 것*Causing Death and Saving Lives*』에서 "도덕적 문제"와 "도덕적 논의의 범주와 한계"에 관해 이야기한다. 피터 싱어는 『실천 윤리학*Practical Ethics*』과 『삶과 죽음에 대해 다시 생각하기: 전통 윤리학의 몰락*Rethinking Life and Death: the Collapse of our Traditional Ethics*』에서 동물, 낙태, 안락사와 같은 문제를 다룬다. 또한 존 래드John Ladd가 편집한『삶과 죽음에 대한 윤리적 이슈*Ethical Issues relating to Life and Death*』, 존 클라이니히John Kleinig가 쓴『정신외과에서의 윤리적 이슈*Ethical Issues in Psychosurgery*』, 존 해리스John Harris가 쓴『생명의 가치: 의료 윤리학 입문*The Value of Life: an Introduction to Medical Ethics*』, 엘크 헤너Elke Henner와 클러지W. Kluge가 쓴『캐나다적 맥락에서 생명 의료 윤리학*Biomedical Ethics in a Canadian Context*』도 마찬가지의 문제를 다룬다. 본론에서 필자는 응용 윤리학 영역에서는 "윤리학"이 더 적절한 것 같다고 진술한 바 있지만, 그럼에도 불구하고 스튜어트 햄프셔가 편집한『공적 도덕성과 사적 도덕성*Public and Private Morality*』, 그리고 마이클 록우드Michael Lockwood가 쓴『현대 의학에서 도덕적 딜레마*Moral Dilemmas in Modern Medicine*』, 펄포드K. Fulford가 쓴『도덕 이론과 의료적 실천*Moral Theory and Medical Practice*』과 같은 책들은 '도덕'이란 단어를 사용하고 있다(단순히 "moral"과 "medicine"의 두운頭韻을 맞추기 위한 선택이었는지도 모르겠다!).

> 허나 내 생각엔, 내가 이곳 태생이고,
>
> 풍습에 젖었지만, 이 관행은
>
> 지키기보다 깨는 편이 그걸 더 존중하는 셈이야

위 인용문은 셰익스피어의『햄릿*Hamlet*』(1막 4장 14-16)의 일부이다. 햄릿이 독백하고 있는 내용의 주제는 과음이다. 과음이 도덕적 이슈가 될 수 있는지에 대해서는 아래서 생각할 것이다. 행동behaviour과 행위action의 구분은 "행동주의behaviourism"로 알려진 심리학적 관점에서 더 중요하다. 행동주의는 엄격한 의미에서 행동에 초점을 맞춘 학문 형태이다. 행동주의에서는 의도와 대조적으로 행동만이 관찰될 수 있고, 관찰 가능한 행동 이외에 의미 있는 것은 아무것도 없다는 극단적인 관점에 근거한 사례에 기초하여, 의도와 같은 개념들은 행동으로 환원되거나 망상을 이끄는 것일 뿐이라고 주장한다. 일부 행동주의 형태에 반대하는 사람들은 행동주의와 같은 그런 제약된 연구 형태는 애초부터 극단적으로 잘못 안내되고, 잘못 이끌어진 것이라고 주장한다. 인간이 동물과 다른 구체적인 이유는 단순히, 혹은 더 일반적으로, 순수하게 반사 모델 혹은 자극-반응 모델에 기초하여 움직이지 않기 때문이다. 인간은 의도를 가지고 있으며, 일반적으로 의도에 따라 행위한다. 그러므로 사람이 무엇을 하는지 이해하기 위해서는, 단순한 행동 연구 이상으로 나아가야 한다(두 가지 심층적 비평: 지금까지 해온 논의의 연장선상에서, 행동주의자들은 분명 비판 받을 것이다. 그러나 역설적으로 스키너와 같은 유명한 일부 행동주의 심리학자들의 생각은 흔히 요약된 형태로 접하게 되는 것보다 더 복잡한 것 같고, 그들의 입장은 분명히 더 연구할 가치가 있다. 즉, 대체로 한 사회에서 피상적인 행동주의에 대한 일반적인 수용이 위험스러울 수 있다는 것이다. 역으로, 특정 학파를 기술하기 위한 용어로서 "행동주의"는 더 이상 매력적이지 않지만, 많은 표준적인 심리학 입문서를 보면 알 수 있듯이, 어떤 심리학자도 더 이상 행동주의적 관점으로 세상을 보지 않는다고 생각하는 것은 실수이다).

타블로이드 신문을 비롯한 매스미디어가 특히 무시하기 쉬운 것은 도덕적 가치와 무도덕적 가치의 구별이다. 매스미디어는 자신이 싫어하는 것이면 뭐든지 도덕을 위한 성전聖戰의 대상으로 만들어버리는 경향이 있다. 이러한 경향과는 흔히 일관되지 않지만, 매스미디어는 무엇인가를 비난하기 위해 동원하는 몇몇 가치를 자랑하듯이 늘어놓기도 한다. 그래서 매스미디어는 어마어마한 상금이 주어지는 유혹적인 새로운 형태의 도박을 광고하는 한편, "거물" 투자자들을 도덕적으로 비난하고 비웃는다. 동성애를 비난하는 기사를 도발적인 자세를 취한 두 여성의 누드 사진 옆에 나란히 싣는다. 또는 비록 동성애를 공식적으로 지탄하지는 않을지라도, 실제로는 무자비하게 비난한다. 문제는 이른바 고급 언론조차도 중요한 이슈 모두를 도덕적 이슈로 보는 경향이 있다는 것이다. 마치 다른 종류의 가치는 없고, 있어도 아무런 중요성이 없는 것처럼 말이다. 『타임즈*The Times*』의 유명한 표제 중 하나(1963년 당시 하원에서 매춘부, 스파이, 거짓말이 얽힌 프로푸모Profumo 사건)는 "이것이 바로 도덕적 이슈다"라며 사건을 맹비난하였다. 아마 이 경우에는 약간의 정당성이 있었는지도 모른다. 대조적으로, 2006년 7월 토론토판 『글로브 앤드 메일*Globe and Mail*』에 실린 사설은 '미디어는 모든 이슈를 도덕적 이슈로 본다'는 규칙의 예외를 보여 준다. 새로 선출된 수상은 야당으로 간 의원에게 내각 직을 제공하겠다고 결정하였으나, 이를 둘러싼 정치적 폭풍은 도덕적 이슈가 아니었다.

그러나 오늘날 신문에 등장하는 기사를 무작위 추출한 목록에서 뽑은 다음의 이야기들은, 어느 정도 도덕적 용어가 나오긴 하지만, 그중 어느 것도 진실로 (정치적, 관습적, 법적, 사회적 이슈와 구별되는) 도덕적 이슈는 아니다. 필자의 관점에서, 찰스 황태자의 개인 일기가 유출되어 출판되는 것은 유감이다. 그러나 그것이 불법이라고 할지라도, 도덕적 이슈인지는 분명치 않다. 십대 청소년이 공원에서 친구와 사적인 대화를 나누면서 F가 들어가는 단어를 사용한다면, 비록 도덕 규칙을 어기는 것으로 보일지라도, 비도덕적으로 행동하는 것은 아니다. 수많은 미혼모의 아기들이 곧 태어날 것이라는 사실은 종교적으로나 사회적으로는 중요할지 모른다. 그러나 도덕적 이슈는 아니다. 대부분의 명문 사립학교가 그들의 등록금이 경쟁력 있는지 확인하기 위해 서로 소통해 온 것은 이제 "제한적인 관행"으로서 법적으로 분명히 규정되었다. 그러나 그러한 담합 행위는 비도덕적이지 않다. 케이트 모스Kate Moss가 코카인 중독자라는 사실은 많은 이유로 비난받을지도 모른다. 그러나 그것이 그녀를 비도덕적인 사람으로 만들지는 않는다. 이런 이야기들을 도덕적 관점에서 다루는 것이 단지 오류임을 말하는 것이 아니다. 만약 이러한 이야기들이 (같은 날 벌어진) 다음 이야기와 구분되지 않는다면, 진짜 도덕적 위반을 지각하는 우리의 감각이

둔화된 것이라는 게 필자가 중요하게 생각하는 것이다. 아동 학대 살인자인 이언 브래디Ian Brady는 아직도 아이의 엄마에게 그가 죽인 12살 희생자를 어디에 묻었는지 말하기를 거부하고 있다. 이언 브래디, 60만 파운드의 '국민 건강 보험National Health Service'을 횡령한 병원 매니저, 요크셔 살인광Yorkshire Ripper을 찾는 경찰을 감쪽같이 속이고 현혹시킨 남자는 아마도 (법적으로, 사회적으로뿐만 아니라) 도덕적으로 비난받아야만 한다. 요크셔 살인광을 찾는 경찰을 속인 남자는 세 명이 추가로 살해되는 데 간접적으로 기여하였고, 그의 행동은 확실히 소름끼치는 결과를 초래하였다. 그런데 그에 대한 기사의 도덕적 어조는 이상하게도 영화 〈대열차 강도Great Train Robbery〉의 실제 사건을 다룬 기사(다른 날짜의 기사)보다 훨씬 강하다. '대열차 강도'의 기사는 도덕적 비난의 열정이 부족하다. 이 사건에서 한 철도 노동자가 잔인하게 살해당했고, 수백만 파운드가 도난당하였다. 열차 강도 중 한 명은 훔친 돈을 가지고 브라질로 가서 언론과 공중으로부터 이름을 숨긴 채 여생을 즐겁게 보냈다. 그러나 '요크셔 살인광'의 사례에서 경찰을 속인 그 남자는 알코올 중독자였고, 아마도 더 많은 살인을 도울 의도는 없었지만, 전 세계적으로 많은 도덕적 비난을 받았다.

목적론적·의무론적 접근과 관련하여 '죄수를 넘겨받아 린치를 가하려는 폭도에 관한 예'는 로버트 올슨Robert G. Olson이 쓴 『철학백과사전 *Encyclopedia of Philosophy*』의 목적론적 윤리설에 관한 도입 부분에 수록되어 있다.

앞 장에서와 마찬가지로, 여기서 공리주의에 대한 참고 문헌은 사례 제시로 대신하였다. 비록 필자가 자신을 다른 누구보다 더 공리주의자로 여길지라도, 그리고 논의하는 도중에 공리주의적 전통으로부터 무엇인가를 이끌어냈을지라도, 필자는 공리주의가 아닌 다른 많은 이론들을 동등하게 끌어들였으며, 여기서 보면 알 수 있듯이, 공리주의를 옹호하지도 않았다.

객관성objectivity에 대한 관심이 대체로 도덕 영역과 같은 지식의 일부 특정 영역에 한정되어 있었던 때가 있었다. 세계에 대한 객관적인 진실이 존재하고, 특별히 과학을 통해 우리가 그것의 일부를 알 수 있다는 생각이 일반적으로 받아들여졌다. 한편, 도덕성은 아마도 지식이 가능하지 않거나 심지어 진리가 없을 수 있는 영역이라는 점에서 과학과는 다른 것이고, 지식과 진리도 다른 것이라고 여겨졌다. 무엇인가가 진실이겠지만 우리는 그것을 알 수 없다는 식으로, 지식과 진실을 다른 것으로 간주하기도 했다(흥미롭게도, 우리가 고대 그리스로 되돌아간다면, 오히려 상황은 달라진다. 고대 그리스인은 특별히 감각을 신뢰하지 않았고, 관찰과 경험을 통한 방법을 발전시키지 않았다. 플라톤과 다른 철학자들은, 실재는 물리적 우주보다는 마음에 놓여 있는 것이 자명하다고 가정하였다). 오늘날 우리는 포스트모더니즘 시대에 살고 있고, 또 살고 있다고 끊임없이 듣고 있다. 포스트모더니즘이라는 용어 자체는 매우 쓸모없는 것이다. 명확한 의미도 없고, 매우 어리석은 몇몇 개념에 적용될 뿐이다. 그러므로 그런 포스트모더니즘에 관해 논의하는 것은 그림자와 대결하는 것과 같다. (인라이트D. J. Enlight는 『상처받은 시간: 회고*Injury Time: a Memoir*』에서 "포스트모더니즘이 막연한 것이라는 데에는 논의의 여지가 없다. 그것은 다름 아닌 모든 것을 무효로 만드는 기술이다. 포스트모더니즘이 제안하는 바를 부드럽게 표현하면, 어떤 것이 다른 어떤 것 뒤에 온다는 것이다. 그런데 사실 그것은 지극히 당연한 것이다"(p. 155)라고 말한다.) 지나친 찬사를 받은 리오타르Lyotard의 『포스트모던의 조건*The Postmodernism Condition*』과 같은 몇몇 최악의 저술은 다음과 같은 기본적인 실수를 저질렀다. 그 실수는 믿음의 조건에 대한 사회학적 의문과 지식의 근거에 관한 인식론적 의문을 단순히 혼동한 데서 만들어진다. 스튜어트 심Stuart Sim이 편집한 『라우틀리지 판 포스트모더니즘 안내서*The Routledge Companion Postmodernism*』와 같은 몇몇 최고의 책들은 포스트모더니즘에 대하여 다음과 같은 비밀을 드러낸다. 포스트모더니즘은 좋은 점이 있다. 왜냐하면 공정하고, 과장되게 주장하지 않으며, 포스트모더니즘으로 분류되는 수

많은 것들을 허용하며, 그것들의 다면적 성격을 인식하기 때문이다. 그러나 포스트모더니즘의 결과는 상당히 진부하고 일반적으로 인정되는 일련의 진실들이다. 그런 진실은 스스로 어떤 명석한 이론을 구성하지 않는다. 그리고 어떤 실제적인 흥미를 끌기에도 부족하다. 또한 분명히 새로운 것도 아니다. 포스트모더니즘의 모든 통찰은 예견되어 온 것이고, 고전 시대처럼 먼 옛날에도 많은 징조들이 있었다. 다행스럽게도, 필자는 여기서 포스트모더니즘을 논의할 필요가 없다. (흥미가 있는 사람은 로빈 배로의 『포스트모던 시대에 철학적 분석에 대한 요구*The Need for Philosophical Analysis in a Postmodern Era*』 혹은 배로와 우즈Woods의 『교육철학 입문*An Introduction to Philosophy of Education*』 제4판의 제9장 「포스트모더니즘의 도전」에 관심을 가져도 될 것이다.)

중요한 질문은 어떤 개념의 측면에서 도덕적 담론이 "객관적" 혹은 "상대적"이라는 결론을 내려야만 한다는 것이고, 이에 대해서는 이미 본문에서 논의되었다.

4. 권리와 절차

지금까지 근거를 밝히고 토대를 다지는 작업을 해왔다면, 이제는 도덕 언어의 본질에 대해 언급하고 도덕을 다루는 최근의 매력적인 방법 두 가지를 개괄적으로 설명하고 거부해야 할 차례이다.

직관주의자의 업적 중 하나는 도덕 판단이 다른 것과 구별되는 독특한 것이라는 점을 우리에게 알려주었다는 것이다. 모든 가치들이 도덕적 가치가 아닌 것처럼, 모든 판단들이 도덕 판단은 아니다. 그러나 이보다 더 중요한 점은, "그것은 옳지 않아"라는 도덕 판단은 예를 들어 미적 판단("아름답다")이나 명령("저리 가"), 취향에 대한 판단("모자가 멋있어"), 경험적 사실에 대한 주장("저 차는 시속 75마일로 가고 있어")과 꼭같은 식으로 작동하지 않는다는 것이다. 20세기 철학자들은 도덕적 담론의 본질인 도덕 판단의 특징을 밝히는 데(도덕 언어가 어떻게 작동하는지 연구하는 데) 특히 기여하였다.

첫째(역사적 용어로), 도덕적 발화moral utterance의 경우, 기술적 발화descriptive utterance의 표현과 꼭같은 형태로 보임에도 불구하고, 사실은 감정의 표출이자 종종 타인에게 영향을 주기 위한 의도로 기획되었으나 기쁨의 함성 혹은 탄식을 내뿜는 언어적 등가물에 불과할 뿐 문자적으로 의미가 없는 것으로 제시되었다. 따라서 "도둑질은 나쁘다"라는 문장은 도둑질에 대한 의견을 말한 것으로서, "저 차는 갈색이다"라고 말하는 것과 같지 않다. 오히려 이는 타인이 자신과 같은 혐오감을 느끼길 바라면서 "도둑질, 어휴!"라고 내뱉는 표현과 유사하다.

노골적으로 말하면, 이 이론은 그리 오래 가지도 않았고, 그럴 가치도 없었다. 우선, 우리가 다른 사람에게 말을 하는 것은 언제나 어떤 영향을 주기 위해서 그러는 것이 아니며, 도덕적 발화가 항상 자기표현 형식에 불과할 뿐이라는 견해는 논쟁의 여지가 있다. 내가 이 세상에서 일어나는 잘못된 일들을 생각하며 잠을 이루지 못하고 있을 때, "도둑질은 모두 나쁜 거야, 그러나 퉁명스럽게 구는 것이 나쁜지는 잘 모르겠어"라고 혼잣말을 한다면, 그것은 다른 누군가에게 영향을 주기 위해 말한 것도 아니고, 나의 혐오감이나 선호를 나타내기 위한 것도 아니다. 둘째로, 도덕적 발화가 타인에게 영향을 미치기 위한 욕망 혹은 스스로를 표현하기 위한 욕망이라는 견해는, 그것을 광고, 정치 연설, 협박, 선전과 같은 다른 종류의 발화나 활동과 구분하지 않는 것이다. 그러나 "친절은 선善이야"라는 도덕적 발화는 "이것 혹은 저것을 해라"라는 말이나 코카콜라를 선전하는 기쁨의 환호성과 같을 수는 없다. 도덕적 담론의 본질을 생각해 볼 때, 우리의 태도를 드러내고 타인에게 영향을 미치고자 하는 것은 일부분 사실이며, 이는 중요한 통찰이다. 하지만 그것이 도덕적 담론의 모든 것이라고는 할 수 없다. 만약 도덕적 발화가 그러한 것이라면, 성공적인 도덕적 논의의 기준이 다른 사람을 설득하는 능력이거나 자신의 감정을 얼마나 성공적으로 표현했는지에 불과할 것이라는 점은 분명하고 단순하다. 그러나 다른 사람을 얼마나 잘 설득하였는지, 자신의 감정을 얼마나 잘 표현하였는지를 논의하는 것은 좋은 도덕적 논의가 될 수 없다. 도덕적 논쟁은 아카데미 시상식과 비교할 수 없는 것이고, 인기투표와도 다른 것이다.

그러나 도덕적 발화에 관한 또 다른 진실이 있다. 도덕적 발화는 그것을 통해 성공적으로 다른 사람을 설득하고 자신의 감정을 표현하려는 의도의 결과이기보다 오히려 그것을 도덕적 발화가 되게끔 만드는 요인의 결과이다. 이러한 두 가지 진실은 도덕 언어가 규정적이고 보편적인 것임을 의미한다. 문법적 형태가 어떠하든지 간에, 도덕적 발화는 명령의 일종으로 보이므로 규정적이다. 만약 당신이 "나는 빌린 돈을 꼭 갚아야 해"라는 말을 이해하고 수용했다면, 이는 당신이 이 말에서 "빌린 돈은 갚아라"라는 명령의 힘을 인지했다는 걸 의미한다. 이제 당신은 '빌린 돈은 꼭 갚아야 해'라는 말에 동의하는 데 그치지 않고, 빌린 돈을 반드시 갚을 것이다. 당신의 행동을 통해 당신이 '빌린 돈은 꼭 갚아야 해'라는 말을 이해했는지 드러날 것이다. 만약 당신이 돈을 갚지 않는다면, 당신은 진정으로 도덕적인 관점을 지녔다고 보기 힘들다. 당신이 뭐라 변명하건 간에, 당신은 돈을 갚아야 한다는 것을 진정으로 인식하지는 못한 것이다. 그러나 도덕 언어는 규정적인 성격만을 갖는 것이 아니다. 도덕 언어는 "문을 닫아라"와 같은 일상적인 의무와는 다른 의미의 의무를 내포하고 있다. 즉, 도덕 언어는 발화의 상대자뿐만 아니라 비슷한 경우에 있는 다른 사람에게도 그 의무를 적용할 수 있다. 내가 당신에게 문을 닫으라고 명령했다면, 이는 당신이 내일도 문을 닫아야 하거나 혹은 다른 누군가도 문을 닫아야 한다는 것까지 의미하지 않는다. 다른 사람에게는 요구하지 않으면서 친구에게 "문 닫아줘"라고 요구하는 것은 논리적으로 문제가 없다. 반면, 도덕적 명령은 우리 모두가 친절해야 함을, 그리고 (상황이 같다면) 항상 친절해야 함을 논리적으로 내포하고 있다. 직접적으로 ("친절해야 해"라고) 말하든 간접적으로 ("친절은 좋은 거야"라고) 말하든 간에, 표현이 다소 다르더라도 말이다. 이런 관점을 요약해서 표현하면, 도덕적 발화는 본질적으로 보편적이라고 할 수 있다. 만약 내가 이웃에 대해서 자정 이후에는 트럼펫을 연주하지 말아야 한다고 생각하거나 말한다면, 나도 자정 이후에는 트럼본을 연주하지 말아야 한다. 내가 만약 그와 같은 고려가 도덕적으로 선이라고 말한다면, 나는 그러한 고려를 실천해야 하고, 타인에게도 실천을 요구해야 한다.

요약하자면, 도덕적 담론은 감정을 표현하기는 하지만, 규정적이고, 보편적이며, 이는 도덕성에 대한 또 하나의 사실을 알려 준다.

이 책에서 지금까지 언급을 회피해 온 도덕성에 대한 두 가지 현대적 접근법은 각각 자연권과 절차적 정의를 강조한다(이 중 앞의 것은 최근에 인기를 얻고 있지만, 사실 오랫동안 심도 있게 연구되었다). 필자는 우리가 어떤 권리를 가졌다는 점과 도덕적인 절차가 공정해야 한다는 점을 반대하지 않는다. 그러나 필자는 도덕성을 권리 혹은 절차의 문제로 환원하는 것에 반대한다. 필자의 관심사는 이러한 개념들로 도덕적 사고와 토론의 틀을 구성하는 것이 가져올 결과에 대한 것이다.

어떤 자연적 권리를 도덕의 기본 원리 혹은 도덕성의 토대로 삼으려는 시도는 오랜 역사를 지닌다. 그러나 도덕성의 토대로 "자연권"('본래부터 주어진 권리' 또는 '당연히 주어진 권리')을 설정하는 것은 본질적으로 문제가 많다. 앞서 살펴보았듯이, '당연한 권리는 무엇인가?' '어떤 것이 자연적인 것인가?' '자연적인 것은 무엇이고 어떻게 판단할 수 있는가?'와 같은 질문들은 하나같이 답하기가 매우 어렵다. '협동이 자연적인가, 경쟁이 자연적인가?' '강자가 약자를 이용하는 것이 자연적인가?' '사랑이 질투보다, 배려가 자기본위보다 자연적인가?' 특별히 어떤 측면에서 보면, 위에서 말한 모든 것은 자연적으로 주어진 것일지도 모른다. 그렇다면 우리는 이 질문들에 어떻게 대답해야 하나? 두 번째로, 우리가 특정 태도나 행동을 "자연적"이라고 부르는 데 동의한다면, 자연에 대한 이런 기술로부터 어떻게 명령과 의무를 도출할 수 있느냐는 것이다. 즉, "사실(is)"에서 어떻게 "당위(ought to)"를 도출할 수 있을까? 자연에서 강자가 약자를 지배한다는 기술을 근거로, 강자가 그런 행동을 하는 것이 정당하다고 결론 내려도 괜찮은가? 노예제 사회에서는 자유에 대한 인간의 자연권을 이렇게 '강자가 약자를 지배해도 되는 권리'라는 식으로 정의하는 것이 충분히 정당했을 것이다. 그러나 우리가 자유에 대하여 어떤 원칙을 믿든지 간에, 우리는 자유를 자연적 권리라고 말한다. 이는 과연 무엇을 의미하는가? 사실, 어떤 사람이 노예로 태어나는 것을 보면 알 수 있듯이, 모든 인간이 당연히 혹은 선천적으로 자유를 부여받는 것은 아니다. 그리고 노예제도가 존재함에도 불구하고 이런 논의가 있었다는 것은, 어떤 점에서는 그것이 부자연스럽기 때문이다. 또한 노예제도가 어떤 의미에서 부자연스러운 것으로 주장된다면, 결혼 관습이 부자연스럽다는 사실로부터 그러한 관습 자체를 없애야 한다는 결론이 도출되지 않는 것과 마찬가지로, 어째서 노예제도가 부자연스럽다는 사실로부터 그 제도를 없애야 한다는 결론이 도출되어야 하는가? 왜 우리는 이런 식으로 추론하는가? 만약 "부자연스럽다"는 것이 "도덕적으로 잘못되었다"는 것을 의미한다면, 결론은 다음과 같다. 즉, 노예제도가 도덕적으로 잘못된 것이기 때문에 우리는 그것이 부자연스럽다고 느끼는 것이다. 그러므로 노예제도는 도덕적으로 옳지 않은 것이다. 그러나 이러한 추론은 또 다른 질문을 야기한다. 도대체 어떤 사람이 이런 식으로 추론하는가? 그 근거는 무엇인가?

대체로, 행복과 자유 같은 것에 대한 자연적 권리를 언급하는 역사적 기록은 결국 도덕적 선에 관한 이야기이다. 우리 대부분은 도덕적 선을 믿으려는 경향이 있다. 그리고 이러한 주장에 특별히 이의를 제기하는 사람은 없을 것이다. 하지만 도덕적 선을 "자연적 권리"로 부르는 것은 아무런 근거 없이 자연권이 도덕적으로 중요하다고 주장하는 것이거나 논점을 교묘하게 회피하는 것이다. 어느 쪽이든지 간에, 이러한 결론을 피하기는 어렵다. 자유를 자연권이라 부르는 것은 자유가 도덕적으로 중요하다는 우리의 관점을 나타낼 뿐만 아니라, 딱히 근거는 없지만 그것이 무언가 자연의 혹은 자연적인 삶의 특성을 반영하고 있기 때문에 가치 있게 여겨져야 한다고 주장하는 것이다. 우리는 자유롭게 태어났지만 문명이라는 죽음의 손에 의하여 자유를 잃었다는 견해는 지지되기 어렵다. 우리는 어떤 식으로 자유롭게 태어났다는 것인가? 우리는 왜 연약하고 의존적인 신생아가 원숙한 성인보다 자유롭다고 주장해야 하는가? 어째서 문명화는 우리의 자유를 증진시키는 것이 아니라 제약하는 것으로 보이는가?

 "자연nature"과 그 비슷한 표현으로서 "자연적natural," "부자연적unnatu-ral"이라는 용어는, 이미 2장에서 살펴보았듯이, 도움이 되지 않는다. 이제 우리는 자연권에 대한 더 구체적인 주장이 비슷한 반대에 열려 있다고 덧붙여 말할 수 있다. 우리는 어떤 권리를 보편적으로 중요하다고 여길 수 있다. 또한 우리는 어떤 권리가 신 혹은 자연이나 삶 그 자체가 부여한 것이기 때문에 "자연적"이라 여기며, 그 권리의 근본적이고 보편적인 지위를 강조하기로 결정할 수도 있다. 그러나 "자연적"이라 부르는 것이 그 권리를 우선적인 권리로 만들어 주는 이유는 될 수 없다.

 그러나 도덕성의 토대로서 "자연적" 권리에 주목하는 것만이 의문의 대상이 되는 것은 아니다. "자연적" 권리건, "인간의" 권리건, "보편적인" 권리건, "남자의" 권리건, 도덕성의 원리와 구별되는 어떤 종류의 권리건 간에, 모든 권리 일체에 주목하는 것을 반대하는 주장이 있다. 여기서 필자가 반대하는 것은 일련의 보편적인 도덕적 진리가 존재한다는 생각을 부정하는 것도 아니고, 또한 모든 인간이 인간이기 때문에 특정한 권리를 갖는다는 생각을 부정하는 것도 아니다. 가령 '필자는 자유와 복지에 대한 인간의 권리를 믿는다'라고 말한다고 해서, 이러한 주장이 앞선 필자의 주장을 왜곡하는 것은 아니다. 왜냐하면 자유와 복지의 권리는 모든 사람에게 적용 가능하기 때문이다. 필자가 말하고자 하는 요지는, 모든 사람에게 적용 가능한지 여부가 중요한 것이 아니라, 그것을 떠나 독자적인 논리와 주장이 필요하다는 것이다. 독자적인 논리와 주장을 확립해야 우리는 자유와 복지가 도덕적으로 중요한 가치임을 깨달을 수 있고, 또 그런 연후에야, 우리가 원한다면, 자유와 복지가 인간의 권리라는 것을 확립했다고 말할 수 있을 것이다. 우리는 자유와 복지가 그 자체로 인간의 권리라는 식의 주장을 내세울 수는 없다. 분명코 그렇지 않다. 하지만 권리를 인간적이라거나 자연적이라거나 혹은 다른 무엇이라고 주장한다는 사실이 논의 중인 도덕적 가치를 수용하는 데 있어 어떤 이유도 제공하지 않는다는 점과 더불어, 권리의 측면에서 도덕적 논쟁을 수행하는 것에 대한 몇 가지 다른 반대 이유가 있다. 그 반대 이유를 논의해 보자.

도덕성을 권리의 측면에서 이야기하거나 일련의 권리로 묘사하게 되면, 우리 모두 혹은 일부 동성애자, 여성, 아동, 흑인 등과 같은 사람이 이 권리를 가지고 있든지 없든지 간에, 위험하고 불필요한 혼돈을 야기하게 된다. 여러 가지 이유로 인해, 이렇게 권리 측면에서 논의하게 되면, 도덕성의 핵심이라 할 수 있는 책임감과 타인 본위적 본성(어떤 사람들은 영혼의 관대함이라 부르기도 한다)의 개념을 흐리게 한다. 도덕성은 그저 행동 규범에 따라서 삶을 사는 문제가 아니며, 권리 규범에 따라 사는 것은 더더욱 아니다. 도덕성은 책임감과 의무를 인식하는 행위뿐만 아니라 어떤 종류의 정신 규범에 따라 살아가는 것을 의미한다. 정신 규범을 따라 살아간다는 것은 구체적인 규범을 지켜 나가는 것이 아니라 기본적인 원리들을 염두에 두며 살아가는 것을 가장 중요한 문제로 여긴다는 것이다.

권리에 대한 논의에서 미리 알아두어야 할 경험적 문제 하나를 쉽게 짚어낼 수 있다. 그것은 사람들이 법적 권리와 도덕적 권리를 혼동하는 경향이 있다는 것이다. 물론 이는 앞서 설명한 법적 가치와 도덕적 가치를 혼동하는 일반적인 경향과 그 맥을 같이 한다고 볼 수 있다. 하지만 법적 권리의 경우에는 너무나 분명하게 성문화되어 있고 도덕적 권리보다 상대적으로 쉽게 인용할 수 있기 때문에, 우리가 권리라는 용어를 사용할 때, 이 두 가지 권리를 둘러싼 혼동이 해결되지 않고 더 가중되는 것이다. 실상 우리는 헌법이 정한 법이라면 그 어떠한 법도 도덕적으로 정당하다고 가정하는 경향이 있다. 하지만 적어도 우리에게 법을 준수해야 할 도덕적 의무가 있는지도 논란의 여지가 있기 때문에, 그렇게 가정할 필요는 분명 없는 것이다. 설사 헌법이 정한 모든 법이 정당하다 하더라도, 많은 도덕적 분노와 옳음에 관한 사례들이 도덕적 권리가 아닌 법적 권리의 문제에 관한 이슈에서 다루어지는 것은 부적절하다는 것에 관해서는 거의 이견이 없다. 우리 모두는 도덕성과는 전혀 상관이 없는 모든 종류의 법적 권리를 가지고 있다. 반대로 법제화되지 않은 많은 도덕적 의무들도 있다. 예를 들어, 필자의 경우에는, 이 책을 쓰면서 특정한 법적 약속들과 의무 사항들이 생길 뿐만 아니라, 이 책을 쓰겠다고 계약을 한 순간 필자에게 기대되는 것들이 생기게 된다. 혹은 전혀 다른 경우를 예로 들면, 머리가 붙어 태어난 샴쌍둥이를 분리 수술해야 할 때 의사들이 고려하는 다른 종류의 법적 권리들이 있다. 이 두 가지 예 모두 도덕적 질문을 야기하지만, 그 자체로는 순전히 법적 문제일 뿐이다. 필자가 책을 쓰면서 무엇을 해야 하는지 결정하기 위해서, 샴쌍둥이를 분리 수술하는 의사들이 정당하게 무엇을 할 수 있는지 결정하기 위해서, 필자나 의사는 변호사를 찾아가지 도덕철학자를 찾아가지는 않는다. 왜냐하면 이러한 예에 해당하는 문제는 법을 어떻게 해석하느냐의 문제이지, 무엇이 법이 되어야 하는가의 문제는 아니기 때문이다. 반대로, 어떠한 법에도 성문화되어 있지는 않지만, 나는 나의 친구들에게 여러 가지 도덕적 책임을 가지고 있다.

성문 헌법을 가지고 있는 나라들은 도덕과 법을 분리하는 것이 더욱 어려울 지도 모른다. 왜냐하면 법률가들은 헌법을 해석해야 하는 책임을 지고 있으며, 한 나라의 헌법은 한 국가의 최고 도덕성을 대표하는 헌장으로 간주되기 때문이다. 미국에서 무기를 소지하는 문제에 있어서 헌법을 어떻게 해석해야 하는가라는 까다로운 문제 외에(왜냐하면 찬반 주장 모두 헌법에 호소하고 있다), 한 가지는 분명하다. 바로 모든 시민들이 무기를 소지할 권리가 헌법에 보장되어 있는 것과 사람들이 그렇게 할 도덕적 권리를 가지고 있느냐 하는 것은 완전히 별개의 문제라는 사실이다. 더군다나, 사람들이 무기를 소지할 도덕적 권리를 가지고 있느냐는 것과 무기를 소지하는 것이 도덕적으로 바람직한 일이냐 하는 것 역시 미묘한 차이가 있다. 어떤 사람들은 이를 도덕적인 문제가 아니라 이해타산적인 문제라고 주장할 수도 있다. 지금 우리에게 이토록 친숙한 총기 문화를 지속시키는 것은 실제로 실용적이고, 또 우리의 이익을 위해서인가? 바로 이 질문을 통해 우리가 총기 문제에 접근한다면, 논의의 어조와 속성 그리고 심지어 논의의 결과까지 완전히 달라질 수 있다. 하지만 이 논의를 "권리"의 문제로 계속 밀어붙이다 보면, 법적 문제와 도덕적 문제를 혼동할 수 있을 뿐만 아니라, 우리의 도덕적 가치의 근거는 무엇이냐는 근본적인 질문을 간과할 수도 있다. 이것도 모자라, 우리는 총기 소지의 권리를 도덕적 옳음, 용납할 수 없는 입장, 대결적인 수사법의 용어로 논쟁한다. 우리는 총기를 이렇게 다룰 것이냐 아니면 저렇게 다룰 것이냐에 관해서는 논의할 수 있다. 하지만 상대편의 입장에서 보면, 나는 그의 절대 양도할 수 없는 권리에 도전하고 있는 것이 되기 때문에, 그 사람과 나는 근본적으로 논쟁을 할 수 없는 것이다.

　별 이득도 없고 비용도 많이 드는 법적 소송이 오늘날 만연한 것은 단순히 변호사들의 욕심과 이기심 때문이 아니라, 법적 문제와 도덕적 문제를 혼동하고 있고, 무엇을 해야만 하는가의 문제보다는 권리의 관점에서 보는 경향이 있기 때문에 그러한 것이다. 권리에 관해 논의하게 되면, 그것은 필연적으로 개인화되게 되어 있다. "나의 권리"이거나 "너의 권리," "우리의 권리"라는 식이다. 권리라는 것이 종국에는 소위 말하는 인권을 가리킬 때도(예를 들어, 인간의 자유에 대한 권리), 특정 경우에 있어서는 **누군가의 자유에 대한 권리**를 침해했다는 논의가 되고 만다. 이렇게 되면 논의는 바로 대결 구도로 치닫게 된다. 결국, 이렇게 과장된 언어 게임에서 "나의 권리"를 능가할 수 있는 것은 과연 무엇이란 말인가? 그것은 "너의" 권리밖에 없다. 집단 소송이 있을 수 있겠지만, 권리라는 단어는 그 자체가 공동체 지향적이라기보다는 개인주의적이며, 적대적이지는 않더라도, 개인 중심적이다. 권리를 가지고 논하다 보면, 대결 구도를 만들어 내는 데에는 도움이 될지 모르나 소통, 진정한 대화, 논의 따위를 하기는 힘들어진다.

권리의 언어의 또 다른 일면은 의무와 책임감과 관련된 부분을 가볍게 본다는 것이다. 형식적으로는, 당신이 특정 권리를 가지고 있으면, 나는 당신의 그 권리를 존중해 줄 의무가 있다. 하지만 도덕성을 순전히 권리의 문제로만 보는 것은, 도덕적인 사람은 의무를 이행하고 특정 방식으로, 즉 친절하거나 신중하게 행동해야 할 필요가 있다는 우리들의 인식을 약하게 만든다. 왜냐하면 그것은 우리가 타인의 권리를 존중해야 할 의무가 있어서라기보다는 그렇게 행동하는 것이 좋은 것이기 때문이다. 미국에서와 같이 권리에 대한 강조로 인해 생겨난 빈번한 소송 문화는, 도덕성은 다른 누군가의 권리와는 상관없이 어떤 면에서는 받는 것이 아니라 주는 것을 의미하며, 존중에 관한 것이기도 하고, 원칙을 지키는 방식으로 행동하는 것이기도 하며, 의무와 책임을 갖는 것이기도 하다는 생각에 엄청난 타격을 주었다. 총기를 소지할 권리만 강조하고, 그 권리가 헌법에 보장되어 있는지 없는지에만 논의의 초점을 맞추다 보면, 총기 소지 로비에 반대할 도덕적인 이유가 있는지에 대한 생각이 공정하고 객관적으로 우리 머릿속에 들어올 틈이 없게 된다.

특정 사례를 들게 되면 일부 독자는 반감을 갖고 멀어질 위험이 있다. 하지만 필자가 관심을 두고 있는 것은 미국에서 총기를 소지하는 것이 좋다, 나쁘다의 문제가 아니다. 필자의 관심은 권리의 맥락에서 도덕성을 논하는 것은 비생산적이며, 아래와 같은 이유로 인해 사실을 왜곡시킬 것이라는 좀 더 일반적인 것이다. 만약 준거가 "자연권"이라면, 자연이나 인간 본성(그리고 가끔 사람들은 법이나 헌법을 살펴봄으로써 혼동을 일으키기도 한다)을 살펴보기만 하면 도덕성에 관한 주장을 명확하게 확립할 수 있다는 것이다. 하지만 이렇게 생각하는 것은 오류가 있다. 왜냐하면 인간 본성을 이루는 것과, 좀 더 넓게, 자연적인 것은 단순히 그냥 주어지는 것이 아니기 때문이다. 또한 자연권 측면에서 도덕성을 논하게 되면, 어떤 것이 사실이라면 그렇게 해야 하는 것이 옳다는 잘못된 가정을 세울 수 있기 때문이다. 권리에 관한 언어들은 의무를 강조하지 않는다. 그리고 아주 가끔은 다른 사람들에 대한 고려 없이 "나의" 혹은 "우리의" 권리들만 강조한다. 그러므로 도덕성에 대해서도 한쪽으로 치우친 견해를 제시하게 된다. 개인주의적이고 융통성도 없으며 까다로운 용어들로 그 견해의 틀이 이루어지게 된다. 그러므로 한쪽에서 사람들은 단순히 간접흡연으로부터 자유로워져야 한다는 자신들의 "권리"만 주장한다. 비협연자들은 마치 간접흡연이 아주 심각한 해가 되는 것처럼 가정하지만, 자동차 배기가스 때문에 운전자에게 운전을 그만두게 할 권리가 있는가라는 것과 동일한 맥락에서, 흡연자가 흡연을 하지 못하도록 할 권리가 있는가라는 복잡한 문제는 전혀 신경 쓰지 않고 있다(물론 자동차 배기가스가 담배 연기만큼이나 해로운 것은 분명하다). 한편, 어떤 흡연자는, 그가 정상적인 생각을 가지고 있고 이성적인 사고를 하는 성인이라면, 흡연이 해롭다는 것을 뻔히 알면서도 그로 인해 병이 생겼다고 보상을 청구한다. 권리의 측면에서 도덕성을 생각하면, 개개인의 책임 의식을 약화시키는 경향이 있는 또 다른 결과를 낳게 된다. 정리하자면, 권리의 측면에 한정해서 도덕성을 의식하고 책임 의식을 느끼도록 인간을 계발하고 양육하고 장려하는 것과, 도덕성이나 특정 도덕 문제들을 이성적 측면에서 생각하는 것은 비생산적인 일일 뿐이다. 왜냐하면 권리의 측면에서 도덕성을 다루게 되면 다음과 같은 가장 눈에 띄는 결과를 초래할 것이기 때문이다. 즉, 도덕성에 관한 논쟁을 서로 상존할 수 없고 서로 대치되는 두 가지 권리의 측면의 논쟁일 뿐이라고 폄하하여, 내 것 아니면 네 것, 네가 X를 해야 할 권리를 지닌다는 혹은 내가 Y를 해야 할 권리를 지닌다는 식의 논쟁쯤으로 만들어버린다는 것이다.

소송에 대해 이야기하다 보니 오늘날 올바른 도덕성에 관한 논의에 방해가 되는 또 다른 주목할 만한 경향을 짚고 넘어가지 않을 수 없다. 그것은 공공 기관에 특히 널리 퍼져 있는 절차적 정의이다. 우리는, 만약 절차가 정당하길 원하느냐는 질문을 받는다면, 그렇다고 바로 대답할 것이다. 그것이 법원을 의미하든지, 기업에서의 고용, 승진, 해고를 위한 법규이든지, 혹은 가족 간, 친구 간의 일상적인 분쟁을 해결하는 방식을 의미하든지 간에 말이다. 우리는 법정이 법에 의해 다스려지고, 법이 우리의 정의감에 부합하기를 원한다. (여기서 흔히 사용되는 문구가 바로 "자연적 정의"이다. 그러나 '자연적 정의natural justice' 역시 "자연권"과 마찬가지로 반대론이 많다. 즉, 어떤 정의가 자연적인 것인가? 우리는 그것을 어떻게 알 수 있는가? 어떤 의미에서 "눈에는 눈"이라는 정의가 다른 종류의 정의보다 더 자연적이라고 말할 수 있는가? 어떤 의미에서 "자연적인" 것인가? 자연적이라는 단어 자체는 사실 그 단어를 말하는 사람이 생각하는 의미 이상의 뜻을 갖는 것은 아닐까?) 마찬가지로, 우리는 고용인들이 정당하게 대우받기를 원하며, 공청회의 구성에서부터 근로 조건, 보상금, 처벌, 승진, 경고, 해고에 이르기까지 모든 절차들이 정당하기를 바란다. 그때, 모든 절차가 정당함에도 불구하고 반대 의견이 있다면, 이는 정당한 절차가 있어야만 한다고 반대하는 것이 아니다. 권리와 마찬가지로, 그 반대 이유는 어떤 제도나 기관 내에서 좋고 나쁜 행동에 대한 사고의 틀을 절차적 정의의 측면에서 확립하려는 것과 이러한 방식의 담론이 가져올 결과에 있다. 물론, 절차는 정당해야 하며, 이러한 절차는 실질적 정의substantive justice를 지향해야만 한다. 즉, 우리는 모든 일의 상태 자체가 정당해야 한다는 데 관심을 기울여야만 한다. 정치의 맥락에서, 민주주의 체제에서 내려진 결정은, 어떤 경우에는 별로 흔쾌히 받아들일 수 없는 결정이라 할지라도, 그 시스템 자체가 공정하고 자유롭고 또 어떤 면에서는 정말로 민주적이기 때문에 존중되어야 한다고 말하는 것이 합당할 수 있다. 하지만 도덕성의 맥락에서는, 의사 결정을 하는 과정이 정당하다고 해서 그 과정에서 도출된 결정들이 정당한 것은 아니다. 오늘날 직장이나 대학가에서 자주 일어나는 현상들을 목도해 보건대, 사람들은 징계위원회의 대표 위원을 구성하는 절차나 사고의 처벌 문제를 공식적으로 결정하고 항변할 기회를 주는 절차, 목격자를 보호하는 절차 등에는 상당히 관심을 기울이지만, 이러한 절차를 통해서 과연 정당하고 건전한 결정이 내려지는지, 그리고 다른 여러 분야에서 받아들여지거나 비판 받는 절차들을 도덕적으로 받아들일 근거는 가지고 있는지에 대해서는 전혀 혹은 거의 관심을 기울이지 않고 있다. 이 여성은 정말로 승진할 자격이 있는가? 이런 종류의 부정행위가 대학가에서 받아들여질 수 있는가? 어떤 이가 동료와 희희덕거렸다는 이유로 징계를 받아도 되는가? 사람들은 이러한 종류의 질문을 그리 진지하게 다루지 않는다. 반면에, 모든 관심의 초점은 의사 결정 과정을 관장하는 규칙들이 준수되고 있느냐에 관한 것이다. 하지만 이는 굉장히 잘못된 것이다. 정당한 절차에 의해 구성된 배심원이나 패널, 지역 공동체에서 인구 비례에 의해 선출된 위원들, 그리고 명확한 절차에 의해 만들어진 규율들에 의한 심사 과정은 터무니없는 판결을 가져올 수도 있고, 핵심 문제에 있어 부조리한 정의를 낳을 수도 있다.

 필자가 단언하건대, 대학의 경우에는 절차적 정의에 너무 집착한 나머지 실질적 정의를 너무 자주 훼손하여 왔다. 이는 소송에 대한 두려움으로부터 비롯된 결과이다. 기관의 경우에는 태만, 의무 불이행 등과 같은 혐의에 자신들이 매우 취약하다는 것을 간파하고, 도덕적인 것으로 잘못 간주되고 있는 동시대의 편견들에 순응하는 절차들을 만듦으로써, 이 문제를 해결하기 시작했다(예를 들어, 모든 위원회, 이사회 등에 학생 대표의 참여를 의무화한다든지, 위원회의 정족수가 충족되어야 한다든지, 학교에서 징계 대상이 되는 이는 항변할 권리를 반드시 갖는다든지 말이다). 여기에 더하여, 그리고 지역 사회에서 널리 받아들여지는 가정에 의하면, 그 절차적 정의의 규칙들만으로도 충분하다는 것이다. 하지만 그 결과가 정당하지 못하고 도덕적이지 않다면 분명 충분치 않은 것이며, 단순히 어리석고 정당화되지 않은 결정들인 것이다. 여기서 이런 경우가 많았다는 것을 증명해 보일 필요는 없지만, 그것을 보여 줄 증거는 충분히 있다. 가령 새로 임명된 대학 총장이 그의 파트너를 고액 연봉에 사택까지 제공하며 대학의 자문위원회 자리에 앉힌다든지, 대학 총장이 공대 교수직에 여성이 많지 않은 이유가 대학 자체의 잘못 말고도 여성에게도 책임이 있다고 주장하다가 항의에 못 견뎌 결국에는 발언을 취소하게 되는 경우라든지, 고위 행정관을 별 분명한 이유 없이 해고하면서 만약 조용히 하면 대가로 40만 달러를 주겠다고 한다든지, 어떤 대학에서 한 교수가 부정 논문을 쓴 혐의가 있는데도 그 교수를 계속 고용한다든지, 두 명의 학생이 똑같은 에세이를 제3자에게 사서 제출했는데도 패스 점수를 받고 부정행위에 대해 징계를 받지 않는다든지 등의 여러 가지 경우가 있을 수 있다. 만약 이러한 경우가 만연한 상태라면, 절차적 정의에 대해 어떤 문제 제기도 하지 않고 그냥 가만히 두고 보는 것은 도덕적으로 받아들일 수 있는 일이 아니다. 하지만 정당한 절차가 지켜졌는지 여부를 떠나서, 이런 경우들은 본질적으로 정당하지 않고, 이미 비도덕적인 것으로 판명된 것들이다. 그리고 결국 그것이 중요한 문제인 것이다. 도덕성은 정당한 결과가 나올 때 더 잘 실천되는데, 심지어 절차상에 문제가 있을지라도, 절차는 잘 이루어졌는데 정당하지 않은 결과가 나오는 것보다는 나은 것이다.

　권리와 절차적 정의를 가리키는 언어가 소위 말하는 정치적, 도덕적 중립의 일면들이라고 할 수 있다. 비록 정치적, 도덕적 중립이 필연적으로 권리와 절차적 정의의 강조를 결과하는 것도 아니고, 권리와 절차적 정의의 강조가 상호 배타적으로 나타나는 결과도 아니지만 말이다. 이들 언어는 (현재의 목적과 합치될 수 있으므로) 실제로 도덕성과 관련이 있다기보다는 도덕성을 만들어 가는 절차와 더 관련이 있고, 다음과 같이 여러 경우에 있어서 비도덕적인 것으로 판명되기도 한다. 예를 들어, 이들 언어가 표현의 자유에 악영향을 미치고 여러 가지 형태로 검열을 조장하는 것을 보면 알 수 있다. 검열은 진실을 추구한다기보다는 무언가를 주창하는 것이며, 어떤 행동과 그 행동의 신념의 근간을 탐구하기보다는 사람들이 선호하는 일련의 행위와 믿음을 정해 놓고는 이를 따르라고 사람들을 강제하는 것이다. 정치적 중립 운동의 원동력은 바로 이데올로기이다. 이데올로기에는 올바른 성 역할과 이성 사이의 관계는 어떤 것인지, 그 자체로 공격적인 것은 무엇인지, 자유가 규범 준수보다 중요한지 등과 같은 것들에 대한 진지한 철학적 논의가 없다. 그 대신 강제적 의지, 정치적 압력, 협박, 수치심 주기 등을 통해 사람들의 행동과 믿음을 강제하는 처방전만이 있을 뿐이다. 하지만 정치적 중립에 있어서 권리와 절차적 정의라는 언어는 매우 강력한 무기이다. 누군가의 권리가 박탈되었다든가 절차가 남용되었다는 것과 같은 호소를 오랫동안 참아내기는 어려운 일이다. 그 절차가 정말로 남용되었는지 혹은 그 문제 자체가 중요한지와는 상관없이 말이다. 필자는 권리와 절차적 정의는 그 자체로 중요하다고 상술한 바 있다. 하지만 이 용어들은 슬로건 그 이상으로 쓰이지는 않으며, 이 용어들만이 유일하게 중요한 것도 아니다.

 잘못된 행위만이 도덕성의 적이 아니라는 사실은 기억해 둘 만한 가치가 있다. 우리는 잘못된 행위와 마찬가지로 부적합한 "도덕적" 분개, 도덕적 교화, 절차주의, 도덕 언어의 남용, 이데올로기, 교화, 교조주의, 검열 등을 도덕성으로부터 강력히 견제해야 한다. 자신이 옳다고 생각하며, 글에 쓰인 그대로 융통성 없이 특정 도덕규범을 지키는 일은 진정한 도덕성과는 배치되는 일이다. 현실적으로 진정한 도덕성이란 반드시 융통성 있게 그리고 관대하게 기본 원칙들을 준수하는 것이라고 보아야 한다. 진정한 도덕성이란 그 이상도 그 이하도 아니다. 앞으로 7장에서 살펴보겠지만, 도덕 영역에서 발생하는 혼동의 원인 중 하나는 다음과 같은 근거 없는 가정 때문이다. 즉, 우리가 구별할 수 있는 옳고 그름이 항상 있다는 것과, 사람을 판단할 때 그 사람이 한 행위의 이유를 보고 판단하기보다는 그 사람이 행위하는 것을 보고 판단해야 한다는 가정 때문이다. 또한 도덕 이론을 판단할 때 그 이론이 얼마나 도덕성을 설득력 있게 설명하는가보다는 얼마나 실질적이고 명확한 길잡이가 되어 주는가에 따라 판단해야 한다는 가정 때문이다. 도덕성을 권리 혹은 절차적 정의에 초점을 맞추어 접근하게 되면, 그 복잡하게 얽힌 성질과, 미묘함, 그리고 복잡함을 놓치게 된다. 또한 그런 식의 사고는 머릿속에 교리를 주입하고 기계적으로 이해하는 것밖에 되지 않는다.

제1부의 내용을 요약해 보면 다음과 같다. 우리는 신과 자연에 의지해서 우리의 도덕성에 관한 견해를 뒷받침해 줄 근거, 정당성 등을 찾아낼 수 없다. 그 이유는 여러 가지가 있는데, 신과 자연이라 함은 무엇을 의미하는가에 대해 우리가 명확히 알지 못하기 때문이기도 하고, 이 둘 중 하나라도 우리에게 요구하는 바가 무엇인지 불명확해서이기도 하고, 이들이 '요구하는 것'이 반드시 도덕적인가에 대한 분명한 이유가 없어서이기도 하다. 이와 마찬가지로 권리 혹은 절차적 정의의 맥락에서 도덕성을 생각하는 것 역시 오히려 더 혼란스럽기만 하지 별 도움이 되지 않는다. 그렇다고 특정 권리를 존중해야 한다는 결론에 도달할 수 없다거나 정당한 절차를 갖는 것에 대해 고려할 필요가 없다는 건 아니다. 단지 필자는 도덕성은 융통성 없는 권리 혹은 형식적인 질차를 나열해 놓은 목록이 아닌 그 이상이라는 것을 말하고 싶은 것이다. 가끔씩 정당한 절차와 권리 수호라 하더라도 결국에는 정의롭지 못한 상황을 낳기도 하고, 좀 더 넓게 보면 권리와 절차만 강조하는 것은 여러 방면에서 해롭기도 하다. 좀 더 일반적으로 보면, 우리는 역사 속의 여러 학파 혹은 도덕 이론을 체계적으로 분류해 놓은 것 사이에서 선택을 해야만 한다는 생각에서 벗어나야만 한다. 우리가 관심을 기울여야 하는 부분은, 도덕 이론은 무엇을 위한 것이며,

도덕 이론으로 우리가 무엇을 할 수 있고, 그로부터 무엇을 기대해야 하는 지에 관한 것이다.

반면에, 도덕 언어의 본질에 대해 긍정적으로 해설할 수 있는 기본적인 사실이 존재한다(예를 들어, 규정성과 보편화 가능성). 또한 도덕적 행동은 원리를 따르는 것이지 규범에 묶여 있는 것이 아니다. 성실성의 중요성에 대한 느낌으로 나타나는 도덕감moral sense은 신체 감각으로서 시각만큼 일반적이고 신뢰할 수 있는 것이라고 가정한다. 하지만 도덕적 성실성을 구성하는 것이 무엇인지, 도덕성의 본질이 무엇인지를 더 잘 이해하기 위해 도덕철학으로부터 너무 많은 것을 얻고자 기대해서는 안 되며, 특히 잘못된 것을 기대해서는 안 된다. 도덕규범은 도덕 이론과는 구분되어야 하는 것이다. 도덕철학은 들고 다니며 열람할 수 있는 인생 안내서가 아니다. 왜냐하면 그것이 도덕철학의 본래 목적이 아니기 때문이다. 또한 도덕 이론을 두고 그 질을 판단할 때는, 조금이라도 실질적 유용성을 기준으로 판단해서는 안 된다. 오히려 도덕 이론을 세울 수 있는 명확하고 확고한 토대를 마련하기 위해서는, 도덕 가치와 도덕과 상관없는 가치를 구분해야 한다. 즉, '그 자체로 옳은 것'과 '그 자체로는 나쁘고 잘못된 것이더라도 정당화될 수 있는 것'을 구분할 수 있어야 한다. '현실 세계에서 풀 수 있는 문제'들은 '현실 세계에서 풀 수 없는 문제'들과는 구분되어야 한다. 또한 그 정의에 내포되어 있듯이, 풀 수 없는 문제인 딜레마의 경우도 다른 종류의 문제들과는 구분되어야 한다. 이러한 점들과 기본적인 차이점을 염두에 두면서, 우리는 도덕적 문제를 다룰 때 어느 정도 직관과 도덕성 자체의 자명함에 의존해야 한다는 사실을 깨달아야 하며, 도덕성에 관한 이 모든 논의가 사람들의 복지well-being를 위한 논의가 되어야 한다는 것을 인정해야 한다. 결국 우리는 도덕적 기획을 새롭게 정의하고 정립시키는 과정에 필요한 기본적인 원리들을 찾아냄으로써 긍정적인 도덕 이론을 고안해 낼 필요가 있는 것이다. 도덕 체계를 악용해도 괜찮다고 생각하는 사람에게 도덕 이론이 그렇게 하지 말라고 설득할 수 있는 독립적인 논거를 주지 못하는 것은 사실이다. 하지만, 도덕성은 그래도 사회와 인간 전반에 걸쳐 좋은 게 확실하다. 사랑이나 도서관 분류 체계처럼, 도덕 이론은 어떤 면에서는 자연 그대로 주어진 것이며, 부분적으로는 인간이 만들어 낸 것이기도 하다. 하지만 강조해야 할 것은 도덕성은 결코 임의적인 것이 아니라는 점이다. 우리의 목적은 냉철한 추론에 근거하여 하나의 도덕 이론을 정립하는 것이다. 그러므로 누군가 진심으로 그 결론에 동의할 수 없는 사람이 있다 하더라도 그 수는 많지 않을 것이다.

이 장을 위한 참고 문헌

정의주의emotivism 하면 특히 생각나는 사람이 바로 에이어A. J. Ayer이다. 에이어는 『언어, 진리, 그리고 논리*Language, Truth and Logic*』를 통해서 비엔나학파의 사조에서 파생된 아이디어를 어느 정도 이용해 그 당시 엄청난 파장을 불러일으켰다. 이 책에서 그의 생각을 따라가다 보면, 종교적, 도덕적, 심미적 담론을 말 그대로 이해할 수 없는 난센스쯤으로 치부해버린다는 느낌을 받게 된다. 그와 함께 정의주의 하면 떠오르는 또 한 사람이 바로 스티븐슨C. L. Stevenson이다. 그는 에이어보다도 더 영향력을 행사하기 위해 노력하였다. 일반인들 사이에서 비엔나학파는 모리츠 슐릭Moritz Schlick(1882-1936)이 창시한 것으로 알려져 있다. 이 학파의 기본 교리는 소위 말하는 "검증 가능성의 원리"이다. 이 원리에 의하면, 의미 있는 문장은 반드시 그 정의상 진실(예: "모든 독신자들은 결혼하지 않은 남자들이다")이거나 원리 부분이 경험을 통해서 검증 가능해야 한다. 또한 비엔나학파에 따르면, "신은 존재한다"와 같은 명제는 경험적 검증을 쉽게 할 수 있는 명제가 아니므로 "의미 없는" 명제로 분류된다. 물론 어떤 문장이 의미가 없다고 해서 반드시 아무 기능도 없고 의도하는 어떤 목적도 없다는 뜻은 아니다. 에이어의 정의주의가 말하고자 하는 바는 도덕적, 종교적 담화 모두 어떤 기능을 가지고 있다는 것이며, 단지 참 혹은 거짓이 될 수 있는 진술을 만들지는 못한다는 것이다. 논리실증주의에 대한 공통된 비판은 검증 가능성의 원리가 진실이 아니거나 경험적으로 검증할 수 없는 말장난처럼 보이기 때문에, 그 자체가 추구하는 이론과 모순된다는 것이다.

"규정주의Prescriptivism"와 "보편화 가능성Universalizability"은 헤어R. M. Hare가 그의 영향력 있는 저서 『도덕의 언어*The Language of Morals*』에서 사용한 용어들이다. 이 책은 어느 정도 칸트의 전통을 따른다. 이어서 헤어는 『자유와 이성*Freedom and Reason*』이라는 책에서, 공리주의를 비판하면서 공리주의와 매우 친근한 주장을 펼친다. 그의 『도덕적 사고: 그 수준과 방식 그리고 논점*Moral Thinking: Its Levels, Methods and Point*』에서는 도덕적 담론의 본질을 더 정교하게 마무리 짓고 그의 생각을 더 넓게 펼친다.

제2장에서 소개한 자연법에 관한 저서들 외에도 섬너L. W. Sumner의 『권리의 도덕적 기초*The Moral Foundation of Rights*』를 참고하기 바란다. 메리 앤 글렌든Mary Ann Glendon과 마이클 이그나티에프Michael Ignatieff는 각각 자신들의 저서 『권리에 대하여*Rights Talk*』와 『권리 혁명*The Rights Revolution*』에서 오늘날 사회에서 우리가 권리를 법제화하고 그에 대해 이야기하는 방식이 현실적으로 지니는 의미는 무엇인지에 대해 매우 흥미로운 의문을 제기한다. 인라이트D. J. Enright의 『상처의 시간*Injury Time*』은 명쾌한 문체로 다음과 같이 언급한다. "우리가 일단 인권에 대해서 이야기하기 시작하면, 그 이야기는 끝날 줄 모른다. 그래서 종종 끝내야 할 때가 있다. 그것도 빨리 말이다"(p. 49). 마찬가지로, 로저 스크루턴Roger Scruton 또한 『조심스러운 후회들*Gentle Regrets*』에서 매우 신랄한 스타일로 비판한다.

하지만 작금의 권리와 청구, 소송의 세계는 매우 불행한 상태이다. 왜냐하면 그 어느 누구도 불운을 받아들이려 하지 않으며, 불운을 받아들이는 경우가 있다 하더라도 인생의 쓴맛을 본 후에나, 분노하거나 비난을 받은 후에나 그렇게 하기 때문이다. 불운은 부정의가 되고, 보상의 이유가 된다. 그러므로 우리가 사는 지금의 세상은 증오, 즉 내 것을 뺏어간 타인에 대한 증오로 가득 차 있다. (p. 238)

좀 더 엄격하게 철학적인 면을 보고 싶다면, 도움이 될 만한 서적들은 다음과 같다. 멜든A. I. Meldon이 편집한 『인간의 권리*Human Rights*』, 조엘 파인버그Joel Feinberg의 『권리, 정의, 그리고 자유의 도약*Rights, Justice, and the Bounds of Liberty*』, 모리스 크랜스턴Maurice Cranston의 『인권이란 무엇인가*What Are Human Rights?*』, 제러미 왈드론Jeremy Waldron이 편집한 『권리 이론*Theories of Rights*』, 피터 존스Peter Jones의 『권리*Rights*』가 있다.

이 장에서 언급했듯이, 절차주의는 특히 제도적 문제인 것처럼 보인다. 이 문제와 관련된 서적이나 문헌에 대해서 많이 알고 있지는 않지만, 이 문제를 다룬 글로는 로빈 배로와 패트릭 키니Patrick Keeney가 공동 편집한 『학문 윤리*Academic Ethics*』를 찾아볼 수 있다. 또한 정치적 올바름과 성희롱 소송 등에 관한 고등교육 관련 서적이 이 문제를 직·간접적으로 다루고 있다. 예를 들어, 페이지 스미스Page Smith의 『정신 죽이기*Killing the Spirit*』, 디네시 드수자Dinesh D'Souza의 『반자유주의 교육*Illiberal Education*』, 냇 헨토프Nat Hentoff의 『당신이 아니라 나를 위한 표현의 자유*Free Speech for Me - But Not for Thee*』, 키스 윈슈틀Keith Windshuttle의 『역사 죽이기*The Killing of History*』 등이 있다. 닐 보이드Neil Boyd의 『큰 누이*Big Sister*』와 새러 듀넌트Sarah Dunant가 편집한 『말의 전쟁*The War of the Words*』도 참고하기 바란다.

정당한 절차를 준수하였는지는 몰라도, 문제점이 한둘이 아닌 관행을 일삼는 대학의 예들은 실제로 일어났던 최근의 사건들이다. 너무나 흔히 일어나는 일이기에 굳이 상세하게 사건의 전말이나 출처를 밝히지는 않겠다.

제2부

도덕 이론의 개요

5. 도덕성을 정의하는 원리

인습적 지혜에 근거하여, 우리는 장소, 시간, 사람에 따라 도덕적 관점이 다르다고 믿는다. 우리가 종종 도덕적 주장을 다르게 받아들이는 것은 엄연한 사실이다. 그러나 그렇다고 도덕성이 문화적, 역사적 시대를 가로질러 인지하고 인정할 수 있는 확실한 정의적defining 특성을 지니지 않는다고 말하는 것은 아니다. 이 장에서 필자는 도덕성의 뚜렷한 특징 다섯 가지를 논하려고 한다. 이 다섯 가지 특징들은 근본적인 도덕원리가 무엇인지 나타낸다. 플라톤, 칸트, 흄, 밀, 무어, 유잉, 블랙번 같은 철학자들은 학자들 간에 상당히 뚜렷한 불일치를 수반하는 특별한 도덕 이론에 동조할지도 모른다. 그럼에도 불구하고 필자는 그들을 포함한 다른 철학자들 대부분이 이 다섯 가지 도덕원리에 동의할 것이라고 생각한다. 또한 이 원리들은 평범한 사람들 대부분이 느끼는 도덕성에 꼭 들어맞는 것 같다. 비록 평범한 사람들 대부분이 이런 식으로 그들의 추론을 분명하게 표현하지는 않을지라도, 그리고 다른 철학자들이 같은 언어를 사용하지는 않을지라도, 혹은 필자가 표현하는 방식으로 논쟁하지는 않을지라도 말이다(원리들을 표현하고 논쟁하는 방식이 철학적 사고의 서구적 전통에 속해 있음을 부정하지는 않는다. 하지만 필자는 여기서 제시한 원리들이 유교나 불교 같은 다른 주요한 전통의 가치를 공유한다고 믿는다. 그렇다고 여기서 유교, 불교를 따르지는 않을 것이다).

첫 번째 원리는 공정성fairness의 원리다. 사람들의 구체적인 도덕적 가치와 일반적 관심이 무엇이건 간에, 도덕성이 다른 무엇보다도 공정성에 관한 것이고, 그 이유가 다름 아닌 도덕성 자체의 성격에 있다는 사실을 어느 누가 부정하겠는가? 우리는 공정함이 도덕적인 고려 대상이 아니라고 생각할 수 없다. 물론 공정하지 않거나 공정하게 행동하지 않는 사람들이 있다. 그리고 공정하게 행동해야 할 이유를 모르겠다는 사람도 있을 수 있다. 때때로 어떤 사람은 특정한 상황에서 불공정하게 행동하는 것을 정당화하려 할지 모른다. 하지만 이런 사실 중 어느 것도 여기서의 논점을 변화시키지 못한다. 어떤 의미에서 불공정한 방식으로 행동하는 것을 정당화할 수 있는 상황이 분명히 있을 수 있다. 경험해 보았듯이, 인생에서 우리는 때때로 딜레마에 직면하기도 하고, "두 가지 해악 중에서 덜 해로운 쪽"을 택할 수밖에 없는 경우도 있다. 또 부모라면 알 수 있듯이, 엄밀히 말해 공정하지 않은 방식으로 자식을 대하는 것이 좋은 이유들도 있다. 더 폭넓게 보면, 많은 사람들은 과세 제도의 여러 특성이 다소 불공정함에도 불구하고 이를 도덕적으로 설명할 수 있다고 주장하곤 한다. 그래서 우리 대부분은 때때로 불공정함에 익숙하고, 또 때때로 불공정함을 묵과할 준비까지 하고 있다. 하지만 이러한 사실이 공정함을 도덕적 고려의 대상으로 볼 수 없음을 뜻하지는 않는다. 마찬가지로 어떤 사람이 불공정하게 행동하거나 공정함을 잣대로 자신을 귀찮게 하지 말라고 주장한다면, 이는 그가 도덕적인 것에 대해 별 다른 관심도 없다는 것을 의미할 뿐이다. 필자가 아는 한, "나는 도덕적인 것에 매우 신경을 쓰지만, 왜 내가 공정해야 하고 공정하기 위해 노력해야 하는지는 모르겠다"고 말하는 사람은 아무도 없으며, 그런 말을 일관되게 말하는 것도 불가능하다.

바꿔 말하면, 우리가 지닌 특정 도덕적 관점이나 선택한 특정 도덕적 규범이 무엇이든지 간에, 공정성은 다름 아닌 도덕성 개념 그 자체로부터 만들어진 것이다. 만약 당신이 동일한 노동에 대해서는 동일한 보상을 받아야 한다거나 젊은 사람보다 노인을 더 공경하는 것이 도덕적이라고 주장한다면, 이는 두 경우에 당신이 적용한 분배 방식이 공정한 것이었음을 의미한다. 그렇다면 이는 단순히 "공정함"이 "도덕적인 것"과 동의어라는 것을 의미하는가? 그렇지는 않다. 앞으로 살펴보겠지만, 도덕성은 공정함 이상의 것을 의미한다. 따라서 사람들이 공정하게 행동할 수는 있지만 도덕적으로 행동하는 데는 실패할 수도 있다. 하지만 어느 누구의 관점이든지 간에 공정성은 도덕성의 필수적인 특성이다.

여기서 우리는 "정의justice," "공평성impartiality," "평등equality"과 같은 다양한 어휘들이 존재함을 주목할 필요가 있다. 불행하게도 우리는 이 어휘들 중 어느 것도 단정적이고 특징적인 하나의 의미로 명확하게 규정할 수 없다. 우리는 이 다양한 어휘들을 때로는 동의어로 취급하기도 하고, 때로는 다른 의미를 가진 것으로 취급하기도 한다. 또한 사람마다 그리고 같은 사람이라도 상황에 따라 이 어휘들을 조금씩 다르게 사용하는 것이 사실이다. 따라서 앞으로 필자는 이 어휘들을 어떻게 구별할 것인지를 넓은 범주에서 규정하려고 한다. 우리가 아무리 다양한 어휘를 선택해서 사용한다고 하더라도, 중요한 것은 필자가 언급한 구별들이 이미 존재한다는 사실이다.

혹여 누군가는 공정함fairness이 평등을 의미하고, 공정한 대우는 평등한 대우를 의미한다고 말할지도 모르겠다. 하지만 "평등한 대우"라는 것은 그 자체로 애매모호한 것이다. 왜냐하면 '평등한 대우'의 의미가 "사람들을 같은 방식으로 대우하는 것"인지 "사람들을 존중과 관심을 가지고 공평하게 대우하는 것"인지 어중간하기 때문이다. 예를 들어, 남자, 여자, 아이들에게 음식을 나누어 줄 때, 평등하게 대우하라는 것은 이들 모두에게 같은 비율로 나누어 주라는 것을 의미할 수도 있고, 각자의 식성과 기호에 맞추어 나누어 주라는 것을 의미할 수도 있다. 마찬가지로 '결과의 평등이라는 의미에서의 평등'과 '기회의 평등이라는 의미에서의 평등' 사이에는 차이점이 있다. 결국 우리는 이런 잘 알려진 차이점들에 대해 생각해 볼 필요가 있다. 하지만 우선은 무엇에 대한 평등인지를 고려하는 것과 어떻게 대우하는 것이 평등인지를 고려하는 것 사이에 존재하는 차이점을 도출해 볼 필요가 있겠다. 무엇에 대한 평등인지를 고려하는 것은 이것들(평등한 기회, 평등한 결과, 평등한 조건, 평등한 관심) 중 평등이 의미하는 것이 무엇인지를 고려하는 것이다. 반면, 어떻게 대우하는 것이 평등인지를 고려하는 것은 보다 기초적인 고려인데, 사람들을 다르게 대우할 이유가 있는 경우를 제외하고 똑같이 대우해야 함을 고려하는 것으로, 바로 이것이 필자가 생각하는 공정성의 원리이다. 그것은 다른 식으로 표현될 수도 있지만, "공정함"이 그것을 표현하는 가장 단순하고 일반적인 말인 것 같다. 그리고 이런 의미에서 공정함은 평등과는 다르다. 해석을 어떻게 하든, 평등은 보다 더 현실적인 수준에서 작동된다. 반면, 공정함은 매우 일반적이고 추상적인 개념이다. 일단 우리가 공정함의 필요성을 인정했다면, 우리는 어떤 특별한 상황에서 무엇이 공정한 것인지 논의하기 시작한다. 하지만 이러한 논의는 평등한 대우가 무엇인지를 묻는 저차원적인 질문에 관심을 둘 것이다. 왜냐하면 어떤 의미에서는 평등한 대우가 확실히 공정함의 일부분이기 때문이다. 그러나 평등한 대우가 공정성 전체가 될 수 없다.

물론, 이는 공정함에 관한 실질적인 논의가 없는 이유 중 하니이다. 공정함은 너무 일반적이고 추상적인 개념이어서, 우리는 그것에 대한 논의를 쉽게 그만두곤 한다. 그러나 우리가 음식 배분 문제를 고려하듯이, 보다 구체적으로 또 보다 현실적으로 생각하기 시작하면, 그렇게 쉽게 논의를 그만두지 못할 것이다. 또 어떤 사람은 다음과 같이 분명히 지적할지도 모른다. 즉, "공정함"은 좋은 것이고, "불공정함"은 나쁜 것이라는 점은 당연하기 때문에, 일반적으로 사람들은 공정함을 도덕원리로 인정할 것이다.

선과 마찬가지로 공정함은 나쁜 것으로 여겨질 수 없다. 공정함과 선은 둘 다 중요한 규범적 개념이다. 하지만 사람들의 도덕성에 대한 이해를 돕기 위해 우리는 단순히 공정함이 선이라는 것을 확립하는 것 이상의 노력을 할 필요가 있다. 그럼에도 불구하고, '사람들을 다르게 대우할 이유가 있는 경우를 제외하고는 똑같이 대우해야 한다'는 의미에서, 공정함이 도덕성을 정의하는 원리라는 사실은 부정할 수 없다.

 "정의"와 "공평성"에 관하여 여기서 심도 있게 논의할 필요는 없다. "정의"라는 용어는 시간 · 맥락 · 장소에 따라 의미가 다양하기 때문에 법적인 의미로 국한하는 것이 바람직하다. 사람들은 "정의"를 "도덕성," "평등," "공정성"과 동의어로 사용해 왔다. 필자는 분명히 '정의'를 반대하지는 않지만, '정의'라는 용어의 의미에 관해 확고한 견해를 가지고 있지도 않다. 그러나 명쾌함을 위해, 필자는 '공정성'을 설명할 때 '정의'라는 용어를 사용하지 말 것을 제안한다. 반면, "공평성"은 "공정성"과 동의어로 사용될 수 있다. 공정성과 공평성은 어떤 규칙이나 규범에 의거하여 사람을 대우한다는 의미에서 둘 다 평등과는 다르다. 우리는 평등한 사람들의 주장을 평등하게 무시함으로써 불공정하게 대우할 수 있다. 더 구체적인 예를 들어 살펴보면, 선수들이 규칙을 위반하지 않는다고 심판이 파울을 부는 것은 불공정하고, 그것은 심판이 모든 선수들을 비슷하게 혹은 똑같이 대우하더라도 불공정한 것이다.

 이 마지막 고려는 필자뿐만 아니라 철학자라면 누구나 지지할 두 번째 원리로 우리를 이끄는데, 이 원리는 하나의 도덕 이론으로 간주될 수 있는 모든 것들의 필수적인 특성으로, '사람을 그 자체로 목적으로 대하라는 원리'이다. 이 원리는 공정성의 원리와 매우 밀접한 관련이 있지만 차이가 있다. 공정성은 예외를 제외하고는 모든 사람을 똑같이 대하라고 단순히 주장하는 반면, 인간 존중의 원리(축약하자면 "사람을 목적으로 인식하고 대하라는 원리")는 일반적으로 모든 사람을 똑같이 대하라는 것이 아니라 보다 특별하게 대우하라고 주장한다. 즉, 사람을 물질적 대상이나 타인의 목적을 위한 수단으로서 간주하는 것이 아니라 모두 똑같이 자율적인 존재로 인식해야 한다는 것이다.

몇몇 독자들은 모든 인간 존재를 다른 사람의 목적과 만족을 위한 수단이 아니라 목적으로 대해야 한다는 것에는 공감하지만, 모든 사람이 이 원리를 보편적으로 인식하지는 못할 게 분명하다고 논리적으로 반박할지 모른다. 가령, 나치는 다양한 인간 부류 중 (유대인, 집시, 동성애자와 같은) 어떤 인간 부류는 인간이 아니고 목적 그 자체로 여길 수 없다고 믿었다. 이보다는 덜 명백한 예이긴 하지만, 적잖은 사람들이 다양한 사람들 중 (집시, 부랑자, 마약 중독자와 같은) 어떤 개인이나 집단은 목적 그 자체로 대우받을 수 있는 경계를 넘어서 있다고 믿는다. 이처럼 모든 사람들이 인간 존중의 원리를 받아들이는 것은 아니라는 확실한 증거들이 있다.

일반적으로 말해서, 첫째, 어떤 사람이나 집단이 어떤 주장을 거부한다는 사실을 그 주장이 잘못된 것이라는 점을 입증하는 충분한 근거로 받아들여서는 안 된다. 혹은 그 사실이 그 주장의 진위 여부를 묻는 질문과 직접적으로 관련 있다고 받아들여서도 안 된다. 사람들이 지구가 평평하다고 믿는다는 사실은 지구가 평평하지 않다는 사실과 관련이 없다. 필자의 논지 중 하나는 도덕성에 관하여 아무도 부정할 수 없는 어떤 기본적인 주장이 존재한다는 것이다. 하지만 위의 사례에서, 만약 나치나 일반인들이 이런 이슈를 충분히 이해했다면, 인간 존중의 원리를 부정할지는 확실치 않다. 둘째, 도덕성에 관하여 아무도 부정할 수 없는 기본적인 주장이 존재한다는 점을 통해 모든 인간이 인간 존중의 원리를 공유해야 한다고 주장하는 것이 아니라, 역사적으로 모든 철학자들이 인간 존중에 관한 이러한 이슈에 대해 숙고해 보도록 요구를 받았다면 인간 존중의 원리를 명백히 공유해 왔거나 공유했을 것이라는 점을 주장하는 것이다. 셋째, 필자의 생각에, 정작 가장 중요한 질문은 이 책의 독자가 인간 존중의 원리를 공유하겠느냐는 것이다. 바꿔 말하면, 중요한 문제는 당신, 즉 독자가 심사숙고해서 이해한 결과, 도덕 세계에서 어떤 사람이나 집단을 타인을 위한 단순한 수단으로 취급해서는 안 된다는 사실을 인정하는가이다. 노예의 소유주조차도 노예를 단순히 자신들을 위한 수단이라고 주장했던 것이 아니라, 어떤 이유를 근거로 들어 자신들의 행동을 논리적으로 정당화하려고 애썼다. 나치조차 자신들의 행동을 정당화하기 위해 유대인에 관한 나쁜 주장을 만들려고 애썼다. 나치는 단순하게 '우리가 원한다면 유대인을 우리의 목적을 위한 수단으로 사용할 수 있으며, 이는 자명하다'고 말하지 않았다.

또한 우리는 다음과 같은 사실 때문에 논점을 흐려서는 안 된다. 우리가 좋아하든 아니든, 인정하든 아니든 간에, 때때로 우리는 사람들에게 반감을 갖거나 또는 배려 받을 권리가 없는 사람들이 존재한다고 주장한다. 물론, 어떤 남자가 연쇄 강간범이라면, 우리는 그를 혐오할 수 있고, 다른 사람과 다르게 대우할 수 있다. 그리고 이는 공정성에 부합하며, 원칙적으로 인간 존중에도 부합하는 것이다. 인간 존중의 원리가 우리에게 요구하는 것은, 누군가가 어떤 식으로 상처받았다는 것을 발견하기에 앞서 그의 평등한 권리를 목적으로 대해야 하는 것으로 생각하라는 것이다. 어떤 사람을 벌금형이나 실형을 받아야 할 사람으로 간주할 때조차, 우리는 그래도 그 사람이 우리의 목적을 위한 단순한 수단이 아니며, 또 우리가 사용할 수 있는 노예가 아니라는 사실을 변함없이 인식하고 있다.

자유의 원리는 도덕 이론으로 간주되는 세 번째 부분이다. 어떤 사람들은 도덕적으로 되는 것이 단순히 어떤 명령에 복종하는 것이라고 무분별하게 생각한다. 하지만 이런 사람들조차 자유롭게 선택하여 명령을 따르는 것과 협박과 강요에 못 이겨 명령을 따르는 것 사이의 차이를 분명하게 인정한다. 이런 차이를 인정한다는 것은 도덕에 관한 기본적인 논점을 인지하고 있다는 것인데, 그 기본적인 논점이란 (당신이 인정하는 특정한 도덕

규범이 무엇이든지 간에) 도덕적 행동은 당신이 그 행동을 의무로 여기기 때문에 자유롭게 나오는 것이지, 고통을 피하기 위해서나 보상을 바라기 때문에 나오는 것이 아니라는 점이다. 어떤 사람은 천국을 믿기 때문에, 또 어떤 사람은 얼마 만큼이건 간에 도덕적 행동에는 보상이 따른다고 생각하기 때문에 도덕적으로 동기화된다. 그러나 이런 사람들조차도 순전히 보상 때문에 도덕적으로 행동한다는 주장은 그들 자신의 신념에 비추어 보았을 때도 설득력이 부족함을 잘 알고 있다. 결국, 우리가 자율적으로 도덕적 행동을 선택해야만 하는 이유는 그것이 선이기 때문이다.

이 시점에서 우리가 자유에 관한 특별한 주장에 천착할 필요는 없다. 가령, 다음과 같은 자유에 관한 질문들은 궁극적으로 도덕철학이 숙고해야 할 중요한 질문들이다. '언론의 자유는 절대적이어야 하는가?' '때때로 자유롭게 약물을 남용해도 되는가?' '경제적 노예가 존재하는가? 존재한다면 정당화될 수 있는가?' '당신의 자유를 나의 자유와 어떻게 조화시킬 것인가?' 이때 우리는 '언론의 자유는 절대적'이라는 사실에 의거하여 도덕성을 정의할 수 없다. 만약 그렇게 한다면 이론異論이 분분할 것이다. 하지만 도덕성이 있는 곳에 반드시 자유가 있다고 말하는 데에는 이론이 있을 수 없다. 이러한 사실은, 도덕적 행동은 다른 무엇보다도 그것이 의무라고 생각하기 때문에 자유롭게 선택한 행동이라는 점에서, 도덕적 행동의 의미에 관한 논의의 핵심을 파고든다.

그러므로 도덕적 세계에서 자유는 당연히 중요한 가치이지만, 그렇다고 해서 자유라는 것이 반드시 '모든 것으로부터의 자유'나 '무엇이든 해도 되는 자유'를 의미하지는 않는다. 이미 언급하였듯이, 현실에서 자유는 종종 다른 자유와 충돌한다. 따라서 어떤 행동을 할 때 우리 모두가 자유로워야 한다는 주장은 논리적으로 어불성설이다. "당위는 가능을 함축한다"는 말이 있다. 종종 우리의 자유로운 선택들이 충돌하기 때문에, 우리는 원하는 것을 정확하게 실현할 수 없다. 따라서 우리가 실제로 자유롭지 않으면서 그래야 한다고 말하는 것은 의미가 없다. 그러므로 (비록 우리가 나중에 보다 깊은 논의를 통해 자유에 관한 어떤 의미를 정립할 수 있을지라도) 우리는 어떤 특별한 자유의 의미로 도덕성을 정의해서는 안 된다. 하지만 부분적으로 도덕성은 자유의 원리에 대한 인식의 의미로 정의되어야 한다. 자유의 원리에 대해 인식한다는 것은, 예를 들어 부유함이나 성性과는 달리 자유가 도덕적 고려의 대상이라는 사실을 인식한다는 것을 의미한다. 성과 부유함 모두와 관련 있는 다양한 도덕 규칙들에 대한 어떤 사례가 분명 존재할 것이다. 하지만 도덕성의 개념이 본질적으로 성이나 부유함 어느 것과도 관련이 없다는 것은 자명한 사실이다. 부유함에 대한 관념이나 관심도 없고, 명백히 도덕감도 없는 섬 부족의 사례를 근거로 들어 이러한 사실에 반론을 제기할 사람은 없을 것이다. 그러나 어떤 사회도 개인에게 절대적인 자유를 허락하지 않는다는 점은 누구나 분명히 말할 수 있다. 자유는 필수적인 도덕적 고려의 대상이다.

다음으로, 경쟁하는 여러 학파의 철학자들은 보편적으로 다음과 같은 사실을 인정한다. 즉, 진실이 도덕적 선이고, 도덕 이론에 반드시 필요한 원리라는 것이다. 자신이 어떤 학파에 속해 있든지 간에 철학자는 자신의 관점의 진실에 대해 논쟁한다. 그래서 어떤 특별한 진실이 아니라 추상적인 의미에서의 진실은 또 하나의 가치로 인정받는다. 아마 누군가는 진실이 도덕적 가치가 아니라 그냥 하나의 가치라고 말할지도 모른다. 하지만 도덕적 주장의 진위 여부에 관심이 없는 도덕 이론을 생각하기란 불가능하다. '우리는 친절하다'와 '우리는 친절해야 한다'는 진술은 모두 도덕적 고려에 해당한다.

어떤 도덕 이론이든 진실을 높이 평가해야 한다는 주장은, 진실을 말하는 것이 항상 도덕적으로 옳다는 주장과 구별되어야 한다. 사실, 일반적으로 옳다는 주장과도 구별되어야 한다. 비록, 대부분의 도덕 이론이 진실을 말해야만 한다고 주장할지라도 말이다. 그럼에도 불구하고 때때로 도덕 이론은 진실을 말하지 않는 것을 정당화하기도 한다. 어떤 관점에서건 간에, 자유의 원리에 대한 의무가 도덕성의 본성의 일부라는 주장은 구체적으로 어떤 자유가 정당화되고, 필요하고, 우선적인지를 알려 주지 않는다. 마찬가지로, 진실이 도덕적으로 가치 있다거나 진실에 대한 의무가 있다는 주장은 구체적으로 언제 어디에서 진실을 무시해도 정당화되는지를 알려주지 않는다.

거짓말을 하는 것과 진실을 억압하는 것 등이 도덕적으로 적합한 때가 언제인지에 관한 질문(이 역시 우리가 기대하는 답을 얻을 수 없는 질문이지만), 그리고 '진실을 높이 평가하는 것'과 '진실-말하기truth-telling를 높이 평가하는 것' 사이의 구별에 대해서 결국 우리는 심사숙고해야 한다. '진실을 높이 평가하는 것'과 '진실-말하기를 높이 평가하는 것'은 명백히 관련이 있으며, '진실을 높이 평가하는 것'은 어느 정도 '진실-말하기를 높이 평가하는 것'에 가치를 두도록 이끈다. 하지만 '우리가 옳음을 중요하게 생각하기 때문에 진실의 가치를 존중하는 것'과 '사람들이 서로에게 진실을 말해야 한다고 승인하는 것' 사이에는 차이가 있다. 우리는 전자를 '연구할 때 있어야 하는 진실의 가치'로, 후자를 '사회생활에서 필요한 진실의 가치'로 부름으로써 이러한 차이를 명확히 할 수 있다. 예를 들어, 어떤 사람은 과학자가 정직하게 연구 절차를 밟고, 진실하게 결론을 도출해야 한다고 주장할지 모른다. 하지만, (만약 그 과학자가 잠재적으로 치명적인 세균을 연구하고 있다면) 그 과학자가 세상에 연구 결과를 정직하게 알려야 한다고는 가정하지 않을 것이다. 그렇지만 우선은 다음과 같이 말하는 것으로도 충분하다. 진실의 의미와 중요성은 도덕성이라는 바로 그 개념 속에 붙박여 있다.

이제 소개할 다섯 번째 원리는 이미 언급한 바 있다. 그것은 사람들의 복지와 관련된 원리이다. 필자가 2장에서 상술하였듯이, 이 원리에 가장 적합한 이름을 붙이는 것은 쉽지 않다. 행복happiness, 박애benevolence, 큰 기쁨felicity, 선의지goodwill, 해악 금지non-malevolence, 고통을 주지 않는 것 non-suffering 등, 이런 다른 이름들은 미묘하게 다른 개념을 나타낼 수도 있다. 가령 "박애"의 원리와 "선의지"의 원리는 외연만 다른 동의어일 수도 있고, 미묘하게 다른 함축을 가지고 있을 수도 있다. 그리고 행복을 증진시키는 것과 고통을 감소시키는 것 사이에 차이가 있듯이, 아무리 사소한 차이더라도 "박애"와 같은 긍정적인 표현과 "해악 금지" 사이에는 확실한 차이가 있다. 앞서 제시한 네 가지 원리는 매우 높은 수준에서 도덕성과 연관된다. 이 네 가지 원리에 대한 언급 없이 도덕성은 절대로 설명되지 않는다. 따라서 일련의 구체적인 규칙의 측면에서 그 원리들을 이해하려는 것은 실수이며, 다섯 번째 원리를 진술하기 위해 여기서 우리는 문젯거리를 만들지 않는 일반적인 표현을 필요로 한다. 이것이 바로 필자가 "복지"라는 어휘를 선택한 이유이다. '복지'라는 말은 이상적이지는 않지만, '행복'보다는 개방적이며 일반적인 것처럼 보인다. 적어도 행복이 의식적인 만족과 욕구 충족을 의미한다는 가정하에서, 어떤 사람들은 도덕성이 행복과 어떤 관련도 없다고 주장하고 싶어 할지 모른다. 그러나 어떤 의미에서건 도덕 이론에서 사람들의 복지를 언급하지 않는 것이 어떻게 가능한지 필자는 잘 모르겠다.

  다음 질문들에 관해서는 논의의 여지가 있다. '일반적으로 그리고 특정한 상황에서 무엇이 복지의 구체적인 구성 요소가 될 수 있는가? 즉, 무엇이 복지를 만드는가?' '복지를 다른 도덕적 고려 사항보다 우선시해야 하는가? 그렇다면 언제 우선시해야 하는가?' 하지만 여기서 논점은 다음과 같은 사실을 입증하는 것인데, 그것은 모든 사회에서 도덕규범으로 인식되는 것들은 하나같이 암시적으로라도 복지에 주의를 기울인다는 점이다. 맨 처음, 사람들은 약속을 지켜야 한다거나 훔쳐서는 안 된다는 규칙을 준수하는 것이 자신을 어떤 방식으로 어느 정도는 이롭게 한다고 가정한다. 이러한 가정 없이 '약속을 지켜야 한다'거나 '훔쳐서는 안 된다'와 같은 주장을 할 수 있다고 합리적으로 생각하는 것은 어렵다. 가령, "누구도 도둑질을 해서는 안 돼. 나도 그건 알아. 그런데 만약 그런 규칙이 없다면, 우리 모두는 훨씬 더 부유하게 살 텐데 유감이야"라고 말하는 것은 분명 이상하다. 물론, 이미 인정했듯이, 사람들을 "더 잘 살고" 혹은 "이롭게" 만드는 것이 무엇인지에 관한 대답하기 어렵고 복잡한 질문들이 있다. 하지만 그 질문이 어렵고 복잡하다고 해서 다음과 같은 사실이 변하는 것은 아니다. 즉, 도덕규범으로 생각할 수 있는 것이라면, 개인이나 공동체 혹은 둘 모두에게 어떤 방식으로든, 이로움을 주는 것으로 여겨져야 한다는 사실이다. 도덕적 행위(그리고 여기서 우리는 도덕성을 종교와 구분하여 다루고 있으므로, 구원을 바라기 때문에 도덕적으로 행위한다는 식으로 논의하지 않는다는 점을 기억해야만 한다)의 요점 중 일부는 어떤 기준이나 규범에 의거해서 행위를 통제한다는 점이다. 그런데, 이때 통제는 어떤 목적을 위한 것이어야 한다. 또한 우리 스스로를 사회적 동물로 볼 때, 그 목적이 우리의 궁극적 관심인 복지여야 하는 것은 확실하다.

필자는 여섯 번째 원리로 아름다움이나 심미적인 것을 추가하고 싶지만, 그렇게 하지는 않을 것이다. 필자는 개인적으로 미나 심미적인 것을 높이 평가하는 철학자들과 견해를 같이한다. 또한 미에 의해 고양된 세계는 심미적으로도 그리고 도덕적으로도 더 좋은 곳이라고 생각한다. 하지만 누군가처럼 '미Beautiful'와 '선Good'을 동일시하지는 않을 것이다. 또한 윤리학과 미학을 구분할 수 없다고 주장하지도 않을 것이다(이 둘은 구별할 수 없는 것이 아니다). 그러나 필자는 다음과 같은 견해를 믿고 싶은데, 그것은 도덕적 세계는 거짓말·불행 따위에 맞서 싸우는 만큼 추함에 맞서 싸우는 것과도 관련이 있다는 것이다. 하지만 지금까지 우리는 단순히 필자가 우연히 믿게 된 가치를 논의해 온 것이 아니라는 점을 독자에게 상기시키기 위해, 이 관점은 배제할 것이다. 만약 우리가 지금까지 필자가 우연히 믿게 된 가치를 논의해 왔다면, 아름다움의 원리는 확실히 포함되어야 한다. 하지만 우리는 합리적 근거가 있는 가치들에 관해서 논의하고 있었다. 어떤 사람의 특정한 상황이나 철학적 입장과 상관없이, 그 가치들은 도덕성의 의미의 일부이자 도덕성 그 자체의 일부이며, 우리는 이러한 사실을 부정할 수 없다. 필자는 자유만큼이나 아름다움을 높게 평가하지만, 많은 사람들은 그렇게 평가하지 않는다는 점을 인정해야 한다. 더 중요하게는, 아름다움은 도덕성과 관련이 없으며 완전히 다르다는 반대 주장이 불합리하지 않다는 점도 인정해야 한다. 하지만 나머지 다섯 가지 원리들에 대해서는 그럴 수 없다. '공정성, 인간 존중, 진실 말하기, 자유, 복지'가 도덕성과 관련 없다고 주장하는 것은 터무니없다. 다섯 가지 원리들이 (어떤 정교한 특정 이론이나 특정 도덕규범과는 달리) 도덕성이 무엇인지 이해하는 데 필수적인 특징들이라는 점은 (논리적, 역사적으로) 명백하고, 자명하며, 부정할 수 없다. 도덕성은 '공정해지는 것, 모든 사람을 목적으로 인식하는 것, 진실, 자유, 복지에 대해 고려하는 것'에 가장 우선성을 두고 있다. (필자가 생각하기에, 다른 원리들이 아닌) 이 원리들이 도덕성의 영역을 정의한다(물론 그 원리들은 주어진 상황에서 구체적으로 우리가 무엇을 해야 하는지 알려 주지 않는다).

필자는 지금과 같은 방식으로 도덕성을 정의하여 왔다. 하지만 다른 누군가가 다른 방식으로 도덕성을 정의하는 것을 어떻게 막을 수 있겠는가? 다만 필자는, 만약 우리가 도덕 이론을 도덕과 무관한 것에 대한 이론이 아니라는 점과 그러한 도덕 이론을 통해 이해하는 것이 무엇인지 생각한다면, 우리는 이 다섯 가지 원리들이 도덕 이론 안에 존재하고 있음을 깨닫게 될 것이라는 주장의 타당성을 독자들이 인지할 것이라고 강조하고 또 호소해 왔다. 그리고 필자의 주장과 호소가 성공했는지는 오직 독자들의 몫이다.

이 장을 위한 참고 문헌

필자는 (특정 인물을 언급하는 것은 피하겠다고 공언했음에도 불구하고) 사례를 제시하는 방법으로써 일곱 명의 철학자 이름을 거론할 것이다. 시간의 흐름에 따라 등장하는 철학적 견해들의 단면을 순서 없이 나열한다면, 이 일곱 명의 철학자들은 각 견해를 대표하는 사람이라고 여겨진다. 철학의 아버지 플라톤은 이미 소개한 바 있다. 독일 철학자 칸트Immanuel Kant(1724-1804)가 쓴 『순수이성비판*Critique of Pure Reason*』, 『도덕형이상학의 기초*Groundwork of the Metaphysic of Moral*』와 같은 책들은 대단한 영향을 미쳤다. 흄David Hume(1711-1776)은 종종 영국의 경험주의 철학자들 중에서 으뜸가는 한 명으로 거론된다. 그의 유명한 작품은 『인간 본성론*A Treatise of Human Nature*』이지만, 또한 『도덕원리에 관한 연구*An Inquiry concerning the Principles of Morals*』와 『정치 에세이*Political Essays*』도 중요하다.

존 스튜어트 밀John Stuart Mill, 무어G. E. Moore, 유잉A. C. Ewing도 이미 언급한 바 있다. 블랙번Simon Blackburn은 공교롭게도 현대 도덕철학자의 대표자로 선택되었다. 블랙번의 책은 앞서 제시한 『윤리학』과 『진실』이 있다.

필자가 제안한 도덕성을 정의하는 다섯 가지 원리 각각에 관한 작품들은 많다. '도덕성'이 무엇이고 무엇을 뜻하는지에 대한 이해를 바탕으로 본질적인 원리를 도출하기 위해 필자가 취한 접근은 앞서 인용한 헤어R. M. Hare와 지오프리 워녹Geoffrey Warnock의 작품, 그리고 노웰-스미스P. H. Nowell-Smith의 『윤리학*Ethics*』에 빚을 지고 있다.

규범적인Normative: 어떤 술어나 문장 등의 기본적인 활용이 명시적으로 혹은 암시적으로 규범이나 규준을 처방하는 것과 관련 있다면, 그 술어나 문장 등은 규범적인 것이다. 예를 들어, "당위ought"는 규범적이고, 그래서 "선한good" 것이다. 가령, "경건함Piety이 선한 것"이라고 누군가 주장한다면, 그것은 "경건해야 한다"는 것을 의미하거나 함의한다.

레이시A. R. Lacey, 『철학사전A Dictionary of Philosophy』

벤S. I. Benn과 피터스R. S. Peters의 『사회적 원리와 민주 국가Social Principles and the Democratic State』는 정치철학에 초점을 맞춘 책이지만, 여기서 소개된 대부분의 개념, 특히 인간 존중과 평등과 관련해서 지극히 유용한 내용을 담고 있다. 평등과 관련해서는 존 윌슨John Wilson의 『평등Equality』을 보라. 앨런 몬테피오리Alan Montefiore가 편집한 『중립성과 공평성Neutrality and Impartiality』은 공평성에 관해 몇 가지 흥미로운 점들을 다룬다. 하트H. L. A. Hart의 『법, 자유, 도덕성Law, Liberty and Morality』은 이 장의 즉각적인 관심과는 좀 동떨어진 책이지만 이 분야의 고전이다. 많은 책과 논문 중 자유와 관련한 것으로는, 테드 혼드리치Ted Honderich가 편집한 『행동의 자유에 관한 에세이Essays on Freedom of Action』, 피처G. Pitcher가 편집한 『진실Truth』, 로버츠T. A. Roberts의 『박애의 개념The Concept of Benevolence』에 주목하길 바란다. 또한 이러한 다양한 개념들에 대한 고찰을 포함한 포괄적인 도덕철학 입문서로는 존 호스퍼스John Hospers의 『인간 행위Human Conduct』가 있다. 셀라스Wilifred Sellars와 호스퍼스가 편집한 『윤리 이론 강독Reading in Ethical Theory』 역시 참고하라.

'행복'과 비슷하지만 동의어는 아닌 단어들과 "행복" 사이에서 적절한 것을 선택하는 것이 얼마나 어려운지를 논의할 때, 필자는, 어떤 학자는 '에우다이모니아eudaimonia'를 선택한다고 덧붙였을 것이다. 그런 전술의 문제점은, 몇몇 학자들이 '에우다이모니아'를 선택하는 연유가 '에우다이모니아'의 그리스적 개념(관행적으로 "행복"으로 번역되지만, 우리가 사용하는 일상적인 행복 개념과는 다양한 측면에서 다르다)에 특별히 주목하길 바라기 때문이라는 데 있다. 반면에 다른 학자들은 독자가 복잡한 그리스적 개념에 친숙하지 않다는 가정하에, 어떤 특별한 함축을 조금이라도 포함한 행복 개념은 거부한다.

아이보다 어른에게 더 많은 음식을 제공하는 예는 플라톤의 『국가』에 처음 기록되었다. 『국가』를 얼마나 정확히 해석할 수 있는가에 대해서는 논쟁의 여지가 있지만, 플라톤은 또한 선과 미를 동일시했다. 그리스어 '칼론Kalon'("아름다운," "고상한," "선한," "옳은")은 오늘날 영어의 "fine"이나 "good"에 해당하는데, 오히려 "fine"이나 "good"보다 넓은 범주를 포괄하지 못한다. 무어는 미가 도덕적 선이라고 보다 분명하게 주장했다. 언론의 자유에 관한 문제는 8장을 보라.

6. 도덕적이어야 하는 이유

"나는 왜 도덕적이어야 하는가?"라는 질문은 1960년대 옥스퍼드 대학생들에게는 평이한 시험 문제였다. 그 당시 주목을 받았던 분석철학에 따른 일반적인 가정은, 사람은 "도덕"이란 용어 그 자체에 담긴 논리를 인지하고 해독하여 반응한다는 것이다. 더 구체적으로 말하면, 사람은 '나는 왜 도덕적이어야 하는가?'와 같은 질문을 이상하게 여긴다. 왜냐하면 "도덕"을 사람의 의무 또는 해야 하는 것으로 언급하였기 때문이다. 도덕적으로 행동해야 하는 이유를 묻는 것은 도덕성이 무엇인지 이해하지 못하고 있음을 의미한다. 마치 아름다움이 추함보다 더 바람직한지 그렇지 않은지를 묻는 것 자체가 이미 아름다움이란 개념에 대한 이해가 부족함을 드러내듯이 말이다. 아름다움이 추함보다 바람직한 것은 자명하며, 그것의 본질적인 가치는 "아름다움"이란 단어가 의미하는 것의 일부이다.

이러한 분석철학적 답변은 어느 정도까지는 그럴듯하다. 아름다움이 추함보다 더 바람직한 것은 실제로 자명하고, 도덕성이 우리에게 의무를 지우는 행위를 안내하는 일종의 원리인 것도 자명하다. 하지만 두 대답 모두 우리와 동떨어져 있다. 즉, 그 대답들은 우리가 가고 싶어 하는 곳으로 우리를 데려다 주지 않는다. 일단, 아름다움이 본질적으로 좋은 것임을 받아들이기로 하자. 그러면 이제 우리는 더욱 중요하고 어려운 질문에 직면하게 된다. 무엇이 아름다움이며, 무엇이 아름다움의 특성을 결정짓는가? 어떤 것이 아름다운 것이며, 다른 가치를 얼마나 희생하면서 그것을 추구해야 하는가?

마찬가지로, 도덕적인 삶이 당연히 비도덕적인 삶보다 더 바람직하고 올바르며 좋은 것은 자명하다는 것에 동의할지 모르겠지만, 이는 "당신은 어떤 행위가 도덕적임을 어떻게 판단합니까?" 또는 "무엇이 도덕적으로 옳은 행위입니까?"와 같은 보다 더 중요한 의문을 갖게 한다. 그리고 이러한 질문에 대한 답을 개략적으로 적어 본다면, 앞 장에서 소개한 다섯 가지 원리에 비추어 "나는 왜 도덕적이어야 하는가?"라는 질문을 "나는 왜 자유, 공정함, 타인에 대한 존중, 진실, 복지라는 원리에 부합하도록 살아야 하는가?"로 더욱 구체화할 수 있다. 이는 어떤 의무가 이 다섯 가지 추상적인 개념에 어울리는가에 대한 심도 있는 질문으로 이어지며, 일반적인 원리는 실용적인 관점에서 다음과 같은 질문을 유발한다. 즉, 예를 들어 거짓말을 하거나 친구를 배신하는 것이 옳고 정당할 때는 언제인가? 구체적으로, 나는 전쟁 중에 친구를 구하기 위해 고문과 죽음의 위험을 감수해야 하는가?

다음의 논의에 초점을 맞춰 보자. 왜 우리는 삶을 살아가는 데 있어 도덕성을 정의하는 이러한 원리들을 받아들여야 하는가. 사실 필자는 이러한 질문에 대해 이미 어느 정도 답변을 하였다. 즉, 도덕성이라는 것은 무언가 되어야만 하는 것이라고 주장할 수 있다. 왜 다른 원리들이 아닌 이 특정 원리들을 택해야 하는가에 대해서도 그 이유를 설명했다. 이러한 맥락에서 왜 도덕적으로 행동해야 하는가에 대한 이유도 설명된 것이라 할 수 있다. 이러한 논리는 일관성이 있을 뿐만 아니라 설득력이 있다. 이러한 논리를 단지 순환 논리로 봐서는 안 된다. 하지만 심리학적으로 이 논리가 얼마나 설득력이 있을지에 관해서는 확신할 수 없다. 이 주장에 대해 회의와 의문을 품는 사람을 설득하고, 원리 준수가 그에게 즉각적으로 이익이 되는지 안 되는지를 떠나 이 원리들을 따르도록 만들기 위해서는 좀 더 설명이 필요하다.

도덕성이 인간의 구성물이라는 것은 어떤 맥락에서는 그리고 어느 정도는 받아들여 온 사실이다. 다시 말해서, 인간은 인간의 특정 행동을 바라보는 관점을 우리의 의무로 받아들이도록 사고를 통해 이상적으로 발전시켜 왔다. 하지만 도덕적으로 바람직한 행동에 관한 이런 시각은, 그럴듯하게 보이고 사람들 사이에서 수용되기 위해서는, 사실에 기초해야 하며, '인간 본성의 한계,' '삶에 대한 다른 사실들,' '논리적인 관점' 등이 전제되어야 한다. 그러므로 비록 인간이 도덕 이론을 고안하여 발전시키긴 하였으나, 인간이 고안한 것이면 무엇이든지 하나의 도덕 이론이라고 말할 수는 없다. 진정한 도덕 이론은 논리와 현실을 모두 포괄하는 것이어야 한다. 그러므로 우리는 필자의 논지와 반대되는 경쟁적인 주장 — 도덕성은 우리의 이해와 이상을 바탕으로 발전한 것이 아니라, 반대로 완전히 자연적으로 주어진 것이라는 주장 — 역시 불합리하다는 것을 인정해야 한다.

그렇다면 인간이 살아가면서 도덕 게임을 해야 하는 이유는 무엇인가? 물론 누군가 게임을 하기로 결정하였다면, 그 게임의 본질과 규칙을 이해해야 한다. 이는 마치 예술가가 되고자 하는 사람이 인간이 정의하는 예술은 무엇인지, 그리고 예술로부터 기대되는 바가 무엇인지 등을 이해해야 하는 것과 마찬가지다. 하지만 한 가지 의문점은 여전히 남는다. 왜 사람은 이런 게임을 해야 하는가? 결국, 어느 누구도 모든 사람이 예술에 관심을 가져야 한다거나 예술가가 되어야 한다고 가정하지는 않는다. 물론, 도덕성은 모든 사람이 행동을 할 때 항상 그렇게 해야만 하는 것이므로 예술 같은 것과는 확실히 다르다. 하지만 '왜 해야 하거나 하지 말아야 하는 행동에 관해서 처음부터 나 자신이 신경을 써야만 하는가.'

이 질문에 대한 가장 오래된 대답은, 바로 신이 그렇게 하도록 의무 지웠다는 것이다. 비도덕적으로 살면 영원한 지옥 불에 떨어질 것이며, 반대로 도덕적으로 살면 내세에 보상을 받을 것이라는 논리다. 이를 굳게 믿는 사람들도 있지만, 이런 논리의 주장을 왜 받아들일 수 없는지에 대한 이유는 이미 앞에서 살펴본 바 있다. 이런 논리는 도덕적으로 행동해야 하는 하나의 이유가 될 수 있을지는 모른다. 하지만 그것은 타산적이고 이기적인 이유이지, 말 그대로 진정한 도덕적 이유는 아니다. 또한 이러한 논리는 무신론자나 신의 존재 가능성에 대해서 도박을 하려는 사람에게는 설득력이 부족하다.

내세나 신이 정말 존재하는지에 관한 그럴듯한 증거는 불행히도 없다. 설사 존재한다 하더라도, 거짓 신앙과 진짜 신앙을 구분할 식별법은 존재하지 않는다. 또한 자신의 교리가 진실이라는 어떤 목회자의 설교를 받아들인다 하더라도, 여전히 우리는 신이 우리에게 원하는 것이 무엇인지 알 방법이 없다. 그래서 우리가 도덕적이어야 하는 이유는, 성경이나 이슬람의 코란 그리고 교회에서 신의 생각을 대변한다는 이런저런 가르침과는 상관없이, 아직도 우리 모두의 의문점으로 남아 있다. 종교적인 논쟁을 떠나서, 우리에게 남겨진 문제는 "도덕적으로 행동하는 것"이 신이나 정파, 종파, 혹은 그 밖의 어떤 것이 "명령한 것을 처벌에 대한 두려움이나 보상 때문에 하는 것"을 의미하지 않는다는 것이다. 어떤 면에서 우리는 "도덕적으로 행동하는 것"을 그 자체로 좋은 것을 한다는 의미로 받아들인다. 왜냐하면 도덕적 행동은 그냥 좋은 일이기 때문에 하는 것이지, 결코 현재나 미래에 있을 개인적 이익을 위해서 혹은 명령에 부응해서 하는 것은 아니기 때문이다.

내가 소위 말하는 도덕적 선의 한 예인 친절함에 대해 이해를 했다손 치더라도, 여전히 남는 의문은 친절하고 싶은 마음도 없고 친절하지도 않는 것이 내게 이득이 될 것 같은데, 왜 나는 친절해야 하는가라는 점이다. 신의 논리, 내세, 어떤 보상, 이생에서의 위협 등의 요소를 배제해버리면, 친절하기 위해 노력해야 한다고 나를 설득하고 확신시킬 무엇이 있단 말인가?

여기에 우리가 고려해야 하는 종교적 논쟁의 다소 새로운 형태가 있다. 물론 어떤 특정 신앙의 진실을 믿어야 할 결정적인 근거도 없으며, 신이 존재한다는 결정적인 증거도 없는 것이 사실이다. 그럼에도 불구하고, 기독교의 용어를 빌리자면, 신이나 지옥이라는 것은 존재할 수도 있다. 종교와 관련된 주장은 증명할 수 있는 것도 아니지만, 그렇다고 거짓인 것도 아니라고 확언한다. 그렇기 때문에, 만약 신이 정말로 존재한다면, 비도덕적으로 살았을 때 받게 될 벌의 무게가 친절함을 베풀었을 때 감수해야 할 불이익보다 훨씬 무겁기 때문에, 친절하게 행동하는 것은 현명하고 신중한 처신이라 할 수 있다. 가장 최선은 다음과 같이 생각하는 것이다. 즉, 만약 영원한 벌이라는 것이 존재하지 않는다고 판명나면, 친절하게 행동하는 것의 불편함은 그저 별 것 아닌 것에 불과하니 그저 참는다 해서 손해 볼 것이 없고, 혹여 영원한 벌이라는 것이 존재한다고 증명된다면, 친절하게 행동하는 것은 굉장한 투자가 되는 것이기에 친절하게 행동할 필요가 있다고 보는 것이다. 왜 도덕적으로 행동해야 하는가에 대해서는 종교 이외의 주장도 있다. 많은 사람들은 도덕성의 근간을 사회계약과 같은 것에서 찾을 수 있다고 생각한다. 가령, 자신의 최선의 이익이라는 관점에서 진실을 말하고, 약속을 지키며, 공명정대하게 행위하기 위해 상호 간에 계약을 체결해야 한다는 것을 사람들이 실제로 인식했다는 의미의 역사적 주장과 관련시킬 수 있다. 이 주장과는 조금 다르지만, 대체할 수 있는 주장은 다음과 같다. 즉, 역사적으로 사회계약이라는 것을 공식적으로 체결한 적은 없지만, 그럼에도 불구하고 도덕성은 상호 이익을 위한 일련의 원리, 규범, 행위로 받아들여져야 하며, 특히 도덕성은 우리가 계약한 것으로서 여겨져야 한다는 주장이다. 이러한 기본적인 틀에서 발전하여 여러 주장들이 제기되는데, 그중 하나를 예로 들면, 도덕성은 단순히 우리가 일반적으로 이롭다고 생각하는 원리들에 의해 정의되어야 하는 것이 아니라, 우리 삶 속에서 우리의 역할, 운명 혹은 상황이 어떤 것인지 미리 알 방법이 없을 때 우리가 가져야 할 원리의 측면에서 정의되어야 한다는 주장이다. 이러한 맥락에서 어떤 사람은, 예를 들어 물질적 평등에서 어느 정도 정의를 찾을 수 있을 것이라고 주장할 수 있다. 왜냐하면 완전한 자유방임의 경쟁 속에서 누구나 실패자가 될 소지가 있는 시스템을 실험적으로 시도해 보려는 사람은 아무도 없을 것이기 때문이다.

그러나 이러한 접근들은 모두 한 가지 공통되고 상당히 분명한 허점을 가지고 있다. 즉, 그것들은 왜 사람들이 일반적으로 도덕적 관점을 정식화하고 그것에 따라 실천할 것을 독려하는지에 대한 합리적인 설명을 제안하는지도 모른다. 하지만 이해타산적인 논리는 정의로운 어떤 것이 우리가 행해야 할 옳은 혹은 적절한 것이라는 주장과 결코 같을 수가 없다. 우리가 도덕적이어야 하는 이유를 설명할 수 있는 것으로서 종교에 기대를 거는 사람들이 있지만, 종교적 설명 역시 도덕적 행동의 동기는 제공할지 모르나, 도덕적 행위에 대한 설득력 있는 주장으로서는 만족스럽지 못하다. 또한 종교적 설명은 결코 신앙을 가질 수 없는 이들에게는 받아들이기 힘든 주장이기도 하다. 다양한 형태의 계약 이론은 역사적인 면에서 혹은 논리적인 면에서 더 그럴듯하며, 도덕 이론의 근간과 기원에 대해 합리적으로 설명하고, 사회 전반에 걸쳐 도덕성을 왜 받아들여야만 하는지에 정당성을 제공한다. 하지만 계약 이론 역시 자신의 이익을 위해 타인에게 선을 행하는 사람을 설득하기에는 턱없이 부족하다. 그렇다면, 이와 같이 신의 분노에 대한 두려움이나 국가가 처벌할 것이라는 두려움 때문이 아니라면, 왜 나는 도덕적이어야 하는지 의문이 생긴다. 왜 다른 사람의 도덕성을 이용해서 사기를 치고, 거짓말을 하고, 결국에는 비도덕적인 길을 가서는 안 되는가? 여기서 까다로운 질문은 바로 "왜 나는 도덕적이어야 하는가"이지, "왜 나는 **도덕적이어야 하는가**"가 아니다. 만약 우리가 크리켓을 치려고 한다면, 상대편과 나는 분명 똑같은 규칙을 따라야만 한다. 하지만 왜 '나는' 처음부터 크리켓을 쳐야만 하는가. 마찬가지로, 만약 도덕성이 단지 인간 삶의 편의를 위해서 만든 일련의 규칙들에 불과하다면, 왜 우리는 도덕적 삶이라는 게임을 해야만 하는가? 내가 도덕적 규칙을 지키지 않아도 걸리지 않고 도망갈 수 있다면, 왜 속도위반보다 친절하지 않게 행동하는 문제를 더 신경 써야 하는가.

이 질문에 대한 한 가지 답이 될 수 있는 것은 다음과 같다. 우리 사회에는 전반적으로 자유, 공정성, 존중, 진실, 복지의 원리들을 준수하며 살아가야 한다고 결론 내릴 수 있는 충분한 근거들이 있다. 그러므로 이 원리들이 우리의 삶의 행로를 지배해야 한다고 결론 내려도 별 문제가 되지 않는다. 하지만 이 원리들을 무시하고 타인을 이용하려는 사람에게, 그의 비도덕적 행위가 발각된다면, 추방이나 처벌과 같은 대가를 치러야 한다는 것을 이유로 제시하는 것보다 더 의미 있게 설명할 수 있는 방법이 없을 수도 있다. 언뜻 보기에, 이는 너무 물러선 것처럼 보일지도 모른다. 왜냐하면 비도덕적 행위에는 대가가 따른다는 것 외에 더 의미 있게 설명할 방법이 없다는 것은, 사실상 모든 개인은 발각과 처벌에 대한 두려움과 상관없이 도덕원리들을 준수해야 한다는 주장을 확립할 수 없다는 걸 의미하기 때문이다. 하지만 일견 비도덕적인 사람들에게 도덕적이어야 하는 이유를 설명하는 것은 어려워 보일지 모르나, 그렇게 딱 잘라 결론 내리기는 어렵다. 실제로 사회 전반에 걸쳐 사람들이 이 원칙들을 수용한다면, 사람들은 그것들을 지키도록 독려될 것이고, 원칙을 따르는 것의 이로움을 이해할 수 있게 될 것이다. 그리고 감옥이나 수치심에 대한 두려움도 사람들이 정도正道에서 벗어나는 것을 어느 정도 막아줄 수 있을 것이다. 그럼에도 불구하고 몇몇 사람들(무슨 이유에서인지는 모르겠으나 보통 매우 적은 사람들)은 극악무도하게 도덕규범을 깨려고 하는데, 일반인들은 이 사람들로부터 보호받아야만 한다. 이는 어떤 원리들의 관점에서 도덕성을 설명하는 것과 별개의 문제이며, 일반적인 선을 위해서 실제적으로 그리고 정의

상으로 도덕성의 근거가 매우 잘 뒷받침되어 있다는 우리의 믿음과 전혀 다른 문제이다.

일반적으로 우리는 상당히 많은 원리들을 인정한다. 하지만 누군가는 다음과 같이 고찰할 수도 있다. 각각의 원리들이 우리가 왜 도덕적이어야 하는지를 입증시켜 주지는 못하지만, 그 원리들을 인식하면서 도덕성을 포기하는 것이 무엇인지 이해한다면, 어떤 개인도 진심으로 도덕성을 포기하지는 못할 것이다. (즉, 어느 누구도 이 책에서 논의되고 있는 원리로 구성되어 있는 도덕성, 그리고 상황에 따라 유동적일 수 있는 도덕성을 진심으로 배격할 수 없다). 이와 같은 고찰은 인간의 성향이나 본성, 우리에게 일상의 결과를 예측할 능력이 없다는 사실, 원리 그 자체의 논리, 선에 대한 우리의 직관적인 판단력에 근거한 것일지도 모른다. 이 각각의 근거들은 이미 앞서 소개하였고, 그 자체로는 구체적인 도덕적 진실을 정립하는 데 있어 충분치 못하다고 밝힌 바 있다. 하지만 여기서 필자가 말하고자 하는 것은, 이 원리들을 모두 합쳐서 보면, 우리 개개인이 그리고 우리 모두가 이 책에서 제시한 다섯 가지 기본 도덕원리들을 준수해야만 한다는 상당히 믿을 만한 근거를 찾을 수 있다는 것이다.

앞에서도 언급하였듯이, 도덕감과 도덕적 감정은 단순히 자연적으로 주어진 것이 아니다. 하지만 인간은, 지금까지 그렇게 진화해 왔듯이, 이성적으로 그리고 도덕적으로 사고하는 경향이 있다. 또한 도덕성과 관련 있는 것들을 원하거나 필요로 하도록 타고났다. 예를 들어, 인간은 고통을 좋아하지 않으며, 자신들의 복지에 관심을 갖는다. 인간은 대개 타인을 이해하는 마음을 가지고 있고, 공정성에 대한 인식을 천성적으로 가지며, 불공정한 대우를 원하지 않는다. 일부 사람들은 타인을 이용하려 할지 모르나, 우리 모두는 우리가 대우 받는 것처럼 타인을 대우해야 한다는 개념을 가지고 있으며, 수단이 아니라 목적으로 대우받기를 원한다. 어떤 종류의 소통이든 그것을 예측하고 신뢰하기 위해서 진실 말하기와 약속의 개념이 자명하게 필요하다는 것도 우리는 알고 있다. 사람을 아무런 이유도 없이 차별 대우하는 것은 자의적인 행위이며, 그러므로 공정하지 못하고 상대방의 기분을 상하게 할 수 있다는 사실은 대단히 머리가 좋지 않아도 알 수 있는 것이다. 그러므로 이 범위에서 직관주의는 옳다. 우리가 차별이나 불공정함과 같은 이런저런 것들을 너그럽게 봐 주거나 참을 수 있을지 모르나, 아름다움, 바람직한 것, 그리고 좀 추상적이기는 하지만, 선의 좋음 정도는 그냥 딱 보면 알 수 있는 것들이다. 고문이나 살인, 도둑질 등 극악무도한 비행을 일삼는 사람들은 예외 없이 두 가지 부류로 나뉜다. 하나는 자신의 행동에서 잘못된 것을 정말로 아무것도 보지 못하고 또 사회 전체의 관점을 말 그대로 이해할 수 없는 소수의 집단이다. 다른 하나는 자신의 행위를 이런저런 식으로 설명하거나 정당화하려는 대다수의 집단이다. 두 번째 부류는 자신이 도덕성의 본질과 그 영향력을 아주 잘 이해하고 있다는 것을 설명("나는 술에 취해서 내가 무슨 짓을 했는지 모르겠어"라는 식)하거나 정당화("내 삶은 전부 착취당해 왔어," "더 큰 선을 위한 필요악이야"라는 식)하려는 사람들이다. 그리고 이들은 단지, 진심인지 아닌지는 모르겠으나, 자신의 행위가 용서받아야 한다고 생각한다. 사실 이러한 부류의 사람은 죄를 저질렀으면서도 도덕성을 부인하지는 않는다. 첫 번째 경우에 해당하는 사람은 그 수가 매우 적고 관점도 이상하다. 그러므로 이런 부류의 사람은, 앞을 볼 수 없는 사람을 시각장애인이라고 부르듯이, 도덕적 장애인이라고 불러야 하지 않을까? 우리는 앞을 볼 수 없는 몇몇 불행한 사람들 때문에 산과 푸른 하늘이 존재하지 않는다고 결론짓지 않는다. 어째서 우리는 친절함의 좋음과 살인의 잘못됨을 환상이라고 결론 내려야 하는가? 매우 적은 수의 사람만이 친절함의 좋음과 살인의 잘못됨을 볼 수 없어서인가? 마찬가지로, 지식, 진실, 인식을 철학적으로 증명하기 어렵다고 해서, 마치 산과 강이 이 세상에 존재하지 않는 것처럼 철학자들이 살아가지는 않으며, 그러므로 의심할 여지가 없는 기초적인 도덕적 진실을 증명하는 것이 어렵다고 해서 진실이 거짓이라고 결론지어서는 안 되는 것이다.

어떤 사람은 무엇보다도 자신을 항상 우선시한다. 또 어떤 사람은 천성이 잔인하고, 어떤 사람은 자신의 행위에 어떤 잘못이 있는지 보지 못한다. 하지만 누군가가 아무런 이유도 없이 고통을 가하는 것을 그 자체로 좋은 일이고, 심지어 도덕적으로 중립적인 문제라고 생각할 수 있다는 것을 상상할 수 있는가? 거짓말이 보이지 않는 행위라고 해서 그것을 정당화하는 사람이 과연 있는가?

사회적 필요와 개인적 만족 모두에 대해서, 도덕성은 인간으로서 인간에게 이로움을 주는 행위이며, 그리고 자명하게 적절한 행위와 연관 있다. 잘못된 추론, 그릇된 정보 혹은 의지박약의 결과가 아닌 이상, 모든 비도덕적 행위를 정도正道에서 벗어난 것으로 보아야 한다는 것은 어떤 면에서 당연한 결과이다. 종종 사람들은 자신의 행위가 옳다고 잘못 생각해서 혹은 유혹을 못 이겨 잘못된 행위를 하기도 한다. 하지만 이런 사실 역시 보편적인 도덕적 진실이 틀렸다는 것을 증명하지는 않는다. 가끔 사람들은 정당방위나 자신의 이득을 위해 잘못된 행위를 하기도 하지만, 그것이 잘못이라는 것은 스스로 알고 있다. 하지만 이따금씩 자신이 한 행위의 엄청난 심각성을 보지 못하는 경우도 있다. 이러한 사람들을 우리는 정신이상자로 분류하며, 규칙의 예외로 본다. 대부분의 비도덕적 행위는 사이코패스나 반사회적 이상자의 행위가 아니며, 그저 어느 시점에서 자신들의 행위가 도덕적이지 않다는 사실을 매우 잘 알고 있는 평범한 사람들의 행위다.

지금까지 필자가 사용한 추론 방법은 우리가 도덕적이어야 하는 이유 자체를 "증명하지는" 않는다. 그래도 그 논리는 어느 독자(예를 들면, "왜 도덕적이어야 하는지"라는 질문을 심각하게 받아들이는 사람)에게나 왜 우리가 도덕적이어야 하는지를 보여 줄 수 있을 만큼 충분히 강하다. 그 이유는 단순하다. 우리가 도덕적인 존재이고, 사회가 도덕적일 때 존재할 수 있으며,

어떤 원리들이 도덕적이기 때문이다. 주지하다시피, 우리가 자신의 이득을 위하여 누군가를 이용하려고 결정한다면, (계속 그렇게 이용할지라도) 우리는 그것이 옳지 않으며, 그렇게 행동해선 안 된다는 것을 알고 있다. 또한 약속을 어기는 행위를 설명할 수 있고 심지어 정당화할 수 있다 해도, 그 행위 자체는 옳지 않으므로, 약속을 어기는 행위는 애초부터 이유와 변명이 필요한 대상이 된다. 만약 타인에게 고통을 주는 행위를 해야 한다면, 그것을 도덕적으로 정당화할 수 있는 구체적인 이유가 필요하며, 만약 그런 행위를 하지 않으려고 한다면, 이는 고통을 주는 행위가 도덕적으로 매우 옳지 않다는 것을 우리가 알고 있음을 의미한다.

요약하면, 도덕성은 인간이 요구해서 그 행위 패턴을 만들어 온 것이라는 점에서 인간의 작품이다. 그러나 그 요구와 패턴을 연결시켜 주는 것은 물리적, 논리적 법칙이다. 인간적 만남과 복지의 관점에서 이해 가능한 행위 원리들이 있다. 하지만 그렇지 않은 것들도 있다. 이러한 것은 생각이 있는 사람이라면 누구나 인지할 수 있는 사실이다. '나는 왜 도덕적이어야 하는가'라는 물음의 답은, 내가 그렇게 행동하지 않으면 대가를 치러야 하고, 내게 다른 사람과 다르게 행동할 자격이 있다는 생각이 너무 터무니없어서이기도 하지만, 궁극적으로는 도덕적으로 행동하지 않는 것이 결국 바람직하면서 동시에 자명하게 이로운 인간 이상human ideal에 등을 돌리는 것이기 때문이다.

이 장을 위한 참고 문헌

"왜 나는 도덕적이어야 하는가?"라는 질문은 플라톤의 『국가』의 이면에 깔려 있는 형식적 구조이다. 제1권에서 트라시마쿠스Thrasymacus는 분별이 있는 사람이라면 어느 누구라도 위기를 모면하기 위해(혹은 빠져나가기 위해) 도덕적으로 행동하지 않을 것이라고 주장한다. 제2권에서 글라우콘Glaucon과 아데이만투스Adeimantus는 소크라테스를 그리 적극적으로 인용하지는 않지만 어쨌든 그의 생각을 빌려, 우리는 현세나 내세의 보상과는 상관없이 도덕적으로(공정하게) 행동해야 한다고 주장한다. 『국가』의 뒷부분에서도 이 논의가 이루어진다. 크로스R. C. Cross와 우즐리A. D. Woozley는 『플라톤의 국가: 철학적 해석Plato's Republic: a Philosophical Commentary』 3장, 4장에서 도덕적이어야 하는 이유와 관련된 『국가』의 본문들을 다룬다. 현대의 논의를 살펴보고자 한다면 셀라스Sellars와 호스퍼스Hopers의 『윤리 이론 강독Readings in Ethical Theory』에서 호스퍼스와 닐슨Nielsen이 쓴 제5장 C절을 살펴보라.

모든 것을 고려할 때 신이 존재한다고 가정하는 것이 현명하다는 주장은 종종 "파스칼의 내기Pascal wager"로 설명된다. 프랑스 철학자 파스칼Blaise Pascal(1632-62)은 특히 수학, 물리, 종교에 관심이 많았다. 그의 죽음으로 출판은 물론이고 완성되지도 못했던 『팡세Pensées』는 오늘날 그의 최고의 작품으로 알려져 있다. 이 책에서 파스칼은 다음과 같이 주장한다. 만약 영원한 행복이 신을 믿고 종교적 명령에 따른 결과이고, 신이 존재하지 않는다고 해도 신을 믿는 것에 의해 아무것도 잃을 것이 없다고 가정한다면, 신을 믿는 도박을 하는 것이 합리적이다. 제이미 화이트Jamie Whyte는 『나쁜 생각: 명확한 사고를 위한 가이드Bad Thoughts: a Guide to Clear Thinking』에서 파스칼의 주장에 다시 한 번 반기를 든다.

일단 파스칼의 내기 이론이 기독교뿐만 아니라(물론 모든 기존 종교를 지지하는 것은 아니다) 천국과 지옥을 설파하는 모든 가능한 종교들을 동등하게 지지한다는 사실을 알게 된다면 게임은 끝난 것이다. 무한히 많은 그런 종교가 가능하다면, 당신은 어떤 종교를 택하겠는가? 아무거나 하나 골라잡으면, 최고의 선택을 할

가능성과 그렇지 않을 가능성은 50대 50이다. … 무한한 선택지 중에 하나일 뿐
이다. (p. 29)

(『팡세』는 또한 "심장은 이성이 모르는 이유를 가지고 있다"는 유명한 구절을 담고 있는
책이기도 하다.)

플라톤은 계약론을 간접적으로 논의하였다. 서론의 '이 장을 위한 참고
문헌'에서 언급하였듯이, 토마스 홉스Thomas Hobbes(1588-1679)는 『리바
이어던*Leviathan*』을 통해 사회계약론의 개념을 발전시켰다. 홉스는 사회계
약 없이 사는 삶은 "고독하고, 빈곤하며, 불결하고, 잔인하며, 짧다"고 말
했다. 장-자크 루소Jean-Jacques Rousseau(1712-78)는 『사회계약론』을 썼
다. 정치철학에서 오늘날 가장 큰 영향력을 미치고 있는 책은 존 롤스John
Rawls의 『정의론*A Theory of Justice*』으로, 이 책은 계약론적 요소를 강하게
지니고 있다.

직관주의와 관련한 참고 문헌은 이미 서론과 2장의 '이 장을 위한 참고
문헌'에서 소개한 바 있다. 하지만 5장 시작 부분에서 서구적 전통에 관
한 참고 문헌을 분명히 제시하였고, 직관주의가 도덕적 진실을 확립하는
데 적합하다는 것을 바탕으로 고려해 볼 때, 이성에 관해 좀 더 광범위한
테마를 다룬 책들을 추가하고자 한다. 리처드 타나스Richard Tarnas의 『서
구 정신을 향한 열정*The Passion for the Western Mind*』, 로버트 노직Robert
Nozick의 『합리성의 본질*The Nature of Rationality*』, 로저 트리그Roger Trigg
의 『이성과 헌신*Reason and Commitment*』을 참고하라.

프란시스코 고야Fransico Goya(1746-1828)의 "이성을 잠재우면 괴물
이 깨어난다"(불행히도 이 문구는 이언 크로프턴Ian Crofton의 『예술 인용 사전*A
Dictionary of Art Quotations*』에서 '이성의 꿈'이라고 잘못 인용되고 있다)는 가르침
이 없었더라면 이 책 역시 존재하지 않았을 것이라는 건 분명하다. 필자는

본문에서 현실은 단순히 인간이 만들어 낸 것이라는 극단적 시각을 받아
들이지 않았으며, 사회논리적 요소들에도 공평하게 주목하였다. 이 문제에
관해서는 존 설John Searle의 『사회적 실재의 구성*The Construction of Social
Reality*』을 참고하라.

7. 상대주의

도덕성을 정의하는 일정한 도덕원리들이 존재한다. 행동 체계나 행동 양식이 실제로 도덕과 관련되기 위해서는 공정성, 자유, 인간 존중, 진실, 그리고 복지와 같은 원리들에 근거해야만 한다. 불공정이나 복지의 결여를 목표로 삼는 것은 불합리하게 여겨지기 때문에, 이러한 원리들에 대한 자명한 가치와 바람직함이 있다. 또한, 진실과 자유는 직관적으로 거짓과 속박보다 바람직할 뿐만 아니라, 도덕적 행동이라는 바로 그 관념을 만든다. 더욱이 다른 사람들을 단지 수단으로 다루는 것은 도덕성의 정신과 완전히 모순되는 것처럼 보인다. 게다가, 우리가 공동선의 견지에서 생각하건 혹은 절대 다수의 견지에서 생각하건, 이러한 원리를 지키는 것은 분명히 모두의 이익을 위한 것이다.

　이러한 일차적first-order 원리들은 수많은 이차적second-order 원리들을 발생시킨다. 이는 소위 이차적 원리들이 덜 중요하거나 더 낮게 평가되기 때문이 아니라, 그것들이 덜 추상적이고 더 구체적이기 때문이다. 예를 들어, 진실이라는 일차적 원리는 성실과 정직과 같은 이차적 원리들로 통하고, 친절과 우정은 복지라는 원리에 근거한 이차적 원리로 여겨진다. 관용은 자유, 진실, 복지라는 세 가지 원리로부터 파생된 것으로 여겨질 수 있는 것처럼, 몇몇 이차적 원리는 한 개 이상의 일차적 원리로부터 나온다. 다음 8장에서 이차적 원리들을 더 거론할 것이지만, 우선 우리는 다음 사항에 주목할 필요가 있다. 이차적 원리들이 충실과 약속 준수와 같은 훨씬 더 구체적인 가치들을 발생시킬 수도 있다는 것이다.

도덕성과 관련된 진정한 문제는 일차적 도덕원리가 존재하는지, 만약 존재한다면, 소개된 다섯 원리가 정확한 것인지의 문제에 있지 않다. 문제는 일차적 원리들을 해석하는 데 있거나, 진실, 복지 등의 원리들을 위해 실제로 우리가 무엇을 해야 하는가를 정하려는 데 있다. 그리고 이차적 원리가 더 구체적이긴 하지만, 이차적 원리와 관련해서도 똑같은 문제가 발생한다. 즉, 우정이 좋은 것이고 성실이 가치 있다면, 나는 우정이나 성실을 위해 실제로 무엇을 해야 하는가? 우정이란 모든 상황에서 어떤 대가를 치르더라도 반드시 해야 하는 명확한 행동 목록을 의미하는 것은 아니다. 또한, "성실"하다고 해서 어떤 상황에서든지 항상 진심을 드러내야 하는 것은 아니다. 그렇다면 성실한 사람에게 도덕적으로 무엇이 요구되는가? 우정의 요구 조건들은 무엇인가?

해석의 필요성은, 그리고 그로 인해 문제점과 어려움이 제기되지만, 피할 수 없다. 우선, 일차적이고 가장 일반적인 수준에서 추상화를 해도 원리들은 충돌할 수 있다. 내가 한밤중에 트럼펫을 크게 불 수 있는 자유는 다른 사람이 편히 잘 수 있는 자유와 충돌한다. 진실을 존중해야 한다는 원리는, 미치광이 살인마한테 희생당한 사람이 어디 숨어 있는지 말하라고 위협받을 때처럼, 종종 타인의 복지 존중이라는 원리와 상충된다. 때때로, 다양한 원리들은 서로를 지원하고 상호 보완적이다. 예를 들어, 식량을 공정하게 분배하려고 할 때, 우리는 복지라는 원리를 생각해서 성인이 아기보다 식량이 더 필요할 것이라고 주장할 수 있다. 하지만 일반적으로 원리들은 특별한 상황에서 어떤 행동이 적합한지 명확하고 확실한 지침을 제시하지는 않는다.

도덕 이론은 구체적인 행동에 대해 확실하고 명확한 지침을 제공해 주기 위해 만들어지지 않았다는 사실을 기억하는 것이 중요하다. 또한 흔한 실수지만, 이러한 기준으로 도덕 이론을 판단하는 것은 잘못이다. 마찬가지로, 어떤 미학 이론이 예술 작품의 가치를 평가하는 기준으로서 더 확실하거나 더 유용하다고 해서 다른 미학 이론보다 더 우월한 것은 아니다. 도덕 이론이나 미학 이론이 정확하고 뚜렷한 방향을 제시해 주는 범위는 특정한 상황의 성격에 달려 있지, 일반적으로 요구되는 확실성의 정도에 대한 어떤 **선험적** 전제에 따른 것은 아니다. 물론 도덕성을 단지 임의적인 선호의 문제라고 말하는 사람들은 매우 잘못이긴 하지만, 그럼에도 불구하고 도덕성은 우리가 논쟁의 여지가 없는 행동 규칙을 예상하거나 찾을 수 있는 영역이 아니다. 이런 사실을 인식하는 것이 도덕의 진정한 본질을 이해하는 데 작은 도움이 된다. 이상할 것도 없고, 이 점에 대해 걱정할 것도 없다. 수학의 진리가 예술 판단의 진리보다 분명히 더 확실하고 특수한 것처럼, 인간이 시도하고 연구하는 온갖 종류의 다양한 분야들은 확실성의 정도에서 차이가 있다. 확실성의 본질과 정도를 깨닫고 평가하는 것이야말로 도덕에 대해 참된 이해를 갈구하는 사람들이 염려해야 할 전부이다.

원리들이 충돌하지 않을 때에도, 특정한 원리가 우리에게 어떤 행동을 명하거나 요구하는지에 대한 의문이 존재한다. 예를 들어, 다른 원리들에 대한 요구와는 상관없이, 복지의 존중을 위해 무엇이 요구되는가? 그것은 다른 사람에게 절대 해를 가해서는 안 된다는 것을 의미하는가? 만약 그렇다면, 어떤 행동이 해를 가하는 행동으로 간주되는가? "안 돼"라고 말하는 것은 크림을 지나치게 먹고 싶어 하는 아이에게 해를 가하는 것인가? 만약 그렇다면, 그것은 "안 돼"라고 말하는 부모가 비도덕적이라는 것을 의미하는가? 복지의 원리는 불행하고 궁핍한 사람들을 우리가 일부러 무리하게 도와야 한다는 것을 의미하는가? 만약 그렇다면 어느 정도까지 도와야 하는가? 우리 자신도 가난하고 궁핍한 사람이 될 때까지? 진실이라는 원리는 단지 내가 다른 사람에게 거짓말하지 말아야 한다는 것만 요구하는가, 아니면 다른 사람의 부족한 매력과 추한 모습도 지적해야 하는가? 인간을 수단이 아닌 목적으로 대한다는 것은 무엇을 포함하는가? 주말 낚시 여행에 동참하도록 다른 사람을 초대하는 것은 그를 수단으로 대하는 것인가, 목적으로 대하는 것인가? 우리는 어떻게 말할 것인가? 물론, 친절이나 우정과 같은 이차적 원리에 대해서도 완전히 똑같은 종류의 질문들을 제기할 수 있다. 이 특정한 상황에서 친절이 나에게 요구하는 것은 무엇인가? 친절한 행동을 하지 말아야 한다는 측면에서 도덕적 정당성을 증명할 수 있는 경우는 절대로 없는가? (실제로 불친절하지 않으면서 친절한 행동을 삼가는 것이 가능한가?)

이러한 질문들을 적절히 다루기 위해서는 도덕원리의 위상에 대해 논쟁하는 것을 넘어서 핵심적인 도덕 개념을 분석하는 것이 중요하다. 도덕철학에 대한 중심적인 관심은 일차적 개념들을 개관하며 설명하는 것뿐만 아니라, 우정, 신실, 관용, 충실, 속임수, 사기, 비열, 편협과 같은 개념들의 경우에 실행 가능한 범위, 본질적인 특성, 충족되어야 하는 기준을 숙고하는 것이어야 한다. 분석적 검토가 모든 논쟁을 해결하거나 모든 문제를 풀어 주지는 못할 것이다. 왜냐하면 우정과 같은 개념을 분석하는 것은 수학적 증명과는 다르기 때문이다. 누구나 수학에서 진리를 보여 줄 수는 있지만, 우정이 명백히 이렇다 혹은 저렇다 하는 것을 비슷하게 보여 줄 수는 없다. 오히려 우리는 힌트, 시사점, 가능성을 고려해야 하고, 우리가 알고 믿고 있는 다른 것들에 비추어서 판단을 내려야 한다. 하지만, 우정과 같은 개념의 의미를 더 깊이 알아내기 위해 시간을 보내면서, 분명히 우리는 더 명확하고 더 자세한 이해를 얻게 될 수 있다. 그것이 우리가 우정을 위해 무엇을 해야 하는지, 무엇을 하지 말아야 하는지에 대한 결정을 내리는 데 필수적이면서 도움이 되는 방법이다. 무엇이 진정한 우정을 구성하는지에 대해서는 어느 정도 논쟁이나 협상이 가능할지도 모르겠지만, 선택에 완전히 개방되어 있는 것은 아니다. 이성적으로, 진심으로, 의미 있게 우정에 대해 설명할 수 있는 것에는 엄격한 제한이 있다.

그럼에도 불구하고, 이러한 분석이나 어떤 다른 도덕적 개념이 결정적인 방법을 통해 모든 도덕적 문제들을 단독으로 해결할 가능성은 거의 없다. 또한 바로 이 시점에서 상대주의가 적절하게 등장한다. 상대주의relativism, 그리고 어떤 의미에서 주관주의subjectivism와 포스트모더니즘postmodernism 같은 관련 개념들은 일반적으로 다음과 같은 다양한 관점을 의미해 왔다. 문화적(상대주의)이든, 개인적(주관주의)이든, 혹은 보다 광범위하게든, 어떤 분야에서 객관적인 진리라는 개념은 해체되었기 때문에(포스트모더니즘), 일련의 도덕적 가치나 원리들은 단지 선호의 산물일 뿐이라는 것이다. 내가 이미 보여 주었기를 바라건대, 이러한 관점은 혼동된 것이고, 잘못 이해된 것이다. 도덕성은 사회가 적용하기로 선택한 단순한 가치 체계가 아니다. 그 가치들은 일정한 원리들이어야 한다. 그러므로, 예를 들어 매월 1일에 눈을 감고 거꾸로 계단을 걷는 것을 **도덕원리**로 선택한 사람은 단순히 핵심을 잘못 이해한 것이다. 더 사실적으로 더 심하게 말하면, 단지 들리는 대화를 말 그대로 받아 적으며 책을 "쓰는" 사람이 문학적인 원리나 미학적인 원리를 따르고 있다고 주장할 수 없는 것처럼, 완전히 물질적인 자기이익이라는 처세 원리를 선택한 사람이, 아마도 그는 영리하고 행복하며 다른 좋은 점이 있을지도 모르지만, 그것을 도덕원리라고 주장할 수는 없다.

고문, 거짓말, 신뢰의 배반, 편협함이 그 자체로 도덕적으로 선하다는(가끔 정당화 가능한 경우는 별개이다) 생각은 정말로 잘못이다. 물론, 내가 무조건 도덕적으로 나쁘다고 주장하고 있는 일들을 체계적으로 행해 온 사회들이 존재한다. 하지만 그런 사회들조차 진실로 문제되는 도덕원리를 부정하고 있는지는 의심스럽다. 한 예로, 살아 있는 사람에게서 심장을 꺼내는 것을 정당하다고 여기는 사회가 있다. 하지만 그러한 정당화가 신의 뜻이라거나 신의 노여움을 달래기 위한 필수적인 방법이라고 주장하는 사제司祭 계급에 의존한다면, 처음부터 도덕적으로 정당화하려는 의도를 가졌다고 보기 어렵다. 나치, 스탈린주의, 마오쩌둥주의 그리고 다른 많은 끔찍한 체제는 언뜻 보기에 내가 진술하고 있는 것과는 분명히 다른 관점의 도덕성을 지니고 있다고 여겨져 왔다. 하지만 사실은 그렇지 않다. 심도 있게 조사해 보면, 그들은 잘못된 지식과 잘못된 주장을 통해서 시도했으며, 비록 실패로 돌아갔어도, 친근한 "도덕적인" 말로 그들의 입장을 정당화하기 위해 시도했다는 것을 알 수 있다. 따라서 그들은 단지 '인간은 존중받아야 한다'는 원리를 무시하거나 거부한 것이 아니다. 그들은 여러 가지 이유로 이런저런 집단들이 완전한 인간이 아니라거나 완전한 인간으로서의 권리를 상실했다고 주장하려 한다. 혹은 그들은 공공선이나 공공복지 같이 낯익은 다른 원리들에 호소할지도 모른다. 이러한 경우의 주장이 비상식적이고 불합리하다 해도, 그들은 여전히 도덕감과 그런 것으로 인지할 수 있는 것에 초점을 맞춘다.

이러한 정치적 불한당들을 무도덕적amoral이라고 보는 것은 중대한 실수이다. 또한, 그들은 대체로 너무나 인간적이었으며all too human, 그들의 파멸적인 비도덕적 체제는 도덕성을 부정했기 때문이 아니라 잘못되고 해로운 도덕 추론을 했기 때문에 나타난 것이다. 비도덕적 사회들은 말도 안 되는 정당화에 성공했기 때문에 존재하게 된다. 그러나 이상한 전제, 그릇된 정보 등에 근거하긴 했어도, 그러한 정당화는 여전히 진실, 복지, 공정성과 같이 친근하고 참된 도덕적 가치를 증명하는 한 형식으로 사용된다. 히틀러나 다른 사람들이 이것들을 근본적인 도덕 가치라고 여기지 않았다고 생각하는 것은 잘못이다. 중요한 요점을 되풀이해서 말하자면, 문제는 그들이 그 원리들을 다르게 이해했다는 것이다.

원리에 대한 불합리하고 끔찍한 잘못을 이끌었던 해석의 예들을 언급해 왔지만, 원리에 대한 다른 해석들이 존재할 것이라는 사실 역시 예상할 수 있다. 왜냐하면 장소와 시간에 따라 물질적인 여건과 신념 체계의 정당한 차이와 상황이 변하기 때문이다. 물론 네 이웃의 것을 탐하지 말라고 명령하고, 만약 그럴 경우 당신을 지옥에 던져버릴 신의 존재를 믿는다면, 당신은 그렇게 하지 말아야 할 이유를 이해하고 그렇게 하지 말아야 한다고 말할 것이다. 당신의 잘못은 도덕성에 대한 상이한 개념 이해 탓이 아니다. 당신의 잘못은 다른 신을 믿는 것을 용서치 않는 신에게 순종하는 것이 도덕적으로 행동하는 것과는 다르다는 것을 이해하지 못한 것이고, 그러한 신을 믿을 만한 정당한 이유가 존재한다고 생각한 것이다. 물론, 어떤 개인이나 집단은 인간으로 간주되지 않는다고 믿게 되었다면, 당신은 그들을 존중하지 않을 것이고 인간으로 대하지 않을 것이다. 하지만 여기서 당신의 잘못은 인종에 대한 수많은 사이비 과학적 미신을 믿는다는 것이지, 인간 존중이라는 원리를 포기했다는 것이 아니다. 그리고 이성적 사유에서의 이런 잘못들 외에 특정한 행위 수준에서는 완전히 합리적인 차이가 있다. 즉, 친절하고 다정한 행동으로 간주되는 것, 친절과 호의가 취해야 할 개별적인 형태는 다양한 문화와 사회에 따라 철저히 다르다. 약속을 어기는 것이 정당화되는지 여부조차도 상황에 따라 다르다.

개별적인 도덕적 관습에서 문화적·시간적 변화는 일차적 도덕원리나 도덕 이론 수준에서 도덕성에 대한 상대적인 관점을 보여 주는 것도 아니고 그 증거도 아니다. 그것은 우리 모두가 알고 있고 부인할 필요가 없는 것을 확인해 준다. 즉, 우리가 계속 똑같은 기본 원리를 따를지라도, 다른 환경이나 상황은 우리에게 다른 요구를 한다는 것이다. 우리는 모두 망자를 기려야 한다고 말해도 좋을 것이다. 하지만 우리가 아는 한, 어떤 문화는 매장하고, 어떤 문화는 화장하며, 적어도 한 문화는 망자를 먹는 것으로 알려져 있다. 그러한 차이점은 다른 기후에 대해 말해 주거나 도덕과 관계없는non-moral 다른 신념 체계에 대해 말해 주는 것이지, 도덕 판단의 충돌에 대해 말해 주는 것은 아니다. 우정은 항상 선good이지만, 동성끼리 우정을 나누어야 하는지 이성끼리 나누어야 하는지, 성적性的 요소가 포함되는지, 우정을 입증하고 알리거나 실행하는 데 이러한 방법 혹은 저러한 방법이 사용되어야 하는지는 근본적으로 도덕과 관계없는 문제들이다. 나중에 언급하겠지만, 우정과 인간관계에 대한 성찰은 일반적으로 성관계를 중요한 도덕 문제일 뿐만 아니라, 우리를 불편하게 만들지도 모를 도덕 문제로 보게 한다. 예를 들어, 성, 우정과 사랑에 대한 고대 그리스적 사고방식과 현대 기독교적(혹은 포스트기독교적) 사고방식 사이에는 현저한 차이가 존재한다. 하지만 우리의 청교도적 사고방식에 의한 종교적 정당화가 아닌, 도덕적 정당화가 존재하는지는 미지수다. 물론 성관계나 다른 관계에서 사람을 품위 있게 대하는 것은 도덕적 요구 조건이고, 가령 성폭행은 도덕적으로 어긋나는 것이다. 하지만 "데이트 상대에 의한 성폭행"으로까지 성폭행을 확장시키는 것, 결혼은 도덕적으로 올바른 관계 형태라는 생각, 동성애는 그르다는 관점 — 단지 세 가지 예만 들면 — 은 언뜻 보기에 매우 문제가 있으며, 도덕적 입장으로 간주하기에는 한계가 있어 보인다. 아무튼 직접적인 요점은 다음과 같은 점이 다소 필연적이라는 것이다. 즉, 관계들을 둘러싼 관습이나 태도가 문화에 따라 다르지만, 이는 도덕성의 근본적인 성격에 대한 시각이 달라서가 아니라 도덕과 관계없는 문화의 차이에 따른 결과라는 점이다. 정말 모순되는 도덕적 입장이 존재하는 경우, 이는 한 시회나 다른 사회(혹은 둘 모두)의 일부분에서 도덕과 관계없는 잘못된 추론으로 인한 결과일 것이다.

　이때 문제의 진실은 다음과 같다. 많은 특정 행동이나 관습이 한 사회 내에서는 도덕적으로 적당하거나 의무적인 것으로 당연히 여겨지지만 다른 사회에서는 그렇지 않을 수도 있다는 점이다. 그리고 이는 문제되는 가치가 임의적인 선호의 문제라는 것을 반드시 의미하는 것은 아니다. 하지만 충돌하는 도덕 판단과 관련하여 직면하게 되는 가장 중요한 또 다른 사실 역시 존재한다. 즉, 어떤 도덕 문제는 실제로 문제problems라기보다는 딜레마라는 것이다. 이는 도덕 문제를 논쟁의 여지 없이 해결할 올바른 방법이 없다고 인정해야만 한다는 것을 의미한다. 이는 특정한 경우에 그 근거를 얻기 어렵거나 어떻게든 논쟁을 시작할 수 없기 때문이 아니라(이 역시 분명히 발생하긴 하지만), 사실상 수월한 해결책이 없기 때문이다. 하지만 약속을 깨는 것이 종종 정당화된다고 해서 약속을 지키는 것이 좋다는 원리가 무효가 되지는 않듯이, 어떤 도덕 문제가 딜레마라고 해서 전체로서의 도덕성이 주관적인 문제나 취향의 문제가 되지는 않는다.

때로 '예술 작품이 좋은지 나쁜지, 혹은 좋지도 나쁘지도 않은지 정하기 어렵다'는 사실이 '더 좋은 예술과 더 나쁜 예술 같은 것은 존재하지 않는다'는 것을 의미하지 않는 것처럼, 명백한 도덕 딜레마의 실재가 일반적인 도덕 판단의 객관성을 위협하지는 않는다. 우리가 인정했듯이, 가끔 우리의 일차적 원리조차도 충돌할 수 있다는 단순한 사실은 우리가 얼마간의 도덕 딜레마에 직면하는 것이 불가피하다는 것을 의미한다. 흔한 예로 공정성과 자유의 원리를 들 수 있다. 내가 공정성과 평등을 이미 구분했지만, 그럼에도 불구하고 공정성의 원리로부터 파생되는 평등에 대한 도덕적 추론이 존재한다는 것을 우리는 보았다. 언제, 어느 정도까지 똑같은 기회 혹은 최종 결과에 초점을 맞추어야 하는지, 그리고 그 이상의 어떤 조건이 포함되어야 하는지 여부에 대해서 논쟁의 여지가 있긴 하지만, 공정성은 사람들이 똑같은 대우를 받아야 한다는 것을 필요로 한다. 어떠한 조건이 포함되어야 하는가는 차치하고서라도, 평등을 보장하기 위해 정한 모든 구체적 규칙이 사람들의 자유를 침해한다는 것은 명확하다. 우리 모두가 교육, 최저 임금, 대중교통 등의 혜택을 받을 수 있도록 하기 위해 만든 절차는 우리 모두의 자유를 제한한다. 요컨대 시간과 장소에 상관없이, 일차적 원리들은 도덕이라고 인식될 수 있는 이론의 구성 요소여야 한다는 면에서, 그리고 무조건 선하다는 면에서 보편적이고 절대적이다. 하지만 어떤 상황에서도 제한이나 가감의 여지가 없다는 전혀 다른 뜻으로 절대적이라는 것은 아니다. 그럼에도 불구하고 우리가 도덕적이려면 일차적 원리에 대해 숙고를 해야 한다는 점에서, 일차적 원리들은 실천적으로 중요한 실질적 지침을 제공한다. 그리고 다른 일차적 원리들과 충돌하지 않거나 다른 실제 문제가 없다면, 일차적 원리를 따르는 것은 우리의 행동이 도덕적이라는 것을 보장한다.

일차적 원리들이 서로 충돌하는 예외적인 경우와 더불어, 도덕 문제들과 도덕 딜레마들은 철학적 쟁점과 경험적 쟁점을 모두 포함하는 복잡한 문제이다. 예를 들어, 실제로 공감할 만하다고 생각되지 않는 누군가에게 공감을 표현하는 것이 우정으로 간주되는가는 철학적인 문제이고, 보다 엄밀히 말하면 관념적인 문제이다. 반면에, 그러한 동정이 실제로 어떤 결과를 초래하는가는 경험적인 문제이다. 낙태가 도덕적으로 용인될 수 있는지, 때로는 도덕적으로 정당화되는지, 도덕적으로 나쁜지는 인간 존중, 자유, 복지와 같은 일차적 원리를 해석하는 데 달려 있을 뿐만 아니라, 산모나 태아의 상태 같은 경험적인 문제와 무엇이 인간을 구성하는지와 같은 보다 심오한 철학적 문제에 달려 있다. 하지만 여기서 흔히 간과되는 중요한 결론을 이끌어 낼 필요가 있다. 낙태와 같은 쟁점처럼, 너무나 다양한 문제들에 대해 답을 해야 하고 경쟁하는 원리들에 비추어서 매우 다른 심사숙고를 해야 하는 어려움이 진정한 딜레마라는 점에 동의한다면, 우리는 사실 상당히 명확한 도덕적 과제에 직면하고 있는 것이고, 그 쟁점은 개인적인 선택의 문제이다. 이는 자유가 가장 중요한 도덕원리이므로 자유로운 선택은 항상 도덕적으로 바람직하다는 잘못된 근거에 의한 것이 아니라, 문제를 해결할 설득력 있는 주장이 없을 때 그중 한 관점만 옳다고 여기는 것은 잘못이라는 근거에 의한 것이다. 따라서 그 쟁점을 지배하는 우월한 입장은 없다고 보아야 한다.

다음 장에서 우리는 도박, 흡연, 탈세와 같이, 일차적 원리는 말할 것도 없고, 이차적 원리보다 더 구체적인 어떤 행동들에 대해 고려해 볼 것이다. 필자는 우리가 흔히 도덕적 문제로 간주하는 것들이 실제로는 도덕적 문제가 아니고, 사이비 도덕에 근거하여 너무 많은 특정 행위들을 규제하려는 것은 우리 시대의 애통한 경향이라는 것에 대해 논의할 것이다. 이차적 원리가 일차적 원리보다 더 구체적이고 특정하기 때문에 대가를 치르는 것처럼, 그리고 이차적 원리가 더 환경적 조건에 따르는 것처럼, 간통이나 과음과 같은 매우 특정한 행동이 그 자체로 비도덕적이라는 견해는 입증하기가 어렵다(때때로 도덕적으로 비난할 만한 것이나 소란스럽고 버릇없는 것 같은 비도덕적인 경우는 별개이다). 그리고 우리가 요구하고 금지하는 행동들의 수에 의해 우리 사회의 도덕성이 평가되는 것은 줄어들고, 얼마나 많은 자유를 허용하는가, 얼마나 많은 관용을 나타내는가에 의해서 우리 사회의 도덕이 더 많이 평가될 것이라는 가능성에 대해 우리의 주의를 환기시켜야 한다.

어떤 문제가 추상적인 성격을 갖는다면, 우리는 그것이 얼마나 유용한가에 대해 철학적으로 자주 따져볼 필요가 있다. 예를 들어, 어떻게 하는 것이 옳은지 정말로 모르고 또 알 수도 없는 수많은 도덕 딜레마가 있다는 결론에 이르는 것이 얼마나 유용한가? 또한 근본적인 일차적 원리조차 충돌할 수 있고 더 깊은 판단이 반드시 필요하다는 것을 인식하는 것이 얼마나 유용한가? 만약 누군가 단지 교조적인 행동 규칙을 찾고 있다면, 그것은 전혀 쓸모없을 것이다. 하지만 우리가 진정한 이해를 구하고 있다면, 이것은 매우 유용하다. 이러한 추구는 어떤 특정한 도덕률moral code의 가치를 우리에게 설득하려는 사람이 잘못된 지도자임을 우리에게 경고해 주고, 도덕적으로 되는 것이 완고한 명령과 금지의 일정 목록에 동의하는 것과는 매우 다른 것임을 알려 주며, 매우 중요한 도덕 판단력을 제공하기도 한다. 종교적, 이념적 광신자(지독히 보수적인 신문의 구독자, 적의를 품은 마르크스주의자, 희망을 잃은 히피족)와 같은 사람들을 조심하라. 자신들과 자신들의 방법이 명백한 진리에 더 잘 접근할 수 있다고 주장하는 다른 집단들을 조심하라. 아주 많은 것을 안다고 주장하는 사람들이 도덕성을 전혀 이해하지 못하는 경우가 많다. 한편, 도덕은 취향, 우연, 이기적인 선택의 문제이기 때문에 이해할 것이 없다고 단언하는 사람들도 역시 잘못되었다. 취향은 개인의 기질에 그 근원이 있다는 점에서 물론 주관적이다. 또한, 당신은 딸기 향을 좋아하고 나는 그렇지 않은 것처럼, 취향은 서로 다를 수도 있으므로 임의적이다. 하지만 도덕성은 다음과 같은 점에서 취향의 문제가 아니다. 일반적으로 말해서, 만약 당신이 이웃의 재산을 빼앗고, 그의 아내를 강간하고, 당신의 개를 괴롭히거나 일생 동안 당신의 행동을 속이고 거짓말하면, 당신은 과속 운전자가 법을 어기는 것만큼이나 확실히 죄를 범하는 것이다. 또 한편으로 강자가 약자를 이용하는 것이 도덕적이라고 주장하는 사람도, 그들의 입장이 약간 더 흥미롭더라도, 분명히 잘못된 것이다. 이러한 도덕관이 발붙일 곳은 없다. 왜냐하면 우리가 누구든지 간에, 우리가 이해하는 유일한 도덕관념은 자유, 존중, 진실, 복지, 공정성과 같은 근본적인 가치들과 내적으로 연결된 것이기 때문이다. 도덕성을 거부하는 것은 가능할지 모른다. 나는 '도덕이 수반하는 것'과 '도덕이 자명한 가치라는 사실,' 그리고 일반적으로 도덕이 우리 모두에게 유익하다는 것을 이해하지만, 도덕적 사고를 거부할 것이라고 말하는 것은 가능할지 모른다. 하지만 다른 사람을 착취하고 이용하고 학대하는 것이 도덕성이라고 정의하는 것은 말이 안 된다. 이것은 사랑이 최대한의 고통을 야기하는 것이라고 주장하는 것과 같다. 그러한 주장은 기본적인 이해력의 부족을 드러낸다.

　지금까지 거론된 것은 유용하고, 정말 중요하다. 왜냐하면 우리가 따라야 하는 원리가 무엇인지를 우리에게 알려 주기 때문이다. 또한, 도덕 문제를 다루고 대응하는 데 있어서 어떻게 시작해야 하는지를 우리에게 알려 주고, 무엇보다도 어떤 문제들은 대답할 수 없다는 사실을 알려 주며, 종종 도덕적으로 적절한 행동은 특정한 규칙을 주장하길 피하고 어느 정도 자유와 관용을 존중하는 것임을 알려 준다. 때로는 잘못된 생각이 무지보다 더 나쁘다. 도덕성에 대해 지금까지 밝혀진 것을 이해하는 것은 우리가 더 많은 문제를 검토해 나아가는 데 도움을 줄 뿐만 아니라, 정당화되지 않은 규칙에 교조적이고 부당하게 빠지지 않도록 그리고 역사를 통하여 단순한 무지보다 더 위험하다고 증명된 도그마에 빠지지 않도록 우리에게 경고한다.

이 장을 위한 참고 문헌

"선하거나 악한 것은 존재하지 않는다. 다만 생각이 그렇게 만들 뿐이다." 이 인용문은 종종 상대주의를 뒷받침하는 것으로 간주되지만, 이때 셰익스피어의 햄릿(II. ii. 256-7)이 상대주의를 지지하는 것은 아니다. 햄릿은 '당신이 선하다고 생각하는 것은 무엇이든지 선하다'는 관점을 진술하는 것이 아니라, [자신의 학교 친구이자 자신을 염탐하는 왕의 신하인] 로센크란츠로부터 품위있게 자유로워지고 있는 것이다. 이것은 논쟁에 휘말리기보다 "당신이 그렇게 생각한다면…"이라고 말하는 그의 방식이다. 제이미 화이트*Jamie Whyte*는 자신의 저서 『나쁜 생각*Bad Thoughts*』에서 솔직하게 주장한다.

문화 상대주의는 너무 모호해서, 누군가가 그것을 열성적으로 주장할 수 있다고 여기기는 어렵다. 만약 그것이 사실이라면, 신, 행성, 박테리아 등은 사람들이 존재한다고 일반적으로 믿는 것에 따라서 생길 수도, 없어질 수도 있을 것이다. 물론 분명히 그럴 수는 없다. 이란 사람들은 이란에서뿐만 아니라 어디에서든지 오직 하나의 신만이 존재한다고 믿는다. 그러한 믿음이 이란에서는 진실이고, 파푸아뉴기니에서는 거짓일 수 없다. 그것이 어디에서 거짓이라면, 그것은 모든 곳에서 거짓이다. (p. 149)

앞의 서론의 참고 문헌에서 언급된 것처럼, 아리스토텔레스는 다른 주제에서 다른 정도의 확실성을 기대할 필요에 대해 주의를 돌렸다. 우정에 대해서는 『니코마코스 윤리학』에 나타난 아리스토텔레스의 관점 외에, 로렌스 블럼Lawrence A. Blum의 『우정, 이타주의와 도덕성*Friendship, Altruism and Morality*』을 보라. 포스트모더니즘에 대해서는 3장의 참고 문헌에서 이미 언급한 리오타르와 심Lyotard and Sim의 책들과 버틀러Christopher Butler의 『포스트모더니즘: 매우 짧은 입문*Postmodernism: a Very Short Introduction*』을 보라. 합리성에 대해서는 6장에서 이미 제시된 참고 문헌의 간단한 토론과 참고 도서를 보라. 그리고 권력이 정의라는 견해에 대해서는 2장의 참고 문헌을 보라.

어딘가에서, 필자는 악의 체제에 대한 일반적인 언급을 넘어 우리 시대의 특수한 두통거리인 테러리스트에 대해 언급해야만 한다고 느낀다. 대의명분이란 이름아래 살인을 하는 자살 폭탄 테러범과 다른 광신도들에 대해 누가 무엇을 말하는가? 어떤 상황에서도 무고한 희생자들에 대한 고의적이고 무작위적인 학살을 정당화할 수 있는 대의는 존재하지 않는다는 것을 논거는 명백하게 보여 준다고들 말한다. 그 테러리스트는 진심으로 교의나 이데올로기에 전념했을지도 모른다. 하지만 그는 그 이데올로기의 근본적인 교의 혹은 그것의 명분으로 다른 사람들을 죽일 자격을 주는 근거에 대해 이성적으로 정당화할 수는 없다.

헤로도토스(b. c. 484 BC)의 『역사*Histories*』는 문화적 변화에서 사회학적 관심사를 보여 주는 가장 초기의 연구서 중 하나이다. 헤로도토스는 널리 여행을 다녔고, 사람들 간의 다양성에 깊은 인상을 받았다. 그리고 그는 각국은 자국의 풍습을 최고로 여긴다고 주장하며, "칼라티아Callatiae라고 불리는 인도인들은… 자기 부모의 사체를 먹는다”라고 기록한다.

다음 장에서 다시 다룰 낙태, 안락사, 그리고 종종 “생명 윤리”라고 불리는 분야와 관련된 이슈들에 대해서, 지난 25년간 수많은 출판물들이 발행되어 왔다. 캠벨Robert Campbell의 『끝나가는 삶*Ending Lives*』, 드워킨Ronald Dworkin의 『삶의 지배*Life Dominion*』, 허스트하우스Rosalind Hursthouse의 『시작되는 삶*Beginning Lives*』, 글로버Jonathan Glover의 『죽음의 초래와 삶의 수호*Causing Death and Saving Lives*』, 싱어Peter Singer의 『삶과 죽음을 다시 생각하기*Rethinking Life and Death*』, 파인버그Joel Feinberg가 편집한 『낙태의 문제*The Problem of Abortion*』, 그리고 래드John Ladd가 편집한 『삶과 죽음에 관련된 윤리적 쟁점들*Ethical Issues relating to Life and Death*』을 보라. 또한 유전 공학과 관련된 윤리적 문제에 대해서는 라이스Michael J. Reiss와 스트로건Roger Straughan의 『본성의 개선*Improving Nature?*』을 보라.

나는 다음과 같은 사실을 분명히 할 것이다. 나는 강간이 데이트에서나 결혼 생활에서 일어날 수 있다는 것과, 용인할 수 없는 다른 성적 접근이 (강간의 일종이긴 하지만) 일어날 수 있다는 사실을 부인하지 않는다. 나의 요점은, 다수의 유의미한 방식에서 차이가 나는 매우 다양한 행동들을 포함하기 위해, 익숙한 용어의 범위를 확장하거나 일반적인 용어를 사용하는 것은 도움이 되지 않는다는 것이다. 길버트W. S. Gilbert는 『곤돌라 사공들*The Gondoliers*』에서 이것을 간단하게 다음과 같이 설명했다. “모든 사람이 중요한 사람이 된다면, 보잘것없는 사람은 없을 것이다.” 당신이 무엇이라고 명명하든 간에, 예를 들어 마음속에 어떤 특별한 의도도 없이, 누군가에게 억지로 술을 권하고, 그 후에 그녀의 “동의”를 얻어 그녀를 유혹하는 것은, 비록 누군가에게는 그것이 (아마도, 다소 다르게) 똑같이 불쾌할지라도, 그것이 정당하다고 인정되건 개탄할 만하건 용서할 수 없건 간에, 전형적인 강간의 상황으로 동등하게 여겨지지 않는다는 사실은 매우 분명하다. (화이트는 또한 “나는 심지어, 분명히 순결하다고 생각되는 어떤 대학생들이

'나는 강간범입니다'라는 플래카드를 들고 행진하는 것을 본 적이 있다"고도 말한다. p. 150). 개인적인 문제로 간주한다면, 성적 선호는 어느 쪽으로도 도덕적 중요성을 가지고 있지 않다는 것이 내 주장의 핵심이다. 예를 들어, 어떤 사람의 변태 행위가 사람들에게 역겹다는 인상을 준다면, 많은 독자들에게도 그렇겠지만, 그것이 도덕적으로 역겹다는 것을 말하는 것은 아니다. 다음 장에서 강간에 대한 설명을 더 보기 바란다.

관용이 핵심적인 도덕적 덕목이기는 하지만, 안타깝게도 오늘날 특별히 주목을 끌지 못하는 것처럼 보인다는 사실을 필자는 본문에서 충분히 강조하지는 않았다. 관용은 도덕적 확실성의 제한된 속성 때문에 핵심 덕목이다. 도덕적 진리가 존재하고, 우리가 얼마간의 도덕적 지식을 가지고 있음에도 불구하고, 내가 설명하려고 애쓴 이유들 때문에, 상당한 양의 도덕적 불확실성이 불가피하게 존재한다. 그리고 그것은 우리에게 열린 사고와 관용을 발휘할 것을 요구한다(그리고 우리가 인식해야 할 점은 도덕적 불확실성의 정도이며, 이것은 도덕 판단이 주관적이거나 상대적이거나 임의적이라는 잘못된 가정과는 상당히 다른 것이다).

이 장에서, 처음도 아니고 마지막도 아니지만, 필자는 때로는 도덕과 대조적으로, 때로는 유사하게, 설명에 도움이 되는 도구로 미학을 언급하였다. 미학이나 예술철학을 연구하는 데 관심이 있는 사람들은 다음을 읽어 보아도 좋다. 그라운드Ian Ground의 『예술인가, 허튼소리인가*Art or Bunk?*』, 호스퍼스John Hospers의 『예술에서의 의미와 진실*Meaning and Truth in the Arts*』, 스크루턴Roger Scruton의 『미학적 이해*The Aesthetic Understanding*』, 틸먼B. R. Tilghman의 『하지만 그게 예술인가*But is it Art?*』, 월하임Richard Wollheim의 『예술과 그 대상*Art and its Objects*』. 비어즈모어R. W. Beardsmore는 『예술과 도덕성*Art and Morality*』이라는 특별한 제목의 책을 가지고 있고, 한편 오스본Harold Osborne이 편집한 『미학*Aesthetics*』은 표준적인 논문들을 모은 책이다.

8. 이차적 원리

일차적 원리는 항상 분명하고 명료한 방향을 제시하지는 않는다. 그러나 가끔씩 그런 역할을 하며, 때때로 특정한 이차적 원리들을 발생시킨다(일반적으로 이차적 원리는 일차적 원리보다 덜 중요해서가 아니라, 보편성과 추상성의 수준이 낮은 단계에 있기 때문에 그렇게 부른다).

예를 들어, 진실이라는 도덕원리에 대한 헌신은 신실함과 열린 마음, 그리고 정직과 같은 더 많은 특정 가치들을 불러일으킨다. 왜냐하면, 이러한 개념들은 필연적으로 진실이라는 가치와 묶여 있기 때문이다. 또한 그 개념들은, 비록 그것들이 일차적 원리에서 파생된 것처럼 보이고 부수적인 역할을 할지라도, 진실 문제와 관련되어 있는 한 그러한 관련성으로 인해 그 자체로 선하다. 즉, 예를 들어 신실함과 정직은 대체로 사회적 대인 관계에 있어 윤활유 역할을 하거나 행복에 공헌하는 특징을 갖고 있다. 그리하여 우리는 일차적 원리에 초점을 맞출 때보다 더 구체적이고 명확한 용어를 사용하여, 도덕적인 사람은 정직하고 신실하며 열린 마음을 가져야 한다고 말할 수 있는 것이다. 물론, 주의할 사항은 여전히 남아 있다. 신실함이라는 개념만으로 항상 충분한 것은 아니다. 신실한 광신자는 도덕적 악행을 저지를 수 있기 때문이다. 그 결과, 신실함은 잘못된 평가를 받기도 한다. 그리고 부정직한 행위를 했는데도 정당화되는 경우가 있다. 마찬가지로, 열린 마음 역시 도덕적 토대에 있어 때때로 비판을 받기도 한다. 그러나 정직과 신실함과 열린 마음은 항상 그 자체로 선하다고 할 수 있다. 즉, 다른 조건들이 모두 동등하거나 또는 경합하는 도덕적 고려 사항이 없을 경우, 우리는 정직하고, 신실하고, 열린 마음을 가지고자 하는 열망을 항상 가져야 한다.

진실 말하기의 다른 측면과 약속과 관련된 일련의 가치는 진실이라는 일차적 원리에 대한 헌신에서 나온다. 약속을 지켜야 한다는 것은 약속의 개념에서 필연적으로 발생한다. 물론, 누군가가 약속을 지켜야 할 어떠한 의무도 없다는 의견을 개진한다면, 약속 행위와 관련된 본연의 목적은 좌절된다. 그러나 우선적으로 약속이라는 개념에 대한 헌신은 진실이라는 도덕적 가치에 기반하고 있다. 물론 약속을 깨거나 거짓말을 하는 행위가 도덕적으로 정당화되는 문제가 발생할 수도 있다. 그러나 우리는 실제로 (경합하는 도덕적 요구 또는 실질적 제약이 없다면) 약속과 진실 말하기 모두 도덕적 선이라는 것을 이미 알고 있다. 이런 선들과 다른 선들이 비슷하게 하나 또는 그 이상의 일차적 원리에서 도출된다는 것을 인지할 때, 우리는 도덕적 행위의 보다 구체적인 밑그림을 그리기 시작한다.

복지well-being의 경우, 그로부터 연민, 친절, 관용, 우정, 신뢰, 그리고 아름다움과 같은 다양한 가치들이 파생되어 나올지 모른다. 도덕성을 정의하는 특징이 복지를 증가시킨다는 근본적인 통찰로 인해 이차적인 도덕적 특징들에 직접적으로 중요성을 부여하게 된다(또한 다른 일차적 원리들 역시 몇몇 가치들을 뒷받침한다. 신뢰는 부분적으로 진실이라는 가치에서 나오고, 관용 역시 어느 정도는 자유라는 일차적 원리에서 나온다).

누군가 불관용은 정의상 악한 것이라고 말할지도 모른다. 왜냐하면, 그것은 부정적인 의미를 함축하고 있는 단어이기 때문이다. 그러나 지금 우리는 왜 그것이 나쁜 것인지에 대해 보다 자세하게 살펴볼 것이다. 우선

불관용은 진실과 다른 사람에 대한 존중뿐만 아니라 자유에 대한 우리의 기본적인 헌신을 침해한다. 그리고 그것은 공동체의 전체 복지에 해를 입히기도 한다(물론, 여기에서 개인의 행복과 집단의 행복, 그리고 행복의 합계 사이의 차이점에 대한 문제 제기를 할 수 있다. 그러나 나는 그것들이 지금의 논의를 단절시킬 만큼 큰 영향을 주지 않기 때문에 여기서는 다루지 않을 것이다). 관용은 진실 혹은 진리가 중요하기 때문에, 자신이 선택한 대로 행위하고 판단할 자유가 중요하기 때문에, 그리고 결국에는 사람들의 복지가 관용에 의해 최대한 지탱된다는 점에서 합리적인 가정이라 할 수 있기 때문에, 하나의 도덕적 덕목이라 할 수 있다. 그리고 관용은 사람들을 하나의 인격체로서 존중한다는 점에서 중요하다(우리는 때때로 어떠한 사항에 대해 관용을 발휘하지 못할지 모르고, 때때로 어떠한 것에 대해 참지 말아야 할지도 모른다. 또한 그러한 것들이 때때로 그리 해야 할지 말아야 할지에 관한 토론 대상이 될지도 모른다. 그럼에도 불구하고, 도덕적인 측면에서 반대해야 할 특별한 필요성과 실질적인 제약이 없는 한, 원칙적으로, 본질적으로, 우리는 관용을 발휘해야 한다).

우정은 다른 사람에 대한 존중과 복지에 공헌하고 그것을 구현하는 관계이기 때문에 도덕적으로 선하다고 말하는 것이 우정을 정의하거나 그것의 한계를 정하는 데서 나타나는 문제점을 제거하지는 못한다. 아마도 그것이 취하는 명확한 형태는 그리 중요하지 않을 것이다. 우정을 규정짓는 특징은 동일하게 남아 있겠지만, 우정이 실제로 방법과 장소에 따라 다양하게 작용하고 표현되는 데 대한 좋은 이유가 있을지 모른다. 간혹 그것이 꽤나 비슷할지는 몰라도, 우리는 여전히 그것의 특징을 정의하는 것이 무엇인지 결정할 필요가 있다. 사람들 사이의 관계의 하나인 어떤 것이 그 자체로 도덕적으로 선하다고 할 수는 없다. 그래서 우정에 대해서는 복잡하고 흥미로운 질문이 남아 있다. 그러나 우리는 적어도 지금 다음과 같은 결론을 이끌어 낼 수 있다. 누군가가 당신의 친구라는 사실이 당신이 인생에서 어떠한 행동을 함에 있어 도덕적 요인으로 작용하는가 하는 것이다.

즉, 누군가가 당신의 친구라는 사실이 당신의 삶에 긍정적인 것이고, 가치 있는 것이며, 당신에게 주어진 특별한 의무일지도 모른다. 하지만 그것은 누군가가 당신의 이웃이고, 친족이고, 그리고 같은 종족이라는 사실이 보여 주는 방식과는 다르게 작용한다. 어떤 사람들은 후자 역시 도덕적으로 중요성을 가진다고 말할지 모르겠지만, 우정이 도덕적으로 선하다는 주장은 정당성이 입증된 데 반하여, 후자는 논의가 더 필요하다는 한계를 가지고 있다. 마찬가지로, 연민과 친절은 범주적으로 도덕적 덕목에 포함될 수 있지만, 인내와 금욕은 그렇지가 않다. 왜냐하면, 후자는 도덕적 자질일 뿐, 덕목이 되기 위해서는 더 심도 깊은 논의가 필요하기 때문이다.

종종 덕목으로 인용되는 용서는 이런 점에서 전체적인 논의를 분명히 할 수 있는 사례를 제공한다. 나는 용서가 본질적으로 도덕적 선으로 고려되어야 하는지에 관한 답변을 할 준비가 되어 있지 않다. 그러나 나는 지금 당장 그것이 도덕적으로 선한지는 분명하지 않다는 사실은 말할 수 있다. 우리는 일반적으로 다음과 같이 생각하는 경향이 있다. 인간은 본질적으로 허약하고 결점을 가진 존재이기 때문에, 우리가 타인에게 용서 받기를 원하는 것처럼 상대방을 용서해야 한다고 말이다. 그리고 타인의 복지에 대한 헌신으로서 용서의 가치를 경험적 용어로 사용하고 있음을 알 수 있다. 그러나 그럼에도 불구하고 용서가 사회적 복지에 필연적인 도움을 주고 있는지는 분명하지 않다. 그리고 예를 들어, 나를 고문해서 거의 죽음에 이르게 한 사람에게까지 아무런 대가 없이 용서를 하는 것이 내가 훨씬 도덕적이라는 것을 입증하는지는 여전히 분명하지 않다. 우정이 그 자체로 도덕적 선이라는 것을 부인하는 것은 도덕성의 본질을 이해하는 데 실패했음을 보여 주는 것과 같다. 분명, 그것은 용서가 그 자체로 도덕적으로 선하다는 것을 부인하는 것과는 다른 맥락이다. 물론, 나는 이 문제를 해결하고자 시도하는 것을 원하지 않는다(이미 말했듯이, 나는 그렇게 할 자신도 없다). 여기서 나의 관심사는 우선 논란의 여지가 없는 이차적 원리의 사례와 후속 논의가 필요한 주장들 사이를 구분하는 것이다. 그리고 다음으로 나의 논의가 단순히 기존에 알고 있던 것들에 대해 승인하는 것이 아니라는 사실에 대한 관심을 이끌어내는 것이다. 내가 지금 소개하고자 하는 후속 가치들 중 (전부는 아닐지라도) 대다수는 일반적으로 도덕적인 것으로 받아들여지는 것들이다(우연히 마음을 든든하게 해주었다고나 할까. 그러나 그것들은 논의의 견고함이나 확증이 있는 것은 아니다). 그러나 나는 이렇게 관행적으로 받아들여진 도덕적 선들을 나의 논의에서 승인하지 않을 것이다. 나도 친절이 도덕적으로 선하다는 일반적인 견해에는 동의하지만, 용서가 필연적으로 도덕적 선이라는 일반적인 견해에는 동의하지 않는다.

　다른 사례로서 아름다움(美)을 제시하는 것이 특별히 도움이 되는 것은 아니겠지만, 나는 그리 할 것이다. 앞의 5장에서 제시했던 것처럼, 나는 그것이 논의의 본질에 있어 중요성을 갖는다고 보기 때문이다. 비록 아름다움이 기본적 또는 일차적 도덕원리는 아닐지라도, 세상에서 추한 것보다는 아름다움을 강화하고 장려하는 것이 도덕적으로 바람직하다고 논의하는 것이 얼핏 보기에 개연성이 있어 보인다. 그것은 분명히 다음과 같은 점에서 확실하다. 만약 한 세계는 아름답고 다른 세계는 추하다는 것을 제외하고 다른 모든 점에서 두 세계가 동일하다면, 아름다움의 우월성을 부인하는 것은 아무 의미가 없다. 그런 견해를 주장한 사람은 옳은 견해를 밝힌 것이다. 그러나 아름다움이 도덕적으로 '훨씬 낫다'고 말하는 것은 분명하지 않다. 예를 들어, 도덕적으로 동등한 가운데 어떠한 세계가 일반적인 관점에서 낫다면, 그것은 미적 가치를 지닌다고 할 수 있을지 모른다. 반면에, 미에 대한 관심 그리고 추함 대신에 미의 제공이 우리의 복지에 도움이 될지도 모른다. 이러한 이유로, 다른 것들이 동등하다면, 아름다움은 도덕적으로 바람직한 것이라고 볼 수 있다. 나는 이 문제를 열린 상태로 놓아둔 채 인정하고 싶다. 왜냐하면, 만약 우리가 아름다움을 도덕적 가치로 받아들인다면, 아름다움의 다양한 종류를 구분하고, 무엇이 아름다움이고 무엇이 아닌지에 대해 결정하는 방법을 확립하는 수많은 후속 작업들이 필요하기 때문이다.

관용에 대한 헌신과 자유라는 일차적 원리의 관점에서 우리는 다음 두 가지 특정한 이차적 원리들을 구분할 필요가 있다. 첫 번째는 언론의 자유가 절대적으로 지켜져야 한다는 것이다. 두 번째는 언론의 자유와 달리 행동의 영역은 타인에게 해를 끼치지 않는 한 자유롭게 행동할 수 있어야 한다는 것이다. 이것은 지금까지 논의되었던 어떠한 이차적 원리보다 그 형태에 있어 더 특수하고, 더 분명하며, 더 많은 것을 요구한다. 물론 이 주제와 그것에 대한 엄청난 양의 반대 의견에 관한 진부한 논의가 있었음을 우리는 알고 있다. 그러나 그럼에도 불구하고, 나는 여전히 이 이차적 원리가 지지되어야 하고 후속 논의들을 통해 뒷받침되어야 한다고 믿고 있다.

일단 언론의 자유가 중요하다면(모두는 아닐지라도 대부분의 정당들이 이 전제는 지켜져야 한다고 주장한다), 그것은 절대적인 것임에 틀림 없다. 다시 말해, 우리는 우리가 선택한 것을 말할 자유를 절대적으로 갖는다. 우리는 어떠한 것이든 말할 수 있는 자유와 어떠한 경우든 또는 어떠한 상황에서든 말할 수 있는 자유가 구분되어야 한다는 것을 즉시 밝힐 수 있다. 그래서 세부적으로 나아가거나 또는 복잡한 문제를 과도하게 단순화시키고 극단적으로 해결하려는 시도 없이, 절대적인 언론의 자유에 대한 옹호는 언제 어디서나 무엇이든 말할 수 있는 권리에 대한 옹호와는 다른 것임을 기억해야 한다. 다음의 몇 가지 친숙한 사례들을 살펴보면 논의가 더욱 분명해질 것이다. 예를 들어, 전쟁 중에 국가의 비밀을 폭로하는 행위, 적을 위한 유언비어에 동참하는 행위, 사람들이 많은 극장에서 "불이야" 하고 외침으로써 고의적으로 공포와 혼란을 불러일으키는 행위, 그리고 폭력을 자극하는 선동 행위는 언론의 자유가 있다고 해도 허용할 수 없는 부분이다. 그러한 상황에서 무엇을 받아들일지 결정하고 폭력에 대한 선동과 단순한 의사 표현 사이를 명백히 구분하는 것이 때때로 어렵기 때문에, 행동을 유도하는 언어의 사용과 의사 표현 사이에는 명백한 차이점이 남아 있다. 언론의 자유를 옹호하는 것의 관심사는 후자와 관련이 있다. 상대방을 이해시키고 다른 사람으로 하여금 어떠한 견해의 진실과 지혜를 알게 하기보다 순수하게 자신의 견해만을 밝히는 것이 바로 그것이다. 비록 그 견해가 해로운 것으로 판명되었다 할지라도, 한 집단의 소수 견해를 밝히는 것, 즉 그 견해가 옳든 그르든 간에 이유를 대는 것과 그 집단에 대항하기 위해 행동을 부추기는 것 사이에는 명백한 차이가 존재한다. 이러한 차이는 심지어 첫 번째 사례의 경우에도 남아 있다. 다른 사람들과 자신의 견해를 공유하도록 그들에게 이유를 제공하는 것이 바람이었다 해도, 그것은 간접적으로 행동을 유발한다. 어떤 집단에 대한 불만에 동의하도록 하는 것과 그 집단에 반대하도록 행동하게 하는 것 사이에는 분명한 차이점이 있다. 실제로 어떤 의사 표현이 우리에게 원칙을 지지하지 못하도록 어떤 영향을 미칠 것인지 전망하는 것은 간혹 쉽지 않다. 어떤 사람을 대머리로 분류할 것인지 결정하기가 때로는 어렵다는 사실이 대머리와 머리털이 충분히 있는 머리 간의 차이점을 부인할 이유가 되지 못하는 것처럼, 때로는 의사 표현이 문제를 발생시킨다는 사실이 의사 표현과 행동을 부추기는 시도 사이에 구분이 없다고 말하는 것의 변명이 되지는 않는다.

언론의 자유가 지니는 가치의 핵심은 사람들이 그러한 권리를 가지고 있음을 정확히 단언한다는 것이고, 다른 사람들이 그러한 견해를 좋아하지 않거나 동의하지 않을지라도, 그들의 목소리를 낼 수 있다는 점을 강조하고 있다는 점이다. 타인에게 해를 끼치거나 불쾌함을 유발하는 언론의 자유를 가치 있다고 말하는 것은, 불합리하지 않다면, 어찌되었건 말할 가치가 없는 것이다. 왜냐하면, 반대하지 않는 것에 반대하는 사람은 없기 때문이다. 내가 한 가지 원칙에 대한 주장이 다른 원칙에 대한 주장과 충돌할 지도 모른다는 생각을 받아들였다면, 왜 다른 원칙들에 대한 반대 의견들을 지지하지 않는지 질문을 받을지도 모른다. 확실히, 이것은 복지에 대한 관심이 절대적인 언론의 자유라는 이름 아래 어려움을 겪을 수도 있음을 뜻하기도 한다. 이것은 분명한 사실이지만, 두 가지 중요한 반대 입장은 고려해 볼 필요가 있다. 첫째, 그 본질상 입증할 수는 없지만, 그럼에도 불구하고 설득력 있는 주장이 있다. 즉, 그것은, 모든 것을 고려해 볼 때, 절대적인 언론의 자유가 야기하는 문제들과 고통에도 불구하고 우리가 이 원칙을 존중함으로써 얻는 이득이 손실보다 더 크다는 사실이다. 둘째, 자유로운 언론은, 만약 그것이 절대적이라면, 그 자체로 자유로워야 한다는 사실이다. 우리의 논의는 여기에서 출발한다. 그것은 우리가 사실이거나 수용 가능한 것을 고스란히 받아쓸 정도로 교조적이어서는 안 된다는 가정이다. 또한 이러한 가정에는 결국 그러한 자유가 언론의 자유를 뒷받침하는 모든 것들에게 이득을 줄 것이라는 믿음이 결합되어 있다. 이것은 역사 속에서 이러한 지혜를 뒷받침하는 원칙을 무시했던 모든 정권에 의해 야기된 실제적인 비극을 응시하는 것이다. 다른 기본 원칙들과 충돌할 가능성 때문에 표현의 자유를 제한하도록 허용하는 것은 곧 언론의 자유를 포기하는 것과 같다. 그러므로 문제가 되는 원칙을 포기하는 것 외에, 반대 주장이 무엇인지, 그리고 표현의 자유를 쟁취하기 위해 하지 말아야 할 것이 무엇인지를 정확하게 설정하는 것이 필요하다. 이것은 (어떤 그룹의 사람들을 공격하거나 방해하지 않기 위해 주의를 기울이는) 정치적 올바름political correctness으로서 그들에게 토대를 제공하는 힘이며, 이러한 정치적 올바름을 위해 다른 사람들에 대해 가치 판단을 부과하고자 시도하는 셈이다. 그것은 정확히 도덕적 흐름과는 정반대의 것이다. 왜냐하면 그것은 지금까지의 논의에서 도덕 이론의 가장 기본적인 요소인 자유와 열린 마음, 그리고 관용과 같은 요구를 무시하고 있기 때문이다.

만약 언론의 자유가 꼭 절대적 자유를 필요로 한다면, 왜 행동의 자유는 그렇지 못할까? 대답은 다음과 같다. 왜냐하면, 일반적으로 말해서, 행동의 자유는 의사를 표현하고 유지하는 방식과는 달리 다른 사람의 영역을 침해하기 때문이다. 당신의 견해는 나를 기쁘게 할 수도, 짜증나게 할 수도, 화나게 할 수도, 또는 나에게 영감을 줄 수도 있지만, 그 자체로 내가 어떤 행동을 하는 것을 막지도 않고, 내가 어떤 것을 하도록 강제하지도 않으며, 실질적으로 나에게 영향을 미치지도 않는다. 그러나 행동은 나에게 직접적인 제약과 영향을 미칠 수 있다. 그런 일이 발생할 경우, 때때로 그것을 반대하는 도덕적 이유가 있기도 하다. 나는 내 정원이 눈에 거슬린다고 당신이 불평하는 것을 그리 좋아하지 않을지도 모른다. 그러나 그것은 당신이 직접 내 정원에 와서 정원 손질을 하는 것과는 질적으로 다른 것이다. 어떤 행동이 타인의 권리를 침해하지 않는 자기본위적 행동인지를 결정하는 것에 관한 잘 알려진 문제점들이 있지만, 어떤 행위가 다른 사람의 자유를 침해하지 않는 한 자유로워야 한다는 이차적 원리를 부인할 수 있는 근거는 없다. 말할 필요도 없이, 타인에게 해를 끼치는 행동이 발생할 경우에는 그것의 허용과 금지에 관한 문제는 다양한 기존 도덕원리들에 의해 결정될 것이다. 즉, 타인을 침해하거나 도발하는 모든 것이 도덕적으로 허용할 수 없는 것으로 간주되는 것은 아니다. 당신이 거리를 활보하는 것은 나를 화나게 할지도 모른다. 그렇다고 하더라도 우리는 당신이 그런 행동을 할 자유가 없다고 말하지는 않는다. 그러나 만약 당신이 나의 고양이에게 위협이 된다면, 상황은 다소 달라진다. 여기서 내 행위의 목적은 다음과 같은 원칙에 의해 제한된다고 할 수 있다. 우선 우리는 자신이 선택한 어떠한 의견이든지 표현하고 간직할 수 있는 자유를 가진다. 그리고 타인에게 위해危害를 가하지 않는 이상 어떠한 행동도 할 수 있는 행위의 자유 역시 가진다. 예를 들어, 자위행위가 비도덕적이라고 믿는 사람들은 실수한 거라고 단정적으로 말할 수 있다. 왜냐하면 그들은 자신들이 문제 삼는 행동과 도덕성의 특징을 정의하는 것 사이에서 어떠한 연결 고리도 찾을 수 없기 때문에 실수한 것이다. 만약 그 연결 고리를 못 찾았다면, 그것은 도덕적 문제가 아닌 것이다. 내가 아는 바에 의하면, 그것은 종교적 문제이거나 의료적 문제 또는 관행의 문제라고 할 수 있다. 하지만 분명한 것은, 그것은 도덕적 문제가 아니라는 사실이다. 그리고 그것은 도덕적으로 비난받을 만한 행위도 아니다. 왜냐하면, 그것은 도덕적 용어로 평가할 수 있는 행위가 아니기 때문이다.

만약 표현의 자유와 (타인의 권리를 침해하지 않는) 자기본위적 행위의 자유가 절대적이라면, 이것은 분명히 무엇이 그른지 또는 도덕적으로 선하지 않는지에 대한 구분이 결정적인 중요성을 차지하는 대다수의 도덕원리와는 다르다.

강간은 이러한 맥락에서 좋은 설명 사례가 된다고 할 수 있다. 강간은 도덕성의 본질적인 측면에서 볼 때 항상 그른 행위라고 할 수 있고, 결코 정당화될 수 없다. 그러나 논의는 그리 간단하지 않다. 즉, 일부 사람들이 "강간"의 범위를 "데이트 강간"과 "부부 강간"까지 포함해서 영역을 확장하기를 원하기 때문에 논의가 혼란스러워진 것이다. 용어의 의미를 넓히는 것은 강간의 의미를 불명료하게 만드는 게 불가피하기 때문에, 어리석다고 할 수 있다. "fabulous"라는 단어가 "beautiful"이라는 단어보다 덜 언급된다. 왜냐하면, 더 일반적이긴 하지만 덜 정확하기 때문이다. "person"이라는 말이 "female"보다 덜 구체적이어서 결과적으로 정확성이 덜한 것도 같은 맥락이다. 폭넓은 의미의 용어를 사용하는 것은 정교하고 세심한 언어를 사용하는 것에 비해 정확성과 명료성에서 한참 떨어진다고 할 수 있다. 정교한 구분을 인지하는 것은 우리가 사는 세상을 이해하고 받아들이는 데 있어 필수적인 부분이다. 그러므로 도덕적 문제에 있어서도 가능한 한 구체적인 개념들을 사용하라고 권할 수 있다. 분명히, 결혼한 부부 사이와 데이트하는 연인 사이에서도 강간이 발생할 수 있다. 그러나 우리는 대개 자신의 의지와는 상관없이 타인에 의해 성적으로 농락당하는 것과 파티에서 술 또는 약에 이끌려 꼬임에 빠지는 것 사이의 구분을 받아들이는 경향이 있다. 우리는 강간의 다양한 종류와 방법 사이의 차이점을 정확히 알 필요가 있다. 상대방의 목에 칼을 들이대 위협하는 것은 상대방이 만취한 상태를 이용하는 것과는 다르다. 또 그것은 거짓 약속을 하는 것과 타인의 명성에 흠집을 내는 것으로 위협하는 것과도 다르다. 이러한 종류의 차이는 (비록 반드시 그런 것은 아니지만) 중요하다. 마찬가지로, 관계 relationship의 성격과 육체적 관계가 일어난 상황의 다른 특징들이 모두 행위의 용인성/불용인성의 정도를 파악하는 것과 관계가 있을지 모른다. 배우자 또는 데이트 상대가 비난받을 만한 행위에 대해 책임이 없는 것은 아니다. 그러나, 심지어 상황이 다소 불쾌할지라도, 남편이 아내에게 강제적인 힘을 사용하는 것은 옳지 않다. 그것은 타인에 대한 강간과 동일하다. 분명, 그러한 강간(어떤 종류의 성적 교환에 있어서 예상하지 못한 비자발적인 사람에게 성교를 강제하는 것)은 존중과 행복 그리고 자유라는 원칙을 극적이고 외상적인 방법으로 파괴하게 된다. 그것은 도덕적으로 그른 것이다. 대조적으로, 고문은 항상 그 자체로 나쁘고 그르다고 여겨지지만, 정당화될 수도 있다. 고문은 본질적으로 불쾌하며, 나는 분명히 그것을 옹호하지 않는다. 그러나 우리는 적어도 고문이 어느 정도는 도덕적으로 정당화될 수 있는 상황이 있음을 알고 있다. 즉, 우리에게 친숙한 사례를 가정해 보자. 만약 테러범을 자백하도록 "설득하지" 못하면, 죄 없는 수천 명의 사람들이 끔찍한 고통을 겪게 될 상황을 생각해 보자. 그러나 그러한 논의의 맥락이라고 해도 이전에 말했던 강간을 정당화할 수 없다. 일본인이 저지른 남경대학살을 생각해 보자. 그것은 정말 야만적이고 입에 담을 수 없을 만큼 흉악한 짓으로서, 강간을 포함해, 중국인에 대한 일본인의 만행이라고 할 수 있다. 우리는 '눈에는 눈, 이에는 이'라는 맥락에서 그와 같은 악행에 대해 도덕적으로 분노를 표출할 수 있고, 그러한 만행을 저지른 사람을 처벌의 한 형태로 강간한다고 가정해 보자. 나는 그것을 상상할 수는 있지만, 그것이 도덕적으로 정당화될 수 있다고는 보지 않는다. 그것이 도덕성의 원칙을 정의하는 것에 대한 뻔하고 피할 수 없는 공격이기는 하지만, 그것이 다른 근본적인 도덕원리들에 공헌했다고 보기 어렵다는 사실과 연계해 볼 때, 그것은 항상 정당화될 수 없다. 그리고 도덕적으로 변명의 여지도 없다. 고문은 특정한 경우에 정당화될 수 있고, 강간은 단순히 고문의 형태로 선택될 수 있다고 누군가 주장할지도 모른다. 나는 여기서 이것과 관련해 세부적으로 논쟁을 할 수는 없지만, 강간은 고문의 형태로서 도덕적으로 절대로 용인할 수 없다고 말할 수 있다. 왜냐하면 그것은 본질적으로 그리고 항상 정당화될 수 없고 그른 것이기 때문이다. 그러나 고통을 야기하는 것은 (슬프지만) 항상 그리고 반드시 정당화될 수 없는 것은 아니다. 즉, 몇몇 고문의 형태는 특정한 상황에서 정당화될 수 있다. 그러나 결단코 강간은 정당화될 수 없다.

필자는 고문이 강간보다 덜 심각하다거나, 또는 잔혹 행위, 거짓말하기, 그리고 약속 어기기가 정당화될 수도 있다는 사실에 대해 낙관해도 된다고 주장하는 것은 아니다. 필자는 단지 논쟁과 관련해 사실을 직시하고 있는 것이다(그리고, 사실, 진실한 도덕 이론은 교조적인 명령으로 구성된 도덕률과는 다르다). 그러한 것들은 분명히 예외적인 상황에서 근본적인 도덕원리에 따라 정당화될 수 있다. 그러나 강간을 행하는 것은 결코 정당화될 수 없다.

강간은 특히 야만적이고 도덕적으로 정당화될 수 없는 생생한 사례라고 할 수 있다. 그리고 그렇게 널리 잘 인지되어 있다. 그러나 같은 종류의 방식이라 해도 직접적인 위협처럼 보이지 않는 몇몇 행위의 경우 비난을 덜 받는다. 물론, 강간과 마찬가지로 허용 불가능한 경우이지만 말이다. 필자는 사기와 다양한 종류의 위선에 대해 말할 것이다. 이것들은 물론 일반적으로나 공식적으로 비난을 많이 받는다. 그러나 사람들이 대기업들의 부정부패에 분개하는 것보다 다양한 성적 공격에 도덕적으로 훨씬 더 분개하는 경향이 있음은 꽤 분명한 것 같다. 그래서 얼핏 보기에 터무니없는 비도덕적 행위를 한 엔론Enron 사의 경영진이 성범죄를 저지른 사람들에 비해 대중의 적개심을 덜 자극하는 것을 알 수 있다. 아마도 우리는 다음과 같은 사실을 발견할 수 있다는 것이 놀랍지도 않을 것이다. 스스로 도덕적이라고 생각하는 수많은 사람들조차 세금과 관련해 자신의 수입은 조금씩 속이고 있다는 사실을 말이다.

강간과 같이 확실히 잔인하고 널리 비판받는 행위와, 탈세와 같이 비폭력적이고 사실상 광범위하게 용납되고 있는 행위들이나 일상적으로 비난을 받지만 필요악으로서 용인되는, 비교적 친숙한 사기와 위선의 형태들을 연결시키는 것이 이상하게 보일지도 모른다. 그러나 필자가 여기서 달성하길 희망하는 부분은 우리가 뭐든 잘못된 지점에서 도덕성을 찾고 있다는 점을 잠시라도 밝히는 것이다. 도덕성은 실제로 잔인함을 피하는 것과 관계가 있다. 그러나 필자는 우리가 성과 관련된 분야와 너무 많이 밀접하게 연관시키고, 매일 매일의 일상에서 쉽게 부딪치는 공정성, 진실, 그리고 존중과 같은 원리의 일탈과 타인을 이용하는 행위에 대해서는 무관심한, 그런 잘못된 경향을 지적하고 싶다.

사기fraud와 위선hypocrisy이 결코 정당화될 수 없다는 진술은 분명히 "사기"와 "위선"이 정확히 의미하는 바에 부분적으로 의존한다. 그것들은 특히 속임수와 상대적인 가식과 구분할 필요가 있다. 비록 두 가지 모두 매력적이지 않은 특징을 가졌지만, 그것들은 본질적으로 나쁘기는 해도 경우에 따라서는 정당화될 수 있다. 고문의 경우와 같은 논리가 적용되는 셈인데, 우리는 속임수를 사용하는 것이 정당화될 수 있음을 확인할 수 있다. 즉, 자칭 자살 폭탄 테러범에 대한 심문은 약간의 그릇된 지시를 통해 합법적으로 유용한 정보를 얻을 수 있다. 속임수는 (그것이 선하든 악하든 간에) 목적을 의식하고 사용하는 것인 반면, 위선은 마음의 문제이다. 만약 마음의 문제가 아니라면, 즉 사람이 단지 특정한 이유 때문에 이 상황에서 위선적인 행동을 한다면, 우리는 그것을 사기라고 불러야 할 것이다. 위선은 그의 이익을 늘리기 위해 판에 박힌 듯 거짓된 **가면**을 택하는 것을 말한다. 위선적인 사람은 항상 하던 대로 특징적으로 세상에 거짓 얼굴을 들이미는 사람을 말한다. 사람이 무의식적으로 가식적일 수는 없다. 때때로 특정 상황에서 누군가를 오도하는 것이 정당화될 수 있는 반면에, 세상에 대해 고의적이고 일관되게 거짓된 이미지를 연출하는 것은 정당화될 수 없다. 마찬가지로, 굶주린 개인이 특정 상황에서 빵 한 덩어리를 훔치는 행동은 정당화될 지도 모른다. 그러나 개인의 이익을 위한 계획적 활동의 부분으로서 고의적이고 의식적인 규칙 위반은 결코 정당화될 수 없다. 사기는 예외적인 환경에서 정당화될 수 있는 일회성의 속임수 행위와 같지 않다. 그것은 자신만의 이익을 위한 체계적인 속임수라고 할 수 있다. 이 두 개념 간의 차이는 특수하고 절박한 상황에서의 일시적인 규제 일탈과 냉소적이고 자발적인 규칙 경시 사이에 있다. 앞서 지적한 것처럼, 여기서 나의 요점은 우리가 보통 도덕적으로 분개하는 상당수의 것들은 실제로 비도덕적인 것이 아니고, 오히려 우리가 양처럼 순하게 눈감고 넘어갔던 많은 것들이 철저히 비도덕적이라는 것이다. 우리는 그동안 실제로 개인의 탈세와 기업의 부패에 분개하기보다 약간의 좀도둑질 같은 행위에 더 길길이 날뛰었다. 그러나 지속적이고 조직적인 속이기는 도덕적으로 결코 정당화될 수 없다. 더욱이 기본적인 필수품이 부족하지도 않은 사람들이 자기 이익을 목적으로 속일 때는 말이다. 무엇이 "기본적인 필수품"인지는 논쟁의 여지가 있다. 그러므로 때때로 누구의 행동이 정당화 가능한(또는 용서 가능한) 실수인지 아니면 정당화될 수 없는 사기인지는 의견이 분분하다. 그러나 사건별로 행위를 분류하는 것이 어렵다해도, 명백한 사기는 절대 정당화될 수 없다는 사실이 바뀌지는 않는다.

교화indoctrination는 도덕적으로 옳지 않다. 그것은 진실과 인간 존중이라는 가치의 핵심을 파괴한다. 또한 그것은 실증할 수 없는 문제라는 이유로, 의견이 분분한 사항에 관하여 개인의 마음을 닫아버리게 한다. 죄 없는 상대방을 인질 상태로 두는 것은 갈등을 발생시키는, 정당화될 수 없는 방법이다. 필연적으로 죽음에 이르게 하는 가짜 의약품을 만들어 판매하는 것은 무조건적으로 그리고 명백하게 그릇된 행위이다. 우리 정부가 깊숙이 관여하고 있는 무기 판매도 결코 정당화될 수 없는 부도덕한 행위의 명백하고 부정할 수 없는 또 다른 사례이다. 그러나 도덕성의 원칙을 정의하는 것은 분명히 위력을 가지고 있다고 충분히 말할 수 있다. 즉, 어떠한 상황에서도 분명히 도덕적으로 그릇되고 정당화될 수 없는 다양한 행위들이 있다. 그러나 그것들 대다수가 매일 신문지상에 오를 만한 행동들은 아니다. 몇몇 행위들이 항상 옳지 않은 반면, 그럼에도 불구하고 나쁜 상황 속에서 정당화될 수 있는 다른 나쁜 행위들이 있는 것도 또한 분명하다. 어떤 환경이 어떤 행동을 정당화하는지는 개별적인 사례들을 고려하면 알 수 있다. 그러나 여기에서는 각 사례가 사실과 근본적인 도덕원리와 사실에 대한 사려 깊은 태도에 의해 종종 결정된다는 것을 알아야 한다.

이러한 것들은 비도덕적인 것으로서 무조건 비난받아야 하는 행위의 사례들이다. 그러나 몇몇 주제들은 의심할 여지 없이 도덕적인 것이다. 그럼에도 불구하고, 특히 삶과 죽음의 문제와 같이, 결정할 수 없는 주제들도 있다. 필자는 여기서, 예를 들어 특정한 살인이 도덕적으로 정당화될 수 있는지를 결정하는 문제에 관해서는 생각하지 않을 것이다. 살인은 분명히 그 자체로 그른 것이다. 그러나 살인은 정당화될 수도 있다. 대부분의 관점에서, 전쟁과 같은 예외적인 경우에는 살인이 정당화된다. 때때로 자기 방어를 위한 살인도 마찬가지다. 그러나 대조적으로 낙태와 안락사는, 이전 장에서 지적한 것처럼, 우리에게 딜레마 또는 풀 수 없는 문제를 부여한다. 이것은 경합하는 요구를 불러일으키는 다양한 도덕원리 때문이라기보다는 명백하고 확실한 답을 제공하지 않는 철학적·경험적 문제가 존재하기 때문이라고 할 수 있다. 가장 주목할 만한 철학적 문제는 인간성

personhood을 구성하는 것이 무엇인가이고, 답하기 어려운 경험적 질문 또한 존재하는데, 대표적으로 혼수상태에 빠져 있는 환자의 마음 상태는 어떠한가 하는 것이다.

낙태를 둘러싼 논쟁은 생명을 옹호하는 집단과 낙태 선택을 옹호하는 집단 사이의 충돌로 요약된다. 그러나 문제는 간단한 이분법이 제시하는 것보다 훨씬 더 복잡하다. 이미 지적했듯이, 어려움의 일부는 경험적인 문제와의 관련 속에서 나온다. 소위 뇌사 환자의 마음속에서 무엇이 진행되고 있는지를 어떻게 알겠는가. 또한 일정 시기가 지난 태아가 경험을 하는지 또는 출산의 결과는 무엇인지, 임신 상태가 종결되거나 삶을 끝내면 어떻게 되는지 등은 모두 답하기 어려운 경험적 문제이다. 만약 누군가가 그러한 종류의 질문을 무시한 채 말하고 선택하는 것에 집중한다면, 그 다음에 남는 것은 누구의 선택인가와 "인간"이 선택할 능력이 있는가와 관련된 문제일 것이다. 낙태의 경우, 의도는 분명 자신의 몸과 관련된 것을 선택할 수 있는 엄마의 권리에 집중한다. 그러나 다른 근거에도 불구하고, 아버지도 그리고 아마 다른 사람도 그 문제에 관한 선택권을 가진다고 말할 수 있다. 이로 인해 태아의 선택권을 고려하는 것이 이치에 맞는가의 문제가 발생하고, 안락사의 경우에는 선택을 명료하게 할 수 있는 "환자"의 선택권을 고려하는 것이 이치에 맞는가의 문제도 생긴다. 태아의 경우에, 선택을 명료하게 할 수 있다면, 태아가 선택하는 것을 고려해야만 한다고 주장할 수 있다. 반면에, 동일한 주장이 (뇌사 상태에 빠지기 전에 의사를 표현한) 뇌사자에게 적용될 경우에는 불합리한 것이 아닐 것 같다고 보는 것도 설득력이 없다는 점을 알게 될 것이다. 확실히, 그 외 관련된 다른 많은 사람들도 무슨 일이 일어나는지에 대해 정당한 관심을 가진다고 할 수 있다.

한편, 인간의 생명은 지극히 신성하다는 가정이 있다. 하지만 이것 역시 항상 문제를 실제적으로 해결하지는 못한다. 예를 들면, 만약 아이를 낳는 것이 산모의 죽음을 가져온다면 어떻게 해야 하는가? 이 외에도 도덕과 관련된 많은 다른 질문들이 있다. 임신이 강간에 의한 것이면 어떻게 해야 할까? 아이가 장애를 안고 있다는 사실을 알았다면 어떻게 해야 할까? 일반적인 선의 관점에서, 특별한 경우든 일반적인 경우든, 이런저런 정책에 따르는 결과는 무엇일까? 안락사의 경우도 특정한 질문들이 있다. 즉, 안락사는 안락사의 대상이라는 것을 알게 된 사람들에게 어떤 영향(좋든 나쁘든)을 끼칠까? 반면에, 무슨 이유 때문이든지, 더 이상 살고 싶지 않은 삶을 끝내지 못하게 된 사람들에게는 무슨 영향을 끼칠까? 낙태와 안락사에 관한 이런저런 의문들을 떠나서, 어떤 전략이 도덕적으로 용인될 수 있는지에 관련된 질문들이 있다(동물 복지welfare를 위해 기꺼이 인간을 죽이거나 불구로 만드는 사람들이 이상한 것처럼, 생명의 이름으로 낙태 찬성자들을 살해하는 것도 이상한 것이다). 또한 낙태를 하고, 자살을 방조하고, 안락사를 실행하는 것의 도덕성에 대하여 제기되는 일련의 질문들도 있다.

그러한 쟁점들에 대해 제기되는 질문은 무수히 많다. 그러나 그것들이 문제problems라기보다 딜레마dilemmas 상황으로 분류되는 이유는 일차적으로 그것들이 복잡하거나 다양한 고려 사항에 종속되어 있어서가 아니다. 사실, 모든 고려 사항들을 동등하게 그리고 일관되게 다루는 것도 불가능하다(비록 그것이 진짜일지라도 말이다). 즉, 이 모든 예들이 인간 삶을 평가하는 중요한 사항이 된다. 이러한 점에서 도덕성과 종교 사이의 구분을 기억하는 것은 중요하다. 왜냐하면, 실제로 낙태와 안락사에 대한 반대의 대부분이 종교 쪽에서 나온 것이기 때문이다. 우리가 보아 왔듯이, 종교적 반대는 도덕적 반대가 아니고, 어느 특정 종교의 주장을 받아들이는 합리적인 토대는 없다. 따라서 신념을 공유하지 못하는 사람들에게 그들의 요구를 강요하는 이성적 토대 또한 존재하지 않는다고 할 수 있다. 종교적 관용에 대한 논쟁의 기초는 어떠한 신념도 진리에 대한 그 주장을 합리적이고 공적으로 수용할 수 있는 방식으로 성취할 수 없다는 사실 그것이다. 그리고 같은 논리에 의해, 우리는 여러 실천 행위에 대한 도덕 판단의 문제를 해결하고자 할 때 [신에 의해] 주어진 신념을 받아들일 수가 없다. 철학적인 관점에서 볼 때, 그것의 관심사는 '인간성personhood'을 구성하는 요소가 무엇인지에 관한 문제를 해결하는 방법에 있는 것 같지도 않다(신의 본성에 관한 문제를 해결하는 방법에 있는 것 같지도 않은 것처럼). 말할 필요도 없이, 그 개념을 확정하기 위한 다양한 시도와 많은 학문적 노력이 있어 왔다. 그러나 아직까지도 합의된 견해는 존재하지 않는다. 인간성을 구성하는 요소가 정확히 무엇인지에 대한 해답도 나오지 않았다. 그래서 특정 시기의 태아, 뇌사 아동, 또는 혼수상태의 성인을 인간으로 또는 적절한 의미에서 인간 삶을 체험하는 것으로 간주해야 하는지도 의문이다(물론, 무엇이 적절한 의미인가라는 물음도 있다). 아마도 태아와 인간 존재 사이의 각 단계에는 위험한 비탈길이 있다고 논의를 간결하게 마무리하는 것도 가치가 있을 것이다(마치 시속 1마일과 시속 100마일 사이의 속도 제한에서 볼 수 있듯이). 그러나 두 경우 모두 당신이 따르고자 하는 합리적인 제한점을 설정하기에는 마땅치가 않다. 고유의 또는 명백한 의미에서 시속 30마일은 마을 안에서의 "적절한" 속도 제한이라고 할 수 없다. 시속 10마일과 시속 50마일 또한 분별 있고 합리적인 속도 제한은 아니다. 태아의 법적 나이로서 3개월을 기점으로 낙태의 허용 여부를 결정하는 것은 인간의 신성함과는 거리가 멀다. 물론, 그러한 방법이 합리적이라고 주장될지도 모른다. 그러나 그런 방식으로 진행할 경우, 우리는 결코 태아가 자라 인간이 된다는 보편적인 합의에 도달할 수 없을 것이다. 인간으로 간주되는 것은 필연적으로 그리고 각 문화권의 다양한 신념과 그 가치를 포함한 이해에 따라 항상 달라진다고 하는 측면에서 볼 때, 인간성은 "본질적으로 논쟁적인 개념"으로 불려왔다고 볼 수 있다. 인간 삶에서 중요한 것은 궁극적으로 과학이나 생물학 또는 철학에 의해 결정되지 않으며, 그것은 우리의 판단의 문제이다.

그러한 까닭에, 낙태와 안락사를 다루는 방식 안에는 우리가 고민하고,

토론하고, 심지어 규제해야 할 많은 종류의 사례들이 존재한다. 그러나 무엇이 도덕적으로 용인 가능하고 또 불가능한지에 대한 지시 사항을 기술하고 있는 법적 토대는 전무하다. 본래부터 옳지 않고 좀처럼 도덕적으로 정당화될 수 없는 계획적인 사기, 강간, 위선, 배반, 교화, 그리고 편협함과는 다르게, 낙태와 안락사는 본래부터 옳지 않은 것이라고 말할 수 없다. 자유와 진실과 같은 근본 원리(그리고 거의 틀림없이 복지와 존중과 같은 원리 역시)는 어떠한 실천이 옳고 그른지를 추론을 통해 결정적으로 보여 줄 수 없음을 우리가 받아들이도록 이끈다. 즉, 개인은 그가 생각하는 대로 적절한 행동을 할 뿐인 것이다. 이것은 "선택의 권리"가 "생명에 대한 권리"를 이겨서가 아니라 정당한 이유 없이 다른 사람들에게 일련의 행동을 부과하는 것이 도덕적으로 옳지 않기 때문이라고 할 수 있다.

필자는 지금까지의 논의를 통해 도덕적 영역에 관한 지도가 그려지기 시작했기를 희망한다. 우선, 우리는 다양한 종류의 가치 판단에서 진정한 도덕적 문제를 구별할 수 있었고, 도덕성을 구성하는 원리들에 대한 윤곽을 파악할 수 있었으며, 결코 정당화될 수 없는 행위와 잘못되었지만 때때로 도덕적으로 정당화될 수 있는 행위 사이의 차이, 합리적인 확실성을 가질 수 있는 상황과 그렇지 못한 상황 그리고 아예 확실성을 기대할 수조차 없는 상황 사이의 차이에 대해 식별할 수 있었다. 그리고 우리가 안고 있는 문제의 일부분은 행위의 선택을 개인의 양심에 맡겨놓을 수밖에 없는 딜레마임을 알 수 있었다. 그러나 여기가 끝은 아니다. 역설적으로 들릴지는 몰라도, 우리가 도덕성에 대해 훨씬 더 잘 이해하게 된 결과, 우리는 확고한 부정적 관점을 가질 수 있게 되었다는 것이 추가될지도 모른다. 도덕과 무관한 문제를 도덕과 무관하게 다루는 것은 도덕적인 문제를 도덕적인 문제로 다루는 것만큼이나 중요하다. 예를 들어, 자신이 받은 선물을 다른 사람에게 "다시 선물하는" 행위를 도덕적 문제로 다루는 것은 세금 납부를 속이는 것을 도덕적으로 중립적인 문제라고 믿는 것만큼 잘못된 것이다. 마찬가지로, 사람들을 공격하거나 화나게 하는 것은 도덕적으로 개탄할 만한 일이고, 사람들을 구별하고 차별하는 것은 나쁘며, 다양한 성행위는 비도덕적이고, 생태학적 문제는 도덕적 문제이며, 사람은 누구나 부모를 공경할 도덕적 의무가 있다고 널리 인식되고 있는 것 같다. 다음 장에서 논의하겠지만, 이 모든 것이 필자에게는 부정확해 보인다. 필자는 물론 우리가 사람들을 공격해야 한다거나 부모를 공경하지 말아야 한다는 것을 옹호하는 게 아니다. 지금까지 우리가 고려해 온 예들 대부분이 그랬던 것처럼, 필자는 단지 이러한 것들이 그 자체로 도덕적 문제가 아니라는 점을 제시하고 있는 것이다. 많은 사람들이 구체적인 도덕적 명령에 대한 하나의 예로 자신의 부모에 대한 공경을 내세운다고 생각해 보자. 그러나, 일반적으로, 그러한 교조적이고 특정한 주장에 대한 도덕적 근거를 찾기란 어렵다. 사람들을 "공경하는 것"이 좋은 것이라면(사람들을 공경하지 않는 것보다 공경하는 것이 일반적으로 더 낫다고 여겨지지만, 정확히 공경이 무엇이냐에 관해서는 문제가 많이 제기된다), 그들은 그들 자신의 아버지와 어머니를 공경해야만 한다. 대부분의 경우, 우리는 특정한 이유와 그렇게 하고자 하는 소망을 갖고 있다. 그러나 몇몇 사람들은 그렇지 못하고, 그것은 그들의 도덕적 입장과 아무런 관계가 없다.

필자가 이번 장에서 보여 주고자 시도했던 것은, 일차적 원리가 고도의 추상적인 본성을 가지고 있음에도 불구하고, 우리에게 함의하는 게 있다는 것이다. 즉, 일차적 원리들은 실질적인 인도자로서 그 역할을 수행했고, 그리고 꽤 분명한 몇몇 이차적 원리, 가치, 덕목, 그리고 경우에 따라서는 특정한 명령에 이르기까지 우리를 잘 이끌었다. 그러나 우리는 논쟁 부분에서 너무 특수한 이론들에 집착하면 자칫 오해와 잘못을 일으킬 수 있다는 사실을 기억해야 한다.

이 장을 위한 참고 문헌

약속 이행이라는 것이 약속이라는 관념에 수반된다는 생각은 궁극적으로 칸트로부터 왔다. 그의 주장의 골격은 "곤경에 처했을 때, 나는 거짓 약속을 함으로써 나 자신을 구해 낼 것이다"라는 격언을 아무도 보편적인 법칙으로 바랄 수 없다는 것이다. 그는 다음과 같이 쓰고 있다.

> 거짓말은 결코 보편적 법칙이 될 수 없다. 왜냐하면 그러한 법칙으로 인해 약속이라는 것이 결코 존재할 수 없을 것이기 때문이기도 하고, 나의 공언을 믿지 않는 타인들에게 미래 행동에 대한 의지를 공언하는 것이 쓸모없기 때문이기도 하다. … 그리고 결론적으로 그것이 보편적 법칙으로 제정되자마자 나의 준칙maxim은 폐지되어야 할 것이다.
>
> (『도덕형이상학의 기초』, p. 40)

여기서 내가 토론하지 않은 개인, 집단, 총체적 행복 사이의 차이에 관해서는 스카Geoffrey Scarre의 『공리주의*Utilitarianism*』를 보라.

무어G. E. Moore는 특히, 만약 한 세계는 아름다움을 포함하고 다른 세계는 포함하지 않는다는 것을 제외하고는 모든 면에서 똑같은 두 세계가 있다면, 전자가 도덕적으로 선호할 만한 것이라는 주장을 했다. 사실 그는 더 나아간다. 그는 우리에게 아름다운 세계와 "당신이 상상할 수 있는 가장 추한 세계"를 상상하라고 한다. 그런 다음 그 두 세계를 인간이 결코 볼 수 없다고 가정한다.

> 어쨌든 인간이 할 수 있는 사색과 꽤나 다르게 어떤 세계들을 가정한다면, 아름다운 세계가 존재하는 것이 추한 세계가 존재하는 것보다 더 낫다고 여기는 것

은 불합리한가? 어쨌든 우리가 추한 세계보다 아름다운 세계를 만들려고 하는 것은 잘못된 것일까? 확실히 나는 그렇지 않다고 생각할 수밖에 없다.

(『윤리학 원리』, p. 84)

일반적으로 자유, 특히 언론의 자유에 관한 고전적인 책은 밀John Stuart Mill의 『자유론*On Liberty*』이다. 다른 사람들은 아닐지 몰라도, 나는 밀의 견해에 다소 동의한다. 그레이John Gray의 『밀의 자유론*Mill on Liberty: a Defence*』과 샤우어Frederick Schauer의 『언론 자유*Free Speech: a Philosophical Inquiry*』를 보라. 내 견해로는, 밀의 글은 모든 경우에서 명확하고 확실한 안내를 제공하지 않아서 부당하게 비판받아 온 좋은 예를 제공한다. 그러한 비판이 진실인 부분도 있겠지만, 나는 그의 글이 불분명하거나 잘못되었다는 점을 따르지 않고, 사실상 그 어느 쪽도 아니라고 주장한다.

"본질적으로 논쟁적인 개념essentially contested concept"이라는 어구는 『아리스토텔레스 학회 회보*Proceedings of the Aristotelian Society 1955-6*』에서 갤리W. B. Gallie가 처음 만들어 낸 어구이다. 자유주의적인 캐나다 학자이자 저널리스트이며 하원 의원인 이그나티에프Michael Ignatieff는 최근에 고문이 때때로 도덕적으로 정당화될 수 있다고 제안함으로써 논쟁을 불러일으켰다. 난징에서 일어난 강간의 공포는 창Iris Chang의 책 제목에 표현되어 있다. 미학과 관련된 좀 더 깊이 있는 독서를 위해서는 7장의 참고 문헌을 보라. 교화에 관한 토론은 스눅I. A. Snook의 『교화의 개념*Concepts of Indoctrination*』에서 찾을 수 있다.

『리핀코트 부인의 집에서*At Mrs Lippincote*』에서 엘리자베스 테일러는 다음과 같이 말한다.

"당신은 내가 우습고, 점잔빼듯 딱딱하고, 우울하지만 평범하게 행동하고, 거짓된 낭만주의자라고 생각해요. 맞아요. 하지만 난 젠체하는 사람일지언정 위선가

는 아니에요. 나는 결코 당신도, 나 자신도, 어느 누구도 속인 적이 없어요." (p. 111)

화이트Jamie Whyte의 『나쁜 생각Bad Thoughts』에는 관용에 관한 단락이 있다. 그는 특히 "관용은 낙태 논쟁과 관련이 없다. 만약 낙태가 살인이 아니라면, 관용은 필요 없다. 즉, 만약 낙태가 살인이라면, 관용은 악일 것이다"(p. 108)라고 주장한다. 그는 우리가 잘못 생각하고 있는 것을 단순히 관용해야 한다는 관점과 싸우고 있다. 필자의 관점은 이런 특별한 경우에 무엇이 옳고 그른지를 안다고 주장할 수 없으며, 그런 이유로 우리는 관용을 익혀야 한다.

대머리의 예는 때때로 "미끄러운 경사길 논변slippery slope argument"으로 여겨진다. 소위 미끄러운 경사길 논변에 관해서는, 서로 관련되어 있지만 엄밀히 구분되는 두 유형이 있다. 하나는, 어떤 행동은 그 자체로는 나쁘지 않지만 결국에는 나쁜 다른 행동으로 이끄는 유형이다. 그것은 중대한 결과를 가져올 조그미힌 실마리로 보인다. 그러므로 신호등 앞에서 차창을 닦는 행동 자체가 나쁘기 때문이 아니라, 그 행동이 결국 교통을 막히게 하는 다른 행동을 초래하기 때문에, 그것을 금지시켜야 한다. 한편, 대머리 남자의 예는 때때로 "궤변"이라고 불리는 보다 일반적인 유형의 예이다. 한 가닥의 머리카락이 머리숱 많은 남자를 만들지 못하며, 또 다른 하나의 머리카락을 추가한다고 해도 여전히 머리숱이 많지 않고, 계속해서 수많은 머리카락을 심어도 여전히 대머리라는 역설적이고 잘못된 결론에 도달한다.

중국의 산아 제한 정책은 도덕적 문제보다는 정치적 혹은 사회적 문제를 일으킨다. 필자의 논의에 따르면, 정부가 이러한 정책을 도덕적 근거로 강제하는 것은 잘못된 것이지만, 다른 근거로 그런다면 용인할지도 모르겠다(그렇든 아니든, 필자는 말할 입장이 아니다. 하지만 필자는 그렇게 생각하는 경향이 있다). 도덕성과 정치의 차이점에 관해서는 9장을 보라.

제3부
도덕 이론의 함의

9. 도덕적 가치 대 사회적, 생태학적, 성적 가치들

도덕성은 특정한 일차적 원리의 방식으로 정의될 수 있고, 그것으로부터 이끌어 낼 수 있는 좀 더 분명한 이차적 원리가 있다고 필자는 주장해 왔다. 이 장에서, 도덕적 주제로서 폭넓게 분류되는 몇몇 주제들은, 매우 중요한 주제임에도 불구하고, 실제로 도덕적 주제가 아님을 주장하고 싶다. 이 과정에서, 앞의 5장에서 약술한 원리들이 옳음과 그름의 결정을 위한 기초가 된다는 것과 도덕성이 일련의 규정되고 금지된 행동보다는 이런 원리의 방식으로 나타나야 된다는 나의 주장을 보충하고자 한다. 십계명 혹은 7가지 대죄처럼, 좋고 나쁜 행위의 예를 작성하고 그것들을 도덕성의 정수로 여기려고 시도하는 것은 부적절하다. 대신에 우리는 일반적 원리와, 앞 장에서 언급된 관용과 열린 마음의 덕과 같은, 도덕적 인간과 관련된 특징의 관점에서 생각해야 한다.

흰 돌고래를 구해야 하는가, 지구 온난화를 줄여야 하는가, 열대우림 지역을 보존해야 하는가 등은 중요한가? 물론 매우 중요하다. 하지만 그것들이 도덕적 주제인가? 교토 의정서를 준수하고, 온실가스 배출을 줄이고, 멸종 위기의 종을 보호해야 하지만, 그것들이 도덕적 "당위should"인 것은 아니다. 아마도 기후를 개선하거나 자연을 보존하기 위해서 그런 일들을 행해야 하는 것이다. 그렇게 하는 것이 우리의 이익에 부합할 수도 있다. 지구를 살리는 것이 대단히 중요하지만, 그렇다고 그것이 도덕적 주제가 되는 것은 아니다(상이한 생태학적 주제에 대한 주장은 질과 강도에 따라 차이가 있다. 온실가스 배출이 5백 년 안에 지구의 멸망을 불러온다면, 밴쿠버의 연못에 살고 있는 특정한 물고기의 종이 5년 안에 사라지는 것보다 더 관심을 가져야 한다. 하지만 어느 경우도 도덕적 주제라고 분명히 말하기는 어렵다). 간혹 미래 세대나 자연 자체에 대한 우리의 의무를 언급함으로써 도덕적으로 보이게 하는 주장도 있다. 하지만 우리는 자연에 대한 도덕적 의무가 없으며, 미래 세대에 대한 의무를 인정해야 하는 이유나 인정 여부도 불분명하다. 이것이 미래 세대가 관심거리가 되지 않는다거나 혹은 그들을 배려할 필요가 없다는 것을 의미하지는 않는다. 사실, 지구의 미래는 물론이고, 밴쿠버에 있는 물고기를 구하지 말아야 한다고 말한 적도 없다. 지금까지 주장한 모든 것은 이런 문제들이 중요함에도 불구하고 그 자체로 도덕적 문제가 되지 않는다는 것이다. 그것은 생존의 문제이고, 매우 분명하게 생태학적 문제이며, 그 나름대로 분명한 중요성을 가진다. 도덕적 인간이라면 반드시 정직하기 위해 노력해야 하지만, 이것이 환경을 보호하기 위해 노력해야 한다는 것과 동등한 의미를 갖는 것은 아니다(생태학적 문제는 도덕적 문제를 야기하기도 한다. 예를 들어, 유독성 폐기물을 적절하게 처리하지 않고 그 문제에 대해 거짓말을 하는 공장은 비도덕적으로 행동하고 있는 것이다. 이와 같은 방식으로 회사, 기업체, 정부는 매우 자주 비도덕적으로 행동한다고 주장할 수 있다. 그러나 그것은 다른 문제이다).

환경을 보호하기 위해 우리가 무엇을 해야 한다는 결론이 도출된다면, 도덕적 주장과 생태학적 주장의 구별이 왜 중요한지 물을 수 있다. 그것이 중요한 첫 번째 이유는 진실의 문제 혹은 옳은 것의 문제 때문이다. 비록 미래 세대의 생존을 보장하기 위해서 지금 모종의 방식으로 행동할 필요가 있다고 성공적으로 주장할 수 있더라도, 미래 세대의 생존 보장을 위하여 X를 할 필요가 있다는 주장과 도덕적 의무를 가진다는 주장을 혼동하는 실수가 남아 있다. 두 번째는, 이미 언급한 것처럼, 우리의 구별 혹은 차별화 능력이 더 나아질수록, 이해가 보다 정확해질수록, 실재reality에 대해 더 제대로 파악한다는 점에서 모든 구분이 중요하다. 토론과 사고는 그것들의 일반론(구별되지 않은 상태)에 정비례해서 더 애매하고 불안정하게 된다. 비판적 사고는 정교한 구별에 의존한다. 세 번째는, 차이점을 인지하는 것은 우리가 논쟁에서 '부적절한' "도덕적" 분노를 배제하도록 돕는다. 고래 사냥은 금지되어야 한다고 생각하는 사람의 주장이 자동적으로 무고한 아동의 살해에 대한 주장이 초래하는 분개와 동일하게 취급되어서는 안 된다. (여기서 "안 된다should not"는 도덕적이라기보다는 논리적인 것이다. 그런 분노는 옳지 않다기보다는 관련성이 부족하기 때문에 도덕적 분노로 간주되어서는 곤란하다.)

도덕성과 인간 이외의 동물 간의 관계에 대하여 경합하는 관점이 있다는 점에서 (자연의 다른 본성들과 구분되는 것으로서) 동물과 관련된 주장이 있을 때는 보다 심층적인 문제가 고려되어야 한다. 여기서 필자는 단지 주장하고자 하는 의견과 가설의 윤곽을 그릴 뿐이다. 본질적으로, 인간적 능력이 결핍된 존재에게 도덕적 책임을 묻기 어려운 것과 마찬가지로, 인간 이외의 어떤 동물도 도덕적 혹은 비도덕적 행위를 할 수 있다고 믿지 않는다 (같은 맥락에서, 어린 아동 혹은 중증의 알츠하이머 환자에게도 도덕적 책임이 주어지지 않는다). 하지만, 이것이 우리가 동물(혹은 어린이, 환자, 노인)을 어떻게 대해야 하는지에 대한 도덕적 문제와 상관없다는 것을 의미하는 것은 아니다. 그와 반대로, 상대방의 복지에 고통과 위협을 가하는 것은 그 자체로 명백하게 나쁘기 때문에, 고통을 느낄 수 있는 모든 동물에게 도덕적 관심을 가져야 하고, (다른 존재와 동등하게) 고통을 유발하는 것을 피해야 한다. 이것은 분명히 생체 해부와 동물 실험, 예를 들어 밀집 사육, 소를 도축하는 방식에 대하여 도덕적 문제를 야기한다. 하지만, 역설적으로 들릴지 몰라도, 동물을 먹거나 가죽 가방을 만들기 위해 동물 가죽을 이용하거나, 심지어 죽이는 것조차도 그 자체로 도덕적으로 나쁜 것이라는 의미는 아니다. 우리 대부분은 인간 사체를 먹는 것을 혐오하고 충격을 받지만, 왜 도덕적으로 충격을 받아야 하는지 분명한 이유가 없고, 이것은 다른 동물에게도 똑같이 적용된다. 사체는 더 이상 도덕적 영역이 아니다. 도살 행위의 도덕적 범위에 대하여 확신하기는 더욱 어렵다. 여기서 다른 존재를 죽이는 것은 확실히 그 대상을 수단으로 여기는 것이지만, 왜 인간 이외의 동물을 그 자체로 목적으로 여겨야 하는지는 분명하지 않다는 것을 살펴볼 것이다. 동물이 인간처럼 죽음의 공포를 예상할 수 없다는 것도 그런 경우이다(몇몇 동물이 가지고 있는 죽음의 예감은 언급하지 않을 것이다. 인간이 죽음을 예감한다는 것, 그리고 암에 걸렸다는 사실, 위험한 이웃과 살고 있다는 사실, 혹은 비밀경찰의 보호를 받는다는 사실을 아는 것으로부터 정신 상태가 극적으로 영향 받는다는 것은 언급할 것이다). 이와 같이, 원칙적으로, 동물은 고통 없이 도살될 수 있다. 하지만, 왜 인간이 동물을 죽여야 하고, 죽일 수 있는가? 대답은 확실히 인간 생존의 필수적인 수단으로서 인간의 먹거리뿐만 아니라, 몇몇 종을 도태시킬 필요성과 관련된다는 것이다. 인간에게는 동물에게 불필요한 고통을 야기하지 않고 또 그들에게 관심을 보여야 할 많은 합당한 이유가 있지만, 동물을 보호하거나 혹은 특정한 방법으로 이용하는 것을 자제해야 할 도덕적 의무는 없다. 이런 견해에 근거해, 종의 보존을 위한 생태학적 주장이 도덕적 주장과 혼동되어서는 안 된다. 인간은 동물을 인간적으로 대해 주어야 할, 심지어 그들에 대한 죽임의 방식에서조차 도덕적 의무가 있음에도 불구하고, 동물을 죽이는 것이나 사체를 이용하는 것은 그 자체로 비도덕적인 것이 아니다.

생태학적 문제에서 폭넓은 사회적 가치의 영역으로 넘어가 보자. 어떤 사회적 가치는 도덕적 가치가 될 수 있지만, 어떤 것은 그렇지 않고, 어떤 도덕적 가치는 사회적 가치가 아니다. 이것은, 똑같지는 않지만, 법적 가치와 도덕적 가치 간의 구별과도 비슷하다. 혼잡한 기차에서 숙녀에게 자리를 양보하는 것은 사회적 가치의 예다. 그런 행동은 관습이었지만, 현재는 우리가 덜 사려 깊어진 것이 아니라(그럴 수도 있지만), 노동 조건과 성 역할과 같은 점에서 사회적 맥락이 변했기 때문에 오늘날에는 관습이라고 하기 어렵다. 공손하고 사려 깊게 여겨지던 것이 이제는 일반적으로 생색내고 무례한 것처럼 보인다. 개인적으로, 낡은 관습에 아무런 해가 없다고 생각하지만, 오늘날 그것은 문제의 요점을 벗어난 것이다. 요점은 주어진 사회 관습과 사회 가치는 변한다는 것이다. 중요한 것은 곤란을 피하기 위해서는 현재의 규칙을 알고 삶을 위하여 부드럽게 변하는 것이다. 하지만 이것에는 도덕적인 암시가 없다. 관습에 어긋나는 것은 무례한 것으로 생각되겠지만, 관습이 자리를 양보해야 된다고 속삭일 때 양보하지 않거나 관습이 하지 말라고 속삭일 때 하는 것은 비도덕적인 것이 아니다.

일반적인 복지well-being에 관심을 두면서 관습을 모두 준수해야 하기 때문에, 그리고 관습을 무시하는 것이 사람을 당황하게 하기 때문에, 관습은 궁극적으로 도덕적 문제라고 주장할 수 있다. 하지만 이런 일련의 이유는 거부되어야 한다. 어떤 규칙 혹은 행동이 다른 사람을 당황하게 하는 한 그 규칙 혹은 행동은 도덕적 특질을 가지고 있다고 말할 수 있지만, 도덕적 행위는 시간과 장소를 초월한 원리에 의거한 행위이다. 우리가 다시 기억해야 할 것은 관습을 준수하는 것이 중요하지 않다는 것이 아니다. 이것은 모든 측면에서 상당히 중요할지도 모른다. 여기서 말하고 있는 것은 도덕성이 모든 법과 규칙에 복종하거나, 혼잡한 기차나 다른 곳에서 남자와 여자 사이에 관습화된 예의와 같은 것에 대한 것이 아니라는 것이다. 즉, 그것은 도덕적 문제가 아니라고 주장하는 것이다. "나는 도덕적 인간이 되고자 노력하지만, 지구가 5백 년 동안 살 수 있는 곳이 될 것인가에는 관심이 없다"가 모순되지 않는 것처럼("나는 도덕적 인간이 되고자 노력하지만, 다른 사람의 행복에는 관심이 없다"는 모순이 되는 반면에), "나는 도덕적 인간이 되고자 노력하지만, 숙녀에게 자리를 양보하는 것은 여전히 싫어한다/좋아한다"는 것도 모순되지 않는다. 사회적 규칙은 바퀴가 잘 돌아가게 하는 것이 사실이지만, 도덕성은 그것에 공헌함에도 불구하고 그것에 관한 것이 아니다. 도덕성은 원칙을 지키는 것에 관한 것이다. 나는 단순히 무례하거나 당황케 하여 남의 행복을 방해하지 않는다. 이런 경우에, 구식의 호의에 왜 화를 내야 하는지 분명치 않다. 객차가 술 취하고 욕설하는 사람에 의해 침해당했을 때처럼, 어떤 행동이 매우 무례한 것으로 비난받을 때도 그 행동이 반드시 비도덕적인 것으로 이해되지는 않는다.

내 논의의 관점에서는, 사람을 당황하게 하는 것은 확실히 그들의 복지를 감소시키고 그들에 대한 존중을 표현하는 것이 아니기 때문에, 분명히 도덕적 문제라고 말할 수 있을지 모른다. 첫 번째 요점은 일반적으로 왜 우리가 사람들을 당황케 해서는 안 되는지를 충분히 진실되게 설명했다. 하지만 무례한 것은 (도덕성을 규정하는 하나 혹은 그 이상의 다른 원리들이나 상황을 언급함으로써) 경우에 따라 정당화될 수 있고, 그리고 때때로 문제는 무례한 사람보다는 무례를 당한 사람에게서 일어난다. 예를 들어, 흑인 이웃과 말하는 것이 백인 인종차별주의자인 다른 백인 이웃에게는 무례한 것일 수 있다. 하지만 이런 경우에는, 흑인 이웃과 말하는 것이 정당한지 여부를 다른 원칙의 주장과 관련해서 숙고할 필요가 없다. 이것은 분명히 도덕성과 관련이 없고, 나는 내가 원하는 어떤 사람과도 말할 수 있으며, 도덕적인 문제는 백인 이웃에게 있음을 말해 준다(문제는 그가 인종차별주의자인 것이지, 그가 무례하거나 무례를 당한 것이 아니다). 무례가 도덕적 무례이면, 그런 경우에 그 무례함보다 오히려 더 검토할 필요가 있는 것은 상황의 도덕성이며, 도덕적 예외moral exception는 단지 그 사실과 연결되어야 한다. 인간 존중에 대한 주장 역시 좀 더 폭넓은 도덕적 맥락 속에서 이루어져야 한다. 인간 존중은 기본적인 원리이다. 어떤 사람의 무례함이 그 원리를 무시한다는 점에서 무례하다면, 그것은 도덕적이기에 충분하다. 하지만 인간 존중과 관련되지 않은 무례함은 도덕과 연관이 없다. 도덕원리는 다른 사람들을 목적 그 자체로 인지하는 것을 포함한다. 그들을 향한 따뜻한 감정, 그들의 기분을 좋게 만드는 것 등은 포함하지 않는다. 누군가를 노예 노동에 이용하는 것, 강탈하는 것, 혹은 습격하는 것은 아무런 존중도 보이지 않는다.

모든 무례가 도덕적 무례가 아니라는 점은 "화를 내는 것"이 매우 잦고, 종종 소송 및 도덕적 비난과 관련되는 시기에는 중요하다. 다른 사람의 행동으로 인해 당황하고 어떤 것을 반대한다는 단순한 사실이 모종의 책임을 부여하는 적절한 이유라고 여기는 현대의 경향성에는 매우 잘못된 것이 있다. 이른바 그런 거부할 만한 행위가 도덕적 타락의 의미로 쓰일 때는 더욱 잘못이다. 이것이 일터에서 (성)희롱에 대한 공식 정책formal harassment policy을 채택하고 이를 도덕적 문제로 다루는 것에 대해 비판하는 이유이다. 사람들이 조직 생활을 운영하기 위해 행동 규칙을 만드는 것이 진정으로 바람직하다고 생각한다면, 실제로 그렇게 되어야 하겠지만, 그들은 그것이 편의주의, 몇몇 개인의 협의 사항 혹은 정치적 올바름 political correctness과 구별되는 것으로서 '도덕성에 의해 요구되는 규칙 혹은 도덕적 규칙'이라고 생각하지는 않는다. 그런 어떤 규정도 엄밀히 말해서 도덕적 문제와 관련될 때에만 도덕적인 것이다. 다른 사람을 강간하는 것은 잘못된 것이기 때문에, 동료를 강간하는 것은 비도덕적이다. 동료에게 추파를 던지는 것은, 어떤 기업에서는 불미스럽거나 불법적인 것으로 간주하지만, 분명히 비도덕적인 것은 아니다. "희롱"에서 "관계 진척"까지의 범위를 어떻게 구분하여 부르느냐에 따라 어느 정도까지가 도덕적 문제인지 달라지게 되어 있고, 실제로 이것은 많은 기업에서 구성원들이 희롱이라고 달갑지 않게 간주하는 거의 모든 것을 서투르게 분류하도록 해온 원인이 되었다. 확실히 어떤 종류의 접근은 약 오르게 하거나 화나게 할 수는 있지만, 그렇다고 비도덕적인 것의 이유가 되는 것은 아니다. 복지와 인간 존중의 원리들은 단지 회사에 맞는 것을 하라는 의미가 아니다. 이러한 원리들은 그것보다는 덜 규정적이며, 강조되어야 할 진정한 도덕성의 측면들 중 하나이다. 도덕성을 위하여, 일반적으로 좀 더 개방적이고 관대하고, 좀 덜 요구하고 덜 잘난체하는 것이 필요하다. 많은 사람들이 (확실하지도 않고, 우리가 정확히 무엇을 해야 하는지 항상 말해 주지도 않는) 도덕적 지식을 문제라고 보는 것은 덕목으로서도 똑같이 문제라고 볼 수 있다. 우리가 알지 못하고 또 알 수도 없는 많은 것이 있기 때문에, 도덕적인 사람은 매우 관대해야 한다.

맥락은 항상 마음속에 담아둘 필요가 있다. 어리석거나 공세적인 의견이라도 자유롭게 말할 수 있어야 한다는 점에서, 언론의 자유는 절대적이다. 그렇지 않다면 진실로 언론이 자유롭다고 주장할 수 없다. 하지만 도덕 담론의 맥락에서 어떤 의견도 표현할 수 있다고 말하는 것은 (교실 혹은 공공장소, 집 혹은 시청 등 어디에서든 간에) 어떤 상황에서도 말할 수 있는 것을 의미하지 않는다. 폭력을 유발하거나 공황과 혼돈을 초래하기 위하여 무언가를 말할 수는 없다. 거짓되고 악의적인 풍자로 다른 사람의 삶을 파괴하는 방식으로 어떤 사람에 대한 의견을 공표할 수도 없다. 또한 전쟁 중에 국가의 기밀을 노출할 수 없으며, 부당한 사업계획서를 공표할 수 없다. 하지만 그러한 예들에서 당신은 의견을 진술하는 것 이상으로 행동하고 있고, 특별한 효과를 달성하기 위하여 언어를 사용하고 있으며, 그런 와중에 변덕스럽고 부당하고 악의적이고 불성실하고 도덕적으로 비난받을 수 있는 목적에 도움이 되게 행동한다. 이것이 바로 왜 당신이 이런 활동에 관여하는 데 자유가 제한되어야 하는지에 대한 이유이다. 이와 동일한 방식으로, 동료와 관계를 진전시키는 것, 사람을 화나게 하는 것, 혹은 동물 종을 멸종시키는 것이 도덕적으로 나쁘게 되는 상황은 있겠지만, 생태학적·사회적 문제가 그 자체로 도덕적 문제라고 보기는 어렵다.

그러나 인간은 지상의 법에 복종해야 하는 도덕적 의무를 항상 가지고 있다는 것은 유지될 수 있다. 그 결과, 사회적·조직적·법적 규칙이 도덕적 규칙과 완전히 구별되더라도 그런 구별은 중요하지 않다고 주장할 수 있을 것이다. 왜냐하면 우리는 사회의 법을 준수하도록 도덕적으로 의무 지워져 있으므로, 종국에는 모든 사회의 법은 도덕적 명령이 되기 때문이다. 이것 역시 의문투성이다. 우리가 사회의 법에 초점을 맞춘다고 하더라도, 그것은 구성원에게 법적으로 의무 지워지고, 사회적으로 명령할 수도 있고, 어떤 면에서는 사회에서 의무로 부가되는 것 혹은 구성원으로 남기 위하여 계약에 의해 하게 되는 것인 반면에, 도덕적으로 요구되는 것은 아니다. 역사적인, 현재의, 그리고 상상할 수 있는 모든 법은 도덕적 인간에 의해 준수되어야 한다고 주장하는 것은 사실 불합리하다. 나치, 크메르 루주, 스탈린, 혹은 문화혁명 아래에서의 법의 무시무시한 비도덕성을 생각하면, 도덕적 인간은 정확한 도덕적 관점을 가지고 때때로 희생을 감수해야 한다는 것을 알면서도 법에 맞서야 한다. 우리 시대의 중요한 도덕적 문제의 하나는, 법에 저항하기는커녕, 부정의하고 부적절한 법과 규칙에 반대하거나 반대편에 서려고 하지 않는 것이라고 말할 수 있다. 일반적으로 말해서, 우리가 공정한 사회에서 편안하게 사는 행운을 누리고 있다고 가정한다면, 우리는 법을 준수해야만 하며, 우리가 위반할 수 있는 도덕적 정당성을 갖는 유일한 법은 비도덕적인 요구를 하는 법이다. 더욱이, 그것에 반대하면서, 법적 처벌을 감수해야 한다. 그러나 도덕적 관점에서 보면, 부정의한 법에 맞서면서 분명히 말해야 한다(우리는 도덕적이고 정당하게 제정된 법을 준수해야 할 도덕적 의무가 있다. 그 법이 우리를 힘들게 하더라도, 그것이 공정하고 우리가 추구해야 할 공동 이익에 부합되기 때문이다).

정치적 올바름을 주장하는 사람들과 기독교에서는 성sex을 중대한 도덕적 관심 영역으로 보는 경향이 있다. 하지만 종교적 관점에서 이를 심각한 부작용이나 혼란으로 보지 않는다면, 동성애, 일부다처제, 다수의 파트너와의 성관계, 난교, 매춘은 그 자체로 도덕적 중요성이 있다고 보기는 어럽다. 소위 이교도 사회에서는 종교 공동체가 가지는 태도를 가지지 않고, 특정한 성행위를 도덕원리와 연관 짓지 않는다. 우리의 결혼 제도가 다른 문화의 제도에 비해 도덕적으로 월등하다고 주장할 수 있거나 명백한가? 어떤 도덕원리로부터 동성애에 대한 도덕적 태도를 이끌어 낼 수 있는가? 물론, 다른 관계에서처럼 성에서도 도덕적 행위와 비도덕적 행위의 영역이 많지만, 성관계의 특징에 관한 것보다는 신용, 정직, 배반, 약속 지키기 등에 대한 도덕적 문제를 야기한다. 결혼 당사자의 애정과 감정에 관계없이, 결혼을 제도로 주장하는 것은 도덕과 완전히 무관한 경우인지도 모른다. 이혼 결정과 아이들과 같은 문제에 대한 도덕적 고려들이 있지만, 결혼 제도가 도덕적으로 올바른 관계 형태라는 생각은 출발점이 아니다. 이것을 인식하는 것은 중요하다. 왜냐하면 성관계가 도덕적 주제라는, 혼란스럽지만 널리 퍼져 있는 감정은 벌써 이런 일로 고민하는 많은 커플에게 부당한 죄의식을 추가하기 때문이다. 만약 어떤 독자가 필자를 두고 자유연애를 옹호하고 매춘을 지지한다고 주장한다면, 필자는 성행위의 어떤 특정한 형태를 주장하지도 반대하지도 않는다고 분명히 말할 수 있고, 다른 인간관계처럼 성에서도 성실, 배려, 거짓말하기, 사기 등과 관련하여 도덕적 문제가 발생할 수 있다는 것을 전적으로 받아들인다. 필자의 요점은 (성관계에) 동의하는 동성애, 우연한 성관계, 결혼 혹은 어떤 다른 성적 관행을 그 자체로 도덕적 혹은 비도덕적으로 보는 것은 잘못되었다는 것이다.

간통은 결혼 생활 중에 일어난 성적으로 불성실한 행동을 가리키는 것이다. 간통은 다른 사람을 목적보다는 수단으로 다루고 약속을 파기하는 것과 관련이 있다. 다른 사람에 대한 고려없이 치밀하게 사람을 속이며 이용하는 사람은 분명히, 다른 조건이 똑같다면, 잘못 행동하고 있다. 하지만 우리는 신중해야 한다. 실제로 간통을 범하지 않은 몇몇 기혼자들은 그럼에도 불구하고 결혼 생활 중에 그릇되거나 비도덕적으로 행동할 수 있고, 몇몇 간통자들은 정당하게, 도덕적으로 바르게, 분명히 비도덕적이지 않게 행동했다고 주장할 것이다. "다른 조건이 같을 때"라는 문장은, 다른 많은 경우에서처럼, 그러한 상황이 무엇이고 실제로 어떻게 진행되는지, 특히 관련된 모든 다른 당사자들을 어떻게 다루는지라는 의미에서 어떻게 불륜을 범하는가 하는 것은 도덕적 논조를 고려하는 데서 중요한 요소라는 것을 우리에게 상기시킨다. 만약, 예를 들어 심각한 육체적 장애를 지닌 사람이 진심으로 배우자가 애인을 가질 것을 원한다면, 이것은 확실히 도덕적으로 관련된 요소이다. 일반적으로 말해, 결혼한 사람은 서로에게 영원한 사랑을 약속한 것이지만, 우리가 우리의 욕망과 감정을 완전하게 지배할 수 없기 때문에, 그런 약속을 지킬 힘이 없을 수 있다. 이에 답하여, 우리가 뿌리칠 수 없는 어떤 유혹을 경험하더라도 배우자에게 약속을 이행하고, 그러한 감정을 극복하거나 저항할 수 있다고 지적할지 모른다. 어떻게 주장하든 간에, 결혼을 신성한 것이라고 생각하는 맥락에서 보면, 도덕적 문제가 발생하는 것이 명백하다. 하지만 다른 사람을 위해 애인을 버리는 것이 도덕적 문제라고 주장할 수 있는 선험적인 이유는 없다. 그것은 신의 관점에서 여전히 불쾌한 것으로 생각될 수도 있고, 그런 관계를 전통적으로 접근하는 게 (도덕과 무관한) 장점이 있다고 주장될 수도 있다. 그러나 오래 전에 이미 어떤 사람을 선택했다면 어떤 상황에서도 그런 관계로 남아 있어야 한다고 요구하는 것이 도덕성이라고 말할 수 있는 이유도 없다. 이는 불륜, 파트너 교환, 혹은 애인 만들기가 좋은 일이라고 말하는 게 아니다. 물론, 비록 중요한 도덕적 암시가 있을지라도, 정확한 상황과 정확히 어떻게 행동했는가에 의존하는 것은 그 자체로는 도덕적 문제가 아니다. 타인에 대한 고려 없이 부주의하고 무책임하게 타인을 이용하는 것은 도덕적 실패다. 당신을 믿고 있는 사람을 체계적으로 속이는 것도 도덕적 실패다. 하지만, 예를 들어 다른 사람에게 선택된 이후에 어떤 사람과 사랑에 빠지는 것은 도덕적 실패가 아니며, 최소한 어떤 환경에서는, 그런 상황에서 불륜을 저지르는 것이 그 자체로 도덕적으로 정당화되지 않는 것도 아니다. 따라서 이런 종류의 행동은 그 자체로 도덕적 문제가 아니다.

진정한 도덕적 문제는 "도덕성," "도덕적 이슈," "도덕적 차원" 등과 관련하여 도처에 존재한다기보다 좀 더 드물고 한정적이라는 필자의 주장은 도덕성과 정치학과의 관계 차원에서도 의문을 제기하게 한다. 그 둘을 구별하는 것이 필자에게는 더 중요한 것으로 보인다. 정치학은 실용적인 일을 위한 것이기 때문에 "가능한 것의 기술art of the possible"이라 불리고 있다. 물론 정치가는 그들의 개인 생활에서와 똑같이 직업 생활에서도 도덕적으로 행동할 수 있고 또 행동해야 하지만, 우리가 정치가를 혹은 정치적 행동을 도덕적 용어로 합리적으로 평가할 수 있다는 생각은 매우 위험하다. 이 사실을 인지하는 데 실패하는 것으로부터 정치적 주장들이 흔히 과열되는 이유를 설명할 수 있다. 우리는 정치적 주장을 일관되게 판단하지 못할 때, 누가 도덕적으로 옳거나 틀렸다고 주장하면서 도덕적 관점으로 접근한다. 분명하고 유용한 예로, 2003년의 이라크 침공에 대해 여러 정치가들(그들은 거짓말을 하고, 증거를 조작하고, 무고한 사람들을 희생양으로 만들었을 수 있다)의 비도덕적 행동에 책임을 돌리기도 하지만, 이라크를 침공하느냐 마느냐는 합리적인 관점에서 볼 때 도덕적 문제라고 볼 수 없다. 이것은 정치적 문제이고, 본질적으로 무엇이 정당이나 국가의 이익인가에 관한 문제를 의미한다. 물론 국가는 정책을 수립할 때 어느 정도 도덕적 관심을 채택할 수 있지만, 무역에서 전쟁까지 어떤 목적을 위해 다른 나라를 다루는 것은 궁극적으로 국가의 자기 이익의 문제이다. 이것을 말하면서, 그 사실을 보증하거나 옹호하는 것은 아니다. 단순히 그렇다는 것을 관찰하는 것이다. 예를 들어, 체임벌린Neville Chamberlain에 대한 문제는 그가 "우리 시대의 평화"를 위해 노력한 것과 히틀러의 많은 요구를 받아들인 것이 도덕적으로 올바른지 혹은 그른지가 아니다. 개인적으로 필자는 그가 옳다고 생각한 것을 하려고 노력한 의젓한 사람이었다고 믿고 있다.

문제는 그가 정치적으로 옳았느냐 혹은 틀렸느냐인데, 그것은 분명히 다른 것이다. 가장 넓은 의미에서 그는 자신의 유권자에게 최상의 이익인 것을 했는가? 주어진 세계의 현실에서, 그가 해야 할 가장 최적인 것을 했는가? 여기에 대한 답은 반드시 분명한 것은 아니다(어떤 사람은 히틀러가 모든 것을 잘 해낼 수 있으리라 생각하도록 그가 독려했다고 말할 것이다. 하지만 영국을 위해 긴급하게 필요했던 시간을 벌었다). 하지만, 그가 정치적으로 올바른 일을 했는가 혹은 안 했는가는 그의 정책이 도덕적이냐 아니냐 하는 것과 같지 않다.

진행중인 테러와의 전쟁과 관련하여 미국의 정치적 행동을 비난하는 사람들은 미국이 비도덕적으로 행동한다고 비난하지 말아야 하고 비난할 필요도 없다. 우리가 믿기에는 미국의 정책은 위험스럽고, 비생산적이고, 종국적으로 미국 혹은 동맹국에게 이익이 되지 않기 때문에 비난받아야 한다. 이것이 전쟁에서 무고한 사람을 죽이거나 다른 나라를 침공하는 것과 관련하여 도덕적 문제가 없다는 것을 의미하지는 않지만, 전쟁(어떠한 전쟁이든)으로 이어진 정치적 결정이, 비록 의미가 있다고 하더라도, 순전히 도덕적 문제는 아님을 의미한다. 그럼 이것은 스탈린과 히틀러와 같은 지도자(혹은 부시나 체임벌린)를 도덕적으로 평가할 수 없다는 것인가? 물론 아니다. 스탈린과 히틀러는 많은 비도덕적 정책을 추진한 데 대해 도덕적으로 비난받아야 한다. 하지만 정치를 순전히 도덕적으로 수행하거나 평가하는 것은 실용적이지 않다. 이것에 대한 이유는 간단하다. 도덕성은 다섯 가지 기본 원리에 의해서 정의되지만, 특정한 상황에서는 그렇지 않다. 특히, 그것들의 주장이 충돌할 때, 그것들은 무엇을 해야 하는지 우리에게 자세하게 말할 수 없다. 정치적 현실이 그러하기(불가피한 것이 아니라 확실하기) 때문에, (전부는 아니지만) 많은 문제가, 도덕적 영역이 개입되는 한, 확실한 딜레마이다. 하지만 정치에서는, 개인적 도덕 행위자가 할 수 있는 것처럼, "이것은 딜레마이기 때문에, 여러 선택지 중에서 하나를 선택할 수 있다"라고 말할 수 없다. 정치가는 어떻게 행동할 것인지 결정해야 하고, 도덕성이 아닌 다른 것에 의지하여 그렇게 할 것이다. 양편에서 옳고 그른 것을 포함하는 문제에 직면했을 때, 전쟁을 선포할 것인가의 결정에서처럼, 정치가는 불가피하게 그리고 적절하게 도덕과 관계없는 요소를 고려하고, 그것은 당연히 그가 제시하는 것의 중심이 된다. 그러나 유능한 정치가는 장기적 관점과 올바른 사실들의 필요를 인지할 것이다. 현재나 미래를 읽는 데 실패하는 것은 무능한 정치가의 가장 분명한 특징이다.

이번 장에서, 도덕성의 성격을 고려하면서, 이에 대해 알아야 한다고 합리적으로 주장하면서, 그리고 우리가 틀림없이 사실로 인정하는 것이 다양한 이유에서 불확실하다는 점을 고려하면서, 필자는 우리가 일반적으로 도덕적 문제로 간주하는 매우 많은 문제들이 실제로는 도덕적 문제가 아니라는 것을 보여 주기 위해 노력했다. 기본적으로 도덕성이 특별한 5가지 원리에 의해 정의될 수 있다는 인식의 가장 중요한 의미는 많은 가치 주장이 도덕 가치보다는 사회적·생태학적·성적 가치 등으로 다양하게 인식되어야 하고, 후자가 도덕적 가치처럼 우리에게 절대적 명령으로 주어져서는 안 된다는 것이다. 공손함 같은 사회적 가치, 재생의 요구와 같은 생태학적 가치 혹은 불륜과 같은 부적절한 형태의 성적 가치는 문제의 행동이 기본적인 도덕원리와 직접적으로 연관되어 있는 경우를 제외하고는 도덕과 관계없는 논의 형태가 요구된다.

동물은 도덕적 혹은 비도덕적 행동을 할 수 없는 것으로 여겨지지만, 그럼에도 불구하고 아주 어린 아이 혹은 심한 정신적 장애를 가진 개인의 경우처럼, 고통을 경험할 수 있고, 수단보다는 목적으로 대우받아야 하는 경우에는 인간으로부터 도덕적으로 존중받을 가치가 있다. 많은 사람의 의견으로는 전혀 도덕적 문제가 아닐지라도, 생체 해부, 밀집 사육, 그리고 연구나 음식 생산을 목적으로 행해지는 다른 종류의 불쾌한 취급의 예에서 인간이 동물을 다루는 방식은, 도덕적 문제가 전혀 아닌 많은 사회적 관심과 대조적으로, 정말로 중요한 도덕적 문제이다. 지구 온난화가 초래할 해빙에 의한 북극곰의 멸종 여부는, 다른 종류의 관심거리긴 하지만, 밀집 사육의 잔인성과 같은 도덕적 문제는 아니다.

여기서 진술된 추론이 지닌 심도 있고 매우 중요한 의미는, 도덕성이 우리에게 열린 마음과 관용을 더 요구하고, 행동에 대한 법적·사회적 통제를 강화하려는 경향성을 좀 덜 요구한다는 것이다. 우리는 정부뿐만 아니라 현대의 시민단체와 다른 압력단체가 요구하는 사항들을 달성해야 하는 도덕적 이유는 없으며, 그것은 진정한 도덕적 사회와는 대조적으로 규칙은 많고 자유는 적다. 이것은 부분적으로 일련의 규칙들을 주장하는 근거가 충분하지 않고, 또 부분적으로 진정한 도덕적 행위는 명령받은 행동보다 자유롭게 선택된 행동이 필요하기 때문이다.

이 장을 위한 참고 문헌

필자는 몇몇 생태학적 관심은 소위 "나비 효과"에도 불구하고 다른 것보다 더 중요하다고 주장한다. 아마존 열대우림에서 나비가 날갯짓을 하면, 그 날갯짓이 생태계 전체에 간접적이고 미세한 영향을 주는 것은 사실일 것이다. (이것은 『리처드의 달력*Poor Richard's Almanac*』의 서문에 있는 벤저민 프랭클린의 경구, "못이 부족하면 말굽을 잃고, 말굽이 부족하면 말을 잃게 되며, 말이 부족하면 기수를 잃고, 기수가 부족하면 전쟁에서 지게 된다"를 생각나게 한다.) 하지만, 예를 들어 모든 희귀종의 개체 표본을 보존하는 것이 중요하다거나, 심지어 모든 개별 종을 보존하는 것이 중요하다는 것은 확실히 사실이 아니다. 확실히 어느 경우도 이산화탄소 방출량을 감소시키는 것만큼 중요하지 않다. 일부 종은 세계 멸망을 초래하지 않고 멸종되었고, 몇몇 종은 미래에도 아무런 나쁜 결과를 초래하지 않을 것이 확실하다. 특정한 종이 멸종되도록 해서는 안 된다는 주장과 어떤 종도 멸종되어서는 안 된다는 주장, 혹은 주어진 종의 모든 표본은 언제, 어디서나 신성불가침이라는 주장 간에는 차이가 있다. 커리Patrick Curry의 『생태 윤리학Ecological Ethics: an Introduction』 혹은 베커먼Wilfred Beckerman과 파섹Joanna Pasek의 『정의, 후세대, 그리고 환경Justice, Posterity and the Environment』은 정확히 이 연속 선상에 있지는 않지만, 문제에 유용한 정보와 지식을 제공한다.

우리가 하고 있는 것보다 더 차별화할 필요가 있다는 점은 앞에서 논의되었다. 어떤 사람은 "차별discrimination"이 그릇된 구별과 연관되어 있거나 멸시적인 의미를 가지고 있다고 잘못 생각하고 있기 때문에 피하려고 한다. 하지만, 인종차별과 성차별은 그것이 차별을 포함하고 있기 때문에 나쁜 것이 아니다. 그것은, 예를 들어 CEO 자리에 가장 적합한 사람을 찾고 있을 때, 인종 혹은 성에 바탕을 두고 부적절하게 차별하는 것을 포함하기 때문에 나쁜 것이다. 이처럼 "차별"이라는 단어 자체가 멸시적이거나 비난적이지 않은 데 비해서, "인종차별"과 "성차별"의 문구는 관례상 멸시적이거나 비난적이다. 하지만 인종이나 성에 기초해서 차별하는 것이 항상 잘못되었다고 말하는 것은 아니다. 백인보다는 흑인을 혹은 남자보다는 여자를 선호하는 매우 좋은 이유가 있는 상황을 상상하는 것은 어렵지 않다. "인종차별"은 "오로지 인종에 기초한 차별, 그리고 그것이 부적절할 때"의 약칭이다. 하지만 "특징을 인식하는 기법"적 의미의 "차별(구별)" 자체는 우리의 가장 중요한 자산이며, 단어 자체가 부정적인 의미를 가져서도 안 되고 그런 의미를 전달해서도 안 된다. 우리 세계에 질서를 부여할 수 있는 것은 차별(구별)할 수 있는 능력이 있기 때문이다. 차별성 있는 사람은 판단, 세밀한 구별, 기호를 가지고 있다. 차별하지 못하는 것은 거기에 있는 차이를 인식하는 것에 실패하는 것이다. 즉, 보는 데 실패하는 것이다. 차별 능력이 부족한 사람은 다이아몬드와 납유리를 구별할 수 없는 사람이다. 개인의 차별 능력이 뛰어날수록, 이해의 예리함·세밀함·정확성도 높아진다. 이처럼, 생태학적 주장과 도덕적 주장을 구별할 수 있는 사람은 그렇지 않은 사람보다 좀 더 통찰력 있고 정확하게 세계를 이해할 수 있다. 필자는 이 점을 필자의 책 『부정의, 불평등, 그리고 윤리학*Injustic, Inequality and Ethics*』 제1장에서 다소 길게 주장했다.

동물을 먹고 이용하는 것에 대해 필자가 본문에서 서술한 비교적 비감정적인 설명으로부터 동물에 대해 거의 혹은 전혀 관심이 없다고 추정하는 것은 실수일 것이다. 사실 필자는 일종의 동물 해방주의자이다(정치적이기보다는 철학적으로, 필자는 다른 사람들을 위협하고 협박하는 극단적 행동가들의 비도덕적 행동을 비난한다). 하지만 필자의 요지는 이것이다. 첫째, 벤담에 따르면, 도덕적 진술에서 중요한 고려 사항은 생물이 고통을 경험할 수 있느냐는 것이다(이것은 영장류에 대한 우리의 도덕적 의무는 실질적이고, 반면에 새우에 대해서는 그렇지 않다는 의미이다). 둘째, 다른 동물들이 도덕적 행위자가 될 수 있다는 틀린 가정이 없어도, 우리는 인간이 아닌 생물들에게 도덕적 관심을 가질 수 있다. 셋째, 대부분의 인간 이외의 동물은, 모두 그렇지는 않을지라도, 인간이 가지고 있는 "정신mind"이 부족하다.

다른 동물이 정신을 가지고 있지 않다는 주장은 정신 이론, 즉 본질적으로 오로지 인간만이 이론화하고 예견하며 희망하고 후회하며 꿈을 꾼다는 정신 이론에 따른 것이다. 요컨대, 다른 동물은 자각과 의식을 표출하거나 자극·반응 행동을 넘어설 수 없다. 이것은 가능성이 꽤 높은데, 『통사 구조*Syntactic Structures*』에서 촘스키가 주장한 바에 따르면, 오직 인간만이 그런 정신적 활동을 유일하게 할 수 있는 언어 형태를 가지도록 유전적으로 프로그램 되어 있기 때문이다. 설John Searls은 『마음, 뇌, 그리고 과학*Minds, Brains and Science*』과 『마음*Mind*』에서 내가 찬성하는 정신적 관점에 대해 분명하고 깊이 있는 설명을 하고 있다. 다마지오Antonio Damasio

는 『스피노자를 찾아서*Looking for Spinoza*』에서 매우 다른 관점을 제시한다. 핀커Stephen Pinker는 『빈 서판*The Blank Slate*』에서 (나는 성공적이지 않다고 생각하지만) 두 가지 방향으로 논의를 전개하고자 시도했다. 라일Gilbert Ryle의 『마음의 개념*The Concept of Mind*』은 하나의 고전으로 남아 있는 반면에, 채펄V. C. Chappel이 편집한 『마음의 철학*The Philosophy of Mind*』에서는 다소 실제적인 연구를 포함하고 있다. 불행히도, 그레고리Richard L. Gregory가 편집한 『옥스퍼드 마음 안내서*The Oxford Companion to the Mind*』에서는 비물질적인 마음non-material mind이 물리적 뇌physical brain와 구별 가능한지 또 어떻게 구별되는지와 같은 기초적 문제에 대해 공평하게 다루지는 않는다.

촘스키의 특별한 이론에 관계없이, 어떤 동물 연구에서 어떤 종이 인간 정신을 지니고 있다는 걸 입증했다는 것을 나는 받아들일 수 없다. 몇몇 종이 그런 능력을 지니고 있다고 증명된다면 그리고 증명될 때, 중요한 결론은 인간이 생각했던 것보다 동물에 더 가깝다는 것이 아니라 그 동물 종이 인간에 좀 더 가깝다는 것이다. 그런 인정은 인간 정신의 이해나 도덕 이론과 같은 특별한 무엇과 관계가 없고, 미래에 그 동물 종에게서 예상할 수 있거나 예상해야 하는 것에만 관계가 있다. 예를 들어, 유인원이 인간 정신을 지닌 것으로 밝혀진다면, 인간 아동을 숲으로 보내기보다는 유인원을 학교로 보내려고 할 것이다. 이 책을 집필할 때(2006년 6월), 『위클리 텔레그래프*The Weekly Telegraph*』에 "문장을 말할 수 있는 원숭이"라는 제목의 기사가 실렸다. "원숭이가 인간이 하는 것처럼 좀 더 복잡한 것을 말하기 위해 '단어'를 나열한다는 사실의 첫 번째 증거가 지난주에 발표되었다"는 내용이 실려 있었다. 세인트 앤드류 대학의 아놀드와 주버벌러Arnold and Zuberbuhler에 의해 실시된 연구를 보면, 일련의 "pyow"라는 외침은 어떤 것을 의미하고, 일련의 "hack"는 다른 것을 의미하는데, 이 둘의 조합은 또 다른 무엇인가를 의미한다고 주장한다. 비록 이것이 사실일지라도, 이 주장이 어떤 원숭이도 "나는 이런 연구가들에 의해 연구되는 것에 완전히 지쳤다"와 같은 말을 조합할 수 없다는 주장에 영향을 주었다고 보기는 어렵다.

동물의 본성 및 권리에 관한 대표적인 연구는 싱어Peter Singer의 『동물 해방*Animal Liberation*』이다. 또한 카발리에리Paolo Cavalieri와 싱어의 『유인원 계획*The Great Ape Project*』과 레건Tom Regan과 싱어의 『동물의 권리와 인간의 의무*Animal Rights and Human Obligation*』를 보라. 메이슨Jeffrey Masson과 맥가디Susan McGarthy의 『코끼리가 울 때*When Elephants Weep*』가 동물의 감정과 관련된 주제를 탐구하는 반면에, 클라크Stephen R. L. Clark의 『동물의 도덕적 지위*The Moral Status of Animals*』와 바비지와 그라우드 Michael Bavidge and Ian Groud의 『우리는 동물의 마음을 이해할 수 있는가*Can We Understand Animal Minds?*』는 직접적으로 연관된다. 미즐리Mary Midgley의 『야수와 인간*Beast and Man*』에서는 인간 본성의 개념을 다른 동물의 생물학적 연구와 관련하여 탐구하고 있다. 앞선 것과 반대되는 사례는 리히Michael P. T. Leahy의 『해방에 반대하며*Against Liberation*』이다. 나의 의견은 『부정의, 불평등, 그리고 윤리학』에 나와 있다.

사냥에 대한 설명이 덧붙여져야 한다. (확실히 불필요하게 잔인한 사냥 형태를 제외하면) 사냥은 도덕적 문제가 아니다. 여우는 도태될 필요가 있다는 것과 사냥은 과정상 특별히 잔인한 방법이 아니라는 주장은 필자의 전체적인 주장의 맥락에서 정당한 것으로 보인다. 반대로, 몇몇 사냥 반대 시위는 도덕적 문제를 일으키지만, 왜 정부가 그런 사태에 간섭해야 할 필요가 있는지의 문제는, 비록 도덕적 문제가 아니지만, 추구할 가치가 충분히 있다. 그리고, 역시 도덕적 문제는 아니지만, 정부와 학교가 적절한 관심을 보여야 한다고 주장되는 비만 문제와 사냥 문제를 대조해 보라.

제시된 주장에 따르면, 무례rudeness는 비도덕적이지 않다. 필자는 그렇다고 무례가 반대할 만한 것이 아니라고 말하는 것은 아님을 분명히 하고 싶다. 이것은 충분히 반대할 만하나, 쟁점에서 문제는 도덕적으로 반대할 만하냐이다. 이 부분에서 좀 더 탐구가 필요한 문제는, 무례가 사람을 당황하게 하는 한, 그것이 복지에 방해가 된다고 말할 수 있느냐이다. 필자는 여기에서 말한 것 외에 덧붙일 것이 없지만, 사람을 당황하게 하는 행동과 좀 더 엄격한 의미에서 복지에 반대되는 행동을 구별하는 필자의 시도에 충분히 만족하지는 않는다. 그것은 정도의 문제이고, 그러므로 미끄러운 경사길 논변slippery slope argument의 위험이 있다(8장의 참고 문헌을 보라). 하지만, 어느 정도 필자를 당황케 하는 행동은 물질적으로 충격을 주거나 영향을 주는 행동과는 다른 종류라는 것을 주장하는 것이 필자의 의도와 시도였다. 어떤 점에서 이것은 "막대기와 돌이 나의 뼈를 부러트릴 수 있지만, 말words은 나에게 해를 주지 않는다"는 문구를 따른 것이다. 또한 우리는 "민감한 것과 옳은 것, 무례와 실수를 혼동해서는 안 된다"(p. 43)는 화이트Jamie Whyte의 주장에 주목한다(필자는 주석에서 여러 번 화이트를 인용했다. 부분적으로는 필자가 최근에서야 그의 글을 접했기 때문이고, 부분적으로는 그가 명료하게 글을 쓰기 때문이며, 부분적으로는 그가 보통사람들보다 추론을 잘하기 때문이다). 다음 단계는 행복, 복지, 인간 존중의 개념 연구이다. 텔퍼Elizabeth Telfer의 『행복*Happiness*』과 배로Robin Barrow의 『행복*Happiness*』을 보라. 그리고 복지와 관련해서, 워녹Geoffrey Warnock의 『도덕성의 대상*The Object of Morality*』과 다우니R. S. Downie와 텔퍼의 『인간에 대한 존중*Respect for Persons*』을 보라. 인간 존중이라는 개념에 관해서는 벤S. I. Benn과 피터스R. S. Peters의 『사회적 원칙과 민주 국가*Social Principles and the Democratic State*』와 피터스의 『윤리학과 교육*Ethics and Education*』을 보라.

도덕적 가치와 사회적 가치의 구별이 왜 관심거리가 되는지의 문제로 돌아가면, 술 취한 촌놈이 비도덕적이지 않으면서 무례할 수 있다는 필자의 주장은 최소한 중요한 실제적 결과를 갖는다. 술 취하고 너저분한 행동 때문에 싸우기를 바란다면, 우리는 도덕교육보다는 다른 것을 보아야 한다. 교양civility의 발달은 도덕교육과는 다를 뿐만 아니라, 사회적으로 무례한 행동의 문제를 도덕적 함축으로부터 분리시키는 것이 사람들에게 제대로 된 문제의식을 갖도록 해준다.

또한 관용이라는 주제로 되돌아가 보자. 덕 윤리학의 관점에서 보면, 필자는 도덕적으로 옳은 것과 관련해서 강력히 지지하는 용기라는 특별한 의미에서의 용기, 열린 마음, 진실 말하기(요즘 정치 못지않게 언론, 상업, 스포츠, 학계에서 널리 퍼진 수사법과 "정보 조작"과 대조된다), 관용 등은, 비록 이런 용어로 접근하는 것을 선택하지는 않았지만, 중요하다고 주장할 것이다. 이것들은 도덕성의 본질 때문에 중요한 덕이고, 필자가 도덕철학에 접근하게 된 이유이기도 하다. 우리가 도덕성에 관해 무엇을 알고 모르는지를 이해함으로써 덕이 존재하며, 덕이 무엇인지를 알게 된다. 덕 윤리학에 관해서는 푸트Philippa Foot의 『덕과 악덕*Virtues and vices*』과 『철학*Philosophy*』 33호에 실린 앤스콤G. E. M. Anscombe의 「현대 도덕철학Modern Moral Philosophy」을 보라.

언론의 자유에 관해서는 앞의 8장을 보라. 필자의 말 중에 의견을 "표명하는 것"은 특정한 믿음을 "인정하고 고수하는" 것을 의미한다는 점을 명심해야 한다.

지상의 법에 복종할 도덕적 의무가 있다는 것은 소크라테스의 명백한 신념이었다. 소크라테스는 사형을 피하여 나라를 떠날 기회를 왜 거부했는지 『파이돈*Phaedo*』에서 설명하고 있다(그 시대에 일반적으로 받아들이던 실천). 여기서 필자는 플라톤을 따를 수 없다. 필자가 글에서 말한 것처럼, 법에 저항하는 것이 덕이 요구하는 길을 포함한 상황일 수 있다는 것은 분명해 보인다.

필자가 생각하기에, 필자가 시도하고자 한 정치와 도덕의 구별은 기본적으로 정당하고 중요하나, 여러 면에서 부적절하게 기술하였고, 단지 주제의 겉만 살펴보았다. 이 주제와 명백하게 관련된 것은 마키아벨리Nicclo Machiavelli의 『군주론*The Prince*』이다. 하지만 필자는 그 작업의 복잡성과 애매성에 친숙하지 않은 사람들이 필자가 경멸적인 의미에서의 "마키아벨리안"이 되라고 주장하고 있다고는 생각하지 않기를 바란다. 다시 한 번, 필자는 이 문제와 관련된 것을 화이트의 『나쁜 생각』에서 찾았다.

> 아이러니하게도, 블레어의 입장을 임의적이고 원칙이 없는 것처럼 보이게 하는 것은 그의 행위를, 타협을 가장 잘하기보다, 순수한 원칙을 잘 따르는 것으로 재현하고자 하는 그의 열망 때문이다. 이라크 침공이 이 경우의 예이다. 블레어가 이라크 침공에 대해 억압받고 있는 사람을 자유롭게 하기 위해서라는 단순한 도덕적 명령을 주장하기보다는 침공 결정에는 [이해관계를 따지는] 많은 **현실 정치** 세력들이 관련되어 있다는 것을 인정했다면, 세계의 다른 많은 독재 정부에 대해서는 아무런 행동도 취하지 않았다는 점에서 비일관된 조치라는 비난을 덜 받았을 것이다. (p. 90)

더욱이, 우리들 중에는 그의 계산이 틀렸다고 생각하는 사람들조차 도덕적으로 분개하지 않으며, 모든 나라를 침공해야 한다거나 혹은 하지 말아야 한다고 주장하는 것은 사실 현실적이지 않다는 것을 받아들인다. 하지만 우리(혹은 블레어)가 도덕적인 것과 정치적인 것을 혼동한다면, 우리는 정치적인 것 안에 (일정 정도) 도덕적인 것이 내재되어 있다는 일관성을 요구해야 한다.

10. 도덕적 가치 대 건강 및 안전 가치들

앞 장에서, 고유한 도덕적 문제들로 폭넓게 여겨져 왔지만 실제로는 그렇지 않은 다양한 사회적·생태학적·성적인 문제들에 대하여 논의하였다. 이것은 도덕성에 대한 더 많은 이해를 얻으려는 시도라는 면에서 매우 중요한 것이다. 도덕성은 모든 것을 다루지 않는다. 어떤 논쟁이 얼마나 중요하고 또는 감정적으로 북받치는 것인지에 상관없이, 모든 논쟁이 도덕에 관한 논쟁은 아니다. 이러한 점을 인지하는 것은 또한 우리를 더욱 인내심 있고, 열린 마음으로, 그리고 다른 사람들을 존중하도록 고무할 것이다. 그리고 이러한 것들이 도덕적 덕이다.

이번 장에서는, 어쩌면 정말로 도덕적 문제들일 수도 있지만, 우리가 너무 흑백으로 양분하여 생각하는 경향이 있는 많은 예들에 대해 간단하게 언급할 것이다. 이것들은 깔끔한 것이 거의 없고, 도덕 이론은 그 본성상 견고하고 신속하며 직접적인 처방과 법적 금지를 할 수 없다는 사실에 직면하게 하는 영역이다. 때때로 문제는 도덕원리들의 충돌에서, 경험에 근거한 사실들을 확립하는 데 있어서의 어려움에서, 개념적인 불확실성에서, 이상ideals과 같은 것들이 둘 혹은 그 이상이 복합되어 생기기도 한다. 이러한 예들을 되돌아보는 주 목적은, 대체로 우리가 지나치게 확실성을 기대하고 있으며, 이 예들이 도덕적 문제들에 있어서 지나치게 독단적이라는 것을 제시하기 위함이다. 또한 도덕 이론이 우리 삶의 모든 문제들에 대해 해답을 줄 수 없는 것이 도덕 이론의 부족(결핍) 때문이 아님을 강조하기 위해서이다. 도덕성에는 이도저도 아닌 영역grey areas이 있으며, 도덕 이론이 그것을 부정하고 간과하고 회피하는 것에는 문제가 있다. 그러나 다시 강조하자면, 이것은 도덕적 진실은 존재하지 않으며 모든 도덕 판단은 상대적이라고 말하는, 지지할 수 없는 교의와는 매우 다른 것이다.

범죄 행위 외에도 마약을 하고 운전을 한 사람들은 매우 비도덕적인 행동을 하는 것처럼 보인다. 일반적으로 말하자면, 그들은 사람들로부터 이익을 취하고 있으며, 고통을 유발하고 있고, 때로는 금품 갈취, 공갈, 협박 행위 등을 함으로써 이차적 원리에 반하여 불쾌감을 주고 있다. 그러나 개인의 집 안에서 대마초를 흡연하는 것은 다른 상황이다. 확신하건대, 대마초 흡연을 범죄시하는 사회에서는 흡연 자체가 불법일 것이다. 그러나 우리가 끊임없이 상기해야만 하는 것은, 하나의 행위가 불법적이지만 비도덕적이지는 않을 수 있으며, 게다가 법을 어긴다고 항상 비도덕적인 것으로 보기는 어렵다는 것이다. 개인적으로 대마초를 피운 사람이 그렇다고 비도덕적인 사람은 아니다. 다시 한 번 말하지만, 이것은 대마초 흡연이나 모든 종류의 마약 허용을 지지하는 것이 아니다. 어쩌면 중독성이 없는 마약조차, 아마도 중독성 있는 마약으로 이끄는 경향이 있다는 근거에서, 불법으로 만들어야 하는 좋은 이유가 있는지도 모른다. 그리고 중독성이 없는 마약은 더욱 심각한 범죄, 심지어 정말로 비도덕적인 행동으로 이끄는 경향이 있는지도 모른다. 그러나 마약 복용을 불법적인 것으로 만들어야 하는 좋은 이유가 있다고 해서, 그것이 비도덕적이라고 말하는 것은 아니다. 하지만 지속적인 남용과 중독으로 빠져드는 것이 그 자체로 나쁘게 행동하는 것인지에 대해 의문을 가질 때, 상황은 더 복잡해진다. 어쩌면 그러한 사람을 온전히 도덕적이라고 하기에는 좀 이상한 것 같다. 그렇다고 코카인 중독자가 도덕적인 사람보다 덜 도덕적이라고 판단하는 유일한 근거가 코카인 중독이라고 주장하는 것도 이상해 보인다. 틀림없이 그러한 중독은 피해야 할 것이고, 범죄로 연결될 가능성도 높을 것이다. 또한 강도, 절도, 사기와 같은 비도덕적인 행위를 직접적으로나 간접적으로 저지를 가능성도 매우 높아 보인다. 그렇다고 하더라도 마약 복용이나 마약 중독 자체가 도덕적이라거나 비도덕적이라고 구분 짓기는 어렵다. 왜냐하면 그것이 도덕적 문제가 아니여서가 아니라, 그 문제에 대한 논쟁의 방향을 어떻게 잡아야 할지 가늠하기 어렵기 때문이다. 그러므로 이러한 논쟁은, 이미 인정했듯이, 마약류 복용이 비도덕적인 행위로 이어질 수 있는 위험성은 있지만, 행동 그 자체가 도덕적 잣대에 의해 판단되고 평가되어서는 안 된다는 것의 예로 볼 수 있다. 그러한 위험에서 마약류에 대해 염려해야 하는 이유를 찾을 수 있으며, 특정한 사회적·법적 제약의 정당화를 뒷받침해 주지만, 이러한 것이 마약 복용을 도덕적으로 의심쩍은 행위로 만들지는 않는다.

오랜 시간에 걸쳐 많은 사회에서 술을 마셔 왔다는 사실에도 불구하고, 과도한 음주는, 다소 놀랍게도, 흔히 도덕적으로 불쾌한 것으로 여겨진다. 어떤 사람들은 술을 조금이라도 마시는 것을 도덕적으로 잘못된 것이라고 여긴다. 하지만 그러한 관점을 고수하는 사람들은 대체로 종교와 도덕성을, 혹은 사회적인 예절과 도덕성을 혼동하고 있다고 가정할 수 있다. 어찌됐건, 음주 행위 자체를 도덕적 문제로 생각할 그럴듯한 논리적 근거는 없다. 하지만 만취 상태는 어떠한가? 정의定義상 견딜 만한 한계나 규범을 넘어서 과도하게 행동하는 것은 잘못이지 않은가? 그것은 어떤 면에서는 정의상 잘못이지만, 도덕적 의미에서는 반드시 틀린 것은 아니다. 만취 상태는 술을 마시고 생기는 사건들에 의존하는, 지겨운 것, 역겨운 것, 자기 파괴적인 것, 폭력과 남용, 그리고 다른 이들에게 피해를 주는 것 등으로 분류하는 것이 합리적이라고 생각된다. 만취를 찬양한다거나 만취에 특별히 관용적일 필요는 없지만, 그것은 술에 취하거나 술을 지나치게 마시는 행위를 비도덕적이라고 말하는 것과는 다르다. 비록 그러한 행위가 남용과 폭력과 같은 도덕적으로 나쁜 결과를 가져올 수 있지만, 그 행위 자체가 비도덕적인 것은 아니다. 술을 지나치게 마시는 것은 어떤 이유에서건 매우 심각하고 중요한 문제일 수는 있지만, 도덕적인 문제는 아니다.

음주 운전이 도덕적 문제인가의 여부는 더욱 논쟁의 여지가 있다. 다른 사람에게 피해를 주었든 아니든 간에, 다른 사람을 위험에 처하게 한 음주 운전자의 얼굴을 마주하고 도덕적인 분노를 경험하는 것은 확실히 타당하다고 할 수 있다. 다음날 일어나서 5마일 떨어진 집까지 오는 동안의 일을 하나도 기억하지 못하는 그 운전자는 특히 도덕적 수치심을 느껴야 하는가? 이것은 더욱 어려운 문제다. 하지만 음주 운전이 여러 가지 면에서 좋지 않다고 여겨지는 심각한 문제인 것은 틀림이 없지만, 그것을 비도덕적인 행위라고 규정하는 것은 잘못이라고 생각한다. 만약 운전자들의 알코올 섭취에 대한 법적인 제약이 말도 안 되게 낮지 않았다면, 음주 운전이 비도덕적인 행위인가 아닌가에 대한 논쟁은 우연하게도 근거가 잘 갖추어진 그럴 듯한 논의가 되었을 것이다. 물론 자신의 행동을 기억할 수 없을 만큼 취한 상태에서 운전을 한 사람과 크리스마스에 셰리주(독한 포도주)를 두 잔 마신 뒤 집으로 조심스럽게 차를 운전한 주부의 경우를 구분하는 것이 유용하다. 그러나 이러한 것들을 제쳐두더라도, 마약 중독처럼 과음이 도덕적으로 나쁜 결과를 초래할 거라는 것을 장담할 수는 없지만, 많은 술을 마시는 행위가 도덕적 문제로 간주되어야 할 이유는 없다. 규범을 어기기 쉬운 약한 의지나 성격 그 자체가 도덕적 실패는 아니다. 그리고 음주 운전 자체가 도덕적 문제라는 것은 확실하지 않다.

이제, 휴대폰에 대해 이야기해 보자. 대부분의 사람들은, 만약 도덕적인 잣대로 생각을 한다면, 전화를 하면서 운전을 하는 행위보다 음주 운전이 더 도덕적인 문제라고 생각할 것이다. 필자는 이것이 우리의 청교도적 유산의 결과라고 생각하는데, 이 청교도적 유산은 여전히 현대인의 도덕적 태도에 영향을 미치고, 성과 음주, 그리고 상대적으로 금지되지 않은 쾌락들을 절제 혹은 억압의 부족과 결합하게 만든다. 그러므로 음주 운전은 운전 중에 전화를 하는 것보다 더 나쁜 행위이다. 그 이유는 잠재적인 어떤 위험들 때문이 아니라, 전화를 사용하는 것은 하루 일과에 속하는데 반해, 술을 마시는 것은 흥청망청하는 것이기 때문이다. 그러나 운전 중에 휴대폰을 손에 들고 통화하는 것이 적어도 법적인 알코올 수치 이상의 술을 마시고 운전하는 것만큼 위험하다는 것을 제시하는 증거와 논리적 근거들은 많다. 이러한 근거들 때문에 전화를 하면서 운전하는 것은 불법적인 음주 운전과 동일시되어야 하며, 또한 불법으로 간주되어야 한다(캐나다와 미국에서는 아직 아니지만, 영국에서는 이미 그렇게 시행하고 있다). 그러나 그것은 도덕성의 문제가 아니라 안전과 관련된 문제다. 하지만 제한된 공간(식당, 조용한 기차 객실 안, 버스 정류소, 서점)에서 휴대폰으로 사소한 개인사들을 쩌렁쩌렁 울리는 목소리로 통화를 해 사방의 평화와 프라이버시를 침해하는 사람에 대해서는 무엇이라고 말할 것인가? (필자는 공공장소에서 휴대폰으로 자신의 사소한 일들에 관해 수다를 떨거나 농담하고 희희덕거리는 사람들로 인해 당황스러웠던 경험이 있다. 하지만 이건 넘어가자.) 이것은 남의 권리를 배려하지 않는 행위임에 분명하다. 이것은 짜증을 유발하고, 다른 사람들의 평화를 깨트리는 행위임에 틀림없다. 여기에는 명백히 정당화할 근거가 없다. 그러므로 이것은 비도덕적인 행위인가? 애석하게도 필자는 일반적인 논쟁의 선상에서 그렇지 않다고 결론을 내려야 할 것 같다. 원치 않는 의견이지만, 이것은 비도덕적인 행위가 아니다. 그리고 비록 운전 중에 전화를 하는 행위가 과속 운전을 하는 것만큼 위험할 지라도, 전화를 하는 운전자는 어쩌면 음주 운전자보다도 더 생각이 없을 수도 있지만, 그렇다고 해서 그러한 사람들이 비도덕적인 행위를 했다거나 비도덕적인 사람이라고는 할 수는 없다.

지금까지 논의해 왔듯이, 맥락이 전부이고, 이것은 포르노의 경우에도 명백한 사실이다. 포르노 산업이 노동 착취, 조작, 속임수, 약자 학대, 구타, 기만, 협박, 잔인성과 심지어 죽음 등을 다루는 것과 관련해서, 우리는 당연히 그것을 비도덕성과 직접 관련이 있는 것으로 다룬다. 그러나 모든 성 산업 종사자가 착취를 당한다는 의견은 타당성이 없어 보인다. 더군다나 성 산업에 종사하는 것을 자신의 의지에 따라 자유롭게 선택하는 것은 불가능하고, 따라서 필연적으로 자기기만적인 행위라고 하는 것은 그 근거가 더욱 타당성이 없다. 필자는 여기서 스너프 영화와 같이 성행위를 강요하고 소수자나 약자를 착취하는 것에 대해서는 언급하지 않을 것이다. 그러나, 예를 들어 제작자와 배우들을 포함하여 그런 영상을 찍기로 선택한 사람들에 의해 만들어진 성적 음란물과 그러한 영화를 봄으로써 성적 자극을 만족시키는 사람들에 대해서 언급을 한다면, 여기에도 그다지 도덕적 문제라고 할 만한 근거는 없다. 만약 일부 사람들이 논쟁하듯이, 자신의 의지로 그런 영화 촬영을 선택한 사람들이 실제로는 경제적 혹은 사회적 예속으로 인해 다른 방안이 없어서 선택한 것이라면, 그것은 그러한 상황을 초래한 사회 체계의 비도덕성 때문이다. 여기서의 논점은 단순히 시청자의 욕구 충족을 위하여 성행위를 하는 영화 촬영을 선택했다면, 그 선택을 비도덕적이라고 할 근거는 없다는 것이다. 그것은 도덕적인 문제가 아니다. 왜냐하면 그것은 도덕성을 정의하는 다섯 가지 원리나 이차적 원리와 관련이 없기 때문이다. 사람들은 도덕적인 것을 사회적, 종교적, 법적인 금기나 다른 금기들과 혼동하도록 교육받았기 때문에, 도덕적인 문제가 아닌데도 불구하고 도덕적인 문제라고 생각한다. 개인적으로, 필자가 언급하고 있는 유형의 포르노는, 실제로, 무해하다고 생각하지만, 그럼에도 불구하고 여기서 필자의 논쟁은 어쨌든 포르노가 반드시 좋은 것은 아니며, 다만, 도덕적으로 중립적이라는 점을 명심해야 한다는 것이다.

도박은 회사뿐만 아니라 지방 자치 단체와 정부에게도 큰 사업이 되고 있다. 도박이 자신이 가진 것을 전부 잃을 수도 있다는 점에서, 혹은 더 심하면 중독이 되어 반복적으로 살림살이나 가족들의 재산까지도 탕진하게 한다는 점에서, 개인을 파탄으로 이끌 수 있다는 것은 부인하기 힘들다. 그것이 청교도적 삶과 동떨어진 것은 확실하며, 연루되어서 좋은 일은 아닐 것이다. 그러나 이 문제에 대해서는, 도박의 위험에 대해서 인식하고 안타까워 하지만, 동시에 세입의 원천으로 도박을 장려하는 입법자들의 명백한 위선이 있다. 영국 수상 해롤드 윌슨이 자기 스스로 "비열한 복권"이라고 악평한 바 있는 프리미엄 본드 제도를 도입한 이래로, 정부는 단순히 도박법과 카지노 허가를 완화시켰을 뿐만 아니라, 도박장을 일상의 토대 위에 확립하려고 안간힘을 써 왔다. 이러한 모든 것은 매우 불쾌하며, 그러한 정부의 위선은 명백히 비도덕적이지만, 그럼에도 불구하고 도박 자체는 비도덕적이지 않다. 도박은 흡연과 달리 실력자들에 의해 장려되지만, 어리석고, 어떤 면에서는 불건전한 또 하나의 행위이다. 그러나 그것 자체는 도덕적으로 중립적이다.

 속도 제한, 차선 준수, 주차와 같은 교통 법규는 규범적 규칙(사회 규칙, 법적 규칙 등)과, 특히, 도덕적 규칙 사이의 차이점을 설명하는 데 꽤 자주 쓰인다. 우리는 분명 어느 차선으로 운전을 해야 하는지에 대한 규칙이 필요하며, 규칙을 따르는 것도 중요하다. 그러므로 교통 법규를 어겼을 때, 벌금을 물리고 운전 금지를 시키는 것은 바람직하다. 그러나 잘못된 차선으로 운전하는 것은 비도덕적이지 않다. 물론 그 행위가 괜찮고, 바람직하며, 용서받을 만해서가 아니다. 더군다나 그 행위가 도덕적으로 정당하기 때문은 더더욱 아니다. 그것이 비록 위법이고 위험한 것이지만 비도덕적이지 않은 이유는 도덕적인 잣대로 판단할 수 있는 행위가 아니기 때문이다. 잘못된 차선으로 운전하는 것은 사실 자신의 행위가 가져올 다른 사람들의 불편이나 고통을 생각하지 않는 매우 불완전한 도덕적 인격을 가진 운전자로 인한 결과일 수 있다. 그러나 비록 그런 경우에도 잘못된 차선으로 운전하는 행위가 폭력 강도처럼 도덕적으로 나쁘다고 결론지을 수 없을 것이다. 비록 누군가가 도덕적으로 정당한 상황을 상상한다고 하더라도, 폭력 강도는 그 자체로 항상 비도덕적이다. 단순히 잘못된 차선으로 운전을 하는 것 자체는 도덕적으로 좋거나 나쁜 것이 아니다. 교통 법규는 관습이고, 관습은 지킬 필요가 있으나, 관용과 친절처럼 도덕성의 본질에 의해 모든 인류가 만든 요구 사항은 아니다.

그러나 가장 흔한 법규 위반인 속도위반은 어떤가? 모든 운전자가 가끔씩 속도위반을 해본 적이 있고, 이따금 앞으로도 계속하게 될 거라는 사실로 판단하건대, 비록 우리는 그 행위가 잘못된 것이라고 생각할지라도 아주 끔찍한 일이라고 생각하지는 않는다. 또한 이러한 공통된 관점은, 만약 틀린 이유들이 없다면, 정확할 것이다. 과속 자체가 비도덕적인 행위가 아니라는 생각은 맞지만, 반드시 중요한 문제는 아니라고 생각하는 것은 잘못된 것이다. 속도 제한을 어기고 번잡한 도로를 시속 60마일로 폭주하는 것과 인적 없는 길을 시속 3-4마일로 서행하는 것 사이에는 중요한 차이가 있다고 생각할지도 모른다. 앞의 두 예에서 보았듯이, 법을 어기는 것 자체가 비도덕적인 것은 아니다. 비록 전자가 더 분별없고 위험하므로 더욱 강하게 비판받고 벌칙을 받겠지만, 후자보다 더 비도덕적이라고 말할 수는 없다.

역설적으로 들릴지 모르겠지만, 흔히 도덕적인 실패라고 여겨지는 흡연은 폭식이나 음주와 마찬가지로 도덕적 문제가 아니다. 다른 사람들이 싫어하고 타인의 눈살을 찌푸리게 만드는 일을 하는 것이 비도덕적인 것은 아니다. 그리고 타인을 짜증나게 한다는 단순한 사실만으로 타인보다 자신을 위해 행위하는 것으로 해석할 수는 없다. 타인을 침해하지 않는 행위라면 무엇이든지 할 수 있는 자유가 있기 때문에, 여기서 도덕성 문제는 등장하지 않는다. 비록 흡연자가 자신의 죽음을 재촉하고 있더라도, 그가 비도덕적인 행동을 하고 있는 것은 아니다. 타인 앞에서 담배를 피우는 행위나 간접흡연의 경우에는, 경험적인 사례의 확실성이 부족하기 때문에 논의가 부분적으로 명확하지 않다. 필자는 믿지 않지만, 자동차 운전, 화석 연료 사용, 살충제 사용, 산업 시설 운영 등으로 인해 건강에 좋지 않은 환경이 조성되는 것보다 간접흡연이 총으로 쏘는 것처럼 타인을 직접 죽이는 결과를 초래한다면, 당연히 흡연을 비도덕적이라고 말할 수 있을 것이다. 그러나 우리는 흡연이 자가용 운전이나 살충제 살포보다 더 비도덕적이라고 말할 수 없다는 것을 분명히 인식한다. 금연의 좋은 근거가 무엇이든지 간에, 흡연자들이 겪는 "도덕적인" 비난은 정당해 보이지 않는다.

도박, 흡연, 음주, 난폭 운전, 마약 등은 오늘날 매우 팽배해 있고, 흥미와 중요한 의문들을 불러일으키는 사회적 문제들의 예이다. 관련된 일부 경험적 주장들은 미덥지 않으며, 일부 논쟁들 역시 마찬가지이기는 하지만, 여기에 관심 있는 문제들이 있다. 그러나 그러한 문제들 자체가 도덕적인 문제는 아니다. 그러므로 그것은 도덕적인 잣대보다는 결과에 대한 경험적인 주장 면에서 논의되어야 할 것이다. 그것이 일어났다면, 경험적 주장에 초점을 맞추는 것은 그러한 문제들을 좀 더 비판적인 시각에서 평가할 수 있게 하며, 덜 감정적이면서 더욱 이성적인 결론으로 이끌 수 있게 한다.

이제부터는 일반적으로 눈살을 찌푸리게 하지도 않고 비도덕적이라고 여겨지지도 않지만, 우리가 지금까지 이 장에서 살펴봤던 문제들보다도 더 도덕적인 문제로 보이는 일부 행동들에 대해 살펴볼 것이다. 10대 자녀들이 노래를 다운로드 받는 동안, 그들의 부모는 어쩌면 자신의 수입을 거짓 신고하거나 납세 기피를 행하고 있을지도 모른다. 그러한 관행을 양심에 거리끼지 않게 하는 방법은 그것이 단지 작은 액수이고, 모든 사람이 다 하고 있는 것이며, 세법은 어쨌든 너무 터무니없다고 말하는 것이다. 그러나 이 모든 것이 사실이라고 하더라도, 그러한 관행들은 거짓말을 하고, 남의 재산을 사취하고, 자신을 어쨌든 다른 사람들과 다르게 대우 받아야 하는 것으로 여기는 행위를 포함하므로(마지막 것은 어쩌면 "모든 사람이 그것을 한다"고 자신을 설득하려고 노력하는 이유일지도 모른다), 명백히 정직하지 않고 비도덕적이다. 과속과 달리, 수입에 대한 거짓 신고나 납세 기피는 그것 자체로 잘못된 것이다. 왜냐하면 그것 자체는 도덕성의 원리에 위배되기 때문이다. 그러한 행위는 진실과 복지, 공정성(왜냐하면, 모든 사람이 그것을 한다고 말하지만, 모든 사람이 그것을 한다는 것은 사실이 아니기 때문이다)에 위반되는 것이다. 이러한 관행들은 난폭 운전만큼 해를 끼치지는 않을 수도 있다(기업의 차원에서 벌어진다면 분명히 그럴 수도 있지만 말이다). 그러나 해를 끼치지 않을 수 있다는 점을 부각시키는 것은 이 문제를 혼동하는 것이다. 도덕성은 본질적으로 건강과 안전 혹은 위험 관리에 관한 것이 아니다. 그리고 도덕성이 다른 어떤 종류의 해악에 대한 것이 아닌 것처럼, 육체적 해악에 관한 것도 아니다. 도덕성은 우리가 누구든지, 어디에 있든지 준수해야 할 행위의 원리에 관한 것이다. 기본 원리에 비추어 볼 때, 사람들이 속이고 사취하는 것은 비도덕적 행위의 전형적인 예가 되지만, 과속 운전을 하는 것, 도박을 너무 많이 하는 것, 술을 너무 많이 마시는 것은 비도덕적인 행위가 아니다.

불륜이나 흡연과 달리, 친구를 배신하는 것은, 비록 극단적인 상황에서는 정당화될 수 있겠지만, 본래 잘못된 것이다. 첫째, 당신에게는 자유로운 선택권이 있고, 다른 두 가지 사례처럼 화학 작용에 무력하지 않다(만약 당신이 배신의 공포를 극복할 수 있다면, 그것은 일종의 변명일 것이다). 둘째, 신의 loyalty라는 이차적 가치를 직접적으로 위반하는 것이다. 신의는 복지에 대한 고려에서뿐만 아니라 사람과 진실에 대한 존중으로부터 비롯된 것이다. 일반적으로, 친구는, 비유적으로 말하자면, 서로에게 맹세한 사이이다. 자신의 편리, 이익을 위해서 혹은 용기가 부족해서 그러한 믿음을 저버리는 것은, 그러한 이유들로 약속을 깨는 것과 같다. 그것은, 흡연이나 과속과는 달리, 해서는 안 될 행동이다. 약속을 지키는 것과 관련하여, 일반적으로 친구를 절망케 하는 그런 것이 우정의 목적에 반대된다고 해도 아무런 문제가 되지 않는다고 하는 의견에는 아무도 동의하지 않을 것이다.

비록 사회적으로 지지되고 허용되긴 하더라도, 감각이 있는 존재에게 가해지는 모든 형태의 정신적 · 육체적 잔인성과 편파적인 고용 관행(이러한 관행은 오늘날 흔히 실제로 제도화되어 있고, 누군가의 배우자이기 때문에 또는 인종적 배경 때문에 누군가를 고용하는 것이 적합한 자격을 갖춘 후보자들을 불리하게 만드는 것이므로 불공정한 차별이라는 것을 우리는 지금까지 제대로 인식하지 못했다), 그리고 정치가들 사이에서 매우 팽배해 있고 평범한 삶에서도 흔한 편견이나 기만 등도 똑같이 잘못된 것이다. 인간이 무기를 파는 것은 세상에서 가장 비도덕적인 행위 중 하나임에 분명하지만, 앞서 언급하였듯이, 그것은 개인이나 기업 차원이 아니라 정부 차원에서 오점도 없이 일상적으로 행해지는 것이다.

이 장 전체에 걸친 필자의 관점은, 성적으로 가벼운 죄, 특이한 관행들, 사회적 관습과 법규 위반으로 촉발된 도덕적 비난은 흔히 오도되고 있으며, 대신 납세 기피와 같은 것은 웃어넘기거나 무기를 파는 거대한 악의 행위처럼 일상생활에서 드러나지 않는 것은 관심을 두지 않는데, 우리는 이런 것에 대해서도 도덕적으로 분개해야 한다는 것이다.

욕망, 탐닉, 나태, 탐욕, 화, 자만이라는 전통적인 "죄"가 필연적으로 도덕적인 실패는 아니다. 그것들은 물론 도덕적 실패로 이끌 수 있지만, 필연적으로 그렇지는 않으며, 가끔은 도덕적으로 정당화될 수 있다. 일부는 우리가 완전하게 통제할 수 없는 특징을 가졌다. 욕망을 부정하거나 길들일 수는 있지만, 성자 같은 사람도 욕망을 느끼는 것을 막을 수는 없다. 이러한 특징들은 어쩌면 매력적이지 않을 수 있고, 그것들 대부분은 조만간에 문제를 일으킨다. 그리고 그것들은 이기심과 같이 외견상 악덕처럼 보이는 것들과 풀기 힘들게 얽혀 있을 수도 있다. 우연히 분노나 자만을 느끼거나 보였다고 하더라도, 그것 자체가 도덕적으로 잘못된 것은 아니라는 점은 사실이다. 어떤 탐욕과 욕망은 논란의 여지가 있지만, 명예와 칭찬을 위한 탐욕과 삶을 위한 욕망과 같은 것은 바람직하다고 볼 수 있다. 그러나 심지어 더 흔하게 볼 수 있는 게걸스러운 탐욕조차도 도덕적으로 비난받을 만한 것은 아니다. 다시 한 번 언급하자면, 그것이 도덕성과 관련이 있다고 생각하기는 어렵다(기아를 외면한 채 배불리 음식을 먹는 것은 물론 다른 차원의 문제이다). 나태에 관한 편견은 명백하게 사회나 시민의 문제이다. 사람들이 나태하기를 바라지도 않고, 나태함을 우러러보지도 않지만, 그렇다고 해서 그것이 비도덕적인 것은 아니다.

마지막으로, 그 자체로 흥미있는 네 가지 개념이 있다. 우리는 그것들의 도덕적 지위에 대해서 좀 더 고려하는 것으로부터 혜택을 받을 수 있고, 그리고 무엇보다도 그것들이 우리를 개념적으로 회색지대로 이끌기 때문에 여기서 소개할 만하다. 그것들은 바로 용서, 이기심, 허영심, 배려이다. 용서는 앞의 8장에서 간단하게 언급한 바 있다. 그러나 핵심적인 물음은 반복하여 언급될 수 있으므로, 여기서 몇 가지 논의를 더 추가하겠다. 용서가 도덕적인 덕목인가? 내가 내 아이의 살인자나 내 아이를 치어 죽인 "무고한"(무고함을 주장하는) 운전자를 반드시 용서해야 하는 걸까? 비도덕적인 사람을 용서하는 것은 도덕적으로 부적절하지 않은가? 용서라는 개념에는 종교가 도덕적 관점과 혼동되어 왔고 또 우리의 도덕적 관점을 형성했다는 역사적인 사실이 영향을 미치기도 했다. 용서는 분명히 기독교의 덕목이다. 그렇다면 용서는 실제로 도덕적 개념인가? 용서 자체는 도덕적으로 좋은가, 나쁜가, 아니면 도덕과 무관한가? 용서는 어쩌면 도덕적으로 회색지대일 수도 있지만, 필자는 여기서 본인의 관점을 정당화하려는 시도 없이, 그것은 도덕과 무관하다는 입장을 취하고자 한다.

우리는 다양한 형태의 이기심selfishness에 대한 세밀한 분석을 시급하게 필요로 한다. 자기중심적인 것은 이기심과 같은 것인가? 자기중심주의인가? 그것은 또한 자존심과 같은 것인가? 우리 가족을 다른 이의 가족보다 우선하는 것은 이기적인가? 그저 "나, 나, 나"라고 말하고, 타인을 고려하지 않고, 도덕적인 자제 없이 자신의 만족만을 추구하는 미숙한 이기심은 명백하게 비도덕적이다. 하지만 다소 정직한 자기 몰두, 자기가 누구인지 이해하려는 관심, 자신에게 정직하고 진실되게 도덕성의 경계 안에서 살려고 노력하는 이기심은 그렇게 명백하게 도덕적인 실패로는 보이지 않는다.

필자는 허영심vanity을 특히 싫어하지만, 대부분의 사람들에게 마음에 들지 않고 매력적이지 않은 뭔가와 구별되는 것으로서, 허영심을 도덕성의 결핍으로 생각할 수 있다고는 말하지 못하겠다. 배려caring는 특히 교사들 사이에서 매우 인기 있는 가치이지만, 어쨌든 개략적으로 우리가 반대하거나 부인할 수 있는 가치가 아니다. 그럼에도 불구하고, 아마도 배려는 다수가 받아들이는 중심 가치가 아니며, 특히 구체적인 도덕적 가치가 아니다. 필자는 우선 연민compassion과 배려를 구별할 것이다. 연민은 타인에 대한 복지와 존중이 요구된다는 점에서 도덕적으로 우리의 의무인 것처럼 보인다. 그러나 필자는, 일반적으로 타인에 대한 배려가 그들에 대한 어떤 능동적인 정서적 애착을 의미한다고 하더라도, 도덕적인 의무라고 확신하지 않는다. 일부에서는 공감empathy과 동정심sympathy을 구분하려고 시도한 적이 있다. 공감은 다른 이의 내면으로 들어가 그 사람의 경험을 공유하는 것을 암시하고, 동정심은 다른 이의 경험에 사심 없이 온정을 갖고 있는 것을 암시한다. 따라서 필자는 이러한 정의에 근거해, 공감은 도덕성이 요구하는 것 이상인 반면, 동정심은 하나의 도덕적 덕목이라고 생각한다.

필자는 구체적인 규범이나 특정 행위의 측면보다는 원리의 측면에 입각하여 도덕성을 판단하는 것의 중요성에 대해 언급해 왔다. 그러나 행위자의 기질이나 성격에 근거하여 도덕성을 이해하는 것도 유용하고 필요한 것이다. 무엇이 한 사람을, 비도덕적인 것과 대조되는 것으로서, 도덕적인 것으로 만들며, 게다가 기본적인 도덕 법칙에 충실하게 하는가? 일반적으로 말해서, 도덕적인 사람은 진실되고, 친절하며, 관용적이며, 관대하고, 편견이 없고, 사려 깊으며, 용기 있고, 동정적이며, 이 모든 특성은 흡연자, 간통자, 동성애자 혹은 음주자와도 양립할 수 있다. 그러나 도덕적인 사람이 탈세자나 부정직한 사업가, 혹은 괴로움에 처한 타인을 늘 무시하는 사람이 될 수는 없다. 한 가지 특별한 것은, 도덕적인 사람은 진실·정직·성실이라는 신념이 위선과 양립할 수 없기 때문에 위선적이지 않다는 것이다.

정직·용기·친절함은 좋은 것이고 그 반대는 나쁜 것이라는 정의定義에 의한다면, 바로 앞 문단이 사기나 속임수(그리고 아주 미묘한 형태는 아닌)를 포함하는 것이 아닌가 하고 느낄 수도 있다. 그러나 그것은, 비록 사실이더라도, 요점을 놓치고 있는데, 그 요점은 선善이 곧 좋은 것이라고 단순하게 말하는 것보다 더 명확한 점을 말하고 있다. 더 중요한 것은, 우리가 도덕성에 대한 일부의 접근들과 도덕성에 대한 일부의 공통된 주장들이 받아들여지지 않는다는 것을 보아 왔다는 것이다. 여기서는 도덕성을 이해하려고 하는 것이지, 매 순간 그리고 모든 사건에서 어떤 선택이 도덕적인가를 결정하는 단서를 제공하기 위한 것은 아니다. 우리가 지금까지 정확성과 실제적인 지침을 지나치게 찾아왔다는 주장도 일부분 있었다. 특정한 성적 행위나 취향은 도덕적으로 잘못된 것이며, 약속을 깨거나 거짓말을 하는 것은 항상 옳지 않은 것이며, 흡연과 음주 같은 사회적 금기가 도덕적 금기라고 하는 독단적 견해는 잘못 자리 잡고 있음을 알았다. 도덕적인 사람은 친절, 인내심과 같은 자질들을 반드시 가지고 있어야 하며, 진실, 복지, 존중, 공정성, 그리고 자유의 다섯 가지 일차적 원리들과 그것들에 부차적으로 따르는 약속 지키기와 같은 이차적 원리들을 준수하는 행동을 하려고 힘써야 한다고 말할 수 있다.

도덕성의 본성인 것은 대부분 필연적으로 불확실하다. 원리들은 충돌할 것이고, 친절함과 진실함에 대해 엇갈리는 의견들이 나올 것이며, 경험적인 상황은 바뀔 것이고, 지금 여기서 도덕적으로 잘못된 행동도 과거 다른 곳에서는 올바른 행동일 수 있었을 것이다. 그리고 우정처럼, 소개된 도덕적 개념들 중 대부분은 앞으로도 더욱 숙고하고 이해할 필요가 있다. 이러한 개방성은 윤곽이 그려진 도덕 이론의 타당성을 의심하는 것이 결코 아님을 강조하고 싶다. 우리는 도덕 이론을 행동의 지침이 되는 유용성이 아니라, 타당성으로 평가한다.

제3부의 주제는 우리가 실제로는 도덕적이지 않은 문제들의 복잡성을 분류하기에는 준비가 되어 있지 않다는 것이었다. 앞의 9장에서는, 특히 사회적, 생태학적, 성적 문제들이 도덕적 문제와 구분된다는 것을 살펴보았다. 이 장에서는 어떠한 것을 사회적 문제의 하위 집합으로 여겨야 하는지에 초점을 맞추었다(사실은 건강과 안전의 문제들이지만, 비도덕적이거나 도덕적으로 잘못된 것이라고 널리 오명이 씌워지고 있는 행동들).

　이 책의 전체적인 논점에 의하면, 도덕성은 공정성, 자유, 존중, 진실, 그리고 복지의 다섯 가지 원리로 정의된다. 그것은 지구가 둥글다는 것만큼이나 객관적으로 진실이다. 이러한 원리에 의거하여 행동하는 것에 관심을 갖지 않는 사회는 도덕성에 신경을 쓰지 않는 사회이다. 이것이 도덕성의 핵심임을 이해하는 것은 어떻게 행동하는 것이 도덕적으로 행동하는 것인가에 관해 많은 사례에서 명확하고 굳건한 지침을 제공한다(약속을 지켜라, 진실을 말하라, 친절하라, 친구들에게 신의를 지키라 등). 그러나 무엇을 해야 하는지 정확히 결정할 때는 상황을 반드시 고려해야 한다. 그러므로 무엇이 올바른 행동인지는 장소와 시간에 따라 때때로 합법적인 차이가 있을 것이다. 게다가, 본질적으로 잘못된 어떤 것을 하는 것이 도덕적으로 합당한 때가 있고, 딜레마가 될 수도 있다. 어떤 것을 행해야 할지 결정하기 힘든 상황에서 말이다(보통은 해서는 안 되는 많은 선택들을 여전히 식별할 수 있지만).

이러한 한계들이 우리가 도덕성을 완전히 이해하지 못한다는 것을 의미하는 것은 아니다. 반대로, 한계들은 이해의 산물이다. 도덕적 행동, 도덕적 논쟁, 도덕적 칭찬, 도덕적 비난으로 통하는 많은 것이 실제로는 도덕성과 거의 혹은 아예 관련이 없다는 것을 인지하는 것은 도덕적 지식 혹은 지혜의 일부분이다. 이러한 점으로 미루어 보아, 도덕적인 사람은 진실하고, 연민이 있으며, 친절하고, 인내심 있고, 편견이 없어야 한다. 이것은 가장 중요한 덕목들이다. 그리고 요약을 하자면, 도덕적인 사람은 항상 통합적으로 행동하는 사람이다. 즉, 기본적인 도덕원리들에 대한 신념 없이 행동하고 유연성 없는 특정 법칙에 동의하는 사람이 아니며, 특히 도덕 법칙보다는 실제로 사회적, 법적, 생태학적, 성적 혹은 건강과 안전에 대한 규범들을 지지하는 사람도 아니다.

이 장을 위한 참고 문헌

이 시점에서 강조하고 싶은 가장 중요한 것은, 몇몇 특정 도덕 판단들이 상대적이라는 인식은 임의적인 주장들과 확연하게 구분되는 인식이다. 소위 포스트모더니즘적 사고라고 말하는 것들의 상당수는 어떤 맥락에서는 맞는 것이지만 다른 맥락에서는 그렇지 않은 '진실'(도덕적 주장뿐만 아니라 경험적 주장에도 적용되는)과, 모든 주장이나 진술이 동등하게 수용 가능하다는 잘못된 관념 간의 혼동에 근거한 것이다. 후자는 전자를 따르는 것이 아니며, 최신 유행 이데올로기를 받아들이기보다는 해당 문제에 대하여 곰곰이 생각해 보는 사람에게 후자는 명백히 진실이 아니다. 도덕적(또는 다른 종류의) 주장이 불가피하게 임의적이라고 말하는 것은 그것이 단순히 변덕, 편견, 취향의 산물이라고 말하는 것이다. 어느 누구도 도덕적(또는 다른 종류의) 주장이 단순히 변덕, 편견, 취향의 산물이라거나 그것에는 우리의 도덕 판단을 오염시키는 편견이나 개인적 선입견이 있다고 주장하지 않는다. 이러한 일상적인 관찰들에 의해 얘기되는 것들은 아주 강력하게 거부된다. 과학이든, 역사든, 또는 도덕성이든, 인간 탐구의 어떤 발전된 형태도 임의적인 것으로 간단히 처리할 수는 없다. 그렇다고 상상하는 것은 그것을 오해하는 것이다. 기본적인 도덕원리들은 근본적으로 다른 환경에서 적용되기 때문에, 때때로 정당하게 발생하는 도덕 판단의 차이는 그렇게 걱정할 일이 아니다. 합리성을 의심하기는커녕, 합리성의 진실은 이성에 의해 식별된다.

언뜻 보기에, 중독성 없는 마약에 빠지는 것이 중독성 강한 마약으로 이끌고, 궁극적으로 여러 가지 다양한 비도덕적 행동으로 이끈다는 주장은 미끄러운 경사길 논변의 좋은 예이다(9장의 참고 문헌을 참고하라). 하지만 꼭 그렇지는 않다. 중독성 없는 마약이 중독성 강한 마약과 부도덕으로 이끌기 때문에 중독성 없는 마약 복용을 용인할 수 없다고 말하는 것은 미끄러운 경사길 논변의 좋은 예가 될지 모르겠지만, 필자는 그것을 말하고 있는 것이 아니다. 필자가 제기하고자 하는 경험적 질문은 '과연 한 종류의 마약에 중독되는 것이 다른 것의 중독으로 이끄는가?'이며, 필자의 결론은 우리가 이 문제에 대해 어떠한 결정적 증거도 가지고 있지 못하다는 것이다. 여하튼, 필자의 주장은 어떤 종류의 마약 복용을 그 자체로 비도덕적이라고 분류할 수 있는 근거는 없다는 것이다. 어쩌면 몇몇 독자들은 마약 복용과 음주가 도덕적으로 비난할 만한 행동이 되는지 여부와 언제 그렇게 되는지의 문제는 불분명하다고 느낄 것이다. 하지만 마약 복용과 음주가 명백히 사회적이고 법적인 문제라 할지라도, 둘 다 도덕적 문제로 분류되어야만 한다는 것은 필자의 입장이 아니다.

이 장 뒷부분에서 언급했던 휴대폰 관련 이야기 역시 미끄러운 경사길 논변과 연관 지어 생각해 볼 수 있을 것이다. 가령 운전 중 휴대폰 사용이 도덕적 문제는 아니지만 그럼에도 불구하고 위험하다고 하면, 어떤 사람들은 휴대폰을 손에 들고 사용하는 것이 정신을 산란하게 하여 위험하다면, 휴대폰을 손에 들지 않고 사용하는 것도 위험하다고 이유를 댈 것이다. 그 경우에는 승객에게 말하는 것도 위험하고, 승객을 태우는 것은 훨씬 더 위험하다. 결론적으로, 우리는 운전 중에 휴대폰을 사용하는 것을 불법적인 것으로 만들어서는 안 된다고 말할지도 모른다. 이러한 일련의 논쟁들은 필자를 납득시킬 수 없다(미끄러운 경사길 논변의 일종이다). 몇몇은 다른 것들보다 더 위험하다. 그리고 휴대폰을 사용하면서 운전하는 것은 동승자와 이야기를 하는 것보다 더 위험하고, 전자는 불법인데 반해 후자는 그렇지 않다고 주장하는 것이 불합리한 것은 없을 것이다.

MADD(음주 운전에 반대하는 어머니 모임) 캐나다 지부는 최근 라디오에 이상한 광고를 하였다. 안주를 곁들여 술 6잔을 마신 몸무게 200파운드의 남자의 경우, 2시간 후에 음주 측정을 하더라도 한계치를 넘지 않을 것이라는 사실을 어느 "의사"가 말했다고 한다. 얼핏 보기에 이것은, 만약 당신이 6잔의 술을 마시고자 한다면, 당신은 운전을 하기 전에 반드시 안주를 곁들여 먹어야 하고, 200파운드 정도의 몸집을 가져야만 하며, 두 시간 동안 기다려야 한다는 결과를 유도한다. 하지만 결론은 전혀 달랐다. 특정한 상황에서 여섯 잔의 술이 제한치를 넘지 않는다면 그 제한치는 잘못 설정된 게 틀림없다는 근거를 통해 볼 때, 일반적으로 합법적 허용치로 알려진 "두 잔" 제한은 너무 엄격하다는 것이다. 이것은 정말 이상한 추론이며, 오히려 편견과 사실 무시의 좋은 예가 될 것이다. 이러한 억측으로부터 주어진 음식, 몸집, 그리고 시간, 여섯 잔의 술이 반드시 한 사람에게 심각한 영향을 끼치지는 않는 것 같다는 사실이 유도된다.

술에 취하지 않은 사람이 "난 난폭하게 운전할 거야"라고 말하는 것과, 자신은 안전하게 운전할 수 있다고 생각하지만 그럴 수 없는 술 취한 사람 사이에는 명백한 차이가 있다. 후자도 똑같이 위험하고, 법률적 관점에서 보았을 때도 똑같이 문제가 있을지 모른다. 하지만 후자가 비도덕적이기 때문에 그런 것은 아니다. 그가 술을 너무 많이 마신다는 사실 때문에 의지박약으로 비난받을지도 모른다는 것과 그것이 도덕적 결점인가 하는 것은 내가 지금 여기서 하고 있는 것보다 훨씬 심도 있게 다루어져야 하는 질문들이다. 내 최초의 답은, 술을 너무 많이 마시는 것이 우발적이든 습관적이든 간에 의지가 약한 것으로 보일 수 있는데, 이러한 의지의 나약함은 어떤 특별한 신체적 의존성보다는 일반적으로 어떤 일과 관련된 영구적인 개인의 성향으로 이해된다는 것이다. 그리고 의지가 약하다는 것은, 비록 일관된 방법으로 도덕적 행동을 하는 데 있어서는 명백히 걸림돌이 된다고 할지라도, 그것 자체가 도덕적 실패는 아니다. 태생적으로 의지가 약하다거나 우유부단한 것은 사악하고 불친절하고 진실하지 못한 것과 다르게 부도덕한 것이 아니다. 하지만, 필자는 이러한 관점이 논쟁거리가 됨을 인정한다. 아리스토텔레스는 방탕(음탕)한 것과 억제력이 없거나 의지가 약한 것을 구분하여 생각하였으며, 후자에 대한 더욱 상세한 연구는 『니코마코스 윤리학』에 실려 있다. 여기서 필자가 말하고자 하는 핵심은 모든 공인된 성격상의 결함이 곧 도덕적 결함을 나타내는 것은 아니라는 것이다. 예를 들어, 건방짐, 냉담함, 오만함, 자만심 등은 모두 성격의 결함으로 일컬어질 뿐이지 도덕적 실패로 인식되지는 않는다. 의지의 약함은 그로 인해 많은 불행과 바람직하지 않은 결과가 따르기 때문에 교육을 통해서 고쳐져야 할 무엇이지, 의지가 약한 사람이 그 사실 자체만으로 도덕적으로 악한 사람이라는 것은 옳지 않다.

사려 깊지 못한 다수의 휴대폰 사용자들을 통해 볼 때, 사려 깊지 못함 그 자체를 도덕적 실패로 볼 것인가에 대해 다시 생각해 보아야 한다. 용서의 경우처럼, 누군가가 타인에 대해 배려하고 사려 깊은 것은 칭찬할 만하며, 도덕적 삶으로 이끌고자 열망하는 이들에게 상당히 유용하겠지만, 그것 자체가 도덕적 덕목이 되지는 않는다는 것이 확실한 필자의 대답이다. 용서, 사려 깊음, 배려, 결단력, 그리고 확고한 목표는 가치 있는 특질이지만, 이것들은 관용, 친절, 동정심, 그리고 열린 마음과 같이 내재적으로 도덕적인 것이 아니다. 헤어William Hare의 『열린 마음과 교육Open-mindedness and Education』이 이러한 주제와 관련이 있다. 덧붙여 말하자면, 여기에서 소개하는 관점들은 아리스토텔레스가 『니코마코스 윤리학』에서 그 주제에 관해 다룬 유명한 탐구의 내용과 부합하지 않는다. 『니코마코스 윤리학』에서 그는 영혼psyche의 덕목들을 에토스ethos와 지혜dianoia로 나누었으며, 전자 역시 도덕적 덕목으로 간주한다.

몇몇 사람들이 기꺼이 매춘업에 종사하거나 우연히 만난 사람과 성행위를 즐긴다는 사실에 대한 언급은 '우리의 선택은 얼마나 자유로운가'라는 질문과 '동기와 관련된 문제들'을 불러일으킨다. 플라톤은 누구도 기꺼이 잘못을 저지르지는 않는다고 주장하였다. 그의 관점은 우리가 무엇이 도덕적으로 선한 것인지를 안다면 우리는 그렇게 행동하리라는 것이다. 그것은 일반적으로 설득력이 덜하다고 여겨지지만, 위험하게 잘못된 교의doctrine와는 구별되는 것이다. 잘못된 교의는, 우리가 행동을 설명하기 위해 제시하는 이유들이 주어진 이데올로기적 이유들에 부합하지 않는다면 당연히 잘못된 것이라는 의미에서, 모든 사람에게 있어 잘못된 의식에 죄가 있다는 취지로 텍스트에서 언급되었다. 이러한 관점은 아마도 프로이트Sigmund Freud가 무의식의 작용에 대해 강조한 영향 탓도 있는 것 같지만, 그것은 마르크스주의 저작들에서 더욱 특별한 전술이 되었다. 마르크스주의자들에게 있어 행동의 이유에 관한 주장은 모든 것이 사회의 물질적 혹은 경제적 구조에 의해 결정된다는 이데올로기와 긴밀하게 연결되어 있으며, 이는 잘못된 의식(물질 혹은 경제 결정론)의 부산물이다. 다시 말해, 정당의 노선에서 벗어날 수 없다. 즉, 당신은 자신의 관점이 사회적 질서의 산물이라고 말하고 이를 통해 정당의 구성원으로서 당신의 신뢰성을 유지하거나, 혹은 그것을 그릇되게 부정하고 자신을 진실의 적으로 드러내 보여야 한다. 이데올로기는 자신의 주장과 충돌하는 것을 기만적이고 거짓된 증거를 제시한다는 식으로 무시하는 특성을 가지고 있다. 하지만 세상에는 정말로 자신이 좋아서 매춘업에 종사하는 사람도 있고, 점수를 더 받기 위해 자신이나 남을 속이지 않는 사람도 있는 것이 사실이다(덧붙이자면, 필자는 포르노그래피와 같은 것들이 여성들의 가치를 떨어뜨린다는 페미니스트들의 주장을 무시한다. 왜냐하면 그것은 필자가 글에서 제기한 문제의 논점을 교묘하게 회피하기 때문이다. 만약 여성들이 착취당하고 있다면, 그들이 포르노그래피 등에서 묘사된 방식으로 행위를 하지 않아야 한다면, 실제로 그들의 품위가 격하되고 있는 것이겠지만, 그것은 논쟁중인 문제다).

많은 사법적 판결에서 옥외를 포함한 공공장소에서의 흡연을 금지시킨 것은 정말 놀라운 일이 아닐 수 없다. 이에 대해 제기되는 적절한 몇 가지 질문이 있다. 만약 그것이 정말로 건강이나 우리의 삶의 방식에 모순되거나 해롭다면, 왜 위험한 마약의 경우와 같이 불법으로 만들지 않고 모두에게 허가를 해주었을까? 간접흡연의 위험과 관련된 증거들이 일관되며 설득력이 있는가? 그러한 증거들을 훨씬 더 명확히 해주는 예로서, 주유소에서의 작업은 담배 연기와 유사하지만 더욱 큰 건강상의 위협에 직면하게 하는데, 왜 이것에 대해서는 아무런 제재도 취하지 않을까? 우리가 타고 다니는 자동차도 같은 식으로 대기를 오염시키며, 유독 물질을 내뿜고, 그 범위도 훨씬 큰데, 왜 가솔린 엔진을 장착한 자동차에 대한 제재는 없는 것일까? 심지어 물건을 운송하는 데 있어 왜 자동차보다 기차를 이용하도록 하려는 노력은 없을까? 하지만 필자가 강조하고 싶은 중요한 관심사는, 이 글에서 논의되었던 흡연이 건강에 해로운지 아닌지를 떠나서, 흡연 자체는 비도덕적이지 않으며, 그저 엄격한 법률상의 문제일 뿐이라는 것이다. 흡연함으로써 죽음의 위험을 선택한 사람들이 왜 그래서는 안 되는가? 개인의 책임감이라는 생각은 어디로 가버렸나? 나는 여기서 간접흡연과 관련된 쟁점들은 무시하고, 단순히 술집에서 동료 끽연자들과 담배를 피우고 싶은 사람들에게 초점을 맞춘 것이다. 흡연을 허용하는 술집은 간접 흡연을 피하길 원하는 사람들이 취직할 수 없는 곳이라는 주장은 부당하다. 필자는 이런저런 이유로 필자가 지원할 수 없거나 지원하고 싶지 않은 직장을 목록에 포함시킬 필요가 없다. 마찬가지로, 흡연이 납세자의 돈을 과도하게 요구한다는 것도 필자가 태어나서 들었던 말들 중에서 가장 설득력이 없는 말이다(그런 사실에도 불구하고, 우연히 필자가 이 페이지에 대한 마지막 수정을 하고 있던 날, 신문에는 캐나다에서 흡연자, 음주자, 그리고 도박자가 매년 수십억 달러의 세금을 납세자에게 부담시키고 있다는 기사로 도배되었다). 흡연에 많은 세금을 매기는 것은, 담배로 인해 암으로 죽었을지도 모르는 흡연자가 연금, 사회 보장 제도, 다른 의료적 지원, 의사나 사회적 노동자들의 시간을 빼앗음으로써 더 오래 살 거라는 사실, 그리고 그들 중 다수가 비용을 많이 들이며(노골적이지만 간결하게 말하자면) 죽을 것이라는 사실, 흡연이 금지된다면 재정적 이익이 될 것이라는 인식, 혹은 흡연자들이 우리에게 다소 비용이 들게 할 것이라는 인식 때문에 가능할지도 모른다. 이러한 상상 속의 회계에서 그런 문제들은 '한 사람이 여러 사람을 책임져야 한다'는 격언의 진실보다 더 많은 것을 말해 준다.

개인의 책임의 측면에서, 왜 요즘의 소방관, 군인, 경찰관들은 자신의 직업을 극한의 직업이라 느끼며, 그들의 스트레스와 위험에 대해 보수를 받을 자격이 있다고 느끼는 것일까? 과거의 군인들은 위험에 직면하지 않았고, 그래서 그들은 스트레스를 받지 않았으며, 위험과 스트레스를 그 직업의 일부분으로 받아들이지 않았는가? 혹은 변호사들은 그저 위험이나 보상에 대한 청구라는 수익성 좋은 수단을 발전시켰던 것은 아닌가? 왜 더욱더 많은 사람이 다른 사람의 냄새, 애프터쉐이브 로션, 단순한 존재 자체를 받아들일 수 없다고 생각하며, 그것이 없어지기를 바라는 것일까? 경험적으로 우리는 우리의 조상들보다 안전하게 생존할 수 없는 것이 정말일까? 혹은 우리는 불평할 권리가 있다고 결정한 것일까? 만약 그렇다면, 이렇게 주장하는 권리의 근거는 무엇일까? 권리에 관해서는 4장을 보라. 이 주제에 대해서는 일반적으로 휴즈Robert Hughes의 『불평의 문화*The Culture of Complaint*』를 보라.

　여기서 편파적 고용, "정보 조작" 등에 관한 언급을 간략하게 보충하겠다. 편파적 고용이라는 것은, 물론, "역차별" 혹은 "적극적 차별positive discrimination"이라 불리는 것과 한 종류이다(그런 구호들이 어떻게 이렇게 빨리 유행되는지 흥미롭다). 그러한 차별은, 비록 정치적 협조를 약간 받기는 하였지만, 결코 정당화되지 않았다. 그렇다. 사회에는 바로 잡아야만 하는 부정의가 존재하지만, 그러한 것들을 구별해 내기 어려운 것이 사실이다. 소위 남성이나 백인에 대한 차별이 여성과 흑인에 대한 과거의 차별을 어떻게 보상할지 혹은 도덕적으로 어떻게 정당화될지 이해하기는 어렵다. 두 가지 잘못은 정의正義를 이루지 못한다. 만약 우리가 역사를 바로잡고자 한다면, 어디에서, 그리고 언제 멈춰야 하는가? 부모의 죄를 보상하기 위해 취업 기회, 승진 등을 빼앗긴 백인 세대는, 그들이 차별을 받아왔기 때문에, 그 아이들을 위해서 적극적 차별을 호소할 권리가 있을까? 도덕적 문제에서 역사에 호소하는 것은, 어디에서 시작하거나 멈춰야 하는지를 모르기 때문에, 낙심하게 되는 것이다. 나는 나의 가족이 4세대 전에 겪은 부정의에 대해 보상받기를 기대할 수 있을까? 왜 아무런 고통도 겪지 않은 내가 역사적 논쟁의 수혜자가 되어야 하는가? 왜 나의 조상들에게 아무런 부당한 역할도 하지 않은 당신이 나에게 배상을 하기 위해 대가를 치러야만 하는가? 우리는 역사를 얼마나 거슬러 올라가야 하는가? 누가 진정한 이스라엘 땅의 주인인지를 가려내기 위해 우리는 역사를 얼마나 거슬러 올라가야 하는가? 역사적 배경에 대한 많은 논쟁들이 실제로 역사적 기록들을 교정하려는 것처럼 보인다는 것은 흥미롭다. "600년 전, 이 땅은 당신 조상들의 것이었지만, 슬프게도 그들은 거의 사라져버렸다. 그때부터 다른 부족이나 국가가 이곳에 새로운 문명을 개척하였다. 그래, 좋다. 하지만 지금부터 우리는 어떠한 것도 일어나지 않았던 것으로 하겠다. 이 땅은 당신 것이다." 불행하게도, 역사의 진실은 그것이 아니라고 말해 주고 있다.

정치적 삶과 관련하여 진부한 표현이 된 "정보 조작"은 훨씬 넓은 문제의 한 부분이다. 조지 오웰George Orwell이 반복하여 주장했듯이, 일단 언어가 왜곡되고 문란하게 되면 우리는 모두 심각한 문제에 처하게 된다. 내용보다는 차라리 소리와 외양을 고려하며, 거의 모든 현대 대중 매체와 전문 용어, 의미 없는 비전의 서술, 그리고 종종 거의 이해할 수 없는 은어와 위선적인 말을 가진 학계에서조차 퍼져 있는 수사학적 장치는 신뢰성뿐만 아니라 진실한 도덕적 행동의 기회까지 파괴하고 있다. 명확하지 않고 정직하지 않은 말과 생각은 그 자체로 비도덕적이고, 의사소통 자체가 두드러지게 부정직한 세계에서는 도덕적 삶을 살아가려는 우리의 기회를 증대시킬 수 없을 것이다.

무기 판매가 돈을 벌기 위하여 다른 것들을 희생시키기 때문에 잘못된 것이라면, 그것을 정당화하는 수사는 언제나 잘못된 것이다. 그것도 물론 극도로 위험한 것이지만, 여기서 필자의 요점은, 평화에 대한 막연한 암시처럼, 힘의 균형 보존과 좋은 군대의 유지를 위해서라는 좋은 동기로 무기 판매가 이루어지는 체하는 것도 정직하지 못하다는 것이다. 무기 판매는, 개인에 의해서든 정부에 의해서든, 돈을 벌기 위해서 또는 이기적인 정치적 이익을 증가시키기 위해서 이루어진다. 수사학은 민주주의를 보존하거나 창조하기 위해서 무기 판매가 행해진다고 말할지도 모른다. 그리고 일부는 민주주의가 다른 어떤 정치 체계보다도 더 낫다고 진심으로 느낄지도 모른다. 하지만, 우리는 이렇게 주장할 지식이 없고, 도덕적 견지에서는 다른 사람들이 삶을 선택하는 방법에 관해서 더욱 열린 마음을 지녀야 한다는 것이 진실이다. "민주주의 체제"라는 이유에 근거해서 다른 나라들의 전쟁에서 한쪽 편에 대한 무기 판매를 정당화하려는 주장은, 사실상 "민주주의"의 의미를 왜곡시키고 있다는 주장과 이러한 기획의 경험적 근거가 빈약하다는 주장을 제외하더라도, 정당화될 수 없다. 동기(즉, 돈을 벌기 위해)가 일반적으로 더욱 자유롭게 허용되는 까닭에, 사적으로 무기를 파는 사람들은 평화를 지지한다면서 전쟁의 불꽃을 지피는 정부보다 근소한 차이로 덜 부패한 것 같다. 그러나 제약 회사가 남몰래 실험하거나, 순진하고 가난한 사람을 도와주는 것처럼 가장하는 것이 잘못이듯, 한 개인이 다른 사람의 곤경을 이용하는 것도 여전히 잘못이다. 과거에 자본주의에 대한 많은 비판은 그런 경제가 비도덕적이라는 바로 그 관념을 제시하려고 했다. 그 주장을 뒷받침하는 좋은 근거가 없는 것처럼 보이지만, 부패와 위선(간단히 말해서 악덕)은 많은 회사의 관행에서 빈발하고 있다.

옥스퍼드 대학 출판부는 최근에 블랙번Simon Blackburn의 『욕정*Lust*』을 포함하여, 칠대 죄악에 관한 책들을 출판했다. 몇몇 책들은 흥미롭고 재미있지만, 전체적으로 이러한 접근이 도덕철학에 유용한 것인지는 분명치 않다.

아마도 필자는 이쯤에서 개인적으로 흡연, 음주 운전, 휴대폰 소지, 도박 등을 하지 않는다고 말해야 할 것 같다. 필자는 술 마시는 것을 좋아하고, 나름의 성적 취향도 있다. 하지만, 이 장에서 언급된 다양한 건강 및 안전의 문제들이 도덕적 문제가 아니라고 부정하였다고 해서, 그리고 그것들 중 몇몇은 적어도 중요한 문제가 아니라고 부정하였다고 해서, 필자에게 딴 속셈이 있다고 독자들이 생각하기를 원하지는 않는다. 도덕성의 본성은 필자에게 이러한 것들이 도덕과 관계된 문제는 아니라는 걸 보여 주는 것 같다. 반면에, 정부, 기업, 학회, 언론 등 우리 지도자들의 많은 행동은 확실히 도덕과 관계된 문제이다.

제4부

도덕교육

11. 교육에서 도덕적 문제들

일반적으로 도덕성과 도덕철학 분야에서 도덕교육에 대해 생각할 때, 많은 오해와 잘못된 해석, 그리고 잘못된 생각을 제거하는 것이 필요하다. 도덕교육의 이해를 저해하는 진정한 장애물은 이해의 부족이 아니라 오해이다. 또한 일반적으로 도덕성과 관련하여, 도덕교육 측면에서 가장 큰 실수는 예의범절을 익히는 것에서부터 성인聖人의 단계에 도달하는 것까지, 또는 약속 시간 지키기를 가르치는 것에서부터 순교자의 용기를 가르치는 것까지 모든 것을 포함하도록 하여 주제를 너무 포괄적으로 그리고 느슨하게 정의하고 있다는 점이다. 그러므로 혼란스럽고 혼동되는 부적절한 상태를 명확하게 하는 것이 바람직한 결론을 이끌어 내는 데 있어 중요하고 필수적인 전제가 될 것이라는 사실을 이해하지 못하는 사람들을 좌절시키는 위험 속에서 논의를 시작해야 할 필요성이 있다. 이번 장에서는 관심을 가질 필요가 없는 영역이 왜 있는지에 대해 주로 설명하고 개관해 보도록 하겠다.

다른 영역처럼 교육의 맥락에서도 많은 도덕적 문제들이 있다. 예를 들면, 체벌이 도덕적으로 용인될 수 있는가? 학생과 동료들에게 거짓말하는 것이 정당화될 수 있는가? 언제 다수의 이익이 개인의 자유를 제한하는가? 그러나 실제로는 도덕적 문제가 아니지만 자주 "도덕적"이라고 간주되는 많은 문제들이 있다. 예를 들면, 동성애 관계가 학교 맥락에서는 묵인되어야 하는가는 합법적인 교육의 문제이지 도덕적 문제는 아니다. 그 이유들은 이미 9장에서 밝혔다.

외형은 그럴 듯하지만 도덕과 전혀 관련이 없는 질문들과 더불어, 도덕적 차원에 속하지만 도덕성과 관련이 없다는 이유로 문제가 될 뿐인 질문들이 있다. 예를 들면, 모든 아이들이 균등한 교육 기회를 가져야 한다는 것은 도덕적 주장이다. 그러나 이런 주장의 어려움은 도덕적 차원만의 문제가 아니라는 데 있다. 부연하자면, 이 주장은 옳고 그름의 문제가 아니다. 부유한 가정의 아이들이 가난한 가정의 아이들보다 양질의 교육에 접근할 기회가 더 많다는 것에 대해 오늘날 아무도 불평등하다고 주장하지 않는다. 오히려 이 문제는 공정하고 평등한 교육 접근권이 무엇인지와 어떻게 이를 실제로 실현시킬 수 있는지에 대한 것이다. 후자는 도덕적이거나 철학적인 문제가 아니라 실천적인 문제이다. 그리고 전자는 철학적인 문제지만, 도덕적인 문제라기보다는 교육적인 문제이다. 이는 공정성에 대한 우리의 견해보다 교육의 본질을 어떻게 이해하고 있느냐에 대한 것이다. 모든 아이들이 공정하게 대우받아야 한다는 일반적인 요구는 도덕적이고 논쟁의 여지가 없는 요구이다. 교육과 관련해 공정한 대우가 무엇인지를 파악하는 문제는 도덕성보다는 교육과 관련된 문제이다.

이에 대해 어물쩍 넘어갈 것이 아니라 정확한 분류와 용어가 필요하다. 필자는 균등한 교육 기회의 문제를 계속 제기할 의도는 없다. 그러나 엄격하게 말해서 도덕적 문제가 아니라고 등한시하는 것을 정당화하려는 것도 아니다. 균등한 교육 기회와 공정한 대우를 여기서 다루지 않는 이유는 교육 차원에서의 이해와 탐구만으로 해결하기에는 너무 거대한 문제들이기 때문이다. 이런 문제들은 부분적으로 철학적이지만, 필요한 전문 지식과 배경들은 평등과 공정성과 같은 도덕적 개념에 대한 이해에 관한 것이 아니라, 지능이 선천적으로 차이가 있는지 없는지에 대한 논의처럼, 아이들에 관한 다양한 경험적 주장과 교육이 무엇인지에 대한 이해에 관한 것이다. 그래서 첫 번째로 유념해야 할 것은 외관상 도덕적 문제처럼 보이는 많은 교육적 문제들이 단지 도덕철학만으로는 해결할 수 없다는 것이다. 결론적으로, 도덕적 문제처럼 보이는 많은 흥미로운 교육적 문제들을 여기서는 다루지 않을 것이다.

때때로 도덕철학의 한 분야로서 간주되는 직업윤리는 혼란스러운 영역이고, 필자가 다루지 않을 영역이기도 하다. 학문 윤리academic ethics에서 다루지 않는 많은 문제가 사실은 진짜로 도덕적이거나 윤리적인 문제들이다. 그러나 이는 학문 영역이나 대학 생활에서만 존재하는 특별한 것은 아니며, 특히 도덕 영역에서만 그런 것도 아니다. 예를 들어, 자신의 학생들을 이용하는 것은 실제로 도덕적인 문제이지만, 이것은 어떤 상황에서 어느 누군가를 이용하는 것이 도덕적으로 문제가 되는 것과 별반 다르지 않다. 게다가 학생들을 이용한다는 것이 무엇을 의미하는지는 도덕성보다는 학문적 맥락academic context의 성격에 달려 있다. 반대로, 대학 교수와 성숙한 학생들 사이의 적절한 관계에 대한 문제는 대학 기관의 문제이지, 반드시 어떤 의미에서의 도덕적 문제는 아니다. 물론 학생들을 강간하거나 학점으로 위협하여 성관계를 강요하는 것은 도덕적으로 명백히 잘못된 것이며, 어떤 상황에서도 잘못된 일일 것이다. 그러므로 이는 교육적 맥락과도 관계가 없다. 이와 대조적으로, 우정은 본질적으로 선하지만, 교육기관은 우정의 형태와 정도가 교육적 맥락에서 적절한지에 대한 것과 같이 도덕과 무관한 문제를 다루기를 원한다. 이것은 기관의 본질이나 그 목적과 관련해 대답된다. 간단히 말해, 교사의 직업윤리는 우리 모두에게 적용되는 도덕적 요구에 대해 다루지 않을 때라도, 교육적 상황에서 교사의 역할이 적절한지에 대한 행동의 기준과 관련되어 있고, 관련되어야 한다. 이것은 도덕철학보다는 교육철학에 관한 문제이다. 그러므로 나는 직업윤리에 대한 문제들은 제외할 것이다.

교육적 맥락에 한정되지만 실제로 도덕적인 문제들이 일부 있다. 예를 들어, 청소년들에게 가치를 주입하는 것은 도덕적으로 용인될 수 있는가? 차별적인 교육을 제공하는 것은 도덕적으로 용인될 수 있는가? 아이들을 벌주는 것은 도덕적으로 용인되는가, 용인된다면 어떤 방법들이 있는가? 처벌punishment은 사전적 의미에 의하면 육체적, 정신적으로 또는 양쪽 측면 모두에서 고통이나 괴로움의 정도와 관련되어 있다. 다른 경우와 마찬가지로, 아이들이나 다른 사람들에게 고통을 가하는 것은 물론 도덕적으로 나쁜 것이다. 찰스 디킨스의 두더보이스Dotheboys 기숙학교는 논쟁의 여지 없이 도덕적으로 사악한 기관이다. 이는 논의할 가치조차 없다. 그러나 고통이 수반됨에도 불구하고, 특수한 교육적 상황에서 이루어지는 특정한 처벌이 도덕적으로 정당화될 수 있느냐는 확연히 다른 문제이다. 이것은 도덕적 문제이지만, 여전히 도덕철학 단독으로는 그 의미나 맥락을 적절히 다룰 수 없다. 이 이슈를 적절한 방식으로 토의하는 것은 교육적 기획을 철학적인 관점에서 조사하는 것뿐만 아니라 동기와, 더 넓게는, 교수·학습의 교육적 실제와 같은 심리학적 개념과 관련하여 경험적으로 연구하는 것과 연관되어 있다. 그러나 앞에서 필자가 부인했음에도 불구하고, 어떤 독자들은 그런 문제들을 여기에서 다루지 않을 것이라는 필자의 주장에 반대하겠지만, 필자는 이 문제에 대한 필자의 입장을 견지할 것이다.

처벌에 대한 3가지 주된 이론이 있다. 억제deterrent 이론은 사람들(처벌받는 사람, 다른 사람, 또는 양자 모두)로 하여금 잘못된 행동을 하지 못하게 억제시킨다는 사실에서 처벌이 정당화된다고 주장하고 있다. 응보retributive 이론은 응보라는 사실에서 정당화를 찾으며, 보통 "눈에는 눈"이라는 관점으로 특징지어진다. 처벌의 결과와 관계없이 잘못을 했기 때문에 처벌된다고 주장한다. 교정reformative 이론은 위반자를 교정하기 위한 수단으로서 처벌을 정당화한다. 물론, 대부분의 이론적 분할과 범주처럼, 범위를 확대하거나 축소함으로써 누군가는 하나로 또는 더 많이 구분한다. 여기에서는 모두 세 가지로 구분하였는데, 처벌은 정의상 응보적이며, 그 주된 정당화는 억제력이며, 우리는 위반자의 교정을 돕기 위해 처벌의 형태를 사용해야 한다는 견해를 가지고 있다. 정의상 응보적이라는 의미는, 처벌이 어떤 위반 행동에 상응하여 주어진다면, 주어진 처벌은 처벌로서 간주될 뿐이라는 것이다(말하자면, 이것은 문자적 또는 상징적 의미에서 범죄에 상응하는 처벌의 성서적 요구에 대한 승인을 암시하는 것은 아니다. 어떤 사람은 잘못에 대한 죗값을 치러야 한다는 믿음 없이 삶을 살아온 사람에 대해 그는 그 때문에 처벌받아야 한다고 믿을 수 있다. 그러나 그것은 처벌의 개념이 범죄의 정도와 비례하여 관련되어 있다는 것을 암시한다). 주된 정당화가 억제력이라고 할 때, 특정한 상황에서 억제 효과가 없을 것이라고 가정할 만한 이유가 있다고 하더라도, 처벌에 정당성이 없다는 견해로 곧바로 나아가지는 않는다. 우선 억제에 의해 정당화되는 것은 특정한 처벌보다 처벌의 체계라고 주장될 수 있다. 또한, 이상적으로 볼 때 특정한 처벌들은 특정한 사례에서 억제의 가치를 형태와 정도를 통해 설명할 수 있어야 하겠지만, 응보와 교정 모두에 호소함으로써 정당화될 수도 있는 것이다. 다음으로, 응보가 그 개념 속에 포함된다면, 정당성 속에 응보의 요소가 있다. 하지만 가장 적절한 처벌이 부과될 때, 우리는 여기에 위반자의 개선 가능성을 고려하는 형태에 대한 특별한 언급을 덧붙이고 싶을 것이다.

학교 상황에서, 모든 유형의 처벌이 반드시 심리적으로나 교육적으로 나쁜 영향을 준다는 견해를 수용하거나, 혹은 수단이나 동기부여의 유형으로서 사용될 수 있는 가능성을 부인할 명백한 이유는 없다. 그러나 공정성을 위하여 비교적 범죄에 상응하는 처벌을 하려는 시도는 별도로 하고, 청소년의 미성숙과 (영향 받기 쉬운 본성과 결합된) 통찰과 책임감의 상대적 부족 때문에 응보는 아마 우리의 사고에서 훨씬 작은 역할을 할 것이다. 그러나 사회적 잘못이나 학문적 잘못(예: 시험에서 부정행위)에 대해서는 학교에서 처벌 체계를 포기할 이유는 없다. 처벌이 부족한 학문적 수행이나 학습과 관련하여 특별히 정당화되는지는 방과 후에 남기기, 다른 작업 시키기, 운동장 청소시키기와 같은 것들이 학생들에게 동기를 제공하는지 안 하는지, 또는 다른 방법들이 더 나은 수행 기준 설정에 도움이 되는지 안 되는지와 같은 경험적 문제에 주로 달려 있다. 나는 우리가 그런 문제에 대한 답을 실제로 알고 있다고는 생각하지 않는다. 그리고 어떤 경우에는 잘 되고 다른 경우에는 잘 되지 않는다고 생각한다. (도덕적으로 잘못되거나 경험적으로 효과가 없다는 근거가 있는지 항상 명확하지는 않지만) 어떤 종류의 처벌도 비난받을 일이라고 주장하는 소수의 사람들이 항상 있어 왔다는 사실에도 불구하고, 이것에 대해 논쟁할 여지는 거의 없다. 흥미롭고 더 논쟁의 여지가 있는 문제는 신체적 또는 다른 형태의 물리적 처벌이 정당화될 수 있는지에 대한 것이다. 비록 필자는 처벌을 특별히 옹호하지 않고, 특별한 경우에 사디즘과 그와 유사한 것들이 발생할 실질적인 위험들을 이해할 수 있지만, 그렇다고 매질이 그 자체로 항상 내재적으로나 도덕적으로 저속한 것이라고 결론짓는 주장도 이해할 수 없다. 반대로, 모든 유형의 처벌이 공동체 봉사활동 형태여야 한다고 인정하는 것도 아니다.

필자는 많은 논쟁 없이 처벌에 대해 간단히 설명했다. 필자는 흥미로운 문제들을 비켜 나갔다. 왜냐하면 필자가 논쟁적인 문제에 대해 필자의 입장을 가지고 있지 않거나 밝히길 원하지 않기 때문이기도 하며, 간단히 필자의 의견을 밝힌 것처럼, 이 문제들은 도덕철학만을 기반으로 해서는 해결할 수 없기 때문이다. 이것들을 해결하기 위해서는 많은 경험적인 연구와 포괄적인 교육철학이 요구된다.

괴롭힘bullying처럼, 교육 영역에만 유일한 것은 아니지만, 그 맥락에서 특별히 중요한 많은 문제들이 있다. 괴롭힘은 실제로 어떤 맥락에서 다양한 형태로 발생할 수 있다. 그러나 학교에서 특별한 관심을 가지고 있는 것은 분명하다. 마찬가지로, 어떤 문제는 일반적으로 말해 도덕적 중요성이 부족하다고 생각할 수 있다. 그러나 학교 상황에서는 도덕적 문제로 부각될 수 있다. 필자는 이미 성관계의 다양한 측면은 그 자체로 도덕적 문제들을 야기하지는 않는다고 밝혔다. 그러나 성인 간의 성관계는 도덕적 문제가 되지 않는다고 하더라도, 학생 간의 성관계나 교사와 학생 간의 성관계도 그렇다고 볼 수는 없다. 여기서 필자는 도덕철학만의 이해로는 그런 행위가 도덕적으로 용인될 수 없는지, 도덕적으로 나쁘지만 정당화될 수 있는지, 도덕적으로 칭찬 받을 수 있는지의 문제에 답을 제공하는 것이 불충분하다는 필자의 견해에도 불구하고, 나름의 의견을 밝힐 것이다.

최근에 젊은 교사들, 경우에 따라서는 중년의 교사들이 10대 학생들과 연애를 하는 경우가 있었고, 법적으로 미성년자인 학생과 성관계까지 한 경우가 있었다. 그리고 대학교 차원에서는 학생과 교수 간의 수많은 성관계의 예가 있으며, 권력 남용의 혐의가 있는 경우도 드물지 않다. 고등학교 차원에서는 콘돔 자판기에 대한 논의가 계속되고 있고, 비밀을 보장하기 위해서 부모들에게 알리지도 않은 채 성교육을 하고 있다. 교사와 학생 간의 연애 관계(성인 단계의 성관계를 포함하여)를 바람직하다고까지 말하는 사람은 없을지라도, 이를테면 아벨라르와 엘로이즈와 같은 관계는 때때로 정당화되기도 한다. 비록 심리적 성숙이 신체적 성숙에 비해 심각하게 지체되어 있지만, 어린이들은 이런저런 것을 할 수 있다거나 또는 해야 한다는, 나이에 대한 우리의 가정을 확실히 재고할 필요는 있다. 우리의 태도가, 십대들이 보기에, 낡은 사고에 기반하고 있다는 것은 명백한 사실이다. (초등학교에서는 더욱 명백하고) 일반적으로 중학교에서도 교사는 그런 관계로 발전하는 것에 대해 자제해야 할 도덕적 책임이 있다. 15세와 40세의 연애가 본질적으로 잘못된 것은 아니다. 그러나 성인들은 어느 정도 사랑에 대한 통제력을 가지고 있다. 확실히 그들은 그들의 감정에 대해 어떻게 반응해야 하는지도 알고 있다. 그리고 여러 가지 이유 때문에 열에 아홉은 이런 관계가 결국 파국에 이르고, 특히 학생에게 더 큰 어려움을 겪게 만든다는 것을 알고 있다. 그러므로 직접적인 의도가 무엇이든지 간에, 학생들이 치르게 되는 이러한 어려움은 교사가 그런 관계에까지 감으로써 얻게 되는 결과이다. 복지와 존중 (그리고 젊은이들은 잘못된 행동을 자주 한다는 사실) 때문에, 교사들은 학생들과 육체적인 관계로까지 발전하는 것을 피해야 할 도덕적 의무가 있다고 결론 내려야 할 것 같다.

일반적으로 말해서, 성gender 문제가 도덕적 문제인지에 대한 것은 논쟁의 여지가 있다. 학교의 맥락에서 성 문제로부터 부각되는 심각하거나 논쟁적인 도덕적 문제는 없다. 물론 성 역할에 대한 고정관념을 도덕적 문제라고 하는 사람들이 있지만, 근거가 무엇인지는 설명하기 어렵다. 기본적인 도덕원리와 전통적인 방법으로 남자아이들과 여자아이들을 양육하는 관행 간에 명확한 연관성은 없다. 아이가 뜻밖의 역할이나 고정관념에 대해 뚜렷한 성향을 보인다고 할지라도, 존중과 복지에 대한 추구가 뜻밖의 역할이나 고정관념으로 이끌었다고 하는 것은 논쟁의 여지가 있다. 물론 이것은 사실일 수 있다(실제로 도덕적 문제인지는 명확하지 않지만, 그렇게 하는 것이 도덕적으로 잘못된 것은 확실히 아니다). 그러나 전통적인 성 역할에 따라 아이들을 기르는 부모들이 도덕적으로 잘못이라고 추론할 수는 없다(같은 이유로, 반대로 하는 것이 도덕적으로 잘못된 것은 아니다. 그러나 실천에 관해서는 논쟁이 있을 수 있다). 필자는 전통적인 방법으로 소년소녀들을 양육하는 것으로 시작하지만, 전통적인 방법으로부터의 이탈과 차이를 고려하고 존중하는 것이 분별 있는 방식이라는 결론을 내릴 것이다. 전통적인 방법으로 아이들을 양육하든 또는 그렇지 않든 간에 그 때문에 도덕적으로 부끄러워할 필요는 없다.

성차에 대한 전통적 견해에 기반한 교육 관행들의 몇몇 친숙한 유형들의 경우처럼, 예를 들어 별도의 탈의실이 제공되는 것을 제외하고 남녀 합반 형태로 교육하는 것은 매우 적절하다. 이러저러한 특별한 예에 대한 견해가 무엇이든지 간에, 그것은 우리의 관습, 삶과 사람 일반에 대한 우리의 폭넓은 의견, 그리고 교육적 책무에 비추어 정당화될 수 있는가의 문제이지 도덕적 문제는 아니다. 물론 변해서도 안 되고 변할 수도 없는 기본적인 도덕원리들이 있지만, 성차에 대한 견해는 변화될 수 있다. 그래서, 이유 없는 잔인함은 과거와 미래에도 항상 잘못된 것이겠지만, 남녀가 각각의 탈의실을 써야 한다는 개념은 시간에 따라 변할 수 있다고 생각한다. 여기에 도덕적 문제는 없는데, 왜냐하면 이것은 도덕적 문제가 아니기 때문이다.

다음 문단부터는 일반적으로 도덕적 문제라고 생각되지만, 사실은 교육이나 직업 규범에 관한 문제들과, 명확히 답할 수 있는 가능성이 있더라도 도덕철학만으로 답하기 불가능한 경험적 문제들을 구별할 것이다. 필자는 인종차별과 관련된 일반적 관점을 제시할 것이다. 이것은 학교에서 중요한 문제이기 때문이다.

우선 누군가는 이러한 전제에 대해서 의문을 제기할 것이다. 일반적으로 학교는 사회에서 인종차별이 가장 적은 장소라는 것에 대해서는 논쟁의 여지가 없다. 왜냐하면 학교는 인종차별에 반대하고, 염려하며, 대체로 잘 아는 사람들이 아직 독립적이지 못한 개인들을 교육하는 기관이고, 높은 권위와 통제력을 가지고 있는 기관이기 때문이다. 이것은, 예외적이고 극단적인 사례를 강조함으로써 문제의 본질이나 규모뿐만 아니라 특수한 경우를 과장하여 잘못된 인상을 주는 미디어(특히 타블로이드)의 선정주의에 의해 덧칠된 장면과 대비된다.

그럼에도 불구하고, 인종차별은 사회 전반뿐만 아니라 학교에서도 어느 정도 문제이다. 그리고 인종차별은 정의상 비도덕적이다. 왜냐하면, 그것은 "인종에 근거하여 사람들을 다르게 대우하는 것이 부적절할 때, 그렇게 대우하기 때문"이다. "인종에 근거하여 사람들을 다르게 대우하는 것이 부적절할 때"라는 어구가 중요하다. 왜냐하면 인종에 기반해 사람들을 다르게 대우하는 것이 항상 도덕적으로 잘못된 것은 아니기 때문이다. 예를 들어, 단지 트리니다드 사람들만이 미스 트리니다드가 될 수 있다는 사실이 도덕적으로 반대해야 할 일은 아니다. 그리고 가장 훌륭한 유럽 소설가에게 상을 수여하는 것에 반대하기는 어렵다. 성gender의 영역에서도 마찬가지다. 여성 화장실에 남자 청소부가 있는 게 논쟁이 될 수는 있지만, 도덕적인 논쟁거리로는 그럴듯해 보이지 않는다. 이는 인종, 성, 나이, 그리고 그 밖의 어떤 것이든지 간에 그 차이에 따라 다르게 행동하는 것은 언제나 그리고 반드시 도덕적으로 옳지 않다는 가정하에서 도덕적 사고를 하는 데 있어서의 혼란의 증상이다. 많은 차별이 부당한 것은 명백하지만, 분류의 차이에 따라 다른 대우를 하는 것이 도덕적으로 잘못은 아니다. 논쟁은 차별화된 특정한 행동을 정당화할 수 있는 맥락에 달려 있다. 이것이 소위 적극적 차별이나 역차별에 반대하는 사람들이 증거가 확실한 사례를 강조하는 이유이다. 이들조차도 인종차별적이거나 성차별적인 정책, 예를 들어 경력이나 직업과 관련성이 부족한 요인인 인종에 근거해 특정 사람들을 선호하는 것에 대해 의문을 제기한다. 다른 대우 자체는 문제가 되지 않는다. 문제는 부적절한 차별 대우나 타당하지 않거나 어떤 일과 무관한 이유에 따른 차별 대우이다.

"인종주의racism에 대해서도 관용을 베풀어야 하는가"는 도덕적으로 무의미한 질문이다. 왜냐하면 그 답은 명확히 "아니오no"이기 때문이다. 무엇이 인종주의를 정의하고 구성하는지에 대한 문제는 흥미롭고 중요하다. 이 질문은 부분적으로 도덕적 고려가 요구되지만, 특별히 도덕적 질문이라기보다는 개념적 질문이다. 그러나 이러한 인종주의의 정의와 구성 요소에 대한 질문은 그 기준이 실제 상황과 정책에 어떻게 적용되는지에 대한 질문과는 다르다. 중요한 질문은 "인종주의자인가"가 아니라 "이런 고용 관행이 정당화되느냐"이다. 이에 대한 답변은 인종주의의 개념과 도덕성에 대한 명확한 이해와 더불어, 우리의 선택과 행동에 있어 실질적인 억제책과 다양한 대안의 효과에 대해 폭넓고 심층적인 이해와 연관되어 있다.

학교에서의 문제는 '인종주의는 비난받아야 하는지' 또는 '인종차별적인 상황은 무엇인지’(그에 대한 답은 명확하다)에 대한 것이 아니라(“제도화된 인종주의”에 대한 광범위한 주장에도 불구하고, 학교와 교사들이 인종주의자라는 증거는 거의 없다), 교화에 의존하지 않으면서도 아이들이 인종주의적 태도를 갖지 않도록 하거나 인종주의적 행동을 하지 않도록 하는 가장 효과적인 방법은 무엇인가이다. 인종주의가 무엇을 의미하는지에 대한 질문은 철학자의 일이지 교육자의 일은 아니다. 교육자에 대한 질문은 학교의 어떤 측면이 인종주의적인 행동을 야기하는지에 대한 고려와 더불어, 인종주의에 대한 거부감을 어떻게 계발시키느냐에 대한 것이다. 그 질문에 대한 필자의 답변은 대체로 우리는 다른 문화에 대한 이해를 제공할 수 있도록 학생들을 교육해야 하고, 개인의 다양한 감수성을 계발하고 역사적이고 경험적인 사실들을 이해할 수 있도록 교육해야 하며, 무엇보다도 도덕철학에 대한 이해를 촉진시켜야 한다는 점이다.

안타깝지만, 실천적인 함의가 없다면 필자는 이런 질문들을, 비록 흥미롭더라도, 더 이상 제기하지 않을 것이다. “교화가 무엇인지,” “인종주의가 무엇인지,” “차별 철폐 조처로서 인종주의적 정책이 정당화될 수 있는지,” “검열이 용인될 수 있는지,” “십대들의 성관계에 대해 어떻게 해야 하는지,” “남을 위협하는 행동을 억제하기 위한 (도덕적으로 정당화되고 효과적인) 방법은 무엇인지”와 같은 질문은 다른 책들에서 제기되어야 할 질문들이다. 왜냐하면 이런 질문들은 특히 교육철학이나 교육적 경험 연구에서 집중적으로 다루어져야 하는 것들이기 때문이다. 도덕철학의 이해로부터 당연하게 그리고 직접적으로 다루어져야 하는 우선 과제는 도덕교육을 어떻게 해야 하는가에 대한 고려이다. 지금까지 논의한 도덕 이론들을 바탕으로 학생들의 교육 측면에서 무엇을 고려해야 하는지에 대한 질문은 나머지 장에서 다룰 것이다.

고대 그리스 이래로, 교육은 일반적으로 칼로스카가토스kaloskagathos(“고

매하고 도덕적으로 선한 사람"), 도덕적 인격자, 성실성을 가진 사람, 도덕적으로 고양된 개인을 양성하는 것과 연관된다고 생각해 왔다. 이것은 여전히 중요한 이상이다. 그러나 더 시급한 관심을 요하는 것이 있다. 여하튼 도덕교육은 형식적으로 오랫동안 이런 목표를 유지해 왔지만, 우리가 진실로 도덕적 인간을 양성하기 위해 적절한 방법을 사용했는지는 명확하지 않다. 사실, 때때로 사회적 규율에 대한 기계적인 복종을 주입하고, 신에 대한 두려움을 불러일으키며, 엄격한 규율에 대해 무비판적으로 의존하게 하고, 교화시키며, 혹은 극단적으로는, 도덕적 이해를 배려나 관심의 개념으로 대체하거나 일관적이지 않은 상대주의를 전파하는 것과 대비되는 도덕적 인간을 양성하기 위해 노력하고 있는지는 불명확하다. 그러나, 예를 들어 이웃 사랑은 종교적인 행위이건 세속적인 감정이건 간에 반드시 도덕적인 문제는 아니다. 지금까지 논쟁해 온 것처럼 이웃에 대한 존중은 기본적으로 도덕원리에 해당하지만, 실제로 자신의 동료를 향한 따뜻한 감정은 (물론 다양한 이유 때문에 이런 행동은 권장되고 있지만) 도덕적 삶의 필요조건도 충분조건도 아니다.

사실, 대다수의 사람들은 어떤 정형화된 도덕적 규칙들을 지키면서 자랐다. 이런 이유로 우리들 대부분은 직접적이고 노골적으로 살인, 절도, 강도를 하지는 않는다. 그러나 우선 이것이 일반적인 문화화나 사회적 조건화와 대립되는 것으로서 제도화된 도덕교육 때문인지는 명확하지 않다. 두 번째로, 위에서 이야기한 것처럼, 이것은 도덕성에 대한 적절한 이해가 아니다. 도덕성은 단지 범죄를 억제하는 것 이상이다. 하지만 도덕적 명령으로서의 모든 사회적 규율을 다루는 것 또한 아니다. 현실 세계에서는 개인의 사적인 행동, 정치인들의 행동, 사업가, 대중 매체가 항상 도덕적으로 깨끗한make clear 것처럼 보이지만, 성실성의 관점에서 볼 때, 부끄럽게도 도덕성이 부족하다. 대다수의 신문들은 무엇이 도덕적으로 적절한 지에 대한 것은 말할 것도 없고, 그들의 책임감에 대해서도 관심을 갖지 않는다. "피를 봐야 대박이 난다If it bleeds, it leads"는 신조처럼, 그들은 사업을 위해 모든 것을 희생시킨다. 마찬가지로 기업들도 수치심은 없다. 1990년대에 영국에서 일어난 일련의 철도 재앙에서와 같이, 이윤 추구에만 급급한 그들의 단선적인 사고가 결국 부적절한 사전 안전 조치와 인명 피해를 초래했을 때에도 그들은 부끄럽게 여기지 않았다. 그들은 또한 재정 관리와 대안 제시에서 실패한 것 외에는 아무것도 하지 않은 고위직에게 보수를 제공하는 것에 대해서도, 그리고 책임감이 투철하고 일에 최선을 다하는 저임금 노동자들을 적절한 보상 없이 착취하는 것에 대해서도 똑같이 무관심했다. 정치인들은 대량 파괴 무기에 대한 정보를 조작하고, 정적에 대해 추악하고 잘못된 정보를 유포시키면서 단순히 대중을 오도하는 것처럼, 자신의 사리사욕을 채우기 위해서는 무엇이든지 할 것이다. "정보 조작"은 때때로 비판받지만, 도덕적으로 아주 잘못된 것처럼 보이지는 않는다. 정치인들의 세계에서는 이런 문제가 "부인할 만한 것"도 아니다. 어떤 특별한 방법들은 도덕적 관점에서 때때로 비난받지만, 정당은 권력 획득과 유지를 위해서는 무엇을 하더라도 수치스러워하지 않는다. 우리는, 자포자기의 심정으로 했더라도, 자식을 유기한 것에 대해 도덕적으로 비난하고, 24살의 성인이 17살의 미성년자와 성관계를 맺는 것에 대해 도덕적으로 비난한다. 그리고 운전 중에 무의식적으로 담배를 피우는 사람에 대해서도 도덕적으로 비난한다. 환언하면, 우리는 명백히 수용할 수 없는 수많은 개인적 문제에 대해서 여전히 도덕적 판단을 내린다. 그러나 명백하고 확실한 부정의에 대해 대처할 능력은 없어 보인다. 어느 모로 보나 착하고 훌륭한 피고용인이 자신이 일하는 병원에서 어떤 심각한 건강상의 위험을 지적한 것 때문에 일자리를 잃게 되었을 때, 그것을 구제할 방법이나 의지는 없어 보인다. 에로틱한 자세를 취한 수녀 사진이 프린트된 티셔츠를 입은 십대는 종교를 모욕했기 때문에 법률에 의해 처벌을 받는다. 반면에 한 중년 남성을 죽음에 이르게 한 가스 회사 트랜스코Transco의 보건 및 안전 규정 위반에 대해서는 아무도 설명을 요구하지 않는다. 아름답게 만들기는커녕 오히려 더 추하게 만들었더라도, 이 악당 같은 성형외과 의사가 버젓이 영업을 계속하는 것을 막을 방법은 없다. 광고계의 한 유명 인사는 '여자는 광고계에서 최고의 자리에 오를 수 없다. 왜냐하면 아이들 육아와 가사일로 인해 최고 수준의 성공을 이룰 수 없기 때문이다'라고 말함으로써 엄청난 도덕적 비난에 직면하게 되었는데, 이로 인해 그는 자리에서 물러나야 했다. 하지만, 비록 부주의로 인한 충돌이라는 것을 인정하더라도, 7명의 사망자와 70명의 부상자가 발생한 포터 바Potters Bar 열차 사고와 관련하여 누구도 기소당한 사람은 없다.

도덕적 문제로서의 제도적이고 조직적인 활동을 제대로 다루지 못하는 점을 볼 때, 우리의 도덕적 우선성moral priority에 문제가 있다. 우리 사회의 부패, 이기심, 위선, 고위층의 이중 잣대는 모두 알고 있는 사실이다. 우리가 살고 있는 곳이 도덕적 불모지라는 증거는 사회 속에서 ― 그 수는 실제로는 아주 미미한 ― 살인자, 폭력배, 강도뿐만 아니라 타인에 대한 존중 결여, 복지, 자유, 진실, 공정함 등의 기본적인 도덕원리의 준수 미흡, 편협함과 독단의 정도와 광범위함 등에서 발견된다. 일류 시민은 일류 시민을 선택하지만, 이류 시민은 삼류 시민을 선택한다. 선善이 좌절되는 것은 소수의 선한 사람들조차 도덕성을 지키는 것에 실패할 때이다. 이들 경구는 우리들의 문제 중에서 가장 핵심적인 부분이다. 평균적인 중산층 시민들은 자신들이 계몽된 도덕적 시기에 살고 있다고 생각하지만, 도덕적 성실성을 갖춘 헌신적인 지도자들도 각계각층에서 이류 관리자나 관료들에 의해 그 의지가 꺾이고 있다. 그리고 이류 관리자나 관료들도 솔직히 그들과 같은 비굴한 사람들에게 둘러싸여 있다. 속임수와 조작이 외교술과 재능을 대체하고 있다. 실제로 다수인지는 알 수 없지만, 소위 침묵하는 합리적이고 정직한 다수는 도덕적 덕을 교화로, 도덕원리들을 정치적으로 타당한 규칙으로, 도덕적 인격을 "거리의 신용"으로 대체하는 것에 반대하는 데 확실히 실패해 왔다.

도덕성과 관련된 교육의 주된 질문은 이런 상황에서 어떻게 해야 하는가이다. 우리는 어떻게 사회의 도덕적 풍토를 개선할 수 있을까? 다음 세대가 사회적 규칙을 맹목적으로 받아들이고 복종하거나, 극단적으로, 도덕적 진실은 없다고 무비판적으로 받아들이는 사람보다는 관용이나 존중과 같은 원칙과 태도를 가진 사람, 즉 도덕적 성실성을 가진 사람으로 구성되도록 하기 위해서 우리는 무엇을 할 수 있는가?

이 장을 위한 참고문헌

40여 년 동안, 교육철학에서 가장 중요한 책은 피터스R. S. Peters의『윤리학과 교육*Ethics and Education*』이다. 도덕 문제나 교육의 본질에 대해 알고 싶은 사람은 이 책부터 시작하라고 조언하고 싶다. 교육철학이 전성기를 누렸던 시기의 관련 도서는 그리블James Gribble의『교육철학 입문*Introduction to Philosophy of Education*』, 허스트와 피터스Paul H. Hirst & R. S. Peters의『교육의 논리*Logic of Education*』, 그리고 클라이니히Jahn Kleinig의『교육에서 철학적 쟁점*Philosophy Issues in Education*』이 있다. 1975년에 처음 출판된 후 여전히 출판되고 있으며, 어떤 면에서는 이 책의 자매서라고 할 수 있는 배로와 우즈Ronald Woods의『교육철학 입문*An Introduction to the Philosophy of Education*』이 있다. 교육에서의 평등과 공정함에 관해서는 쿠퍼David E. Cooper의『평등의 환상*Illusions of Equality*』과 윌슨Bryan R. Wilson이 편집한『교육, 평등, 그리고 사회*Education, Equality and Society*』가 있다.

배로와 키니Patrick Keeney가 편집한『학문 윤리학*Academic Ethics*』은 대

학 교육에서의 학문 윤리와 관련된 논문들로 구성되어 있다. 이 논문들은 학교와는 직접적으로 관련이 없다. 그러나 아벨라르와 엘로이즈에 대한 특별한 언급을 포함한 교사와 학생 간의 우정과 사랑에 관한 문제가 네링Cristina Nehring의 「더 높은 열망The Higher Yearning: Bringing Eros back to Academe」에서 소개되고 있다. 버지James Burge의 『엘로이즈와 아벨라르Heloise and Abelard』는 뛰어난 전기이다.

두더보이스 기숙학교는 찰스 디킨스의 『니콜라스 니클비Nicholas Nickleby』에 나오는 악명 높은 학교이다. 『어려운 시절Hard Times』에서는 사실만을 주입하는 교육을 동일하게 패러디하고 있다. 이 작품에서 문제 있는 선생으로 나오는 그래드그라인드Gradgrind는 무의미한 기계식 수업의 대명사가 되어 왔다.

액턴H. B. Acton이 편집한 『처벌의 철학The Philosophy of Punishment』은 이 주제와 관련된 기본적인 논문들로 구성되어 있다. 윌슨John Wilson의 『교육철학 서설Preface to the Philosophy of Education』은 교육적 맥락에서의 처벌에 관해 시사점을 주고 있다. 피터스의 『윤리학과 교육』도 마찬가지다. 이와 관련된 경험적 연구로는 호니그W. K. Honig가 편집한 『자발적 행동Operant Behavior』이라는 책 속의 애즈린N. H. Azrin과 홀츠W. C. Holz의 「처벌Punishment」, 오리어리 부부K. D. O'Leary & S. S. O'Leary의 『교실 경영Classroom Management』, 그리고 시어즈R. R. Sears 등의 『아동기의 양육 패턴Patterns of Childhood Rearing』이 있다. 처벌의 부과는 루소의 『에밀Emile』, 닐의 『서머힐Summerhill』, 홀트John Holt의 『아동기로부터의 도피Escape from Childhood』와 같은 소위 "진보적인" 교육자들에 의해 비판받는 경향이 있다. 전형적으로 이들은 처벌이 필요 없다고 말하는데, 왜냐하면 아이들은 경험(혹은 "본성적으로")을 통해 적절하고 옳고 필요한 것을 적시에 배우기 때문이다. 그러나 그 글들에서 처벌은 효과가 없다는 경험적 주장과 효과가 있든 없든 사용하지 말아야 한다는 당위적인 주장이 공통적으로 발견되는 혼란이 보인다. 배로의 『급진 교육*Radical Education*』은 이런 진보적 견해와 논쟁에 대해 비판점을 제시하고 있다.

그 형태가 무엇이든 좋지 않은 학업 성적에 대해 제재를 가하는 것은 여기에서 논의되는 엄격한 의미의 "처벌"은 아니라고 주장될 수 있다. 왜냐하면 좋지 않은 학업 성적은 도덕적 위반이 아니며 "잘못"을 저지른 것이 아니기 때문이다. 엄격히 말하면, 나는 이것이 옳다고 생각한다. 그러나 우리에게는 여전히 이런 제재가 학생들에게 효과적인지 그리고 도덕적으로 수용할 수 있는지에 대해 의문이 남는다.

대부분의 교육 문제에는 경험적 측면이 있다는 사실을 강조하는 것은 가장 중요한 점을 제기한다. 그것은 일반적으로 경험적 문제들로부터 충분한 답변을 듣는 것이 어렵다는 것이다. 이것은 일부에게는 놀랍게 보일지도 모른다. 하지만 우리는 과학적 방법으로 경험적 연구를 어떻게 수행해야 하는지 알고 있으며, 실제로 그 기획에 수년간의 연구와 많은 돈을 투입해 왔다. 그리고 경험적 문제들은 대체로 평가적 문제evaluative question가 제시하지 못하는 명쾌한 해답을 제시하는 것으로 여겨진다. 그렇다면 우리도 가장 효과적인 수행 방법에 대해 아주 많이 알아야만 하는 것일까? 이것은 오늘날 교육학자들 사이의 주된 논쟁거리다. 그러나 나는 그런 조사 연구는 별 의미가 없다고 생각한다. 왜냐하면 지금까지 수행된 다수의 조사 연구들은 여러 가지 논리적 약점을 가지고 있기 때문이며, 결정적으로 우리가 탐구하는 대상의 본질상 그렇게 할 수 없기 때문이다. 간단히 말하면, 인간은 무생물이 아니다. 인간은 의식적으로 행동하기 때문에 인간 본성에 대한 과학은 존재할 수 없다. 따라서 "사회과학"이라는 용어도 잘못된 것이다. 이런 견해에 대한 지지로써, 일반적으로 연구의 본질에 대해 토론할 때 대부분의 유력한 경험 연구자들은 많은 불일치와 부적절한 개념화 그리고 정확한 표현의 어려움을 인정한다. 반면에 비판하는 사람들은 도출된 연구 결과가 경험적 연구를 통해 얻은 것이기보다는 이미 존재하는 진실로부터 도출된 것이라고 지적한다(예를 들어, 선생님이 학생들에게 관심을 가져야 한다는 것은 관찰에 의해 발견되는 것이 아니라 바람직한 교수가 의미하는 것에서 비롯된다는 것을 의미한다). 이런 문제는 배로와 펙이 『교육 연구는 어떤 쓸모가 있는가What Use is Educational Research?』에서 논의하고 있다.

이런 전형적인 문제들 밑에 감추어진 중요한 논점은 부모나 교사는 어떤 의미에서 학생들의 발달에 영향력을 가진다는 것을 부인할 수 없다는 점이다. 아이들은 그 사실에 대해 여러 가지로 반응할 것이다. 특정한 지도guidance를 자제하고, 여러 가지 당황스러운 모델을 보여 주기도 하고, 어떤 행동을 시키기도 하는 것은 따라서 일련의 선택된 가치들을 보여 주는 것만큼 많은 영향을 끼친다. 중요한 문제는 아이들의 인격 형성을 위해 우리가 역할을 담당해야 하는지가 아니라, 우리가 아이들의 인격 형성을 위해 어떻게 해야 하는가이며, 가장 중요한 것은 어떤 방향으로 갈 것인가이다. 우리는 어떤 인격을 계발시켜야 하는가? 이는 피할 수 없는 질문이다.

차별에 대해서는 9장의 참고 문헌을 참조하고, 교화에 대해서는 스누크I. A. Snook의 『교화의 개념The Concept of Indoctrination』과 스누크가 편집한 『교화의 개념들Concepts of Indoctrination』을 참조하라. 래비치Diane Ravitch의 『언어 경찰The Language Police』은 학교에서의 검열이라는 주제에 대해 읽을거리를 제공해 줄 것이다.

이 장의 마지막 부분에서 언급한 도덕적으로 중요한 것과 그렇지 않은 것에 대한 예들은 최근 신문 기사들에서 얻은 것이다. 나는 거의 매일 발견되는 유사한 이야기들을 참조하는 걸 싫어하지 않는다.

버크Edmund Burke는 "선의 방관은 악의 승리를 꽃 피운다"라고 했다. 다른 유명한 경구인 "일류 시민은 일류 시민을 선택하지만, 이류 시민은 삼류 시민을 선택한다"는 것은 인터넷에서 찾아서 사용한 것인데, 그 원 출처는 찾을 수 없었다. 나는 이 경구를 어디에서 봤는지는 알 수 없지만, 이것이 심오하고 충격적인 정치적 진리라고 생각한다.

12. 도덕교육에 대한 질문

도덕교육에 관해 묻고 싶은 첫 번째 질문은 무엇이 도덕교육을 받은 사람을 특징짓는가와 무엇이 도덕교육을 받은 사람처럼 보이게 만드는가이다. 우리가 이루고자 하는 바를 명확히 할 때에만 알기 쉽게 다음 이야기로 가장 잘 이어나갈 수 있다.

　도덕교육을 잘 받은 사람과 도덕적인 사람을 동등하다고 보는 것, 그리고 결과적으로 도덕교육이 도덕적인 사람을 길러내도록 구성되어야 하고, 그 효율성이 그러한 목표를 이루는 데 성공했는가로 판단되어야 한다고 가정하는 것은 자연스러운 경향이다. 그러나 중요한 것은 이것이 아주 옳지는 않다는 것이다. 교육은 모든 측면에서 결정적으로 이해 증진에 관한 것이다. 교육받은 사람들이 어떻든 간에, 그들은 어떤 이해를 가진 사람들이다. 이런 점에서, 교육은 "어떤 것의 이유"에 대한 이해를 반드시 포함하지는 않는 훈련, 사회화, 그리고 다른 형태의 양육과는 다르다. 도덕교육은 도덕적 범위의 이해를 증진시키는 문제이다. 그러므로 도덕교육을 받은 사람은 도덕적인 사람과 완벽하게 같지는 않다. 비록 어떤 교육적 경험이 없더라도 도덕적일 수 있고, 도덕적으로 잘 교육받았지만 특별히 도덕적 방식 안에서의 삶에 실패한 사람이 있을 수 있다. 도덕교육을 받은 사람은 도덕성의 성격을 이해하고 도덕적 탐구(일관성과 진리와 같은) 안에서 절대적인 기준과 규범norms에 전념한다. 같은 방식으로 교육받은 역사학자와 과학자들은 그들의 주제를 이해하고 그들의 학문의 규범에 전념한다. 그러나 도덕교육을 받은 사람은 그럼에도 불구하고, 훌륭한 역사학자가 그의 관심을 역사에서부터 거두는 것처럼, 그 주제를 밀어두고 그 안에 더 이상 흥미로운 것은 없다고 선언할지도 모른다. 똑같이, 도덕교육을 받은 사람은 도덕적이기를 열망하지만, 유혹에 희생되거나 두려움이나 다른 외부 압력에 제압당하는 것과 같은 다양한 외부 요인들에 의해 실패한다. 반대로, 어떠한 정규 도덕교육도 받지 않은 사람이 도덕적으로 행동할 수 있다. 그래서 우리는 성공적인 도덕교육의 문제가 단순히 학생들로 하여금 도덕적인 삶을 이끌어 나아가도록 해주는 정도라고 생각할 수 없다. 그리고 우리는 사회 속에서 도덕적 행위의 증가나 쇠퇴를 측정함으로써 도덕교육의 질을 따져서는 안 된다.

(영향력 있는 주장에 의하면, 교육받은 과학자나 역사학자는 당연히 그들의 이해에 의해 "변화되며," 그 결과, 예를 들어 역사학자들은 그들의 역사학적 지식에 의해 영향 받은 관점에 따라 삶을 살아가고 세상을 바라본다는 것을 여기서 지적하는 것이 바람직하다. 만약 그것이 받아들여진다면, 그것이 함의하는 바는 도덕교육을 받은 사람은 그의 도덕적 지식에 의해 변화되어야만 하며, 반드시 도덕적이어야 한다는 의미로 받아들여질지도 모른다는 것이다. 필자는 교육이 반드시 이런 방식의 변화를 포함하고 있다는 전제를 받아들여야 할지 확신하지 못한다. 그러나 그것이 받아들여진다면, 필자는 도덕교육을 받은 사람은 반드시 도덕적이어야 한다는 언급을 받아들이길 거부할 것이다. 아마도 진실로 도덕교육을 받은 사람은 그들의 이해를 통해 어떤 방식으로든 변화되었음에 틀림없을 것이다. 그러나 누군가는 자신의 행동이 도덕적일 것이라고 보장하지 않는 방식으로 자신의 도덕적인 이해에 따라 변화되고, 영향을 받거나 바뀔 수도 있다.)

여하튼, 이 경우에 더 중요하게 고려할 점은 도덕적 행동의 향상이 측정

가능하거나 평가하기 적당한 것은 아니라는 점이다. 예를 들어, 범죄 수치는 신뢰할 수 없고, 그것의 해석에 크게 의존하며, 어쨌든 도덕적인 특성들과 똑같지는 않다. 엄밀히 말하자면, 정직, 친절, 믿음과 같은 도덕적 자질들의 증가나 감소와 사람들이 공정성과 진리에 대한 관심에 의해 실제로 동기화되는 정도를 확실히 측정할 방법은 없다. 그러나, 그보다 더 나쁜 것은, 우리는 그것을 시종일관 비형식적으로 혹은 인상에 근거해 측정하거나 평가할 수밖에 없다는 것이다. 예를 들어, 우리가 예전 세대들에 비해 얼마나 더 도덕적인지에 대해 말할 수 있는 위치에 있다고 가정하는 것은 무의미하다. 우리는 심지어 현재 러시아에 만연한 부패에 대한 뉴스 기사로부터 러시아의 평균적인 시민들이 다른 나라의 시민들보다 어느 정도나 더 부패했는지 여부는 차치하고, 러시아가 미국보다 더 부패했다는 것이 진실인지 말할 수 있는 것도 아니다. 어쨌든, 어떤 역사 프로그램이 평균 이상의 훌륭한 역사학자를 반드시 배출하지 않아도 훌륭한 프로그램으로 판단될 수 있듯이(혹은 심지어 나쁜 역사학자들을 낳는다면, 그것은 역설적인 것처럼 보이겠지만), 좋은 도덕교육 프로그램이 반드시 더 도덕적인 행동(더 나은 행동, 그 이상의 것이든 혹은 둘 다이든)을 가져오지는 않는다. 개개인의 궁극적인 도덕적 자질에는 교육 이외에도 유전적인 유산으로부터 가족과 동료 집단에 의한 강한 사회적 압력에 이르기까지, 불가피하고 강력한 관련성을 지닌 요소들이 너무나 많다. 그 때문에 교육 프로그램의 성공은 학생들의 궁극적인 도덕적 행동의 측면에서 판단하는 것이 합리적이다.

그러나 측정과 평가에 대한 현시대의 강박관념에도 불구하고, 우리가 이러한 방식으로 제공하는 도덕교육의 성공을, 혹은 다른 방식으로 확실하게 그것을 평가할 수 없다는 사실이 우리를 절망으로 이끌게 해서는 안 된다. 예술의 좋은 영향을 평가할 수 있는 방법이 없다는 점에 동의했더라도, 우리를 보다 더 향상시킬 수 있는지 여부와 우리에게 이로움을 제공하는지 여부에 관계없이 예술이 가치 있다고 하는 것처럼, 어떤 것은 그 자체로 할 만한 가치가 있는 것으로 판단된다. 우정, 사랑, 아름다움, 편안함은 모두 일반적으로 소유할 가치가 있는 것으로 인식되는데, 그것들이 가져다주는 이점을 체계적으로 증명하거나 측정할 수 없을 뿐만 아니라 설명할 수 없다는 사실에도 불구하고 말이다. 영문학에 관한 2개의 강의가 학생들에게 감수성을 어느 정도나 향상시켰는지 측정하려는 잘못된 시도 없이도 우리는 그것들을 비판적으로 비교하거나 평가할 수 있다. 도덕교육에서 도덕적 행동의 정도를 측정함으로써 우리의 성공을 판단할 수 없다고 해서, 우리가 그것에 참여할 이유가 없다고 분명히 말할 수 있는 것은 아니다. 도덕교육이 없는 것보다 도덕교육이라는 이름으로 우리가 행하는 것의 결과가 아마도 더 나을 것이다. 그리고 만약 우리가 사고 능력의 향상을 이루고자 한다면, 도덕교육을 행하는 것이 더 나을 것이다. 여기서 반드시 인정해야 할 점은 우리가 이론의 여지 없이 이를 증명하거나 기술할 수 없다는 것이다. 그렇다고 하더라도 그것이 합리적인 가정이 아니라는 것으로 귀결되는 것은 아니다. 사실은, 다음과 같은 이유 때문에 아주 특별하게, 합리적인 가정인 것이다. 도덕교육이 논리적으로 도덕적인 인간 양성을 위해 필요한 것이 아니더라도, (진실한 도덕적 행동은 어떤 원리에 대한 헌신 차원에서 자발적으로 행동하는 것이므로) 도덕적 이해가 도덕적 존재를 위해 필요하고, 정규 교육의 도움과 안내 없이는 대다수 사람들이 도덕성의 본성에 대한 이러한 이해를 획득할 수 없을 것이라는 점에 대해서는 이견이 없다. 도덕교육을 받은 존재가 도덕적 존재와 같지는 않다. 그러나 진정한 도덕적 존재는 단순히 도덕적으로 공인된 방식에 따라 행동하는 것과는 구별되며, 반드시 도덕적 이해를 포함한다. 대부분의 사람들은 정규 교육을 통하지 않고서는 충분한 도덕적 이해를 얻지 못할 것이다. 그러므로 우리가 사회에서 도덕적 행동의 정도와 범위를, 측정은 말할 것도 없고, 정말로 평가할 수 없다는 사실과 상관없이 도덕교육은 바람직하다.

우리가 제공하는 도덕교육에도 불구하고 어떤 사람들이 비도덕적으로 행동한다고 믿을 만한 이유가 있더라도, 우리는 이에 대해 놀랄 필요도 없고, 자동적으로 도덕교육이 부적절하다고 가정해서도 안 된다. 어떤 사람들은 유전적으로 악을 향한 기질을 지니고 있을지도 모른다. 다른 누군가는 상황(필요, 두려움, 동료로부터 받는 사회적 압력 등)에 따라 방향이 바뀔 수도 있다. 그리고 선이 무엇인지 인지한다 하더라도 의지박약으로 인해 도덕적으로 행동하지 못할 수 있다. 선을 아는 것은 행동을 위한 동기를 제공하지만, 선을 안다고 해서 반드시 선하게 행동하는 것은 아니다. 만약 내가 도덕성을 이해한다면, 그때 나는 친구를 배신하는 것이 본질적으로 그른 것이라고 이해한다. 그리고 나는 어떤 상충하는 도덕적 요구에 의해 갈등하지 않는 한 그것을 하지 말아야 한다. 그러나 내가 하지 말아야 하는 것을 알고 또 도덕적 원리들을 지키는 데 진심으로 헌신한다고 해서 내가 그러지 않을 거라는 것을 보장하는 것은 아니다. 예를 들어, 우리 중에 누가 얼마나 오랫동안 고문을 견딜 수 있는지 알겠는가? 우리 중에 누가 모든 유혹을 견딜 수 있겠는가? 극단적인 상황에서 무너져 친구들을 배신한 사람들은 나쁘거나 본질적으로 그릇된 뭔가를 했다고 말할 수 있으며, 이런 경우에 우리가 동정심을 가지고 있더라도 그들이 정당하였다고 인정하지 못할지도 모른다. 그러나 심지어 그들이 잘못했다고, 그들의 행위가 이해할 수는 있어도 정당화될 수는 없다고 생각하는 동안에도 우리는 그들을 비난하거나 마구 나무라지 않을지도 모른다. 그중에서도 특히 선한 것과 옳은 것을 안다는 것은 어떤 것을 행해야만 하는가에 대해 인식하고 있음을 의미한다. 이것은 내재적인 동기부여를 보여 주는 것이다. 그러나 인간은 부분적으로 유혹, 두려움, 탐욕 등에 의해 희생되기도 한다. 그러므로 우리는 인간의 상황을 고려해서 칭찬과 비난을 조절해야만 한다. 도덕성은 다른 것들 중에서 우리가 대부분의 시간에 쉽게 행할 수 있는 뭔가를, 더 많은 관용과 이해를 보여 주기를 우리에게 요구한다. 그러나 그것은 도덕교육의 어떤 체계 아래에서 성공을 보장할 수 없는 인간 본성의 사실로부터 온 것이다. 모든 시민들을 항상 "옳게" 행동하도록 길러내는 데 성공했다면, 그 사회는 결코 도덕적 행위자를 만들어 내지 못했을 거라고 말하는 것도 합리적일 수 있지만, 틀림없이 주입하거나, 다른 방식으로 강제하고 조종하거나 그들을 위협하여 행동 양식에 맞추었을 것이다. 그러나 이 같은 경우에는 개인이 자발적으로 어떤 방식으로 행동할 것을 주체적으로 결정하는, 진정으로 도덕적인 사회로 나아갈 수 없다.

우리가 할 수 있는 것은, 도덕성에는 무엇이 관련되는지, 도덕적 존재가 되기 위한 다양한 토대는 무엇이며, 도덕적으로 되는 것의 외재적 이점은 대체로 개인과 사회 모두를 위해 좋은 것이라는 점을 사람들에게 가르치는 것이다. 실제로, 사람들이 도덕적이라고 동경하는 예측 가능성, 안전, 안정, 심지어 즐거움과 같은 사회의 외재적 이점들은 그 자체로 도덕적 선이 아닐지는 모르지만, 기본적으로 정의된 원리들이 자명하고 어떤 면에서는 논리적으로 우리를 구속한다는 논의에 더하여 도덕적이어야 한다는 것에 더 많은 이유들을 제공한다.

요컨대, 도덕교육은 도덕적인 행동을 낳는 경향에 의해 질적으로 판단될 수 없으며, 그것의 성공은 어떠한 방식으로든 양적으로 평가될 수 없다. 그럼에도 불구하고 우리는 청소년들의 도덕적 이해를 발달시킬 수 있고, 또한 발달시켜야만 한다. 그러나 도덕적 이해를 이끌어 내는 것은 수용을 주장하고 고정된 규칙들이나 행동의 체계를 고집하는 훈육의 형태와 다르다. 특히 종교적 유산을 보면, 엄격한 기독교적 훈육이 다섯 가지 기본 도덕원리들과 연결되고 또한 신약성서 안의 예수 그리스도에 기인한 일부 가치와 일치한다고 하더라도, 사실상 도덕교육과 아무런 공통점도 가지고 있지 않다고 인식해야만 한다. 성공회 기도문이나 다른 비슷한 명령에서 출발하여 십계명을 주입시키고 복종을 요구하는 훈육은 단순히 부적절한 것이 아니라 사실상 도덕교육의 형태로서 분명히 받아들일 수 없다. 그러므로 이러한 형태의 도덕교육에 대한 반대는 자세히 짚어볼 필요가 있다. 그러나 필자가 십계명의 예를 사용하지만, 이념적이거나 정치적인 종류의 비종교적인 것을 포함하는 다른 예들도 많이 존재한다는 것을 주의해야 한다. 십계명이란,

1. 나 외에 다른 신을 섬기지 말라.
2. 우상을 만들지 말고, 그것들에 절하지 말고, 섬기지 말라.
3. 여호와의 이름을 망령되이 일컫지 말라.
4. 안식일을 지켜 거룩하게 하라.
5. 네 부모를 공경하라.
6. 살인하지 말라.
7. 간음하지 말라.
8. 도둑질하지 말라.
9. 네 이웃에 대해 거짓 증언하지 말라.
10. 네 이웃의 아내나 소유는 무엇이든지 탐내지 말라.

그것은 종종 여덟 가지의 하지 말아야 할 행동과 두 가지의 해야 할 행동을 가진 매우 부정적인 체계라고 비판받아 왔다. 또한 간혹 이것이 얼마나 피상적으로 도덕적 영역을 요약하고 있는지에 대해서도 비판받았다. 도덕적 영역이 너무 넓게 이해되고, 사람들이 도덕적 문제라고 생각하는 경향이 있는 많은 문제들이 실제로는 도덕적 문제가 아니라는 것이 필자의 주장의 일부분이었지만, 내가 그린 축소된 도덕적 영역은 십계명이 포함하는 것보다 훨씬 더 넓은 범위를 포함한다. 그러나 어쨌든 십계명은 일차적 원리에 대한 언급이 결여되어 있고, (신에 대한 두려움 혹은 법에 대한 복종과 구별되는) 원칙에 따라 행동할 필요성에 대한 언급 또한 결여되어 있다는 것을 보여 주기 때문에, 명백히 도덕성에 대한 설명이나 도덕 이론으

로 볼 수는 없다. 이것은 행동 규범이고, 이러한 가치들의 대부분은 도덕적이라기보다는 사회적이며, 길 왼쪽으로 운전하는 나라에서는 그 관행을 적용하는 것이 중요하지만 오른쪽으로 운전하는 것보다 본질적으로 더 우수하다고 할 수 없는 것처럼, 어떤 경우에는 내재적인 가치라기보다는 일반적으로 받아들여지는 것으로 고려될 필요가 있다. (이것은 내가 소위 "성도덕"의 대부분이 이 범주에 들어가야 한다고 주장한 것을 생각나게 한다. 만약 사회가 "간통"을 부정하지 않는 관계 형태를 일관되게 채택한다면, 간통은 받아들여질 수 있는 관행이 될 것이다. 결국, 불친절, 불관용이나 살인은 본질적으로 비도덕적이지 않으며, 그것들은 경우에 따라 정당화될 수 있다.)

처음 네 가지 계명은 순전히 종교적이며, 도덕성과 어떤 관련도 없다. 신의 이름을 망령되이 일컫는 것은 죄이며 현명하지 못한 행동이지만, 비도덕적이지는 않다. 그리고 신의 이름을 남용하는 것은 도덕적으로 옳거나 선하거나 정당화되지 않는다. 그것은 도덕과 관련 없는 문제이며, 특별히 기독교의 신을 믿는다 해도 사실이다. (물론 기독교적인 관점에서는 죄이지만, 그 죄가 정확히 말해 종교적인 개념이라는 것을 기억해야만 한다. 광범위한 종교적 과거 덕분에 "원죄"라는 단어를 공통의 어법 안에 간직하고, 때때로 "거짓말하는 것은 죄를 짓는 것이다"에서처럼, 마치 "도덕적으로 잘못된" 것과 유사한 것처럼 그 단어를 사용한다. 그러나 그것이 본래 종교적 용어라는 사실은 그대로이다.)

누군가는 아버지와 어머니를 공경하는 것이 도덕적인 요구 조건, 다시 말해서 신념에 상관없이 도덕적으로 행동해야 하는 것이라고 주장할 수 있다. 만약 그렇다면, 누군가는 아마도 그것이 일차적 원리에서 파생된 이차적 원리이고, 다른 사람들을 존중과 선행, 혹은 복지로써 대하는 일차적 원리들을 보조한다고 주장할 것이다. 그러나 이는 매우 설득력이 없다. 존중한다는 의미에서 사람들을 공경해야 하는 것처럼, 우리는 부모님을 분명히 공경해야만 한다. 그러나 필자가 다섯 번째 계명이 암시하는 것으로 받아들이는 보다 구체적인 의미에서 보면, 그들을 공경해야 할 명백한 이유는 없다. (예를 들어, 필자는 그 다섯 번째 계명을 부모님의 모든 명령에 복종하고 따르라는 의미로 받아들인다.) 그리고 사람들이 어떤 의미에서 다른 사람들보다 자신의 부모를 더 존경(공경을 포함하여)해야만 하는지는 명백하지 않다. (누군가는 우연히 부모를 더 사랑하게 될 지도 모른다. 그리고 누군가는 자녀로서 다른 사람들보다 부모에게 더 주의를 기울여야 하는 이유가 있을 수도 있다. 그러나 그것은 기독교적 의미에서 부모를 "존경하는 것"이 뜻하는 것과는 다른 것 같다.) 이전의 비슷한 경우들처럼, 필자의 요점은 부모를 존경하지 말아야 한다고 주장하거나 부모를 공경하는 사람들을 모욕하고자 하는 것이 아니라, 다른 사람보다 더 많은 존경으로써 부모를 공경할 도덕적 의무는 없다고 주장하는 것이다. 이는, 단순히 그들이 자신의 부모이고, 이러한 부모를 공경할 특별한 도덕적 의무(아마도 자식으로서 의무와는 대조적인)가 있다는 점을 뒷받침하는 명백한 근거가 없기 때문이다.

여섯 번째 계명과 관련해서는 원문상의 문제가 있다. 출애굽기에서는 신이 모세에게 십계명의 한 부분으로서 "죽이지 말아야 한다"는 것을 새겨 넣을 것을 요구하고 있다. 그러나 예수는, 마태복음에 따르면(19:18), 이것을 "살인하지 말라"(필자가 나타낸 것은 성공회 기도문에 따른 것)는 의미로 해석했다. "살인"은 정의상 항상 나쁜 것이다. 그것은 동료 인간에 대한 수용 불가능한 살해를 의미한다. (예를 들어, 우리가 전쟁을 비도덕적이라고 생각하지 않는다면, 전쟁의 행위로서 "죽이는 것"을 살인이라고 부르지는 않는다.) 이때, "살인하지 말라"는 당연히 예외를 허락하지 않는 합법적인 도덕적 명령으로 인정될 수 있다. (그러나 그것은 누군가를 죽이는 것이 언제 살인이 되는지를 결정함에 있어서 아무런 도움도 주지 못한다. 예를 들어, 가장이 가족을 보호하기 위해 무장 강도를 죽이는 것이 살인하는 것인가?) 죽이는 것과 훔치는 것에 반하는 명령들은 이차적 원리로 인식된다. 죽이는 것과 훔치는 것은, 비록 상황에 따라 도덕적으로 정당화된다고 생각할 수 있을지도 모르겠지만, 본질적으로 나쁘다. 물론 이러한 도덕적 처방이 가능하겠지만, 여기에는 살인과 절도와 같이 직접적이고 불변의 명령에 따르지 않는 상황 혹은 일차적 원리들 간의 충돌 등에 대한 고려를 무시하고 있다. "살인하지 말라"는 어떤 죽임이 정당화될 수 있다는 것을 부정하거나 혹은 도덕적으로 정당한 선택이 될 수도 있는 복잡하고 위협적인 상황을 고려하지 않는다. 생각하건대 전쟁 시에 배신자를 죽이거나 사이코패스 같은 강도를 죽이는 것은 정당화될 수 있다. 그리고 일반적으로 훔쳐서는 안 되지만, 도덕적으로 정당화될 수 있는 상황이 있을 수도 있다.

간통을 저지르는 것이 용서하거나 장려할 일은 아니지만, 그 자체로는 도덕적으로 잘못된 것으로 분류할 수 없다고 이미 논의하였다. 죽음에 이를 때까지 정절의 가치를 지키는 것과 결혼이라는 제도를 장려하는 것에는 좋은 이유가 있을 수 있다. 확실히 간통의 어떤 사례들은(아마도 대다수 사례들은) 도덕적으로 비난할 만하다. 왜냐하면 불륜의 방법이 도덕적인 결점들을 포함하기 때문이다. 그러나 간통이 비록 죄에 해당하더라도, 본질적으로 도덕적인 잘못은 아니다.

다섯 번째 계명과 마찬가지로, 잘못된 증언을 지니지 않은 명령이 정확히 무엇을 의미하는지와 관계된 문제가 있다. 그것은 "절대로 거짓말하지 말라"는 의미로 넓게 받아들여진다. 비록 그것이 꽤 명확하고 더 자세하게 "절대로 누군가에 반하여 거짓 증언을 하지 말라"고 하는 것처럼 보이지만, 어쨌든 거짓 증언을 하지 않는 것은 진실의 원리와는 다른 합리적인 이차적 원리(고대의 언어이기 때문에 부분적으로 틀릴 수 있는)로서 고려될 수 있다. 무엇을 "탐욕"이라 하는지는 우리가 그것에 대해 어떻게 의미 부여를 하는가에 전적으로 달려 있다. 이웃의 아내를 탐하는 것, 그녀에게 강한 욕망을 가지고, 심지어 그녀와 부정을 저지르는 것은, 내가 이미 논의했듯이, 반드시 도덕적으로 잘못된 것은 아니다. 탐욕이 종종 도둑질처럼 명백하게 잘못된 행동으로 이끌기도 하지만, 탐욕으로 인한 행동 그 자체가 비도덕적인 것은 아니라고 여기는 것이 가장 그럴듯해 보인다.

십계명은 우리에게 단지 세 가지 그럴듯한 도덕적 명령들을 주고, 심지어 그 세 가지 도덕적 명령들도 (만약 "살인"이 "죽임"으로 읽힌다면) 우리에게 단지 이차적 원리들을 제공할 뿐이라는 것은 논쟁 가능한 것이다. 이러한 이차적 원리들은 상황이나 상충하는 일차적 원리들로부터 비롯된 주장들의 충돌에 의해 무시될 수도 있다. 십계명의 대다수는 사실상 도덕적 문제들과 관련이 없다. 십계명의 대부분은 그 요구에 있어 부당하다고 할 만큼 융통성이 결여되어 있다. 그것은 도덕 이론을 구성하지 않거나, 도덕성의 본질에 대해 충분히 설명하지 않거나, 심지어 요약하지도 않는다. 도덕성이 이와 같은 규칙들(또는 유사한 불변의 규칙들, 특히 그것들이 도덕성의 기초적인 원리들과 관련되지 않을 때)에 복종하는 데 있다고 생각하는 것은 전적으로 잘못 받아들여진 것이다. 더 직접적으로 살펴보면, 십계명과 비슷한 목록을 발표하는 것이 도덕교육을 구성하지 않는다는 것은 명백하다. 대부분의 규칙들은 도덕적인 규칙이 아니다. 소수의 도덕 규칙만이 행위에 있어 부적절하고 교조적인 지침으로 기능하지 않을 수 있으며, 그것들의 중요성을 하나 혹은 그 이상의 일차적 원리로부터 찾을 수 있다. 그것들을 예외를 허용하지 않는 절대적인 명령으로 표현하는 것은, 도덕 이론은 말할 것도 없고, 도덕적 행동에 대한 완전히 잘못된 지침을 제공하는 것이다. 예를 들어, 그와 같은 일련의 규칙을 고수하는 사회가 더 안정적이고 예측 가능할지 모른다는 사실이 그 사회가 더 도덕적일 것이라고 생각하도록 우리를 잘못 이끌지는 않을 것이다. 실제로 어떤 행동이 규칙에 대한 맹목적인 복종에 근거를 두고 있는 한, 그 행동은 도덕과 무관할 것이다. 왜냐하면 여기서는 도덕적 행동에 필요한 '도덕적 의무감에 충실하려는 적극적인 자유'가 없기 때문이다. 결국, 그러한 규칙들에 대한 헌신을 주입하는 것에 근거한 양육은 결코 도덕교육의 한 종류로 볼 수 없다. 교육은 다른 무엇보다도 이해의 계발을 함의한다는 사실을 언급함으로써, 훈련, 교화, 사회화와 같은 양육의 다른 형태와 구별되어야 한다. 다양한 규칙에 복종하게 하는 것은 훈련의 한 방법일지는 모르겠지만, **참된** 교육이라고 볼 수는 없다.

만약 도덕적 훈련, 도덕적 조건화, 도덕적 교화와 구별되는 도덕교육의 성격과 도덕성 그 자체의 성격에 초점을 맞춘다면, 생각해 오던 것보다 도덕교육에 대한 어려움이 덜하다는 것을 알게 된다. 효과적인 방법을 결정하거나 성공을 보장함에 있어 어려움이 덜한 것이 아니라, 또한 보다 더 도덕적인 사회로 나아가기 위해 어떤 것이 얼마나 효과적인지 입증된 것과 상관없이, 어떠한 행동이 적절한지 결정함에 있어 어려움이 줄어드는 것이다. 확실성(교조적 규칙들, 불변의 규정들, 그리고 명백한 효과들)과 같은 주제를 포장하고자 하는 요구는 혼란스러운 생각에서 태어난다. 우리가 이미 살펴보았듯이, 소위 도덕적 쟁점이라고 말하는 것들의 많은 부분은 전혀 도덕적인 쟁점들이 아니다. 사실상 많은 도덕적 쟁점들은 명확한 해결책을 허락하지 않는다. 쟁점들뿐만 아니라 딜레마들은 도덕적 영역의 필수적인 부분이다. 원칙적으로 정답이나 옳고 그름이 있을지라도 그것을 확인할 수 없는 많은 상황들이 있다. 이것이 도덕적 영역에 대한 사실이다. 이를 비통해하거나 회피하거나 무시해도 소용없으며, 우리는 그것을 인정해야만 한다. 이 말은 실제로 그와 같은 경우에 생각을 보완하도록 개인들을 내버려 두어야만 한다는 것을 의미한다. 상대주의는, 만약 도덕적인 규칙들에 대한 근거가 전혀 없다거나 행위의 모든 규칙들이 단지 사회적인 규칙이나 관습에 불과하다고 주장하는 것이라면, 매우 잘못된 것이다. 그러나, 만약 상대주의가 특정한 상황들이 상이한 시대와 장소에 따라 다양한 판단을 불러일으키고 때때로 명확한 지침을 줄 수 없는 것을 의미한다면, 그것은 매우 타당하다. 우리가 보아 온 대로, 낙태와 안락사는 우리가 도덕적으로 정당한지 아닌지 판단 내릴 수 있는 위치에 있지 않음을 보여주는 명백한 예이다. 명백한 자유의 침해, 즉 한 개인에게 특정인의 시각에서 행동하기를 강요하는 것은 분명히 잘못된 것이다.

중요하지만 도덕적 문제는 아닌, 즉 환경, 재활용, 관습, 그리고 성관계의 많은 측면들에 대한 생각과 같은 많은 쟁점들이 있다. 그러한 예들에 대해 의견이 분분하다는 점을 차치하더라도, 그리고 어떤 방식으로 행동하는 것이 더 분별 있고 지혜로운 것인지에 상관없이, 이것들은 도덕적 문제가 아니다. (총기 소유를 비도덕적인 것으로 여기는 것이 꼭 맞는 더 나은 예일 수 있다. 그러나 이 경우에도 총기 소유는 불법이라고 말하는 것이 더 나을 것이다.)

그렇다면 도덕적인 사람은 무엇을 해야 하고, 무엇을 자제해야 하는가? 또한 도덕교육이라는 이름으로 젊은이들에게 무엇을 가르쳐야만 하는가?

첫째, 우리는 젊은이들에게 도덕성의 의미와 성격을 가르칠 필요가 있다. 도덕성은 법, 종교, 이해타산, 사회적 가치, 관습, 단순한 효능과 혼동되어서는 안 된다. 도덕성은 일차적인 고도의 추상적 원리이다. 물론, 비록 실생활에서는 그럴 수 없겠지만, 이상적으로는 이 원리들이 모든 시간과 공간에서 모든 인간의 상호작용을 지배해야만 한다. 그것들은 자유, 공정, 복지, 존중, 그리고 진실(진리)의 원리들이다. 우리가 노력하는 한, 이것들이 바람직하다는 것을 우리는 직관에 따라 혹은 자명하게 알고 있다. 이러한 원리들은 본질적으로 혹은 그 자체로 선이다.

둘째, 도덕적인 사람, 도덕적인 성실성을 가진 사람은, 명백하거나 실제적인 개인적 이익에 상관없이, 두려움이나 억압 아래에서도 칭찬을 위해서가 아니라, 이러한 원리에 따라서 행동해야 한다고 가르쳐야만 한다. 심지어 약속을 지키거나 친절하게 행동하는 것조차도, 만약 그것이 어떤 위협 상황에서 행하는 것이거나 다른 사람을 만족스럽게 하기 위해 행하는 것이라면, 도덕적 성실성에 입각하여 행동한다고 보기는 어렵다.

셋째, 일차적 원리들로부터의 추론을 통해 우리는 더 구체화시킬 수 있으며, 비록 절대적이지는 않지만, 학생들에게 일반적으로 말하면 선을 포함하고 있는 많은 이차적 원리(약속을 지켜라, 성실해라, 우정을 가꾸어라, 선을 지키기 위해 말하라, 관용을 보여라, 언론의 자유를 보호하라, 훔치거나 속이지 마라. 예를 들면, 유괴, 강간, 강도와 같이 사람들을 수단으로 이용하지 마라, 그리고 빌린 것을 갚지 않거나 도움을 거절하거나 무시하는 것과 같은 보다 개인적인 이유로 사람들을 이용하지 마라 등)를 보여 줄 수 있다. 이차적 원리들의 선은 어떤 경우에는 일차적 원리들을 언급함으로써, 또 어떤 경우에는 결과들을 언급함으로써 인지될 수 있다.

그러나 "일반적으로 말하면"이라는 제한은 상황적 맥락 속에서 보다 구체적으로 이해되어야만 한다. 전쟁 시에는 언론의 자유가 통제되어야만 할지도 모른다. 일반적으로 잘못된 것으로 이해되는 강간이나 강도가 어떻게 정당화될 수 있는지를 이해하기란 어렵다. 그러나 모든 다른 규칙들이 때때로 규칙들 그 자체에 의해 혹은 충돌하는 원칙들 때문에 정당하게 깨질지도 모른다. 약속을 지키는 것은, 만약 누군가가 반드시 진실을 말하기로 되어 있다고 한다면, 실제 삶에서는 항상 가능한 것이 아니다. 우정을 나누는 것은, 만약 개인적 이득이나 두려움 때문에 비롯된 것이거나 완전한 악인과 함께하는 것이라면, 분명히 선이라고 볼 수 없다. 상황이나 사람의 요구 혹은 더 많은 일차적 원리들은 때때로 배신이나 불관용을 정당화할 수 있다. 그러므로 언제 이차적 원리를 깨뜨리는 것이 타당한지를 이해하기 위해서는 우선 상황과 일차적 원리들을 고려해야 한다. 따라서 도덕교육의 세 번째 요소는 이차적 원리들의 이해를 발전시키는 것이고, 또한 상충하는 요구들에 관해서는 이러한 요구를 숙고하는 타당한 방법을 찾는 것으로 요약할 수 있다. 또한 어떤 경우에는 취할 수 있는 올바른 방식way이 없다는 사실이 도덕성의 측면에서 도덕적 진리나 객관성이 없다는 잘못된 주장과 혼동되지 말아야 한다는 것도 강조되어야 한다.

넷째, 도덕교육은 또한 토론이나 의사 결정을 위해 개념적인 작업에 충실해야 한다는 사실을 사람들이 이해할 수 있도록 가르쳐야만 한다. 도덕 이론에서 중심적인 개념, 예컨대 객관성과 주관성에 대한 토론뿐만 아니라 성실, 우정, 관용과 같은 도덕적 핵심 개념들에 대한 이해를 심화, 발달시키는 것이 필요하다는 데 강조점을 두어야만 한다. 누군가가 특정한 상황에서 충실함을 유지하는지 여부는 충실함으로 간주되는 것이 무엇이고, 충실하다는 것이 무엇인가에 대한 좋은 관념을 지닌 사람이 주어진 상황에서 주체적으로 행동하는 것에 의해 결정될 수 있다. 도덕성에서 진리에 대한 고려는 진리, 지식, 객관성과 주관성과 같은 개념을 지니고 있는 사람들로부터만 올 수 있다.

다섯째, 발달시킬 필요가 있기 때문에 우리가 젊은이들에게 귀감이 되고, 주의를 끌며, 장려해야만 하는 친절, 관대함과 같은 특정한 도덕적 성향이 있다. 필자가 이해(도덕적 이해는 도덕적 행위를 위해 매우 중요하다는 점과 현대적 관점에서는 이를 과소평가하고, 심지어 저항한다는 점 때문에 강조점이 두어져야 한다)에 강조점을 두어 왔음에도 불구하고, 도덕성에는 정서적인 면이 존재한다. 이것은 다른 어떤 것보다도 도덕성 그 자체에 대한 관심의 문제이다. 도덕적인 사람은 어떤 방식으로 행동하는 것이 중요하거나 의무라고 느끼며, 이것에 열정적으로 관심을 둔다. 그렇기 때문에 도덕적인 관심은 도덕적인 분노나 화로 표현되는 경향이 있다. 물론 도덕적인 사람은 다른 사람들에게 관심을 둔다. 그러나 다른 사람에 대한 강한 감정적 애착을 형성한다는 의미에서 "이웃을 사랑하라"와 같은 감정이 도덕적으로 필요한가에 대해서는 명백하지 않다. 따라서 도덕적 필요조건은 사람들에 대한 존중의 특징인 '관심'으로 더 잘 특징지어질 수 있다는 측면에서, 도덕적 이해뿐만 아니라 도덕적 정서를 발달시킬 필요가 있다.

여섯째, 진실한 이차적 원리들이 존재함을 확인하는 동일한 추론 과정은 도덕적 쟁점으로 추정되는 일부 쟁점들이 도덕과 전혀 관련이 없다는 것을 똑같이 분명하게 보여 준다(예를 들면, 재활용, 음주). 물론 어떤 행동을 해악이나 자유에 대한 고려와 연관지어 도덕적 문제처럼 보이게끔 만들 수 있다. 그러나 이를 통해 모든 행동을 도덕적 혹은 비도덕적 차원에서 가정하는 것은 혼란스럽다. 술 취하고 버릇없는 것은 다른 사람들에게 고통을 야기하는 불행한 결과를 낳을지도 모른다. 다른 사람들에게 고통을 야기하는 것은 나쁘기 때문에, 특정한 경우에는 당신이 나쁘게 행동했다고 말할지도 모른다. 그러나 일반적으로 말해서, 비록 음주가 확실히 반사회적이라 하더라도, 본질적으로 과도하게 비도덕적이라고 할 수는 없다. 이차적 원리들을 (그것들이 일차적 원리로부터 유래되었다는 사실과 별개로) 특징짓는 것은 본질적으로 이상적이거나 유해한 결과들을 가지는 경향이 있는 행동들을 언급하는 것이다. 본질적으로 약속을 어기는 것은 혼란, 불확실성, 다른 바람직하지 않은 결과들을 낳는 경향이 있다. 비록 특정한 행동이 부적절한 결과를 낳는다고 하더라도, 친절은 그 자체로서 위안이 된다. 이와는 대조적으로, 과음은 반드시 좋거나 나쁜 결과를 야기하는 것은 아니다. 재활용 실패는 필연적으로 도덕적인 결과를 낳는 것도 아니고, 내재적인 도덕적 가치를 지니는 것도 아니다.

일곱째이자 마지막으로, 의도는 성실성에 따른 행동의 또 다른 중요 요소이다. 어떤 사람이 왜 그렇게 하는가가 행동behavior을 행위action로 바꾸게 된다. 손 흔드는 것을 도움의 요청, 인사, 비밀스러운 신호로 만드는 것은 의도이다. 어떠한 이유에 행동이 관련된다면 도덕적 행위일 수 있다. 아이히만은 유대인들을 파괴하려는 의도를 가지고 있지 않았지만, 그럼에도 불구하고 비도덕적이었다. 그의 일차적 동기가 명령을 따르고 총통을 만족시키는 것이었다는 사실을 참작하더라도, 아이히만이 정말 "최종 해결책"을 이행할 "의도"가 없었느냐 하는 질문과는 별도로, 여기에 다른 중요한 혼동이 있다. 무언가를 달성하기 위해 의도하는 것, 행동의 이유를 이해하는 것, 실제로 행동하는 것(이를테면, 승진하기 위해 명령에 복종하는 것)은 사실 모두 다 관련이 없을지도 모른다. 그러나 도덕원리에 따라 행동하려는 의도가 있는지 여부는 또 다른 문제이다. 아이히만은 비도덕적으로 행동했다. 왜냐하면 그는 도덕원리들을 지킬 "의도"가 없었기 때문이다. 그의 중요한 동기가 무엇이든지 간에, 그는 도덕성을 회피하기로 선택했다. 명령에 복종하기로 하고 어떤 것을 결정했다는 점에서 볼 때, 그는 도덕성의 근본 원리들에 대해 관심을 갖는 것 대신에, 도덕적 성실성의 부족을 나타냈다.

여기에 요약된 7가지 사항들의 이해를 증진시키는 것은 도덕적 이해를 제공하는 것과 같다. 우리가 보아 온 대로 도덕적 이해는 도덕적 행동을 보장하지 않음에도 불구하고 도덕교육의 본질이다. 그러한 이해가 없는 사람이 도덕적으로 바람직하다고 여겨지는 방식으로 행동할지도 모르고, 자애로운 감정을 가질지도 모른다. 그러나 그가 어떤 방식으로 행동하는 것이 도덕적 의무라고 인식하기 때문에 그렇게 행동하는 것을 의미하는 '도덕적 성실성'에 부합되게 행동할 수는 없다. 때때로 도덕적으로 잘못 행동할지도 모른다는 사실에도 불구하고, 그러한 이해를 지닌 사람들은, 일반적으로 말해서 역사가가 역사적 이해를 통해 다른 사람들보다 세계를 더 잘 볼 수 있는 것처럼, 일반적으로 도덕적인 길을 더 잘 추구할 수 있고 또 바랄 수 있는 것 같다.

이 장을 위한 참고 문헌

다우니와 켈리Meriel Downey & A. V. Kelly의 『도덕교육*Moral Education*』은 이 분야에 대한 이론과 실제의 기본을 소개하고, 반면에 스트로건 Roger Straughan의 『우리는 아이들을 선하게 가르칠 수 있는가*Can we teach children to be good?*』는 철학적인 질문에 대해 소개하고 있다. 또한 카터 Robert E. Carter의 『도덕교육의 차원들*Dimensions of Moral Education*』도 살

펴보라. 허스트Paul Hirst의 『세속 사회에서 도덕교육*Moral education in a secular society*』은 특별히 도덕성과 종교의 관계에 대해 좋은 책이다. 피터스R. S. Peters의 『심리학과 윤리적 발달*Psychology and Ethical Development*』은 도덕교육과 관련된 자신의 논문들을 많이 모아 놓았다. 그리고 제목에 암시되어 있는 바와 같이, 심리학에 대한 비판적인 시각을 보인다. 코크레인D. B. Cochrane의 『도덕교육의 영역*The Domain of Moral Education*』과 스피커와 스트로건Ben Spiecker & Roger Straughan의 『도덕 교육과 발달에서 철학적 쟁점*Philosophical Issues in Moral Education and Development*』은 둘 다 유용한 철학적 논문들을 모아놓은 책들이다. 반면에 낸시와 시저Nancy F. & Theodore R. Sizer의 『도덕교육*Moral Education: Five Lectures*』과 니블렛 W. R. Niblett의 『변화하는 사회에서 도덕교육*Moral Education in a Changing Society*』은 다양한 분야에서 중요하다. 프링Richard Pring의 『교육과정에서 개인적이고 사회적인 교육*Personal and Social Education in the Curriculum*』과 화이트Patricia White가 편집한 『개인적이고 사회적인 교육*Personal and Social Education*』은 각각의 제목에서 나타나듯이, 도덕교육에 강하게 초점을 맞추고 있지는 않지만, 도덕교육과 명백히 관련이 있다. 2006년 후반기에 발간된 린지Colin Wringe의 『도덕교육*Moral Education: Beyond the Teaching of Right and Wrong*』에서는, 사전 홍보에 따르면, "유행을 따르는 상대주의와 최근에 권위주의를 지향하는 움직임들"이 모두 "확실히 거부되었음"을 논의하였다. 이를 통해 종교가 도덕교육에 공헌한 것에 대해 더욱 공감하는 것으로 보이며, "윤리 이론의 범위"에 관한 고려가 형성되는 것으로 보인다.

윌슨J. Wilson 등의 『도덕교육 입문*Introduction to Moral Education*』은 특히 재미있는 책이다. 이 책은 교육 문제들이 가장 많이 다루어졌던 절정기에 도덕교육에 대한 연구 프로그램에 같이 참여했던 철학자, 사회학자, 심리학자의 작품이다. 불행히도 이러한 관점은 교육이 독자적인 탐구 분야라는 두서 없는 아이디어에 의해 대체된다. 도덕교육에 대한 다른 책들은 특별하게 철학적이지는 않지만, 맥페일Peter McPhail 등의 『중등학교에서의 도덕교육*Moral Education in the Secondary School*』과 케이William Kay의 『도덕교육*Moral Education*』, 해리스Alan Harris의 『도덕성과 종교를 가르치기 *Teaching Morality and Religion*』와 머스그레이브P. W. Musgrave의 『도덕교육과정*The Moral Curriculum*』을 포함한다. 도덕교육의 사회학적인 고전으로 언급할 만한 가치가 있는 것은 뒤르켐Emile Durkheim(1858-1917)의 『도덕교육*Moral Education*』이다.

교육이 이해와 개념적으로 연관된다는 관점은, 다른 관점도 있겠지만, 교육철학자들 사이에서 폭넓게 받아들여지고 있으며, 플라톤 시대부터 그랬다. 랭포드Glenn Langford의 『철학과 교육*Philosophy and Education*』과 같은 책에서는 이해라는 개념의 핵심적 특징으로서 간주되던 것에 대해 비판적으로 논의하였다. 많은 다른 학자들이 합리성에 대해 지나치게 강조하거나 배제하려는 시도에 대해 우려해 왔다. 그리고, 물론, 교육받은 사람들이 이해해야 하는 것이 무엇인가에 대한 논의는 많다. 그러나 교육받는다는 것이 적어도 부분적으로는 이해를 획득하는 것임을 심각하게 부정하는 경우는, 비록 있다 해도, 거의 없는 편이다. 이러한 관점은, 예를 들어 배로의 『학교교육의 철학*The Philosophy of Schooling*』과 같은, 필자의 작업에서는 진부한 문구가 된다. 이에 대한 고전적인 논쟁은 허스트와 피터스의 글들에서 찾아볼 수 있으며, 특히 그들의 공동 저서인 『교육의 논리*The Logic of Education*』에서 살펴볼 수 있다. "존재의 이유the reason why of things"라는 문구는 피터스의 『윤리학과 교육*Ethics and Education*』에서 소개되었다. 아마도 의도한 바는 아니었겠지만, 예를 들어 만약 말년에 자신의 역사적 지식을 외면한다면 교육의 의미는 퇴색할 것이라고 말한 사람이 또한 피터스라는 것을 첨가해야만 할 것 같다.

엘리자베스 테일러Elizabeth Taylor의 『리핀코트 부인의 집에서*At Mrs*

Lippincote』의 발췌 부분은 교육 자체와 어떤 특별한 목적을 위한 훈련 간의 구별이 타당성 있다는 것을 보여 준다.

"그들은 베르길리우스와 플리니우스와 그리스어의 불규칙 동사들을 그녀의 머릿속에 집어넣으려고 한다."

"그리스어 동사들은 모두 불규칙해," 줄리아가 투덜댔다.

"나는 난센스라고 생각해. 그녀가 학교를 떠나면 그것들이 무슨 소용이 있지? 그것들이 그녀 남편의 저녁 식사 준비에 도움이 될까?"

"아니야, 그렇지 않아, 그걸 참고 해내는 게 그녀에게 도움이 될 거야. 만약 그녀가 학교에 가는 대신 요리를 한다면, 그녀가 자라는 과정에서 배우게 되는 것은 훨씬 더 적을 거야. 만약 그녀가 학교에서 그리스어를 배우지 않는다면, 그녀는 결국 그것을 절대로 배우지 못하게 될 거야. 학교에서 그리스어를 배우는 것은 겨울을 대비해 꿀을 비축해 두는 것과 같아."

"그러나 그게 어떤 용도인데?" 그가 끝까지 물었다.

"남자는 교육받아야만 해, 여자는 훈련받아야만 해." 그녀가 슬프게 말했다. … "엄마는," 줄리아가 계속 말했다. "내게 교육을 사치로 보도록 강요했어. 좋은 직업을 갖거나 좋은 남편을 만나기 위한 방편으로 생각하도록 하지 않고, 단지 지루함을 덜어주는 도구로 생각하게 했어." (pp. 107-8)

의지의 나약함이라는 복잡한 이슈는 스트로건의 『나는 해야 해. 그러나*I Ought to, But*』에 잘 나타나 있다.

8장과 9장에서 언급한 이차적 원리들에 기초한 사회적 가치들에 대한 논의는 살인에 관한 논의도 포함한다. 훔치는 것은 분명히 본질적으로 잘못된 행동이지만, 다른 일차적 원리들이 동등하게 혹은 보다 더 요구되는 상황에 따라서는 정당화될 수 있다. 예를 들어, 누군가가 굶주린 채 게슈타포에게 쫓기고 있다. 어떤 사람들은 이 같은 예시에서 빵 한 덩이를 갖는 것이 훔치는 것으로 간주되어서는 안 된다고 주장한다. 용어를 정의하는 것은 한계와 범주를 결정하는 것의 한 방법이다. 9장에서 다루었던 간통이 이와 같은 경우이다. 낙태와 안락사에 관련한 논쟁은 7장과 8장을 참고하라.

13. 도덕교육의 형태

'덕은 가르칠 수 있는가?'의 문제는 매우 오래된 문제다. 대체로 학생들에게 역사를 가르치면, 그들은 다소의 역사적 이해를 얻게 된다. 하지만 사람을 도덕적 존재로 기르는 것은 훨씬 더 운에 따르는 일이기 때문에, 덕을 가르칠 수 있는지 아닌지, 타고난 것인지 획득된 것인지는 지속적인 관심사다. 학생들 중에 누가 도덕적인 사람으로 성장할 것인지를 예견하는 것은 누가 역사학자로서 더 앞서 나아갈 것인지를 예견하는 것만큼 정확하지 않다. 또한 부분적으로 성공한 도덕교육이 상당히 유용한지, 혹은 심지어 그런 생각이 사리에 맞는지는 불분명한 반면, 이론의 여지는 있지만, 역사적인 이해는 없는 것보다는 다소 있는 것이 더 낫다고 말할 수도 있다.

그럼에도 불구하고, 덕은 가르칠 수 있는 것인지의 질문에 대한 답은, 수세기에 걸쳐 그것을 해결하려 한 빈번한 시도들과 몇몇 연구 프로젝트들이 제안하는 것보다는 분명할지도 모른다. 어쨌든, 도덕적 자아를 타고난 것, 즉 본래 주어진 것으로 볼 수 있는지, 아니면 양육이나 환경에 의해 계발되는 것으로 보아야 하는지는, 여지껏 그렇게 이해되었던 유일한 방식인, '도덕적 인격은 본성과 양육의 산물이며, 그 둘 사이의 상호작용의 산물이다'라는 식으로 지금 명확하게 대답할 수 있는 것처럼 보인다. 그러나 지금 우리는 "본성"과 "양육"에 관해 모호하게 이야기할 필요는 없다. 현재, 정체성의 도덕적 측면과 그 외 다른 측면들과 관련하여 계발할 수 있는 것은 우선 유전적 성질에 의해 제약되거나 가능하게 된다는, 반박할 수 없는 명백한 증거가 있다. 인간이 물려받은 유전자 풀pool은 그가 무엇이 될 수 있는가에 한계를 짓는다. 그러나 그런 한계 내에서, 아주 의미 있는, 교육을 포함하는 경험이라는 것이, 심지어 유전적 성질 그 자체가 환경에 의해 변형될 수 있는 정도까지, 중대한 차이를 만든다는 것은 명백하다. 따라서 "양육에 의한 본성"이라는 문구는 "양육 대 본성"의 오래되고 불필요한 대립에 반하여 설정되도록 만들어졌다. 성인으로서 우리의 현존재는, 학교교육을 확실하게 포함하는 가장 넓은 의미에서의 양육이 (우리의 유전자들 속에 예시된) 우리의 타고난, 유전된 특징들에 대해서 가지는 영향의 결과다.

우리는 역사, 기술, 수학 등의 교사들을 구분할 수 있지만, 도덕적인 교사를 구분할 수는 없고, 중요한 것을 알고 도덕성에 대해 관심을 가질 것이라고 기대한, 상당히 도덕적인 부모들이 종종 도덕적인 아이로 기르는 데 실패한다는 종래의 관찰은 어느 정도 진실이다. 그리고 모든 아이들이 도덕적으로 성장할 것이라고 보장하는 것, 혹은 누가 덜 혹은 더 도덕적이게 될 것이라고 정확하게 예측하는 것, 혹은 어떤 특별한 양육 방식에 의해 어떤 특별한 개인이 성공할 것이라고 보장하는 것은 정말로 명백하게 불가능하다. 그러나 도덕적인 사람이 되게 하는 요소로서, 첫째, 도덕성의 본질에 대한 이해, 둘째, 도덕성에 대한 강한 신념, 셋째, 그런 신념에 근거한 행동 능력 등, 이러한 세 가지 요소들을 계발할 가능성이 가장 높은 조치들을 취하는 것은 가능하다. 이것들은 명확할 뿐만 아니라, 각기 다른 종류의 것이다. 첫 번째 것은 지성과 지력에 관한 문제이고, 두 번째 것은 태도 혹은 의지에 관한 문제이다. 그리고 세 번째 것은 인격, 지성, 그리고 실천적 지혜의 결합에 관한 문제이다. 왜냐하면 덕에 대한 이해와 강한 신넘을 가진다고 해서 반드시 그것에 근거해 행동할 힘이나 능력을 가지는 것은 아니기 때문이다. 그러나 이런 요소들이 서로 다름에도 불구하고, 이런 의미에서 우리는 도덕적 성실성moral integrity을 가진 인간을 기르기 위해 무엇을 하는 것이 적절한지에 대해 알고 있다.

진정한 도덕교육을 하기 위해서는, 먼저 이론과 실제의 양 측면에서, 도덕성, 인간됨, 혹은 둘 다에 대한 수용 불가능한 개념들에 근거해 우리가 현재 행하는, 무관하고 잘못 인도된 것들을 제거할 필요가 있다. 특히, 우리는 (종종 포스트모더니즘으로 위장하거나 혹은 당신이 이것을 읽을 때쯤, 의심의 여지 없이, 이름은 바뀌었지만 그 생각이나 이론은 똑같은 다른 포스트 사조로 위장한) 다양한 유형의 상대주의와 주관주의에 대한 외견상의 지지를 역설하거나 묵과하는, 그리고 다른 극단에서, 종교, 국가, 이데올로기 혹은 도덕성을 명분으로 일련의 특별한 부수 규칙들을 젊은이들에게 주입하는, 모든 종류의 가치 명료화 프로그램들을 불필요하게 만들어야 한다.

  어느 정도까지인지 확고한 증거는 없지만, 부모와 교사는 오늘날에도 여전히 도덕교육을 일련의 해야 할 것과 하지 말아야 할 것을 심어주는 문제로서 우선적으로 고려하고 이런 지침과 일치하도록 실천을 요구한다. 그러나 우리는 이 모델을 단지 우리의 경험 밖에 있을지도 모른다고 하여 잊어버리거나 무시해서는 안 된다. 도덕교육의 이 모델은, 여전히 번창하고 있는 많은 이데올로기적 전체주의 체제들뿐만 아니라, 모든 교파나 종파의 근본주의적 종교 집단들 속에서 광범위하게 발견된다. 광신주의는 단지 이런 유형의 도덕적 양육을 가장 분명하게 보여 주는 표시일 뿐이다. 그러나 도덕성이 너무나 단순하고 교조적이어서 그것의 이름으로 죽이거나 죽을 각오가 되어 있는 모든 개인들과 비교해, 그 행동은 덜 극단적이더라도, 그 마음은 똑같이 닫혀 있고 융통성 없는 사람들이 수천 명, 아니아마도 수백만 명은 있을 것이다. 우리가 살펴본 것처럼, 특수한 규칙들은,

그것들이 무엇이든 간에, 타당한 것으로 보이지 않는다는 점에서, 이런 접근은 정당화되지 못할 뿐만 아니라, 그것들 중의 몇몇은 경험에 근거한 법칙으로 수용될 수 있을지라도, 어떤 것도 절대적이고 무조건적인 규칙들로서 타당한 것은 아니다. "약속을 지켜라"라는 명령조차도 절대적인 규칙으로 간주될 수 없다. 진실이나 자유의 일차적 원리조차도 때때로 약속 위반 속에서 지켜져야 할지 모른다. 이런 접근이 그것 자체로 "작동하는" (즉, 양립하는 규칙이 따라오게 하는) 한, 그것은 필연적으로 융통성 없고, 관용적이지 못하며, 스스로 생각하고 도덕 판단을 내릴 수 없는 상태에 이르게 된다는 것을 또한 인식해야만 한다. 그러나 교조주의와 스스로 생각할 수 없는 것은 도덕적인 공동체를 형성하는 데 역효과를 초래하고, 진정한 도덕성과 모순된다. 진정한 도덕성은 규칙 지향적인 활동이나 교화의 결과로서의 활동보다는 자유롭게 선택된 활동을 논리적으로 필요로 한다. 셋째, 이런 접근은, 극단적으로 폐쇄적인 집단을 제외하면, 좀처럼 그 자체로 "작동하지" 않는다. 확고하고 결정적인 견해를 가진 작고 강력한 종교 공동체 속에서 잘 작동할 수 있는 양육의 한 형태는, 오늘날 우리 대부분이 친숙한 다언어적, 다문화적, 다원적 정치 사회 속에서 실행될 때, 매우 취약하다. 따라서 젊은이들에게 일련의 도덕 규칙들을 심어주는 것은 부당하고, 성공한다고 해도 일종의 부도덕성immorality이나 비도덕성non-morality에 이르며, 어쨌든 일반적으로 그 자체로 잘 작동하지 않을 것이다. 그리고 이런 종류의 도덕적 양육에 대한 반대를 강조하는 것은 중요하다. 왜냐하면 그것이 서구 민주주의 체제에 속한 교육계에서 우월한 정설은 아니어도, 여전히 폐쇄적인 종교적, 정치적 공동체들에서 채택되고 있고, 여전히 자유 민주주의 내의 여러 종파들의 접근법이기도 하며, 아마도 대다수의 세계인들이 현재 경험하는 도덕적 양육의 유형이기도 하기 때문이다.

자유 민주주의 국가의 교육 이론과 실제에서 더 유행했던 것은 내가 이미 언급했던 접근들과는 다른 종류의 도덕적 양육 방식이었다. 가치 명료화 프로그램들과 훈련들은 1960년대에 유행했고, 지금은 유행이 지났다. 그러나 그 정신, 그 기저에 있는 이론, 그리고 어느 정도 이런 접근과 연계된 관행의 상당 부분이 여전히 존재한다. 기본적인 접근은 학생들이 이른 나이부터 그들의 가치들을 "공유하도록" 격려하는 것을 포함한다. 이 접근의 전제가 되는 가정은 그렇게 하는 것이 학생들로 하여금 가치들을 명료화하고, 그것들을 주장하는 이유에 대해서 생각하며, 의견의 다양성과 차이들을 인지하도록 돕는다는 것이다. 그것은 필자가 방금 전에 비판했던 교조적 접근과 정반대의 것이다. 일반적으로 이런 접근을 사용하는 교사들은 아이들이 찬동하는 가치들을 평가하는 것은 말할 것도 없고, 논평하는 것도 의도적으로 피한다. 예를 들면, 과거에 가치 명료화 프로그램들에서 교사들이 다른 종류의 가치들을 구별하거나, 그것들에 찬성하거나 반대하며 제시된 주장들이나 이유들의 질을 평가했다는 증거는 거의 없다. 달리 말하면, 이것은 질적인 어떤 기준보다는 자신의 의견을 표현하는 것의 중요성에 초점이 맞춰진 접근이다(가치 명료화 프로그램들에 대한 연구들은 가치 명료화 이면에서의 추정상의 추론은 말할 것도 없고, 개인의 가치 명료화의 질조차도 거의 혹은 전혀 고려하지 않았다고 제시한다). 그렇다면 이것은 치료로서의 교육이며, 이런 교육에서는 "자신을 표현하는 것"이나 "공유하는 것"과 같은 추정된 가치가 다른 모든 고려들보다 중요하다. 역설적이게도, 몇몇 연구들이 제시한 바에 따르면, 결과적으로 사람들이 서로 다른 의견들로 인해 마음이 편하지 않았고 사적인 영역이라고 느꼈던 것에서 속마음을 털어놓는 데 편하지 않았기 때문에, 모든 경우에서 치료적이지는 않은 이런 접근이 때때로 상당한 걱정과 슬픔을 야기했다. 그러나 도덕적 양육에 대한 이런 접근에 반대하도록 마음을 동요시킬 가능성보다 더 강력한 다른 반대 근거들이 있다.

첫째, 이 책의 1부에서 논의된 것처럼, 다른 종류의 가치들이 있다는 것,

가치 판단의 합리성을 평가하는 것은 이런 상이한 가치들에 대한 구별을 수반한다는 것을 인식하는 것이 중요하다. 예를 들면, 도덕 판단을 마치 이해타산적 혹은 미적 판단인 것처럼 다루는 것은 만족스럽지 않을 것이다. 그런 구별에 초점을 맞추지 못한다는 점에서 가치 명료화 프로그램들은 심각하게 잘못된 길로 이끌고 있다. 둘째, 자신의 가치나 판단을 '설명'할 수 있다는 것으로 충분하지 않다. 즉, 사람들은 또한 그것들을 합리적인 방식으로 '정당화'하려고 시도할 필요가 있다. 설명과 정당화는 상당히 구별되는 활동이다. 전자는 사람들이 이것을 저것보다 가치 있게 평가하는 이유들을 제공한다. 후자는 왜 이것을 저것보다 가치 있게 평가해야만 하는지에 관한 이유들을 제공한다. 그 차이를 인식하고 인정하는 것은 기본적인 도덕적 이해에서 가장 중요한 부분이다. 전반적으로, 가치 명료화 과정의 적용 방식은 다양화되는 경향이 있었다. 예를 들어, 어떤 교사들은 학생들이 자신들의 견해를 주장할 좋은 이유를 가졌는지 혹은 가질 수 있었는지에 대해 무관심했고, 또 다른 교사들은 다양한 특정 판단들을 평가하거나 수용, 거부하려고 시도했다. 전자의 교수 방법은 (그것이 조금이라도 "교수"로 고려될 수 있다면) 극단적으로 도움이 되지 않는다. 왜냐하면 그것은 '당신의 견해가 무엇이고, 당신이 그것들을 어떻게 획득했고, 혹은 그것들을 지지하는 좋은 이유들이 무엇인지에 상관없이, 중요한 점은 오로지 그것을 진지하게 주장하는 것이다'라는 잘못된 생각을 제공하기 때문이다. 그러나 이런 프로그램들에서 흔한 경우는 아니지만, 단순히 판단들이 일련의 수용 가능하고 수용 불가능한 혹은 온당하고 온당하지 않은 응답들에 합치하거나 합치하지 않는가보다 오히려 판단 이면의 추론의 성격과 질에 주의가 집중되지 않는다면, 후자 또한 받아들일 수 없다. 이것이 도덕적 양육에 대한 이런 종류의 접근에 대한 반대의 핵심이다. 그것은 추론된 정당화의 문제를 무시한다. 이것은 적합하게 행해진다면 도덕성의 특별한 본질에 대한 참조를 수반해야만 한다. 예를 들면, 사람들은 도덕적 가치를 법률적 사실들에 호소함으로써 정당화할 수 없다. 학생들이 그들의 견해를 명료화하도록 격려하기 위해 말할 것이 있다. 그러나 우리가 진정한 도덕교육을 제공하려 한다면 해야 할 필요가 있는 것들이 더 많이 있다. 그리고 중요한 것은 사람들이 자신이 무엇을 좋아하는지 알고 그것을 주장할 준비가 되어 있어야 한다는 생각을 선전하거나, 혹은 사람들이 좋은 설명과 부족한 설명을 구별하려고 노력조차 하지 않을 때, 설명을 정당화와 혼동하는 것에 대해서는 말할 것이 없다.

 가치 명료화 프로그램들에 대한 관심은 어떤 특별한 도덕적 입장의 필연적인 결과가 아니다. 그러나 그것은 다소 경솔한 상대주의로부터 생겨나 그것을 강화하는 경향이 있다. 그러나 상대주의는 도덕적 양육과 관련하여 가치 명료화 프로그램들보다는 훨씬 더 폭넓게 설교되고, 수반되며, 은연중에 당연한 것으로 생각된다. 학생들에게 명확한 지적 요구를 하지 않으려는 것, 어떤 가치에 찬성하고 다른 가치에 반대해서 주장하거나 논하려 하지 않으려는 것, 현재의 정설에 도전하는 것을 내켜하지 않는 것의 결과로서, 학교교육은 이런 쟁점에 관하여 자신의 입장을 확실하게 취하지 못한다. 그러나 이 책 전체에 걸쳐 논의된 것처럼, 도덕적 영역은 성공하기 위해 선택하는 어떤 것이 아니다. 도덕적 영역에는 그것의 경계와 그것을 정의하는 요소들이 있다. 그것에는 공정함이 도덕적 선이라는 사실로부터 안락사가 도덕적으로 정당화될 수 있는지를 합리적인 의심 없이 수립할 수 없다는 사실에 이르기까지, 많은 다양한 진실들이 있다. 물론 어떤 도덕적 규범을 주장하고 요구하는 데에는 실제적인 어려움들이 있다. 그리고 이런 판단이 단지 의견의 문제라는 일반적인 인식으로부터 벗어나기는 쉽지 않다. 그러나 도덕교육을 위한 적절한 접근 방법의 첫 번째 전제 조건은, 한 가지 확실한 진실은 이 영역에서의 모든 것이 단지 의견의 문제는 아니라는 것과, 특히 학교는 학교의 기풍, 모범, 규칙과 학교에서 기대하는 바와 무엇보다도 학교의 가르침을 통해 그 진실을 표현하고 지지를 표명해야 한다는 것에 대한 인식이다. 결국, 학교의 책무가 좋은 과학, 좋은 역사, 좋은 체육 등에 대한 규범들과 절차들을 확인하고 명료화하고 정당화하고 전수하면서 그것들 사이의 차이들을 지적하는 데 있는 것처럼, 도덕적 추론과 행동에 관련된 규범들과 과정들을 구별하고 명료화하고 정당화하고 전수하는 것도 학교의 책무다.

결국, 도덕교육에 대한 대중적이지만 그럼에도 불구하고 부적절한 접근들을 간략하게 되짚어 보면서, 우리는 발달 이론에 대해서 언급해야만 한다. 심리학적 발달 이론은 특히 가르침을 포함하는 환경적 요인들의 결과로서 획득될지 모르는 능력이나 성취 수준들과 구별되는 발달의 성숙 수준들을 수립하려 한다. 그런 이론은 정의할 수 있는 단계들을 밝혀내고, 이름을 붙이고, 시기순으로 관련시키려 한다. 당연히, 자연적 성숙에서 기인하는 것과 외적 요인들에서 기인하는 것을 분리하는 것에 내재하는 문제들을 가정하면, 이런 연구 프로그램은 어려움이 있다. 한편, 어떤 발달 이론의 몇몇 측면들은 논쟁의 여지가 있지만 적어도 부분적으로 논리적 필연성의 문제인 것으로 드러나는 반면, 정말로 경험적인 주장들은 광범위하고 불확실한 상태로 있게 된다. 따라서 이론가들과 연구자들이 아이들이 거친다고 결론짓는 도덕 발달의 단계들은 단지 매우 개략적이고 용이한 지침일 뿐이다. 결과적으로, 아마도 관찰의 산물인 것은 어떤 것이든 확실히 믿을 만하고 실제로 가치 있다는 상당히 잘못된 견해에 의해 생겨난 이런 이론들의 대중성에도 불구하고, 슬픈 사실은 이런 연구가 필연적으로 잘못된 것이라기보다는 실제로 현직 교사들에게 거의 쓸모가 없다는 것이다. 예를 들면, 이 이론은 교사에게 약 12살 정도의 아이들은 대부분 규칙에 대해 점점 더 비판적인 태도를 가지고 공정성의 측면에서 생각하기 시작한다는 걸 알려준다. 그러나 첫째, 이것은 이미(그리고 불가피하게) 범위를 넓게 한정하기 때문에(예를 들면, "약 ~살에," "대부분의 아이들," "점점 더 비판적인 태도"), 교사는 여전히 자신의 학급의 현실을 확인해야만 한다. 둘째, 명시적인 도덕 교수 프로그램들이 이런 이론들에 근거하고 있더라도, (성숙의 측면에서건 혹은 그들의 사회적·교육적 배경의 측면에서건) 아이들에게 너무 어려서 이해할 수 없는 것을 가르치는 것은 쓸모없다는 명백한 점과는 달리, 그것들이 모든 도덕교육의 특별한 방법이나 접근을 나타낸다고 생각해야 할 어떤 명백한 이유도 없다.

도덕교육이 발생할 수 있는 다양한 맥락들이 있다. 예를 들면, 문학을 통해서, 교칙에 대한 토론을 통해서, 역사, 과학 혹은 스포츠를 통해서, 혹은 대리로 경험하든 직접 경험하든 간에 실제적인 도덕적 문제들과 부딪힘으로써 도덕교육에 접근하는 다른 많은 방법들이 있다. 그러나 우리가 어떻게 해서라도 어떤 단계에서 진정한 도덕교육을 제공하기를 원한다면, 우리는 학생들에게 직접적으로 도덕성에 대한 개념들과 주장을 소개해야 하고, 도덕적 논쟁에 대한 기여도의 질을 평가해야 한다. 다른 주제들은 다른 정도의 확실성을 허용하고 다른 방식으로 접근되어야 한다. 2 + 2 = 4 라는 수학적 명제의 확실성은 셰익스피어가 위대한 극작가라는 문학적 판단의 확실성보다 훨씬 더 크고, 각각의 경우에 진리를 확립하는 방식은 상당히 다르다. 과학이나 심지어 역사보다 명확한 특정 판단들을 지지하는 명쾌한 논의에 이르는 것이 훨씬 더 어려운 영역 혹은 주제가 도덕이다. 그러나 그렇다고 그것이 그 경우가 허용하는 합리성의 정도를 교육 목표로 삼을 수 없는 것처럼 가장하거나 그것을 성취하려 하지 않는 것에 대한 이유가 되지는 않는다. '무솔리니는 나쁜 지도자다'와 같은 역사적 판단은 전형적인 과학적 명제와 상당히 다르고, 정당화하거나 그릇됨을 증명하기가 상당히 어렵다는 부정할 수 없는 사실에도 불구하고, 우리는 어떤 역사적 판단이 다른 역사적 판단만큼 좋다고 결론짓지 않는다. 무솔리니가 나쁜 사람이었다는 도덕 판단은 그가 나쁜 지도자였다는 역사적 주장보다 명료하게 진실이거나 거짓인 것으로 확증하기가 훨씬 더 복잡하고 어려울지 모른다. 그렇지만 그것은 단지 의견의 문제가 아니다. 그것은 문제되는 사실들과 도덕적 논의 둘 다를 이해하고 정합적으로 인식하는 것의 문제다.

도덕적인 사람이나 도덕적으로 성실한 사람은 오직 그들의 행위나 그들이 하는 것의 측면에서 정의될 수 없다. 그 행위가 무엇이든, 특히 도덕적인 추론에 근거해 자유롭게 무엇인가를 하고 있지 않다면, 그는 도덕적으로 행동하고 있는 것이 아니다. 그러나 도덕교육은, 일반적으로 인식되는 것보다 훨씬 더 도덕적 이해가 고려되어야 할지라도, 단지 이해에 대한 것만은 아니다. 비록 사람이 그렇게 해야 할 도덕적 의무를 인식하기 때문에 어떤 방식으로 행동하더라도, 성실한 사람은 이런 방식으로 행동하는 데 있어서 진실할 뿐만 아니라 일관되고 확고하다. 사람들은 도덕적 규칙들에 대한 복종 없이도, 도덕적 명령에 대한 관심과 헌신 없이도 행동한다는 점에서 관심을 가질 필요가 있다. 약속을 지키는 것은 본래 좋은 것이다. 그것은, 때때로 도덕적으로 정당화되는 예외가 있더라도, 일반적으로 해야 하는 옳은 것이다. 그러나 단순히 약속을 지키는 것은 도덕적인 것이 아니다. 어떤 사람이, 우리 대부분이 길을 건너기 전에 길 양쪽을 살피는 것과 같은 (도덕과 무관한) 규칙을 지키는 방식으로, 단순히 규칙을 따르거나 습관적으로 행동한다면, 일반적으로 약속을 지키는 것조차도 그 자체로 도덕적인 것은 아니다. 도덕적인 사람은 진실, 복지와 같은 그런 원리들의 측면에서 그렇게 할 필요성을 이해하고 수용하며, 그것들에 대해 관심이 있고 긍정적인 감정을 가지기 때문에 약속을 지킨다.

이것은 우리가 이 책의 초점이었던 도덕적 이해를 발달시키는 것뿐만 아니라 사람들 내면에 도덕적 감정이나 동정심, 그리고 일종의 용기, 의지력, 혹은 도덕적 결단력을 배양시킬 필요가 있다는 것을 의미한다. 다른 종류의 감정과는 달리, 도덕적 감정의 본질은 도덕성의 본질에서, 특히 도덕성의 목적은 모두에게 편안함과 안심을 가져다주는 것이고 모든 사람이 똑같이 중요하다는 사실에서 구별될 것이다. 이것이 도덕성의 핵심 또는 목적이라고 가정한다면, 도덕적 감정은 특별한 개인들에게 표명되는 사적인 애정의 차원에서가 아니라 타인들을 우리처럼 고통과 행복을 경험할 수 있는 존재로 인식한다는 점에서, 어느 정도 타인들에 대한 연민과 관심을 포함해야만 한다. 최근 몇 년간 교육의 측면에서 상상력의 개념에 대한 관심이 표명되어 왔다. 그러나 그것은 여기에서 언급된 상상적 동정심과 같은 것을 포착하지 못한다. 또한 "배려"에 관한 많은 저작들이 우리가 타인들에 대한 도덕적 태도의 측면에서 요구되는 것을 훨씬 넘어서는 정서적 전념을 가져야 한다고 주장하는 한, 때때로 동정심과 공감을 구별하는 것이 아무런 도움도 되지 않는다. 마치 "상상력"이 육체적 근육처럼 자리를 잡고 작동하며 발달될 수 있는 것처럼, 우리가 필요로 하는 것은 추상적인 상상력에 대한 집중이 아니라, 상상력이 풍부한 역사, 상상력이 풍부한 과학 혹은 상상력이 풍부한 사진술에 대한 집중이다. 마찬가지로, 우리는 도덕적 상상력(타인을 인격체로 생각하고 행동하며, 단순히 형식적인 측면의 존재로 인식하지 않는 경향과 능력)을 배양할 필요가 있다. 배양할 필요가 있는 것은 타인의 고통이나 기쁨을 느끼고 공유하는 능력보다는 우리 자신을 타인의 입장에 놓는 능력이다.

"의지력will-power"은 요즘 특별히 유행하는 용어는 아니다. 그러나 분명히 도덕적인 것은 많은 정신력과 결단력을 요구한다. 그 이유는 반드시 우리가 큰 유혹에 굴복하게 되기 때문이 아니라, 단지 도덕적 명령에 응대하는 것보다 그것들을 무시하는 것이 일반적으로 더 쉽기 때문이다. 의지의 나약함은 매우 일반적인 약점(확실히 우리 모두 언젠가 어느 정도 경험하는 것)이다. 역사에서 최악의 도덕적 무도함들은, 소수가 잘못을 부추기기 때문에 발생하는 것만큼, 다수가 당당히 자신의 입장을 밝히지 않고 잘못된 행위에 저항하지 않기 때문에 발생한다. 덧붙여 말하자면, 이것은 나 혹은 다른 어느 누군가가 캄보디아 혹은 르완다 혹은 유고슬라비아에서의 대량 학살에 마주하여 나치 독일에서 필수적이었던 도덕적 용기를 반드시 보여 주었어야 했었다는 것을 시사하는 것이 아니다. 그것은, 그런 상황에서 정말로 도덕적인 방식으로 행동한 사람들의 한 가지 특징은 그들이 자신들의 도덕적 견해에 근거해 행동하는 데 없어서는 안 될 용기를 가지고 있었다는 것을 강조할 뿐이다. 지방이나 국내와 같이 보다 좁은 범위에서는 원리들에 따라 행동하지 못하고 행동해야 할 때 행동하지 못하는 것에 대한 변명의 여지는 훨씬 더 적다. 그러나 우리가 도덕적 쟁점들과 직면하는 것에 수반되는 위험을 감수하기보다는 가장 부담이 없는 방법을 취하고 외면하는 경우가 잦은 것은 확실히 바로 이 경우에 해당된다.

아마도 그 정도가 충분히 인식되지 않는 정도까지, 이해의 발달은 그 자체로 도덕적 감정과 도덕적 의지력의 발달에 기여한다. 모든 것을 이해한다는 것이 모든 것을 용서한다는 것은 아닐 것이다. 그러나 당신의 마음이 도덕적 쟁점들에 대해 분별 있고 합리적이라면, 정치범의 곤경에 대해 관심을 가지거나 낙태를 선택한 것에 대한 비난과 적대적인 비판에 직면한 임신한 10대에게 공감하는 것은 훨씬 더 쉬울 것이다. 그리고 당신이 당신의 입장을 확신할 때, 반대 입장에 대해 당신의 입장을 고수하는 것은 더 쉬울 것이다. 도덕성 이외의 다른 것들에 대한 이해는 도덕적 동정심을 느끼거나 표현하는 능력에 한층 더 기여할 것이다. 예를 들면, 생물학에 대한 어느 정도의 이해가 이 경우에 도움이 되는 것처럼, 10대들을 어느 정도 이해하는 것도 이 경우에 도움이 될 것이다. 더 일반적으로, 역사와 문화에 대한 이해는 종종 우리의 도덕적 지각력을 더 예리하게 하고 채우는 데 도움을 준다.

어느 정도까지 우리의 마음을 움직이는 것과 우리가 옹호할 준비가 되어 있는 것은 부분적으로 모범, 설명, 격려에 의해 매우 어린 나이부터 형성된 내적인 신념들에 의해 결정된다. 이 때문에, 우리가 말 그대로 동화에 관해 언급하든지 혹은 더 복잡한 역사, 문학 이야기, 그리고 도덕성 자체에 관해 언급하든지 간에, 우리가 말하는 이야기들이 상당히 중요하다는 것은 의심의 여지가 없다. 이것은 교화나 검열에 대한 논의가 아니다. 이것은 교육적인 이유로 자료를 선택하기 위한 논의다. 마르키 드 사드Marquis de Sade의 작품들을 금지하는 것과 단순히 그의 작품들은 교사나 학교 도서관의 우선 선택 대상이 아니라고 말하는 것 사이에는 극히 중대한 차이가 있다. 이것은 교육자들이 특히 어린 학생들에게 어느 정도 그들의 견해를 강요하고, 학생들의 초기 단계의 견해에 영향을 주어 이를 형성하도록 노력해야 한다는 견해를 수용할 수 있느냐에 관한 논의다. 특히 도덕적인 것을 찬미하는 아이들에게 이야기를 하는 것에 대한 논의다. 초기의 도덕교육에 대한 이런 옛날부터의 접근을 통해서 성공이 보장된다고는 아무도 주장하지 못하더라도, 이런 식으로 의지력과 정감의 씨앗들을 배양하는 것이 바람직하고 동시에 정당화될 수 있다는 것은 합리적으로 부정할 수 없다.

그러나 궁극적으로 진정한 도덕교육은 도덕성을 이해하는 것으로 구성되어야 하고, 특히 도덕적 사고에서 공통된 혼동들과 이설들의 일부를 꿰뚫어 보는 것과 도덕적 모범들을 이해하고 인식하는 것 속에서 그래야 한다. 그 때문에, 우리는 어린 시절의 도덕적 습관화 이후에, 일반적으로는 인문학에 대한 공부와 특별하게는 도덕철학의 공부를 통해, 도덕교육을 지속할 필요가 있는 것이다. 어쨌든, 우리가 우리의 인격을 향상시키고, 우리의 성실성을 발달시키며, 우리의 도덕적 용기와 결단력을 고취하기 위해서, 어떤 종류의 이해와 동정심을 확장하는 것은 인문학과 철학의 존재 이유이기도 하다.

결론적으로, 필자는 이 책의 전체적인 논의에 의해 요구되고 정당화된 것처럼 보이는 도덕교육을 대략적으로 요약하여 개관할 것이다. 가장 중요한 첫 번째 요점은 도덕교육이 학교교육 기간 전체에 걸쳐 지속되는 과정이고, 하나의 프로그램(혹은 주제)의 측면에서 생각되어서는 안 된다는 것이다. 사람들은 화학, 언어 혹은 하나의 운동 종목을 가르친다고 말하는 것처럼 도덕교육을 가르치지 않는다. 도덕교육을 받는다는 것은 다양한 맥락들 속에서 다양한 상황들을 배우는 것의 문제다. 학교교육에서 단계에 따른 적절한 도덕교육은 다른 형태를 띤다.

어린 시절에, 부모와 교사는 도덕적 행위의 모범을 보이고 이를 격려해야 한다. 그들은 스스로 일차적, 이차적 도덕원리들에 부합되게 행동해야 하며, 예를 들면 친절함이나 공정함 같은 기본적인 덕이나 도덕적 특성들을 보여 주어야 한다. 그들은 아이들에게 그런 행동을 격려하고, 칭찬과 꾸짖음을 통해 그것을 지지해야 한다. 필자가 '이런 문제들과 관련하여 수행된 모든 연구들에도 불구하고 우리는 정말로 하나의 절대적인 본질에 대해 말할 입장에 있지 않다'는 제안을 과감하게 말하더라도, 어떤 형태의 처벌이나 보상이 효과적인지의 문제는 철학의 영역을 벗어난 경험적인 것이다. 꾸짖음, 체벌, 소풍의 철회 등이 효과적인 절차들인지 아닌지는 개인과 문제되는 특별한 환경에 좌우되기 때문에, 우리는 잘 알지 못한다. 우리는 또한 다양한 유형의 보상과 처벌에 대한 도덕적인 수용 가능성에 대해 절대적인, 매우 설득력 있는 입장에 있지 않다. 예를 들면, 우리가 좋은 행위에 대해 돈을 보상으로 주는 것이나 나쁜 행위에 대해 체벌을 가하는 것이 항상 도덕적으로 수용 가능한지, 아니면 수용 불가능한지를 절대적으로 확증했다고 주장할 수 없다. 그러나 상식과, 진실로 도덕적인 행위가 관련된 것에 대한 이해는 우리가 — 가능한 한 물질적 보상과 체벌을 피하면서 — 단순한 칭찬과 꾸짖음이라는 전통적인 수단들을 통해 도덕적 행동들을 촉진하는 것을 목적으로 해야 한다는 암시를 주는데, 그것은 우선적으로 우리가 명예와 수치에 의해 동기가 부여되는 것을 원하고, 공포와 자기 이익에 의해 동기가 부여되는 것을 원치 않기 때문이다.

우리는 아이들에게 도덕적 가치들을 간직한 이야기들을 해주고 그것들을 읽도록 격려해야만 한다. 여러 시대에 걸쳐 수용되어 온 것을 강조하는 것은 거의 철학을 필요로 하지 않지만, 불행히도 이것을 교화와 혼동하거나 우리의 가치들과 일치하는 자료를 아이들에게 제공하는 것이 어떤 점에서는 그 자체로 비도덕적이라고 잘못 생각하는 사람들에 대하여 이 점을 강조할 필요가 있다. 특정 유형의 종교적·정치적 체제가 하려고 하는 것처럼, 아이들의 마음의 문을 닫고, 몇몇 가치에 대한 절대적 충성심을 심어주며, 비판적 사고 능력을 근절하는 것은 정말로 모두 도덕적으로(그리고 교육적으로) 반대할 만하다. 그러나 자신의 가치를 아이들에게 공개적으로 공표하는 것은 그렇지 않다. 선함이 존중받고 궁극적으로 보상받으며, 악함이 번성하지 못하는 세상 속으로 아이들을 인도하도록 하라. 기초를 확실하게 쌓도록 하라. 세월과 교육을 통한 비판적 사고와 자율성의 발달은 상황을 가늠케 하고, 청소년들에게 인생은 사실상 동화 같지 않다는 것을 가르치고도 남음이 있을 것이다. 그러나 그것들은 여전히 우리가 인생을 동화처럼 만들도록 분투해야 한다고 느끼도록 할 것이다.

우리는 제한된 수준에서 아이들과 도덕적 가치들에 대한 토론을 계속할 수 있으며, 계속 해야만 한다. 그들은 "왜?"라고 질문을 한다. 그리고 그들이 주장의 지지 근거로서 보통 기본적인 원리들을 참조한다는 점에서, 본질적으로 도덕적인 측면에서 대답하는 것은 의미가 있다. "우리는 그것이 사람들을 다치게 하기 때문에 그것을 하지 않는다." "너희는 그들이 너희에게 그렇게 하는 것을 원치 않을 텐데." "우리는 우리가 말하는 것을 의도하고, 우리가 의도하는 것을 말하려고 노력한다." 어린아이들은 또한 결정하고 선택하는 것이 부분적으로 그 상황의 사실들을 바르게 이해하는 것과 우리 행동의 결과들에 대해 어느 정도 아는 것에 의해 좌우된다는 것을 인식하도록 배울 수 있다. 그리고 물론, 어떤 어휘를 몰라도, 그리고 그것에 대해 공공연하게 이야기하지 않아도, 어린아이들은 위선이 도덕적 성실성의 정반대라는 것을 재빨리 인식할 것이다.

요약하면, 우리가 위에서 이야기된 어떤 것도 하면 안 된다는 불합리한 생각과 같은 (근거가 빈약한) 교육적 유행들에 의해 위축되지 않을 정도의 분별이 있다면, 도덕교육의 초기 단계들에 대해서는 어떤 문제도 없다. 중등교육은, 합리적으로 충분하게, 도덕적 풍토를 계속 마련해 주고, 개인들이 도덕적 책임을 발휘하고 도덕적 결정을 할 기회를 확대할 필요가 있다. 그러나 중등교육 단계에서는 사람들이 실감하는 것처럼 보이는 문제보다 더한 것이 있다. 왜냐하면 중대한 두 가지 요소들(도덕적 풍토 조성과 도덕적 결정 기회 확대)이 어떻게 보면 유행 밖에 있기 때문이다. 도덕철학을 포함해서 철학은 결코 공식적으로 유용한 수업 과목으로 간주되지 않고, 영어권의 어떤 국가의 교육과정에서도 진지하게 고려되지 않는다. 그러나 우리는 인문학을, 그것이 살아남고 또 강력한 지지자들이 있더라도, 요즘의 물질주의적이고 기계론적인 시대에 교육적으로 우선해야 하는 것으로 여기도록 만들기 위해 열성을 다해야 한다. 그러나 진정한 도덕교육의 기초를 형성해야만 하는 것은 도덕철학, 문학, 그리고 역사에 대한 공부다.

미국적 풍토에서 보았을 때, 가급적 피해야 하는 것은 도덕교육 자체가 하나의 주제(혹은 과목)로서 다루어져야 한다는 생각이다. 이렇게 되면 비판적 사고 운동의 이면에 존재하는 같은 종류의 오류에 의해 희생될 수 있다. 비판적으로 생각하는 것은 모든 교육자들이 핵심적인 교육적 목적으로 당연하게 승인하고 간주하는 것이다. 그러나 비판적 사고는 다른 주제 문제에 대한 관심 없이 그 자체로 연습되거나 발달되는, 스포츠의 맥락에서 볼 컨트롤 같은, 하나의 기능이나 일단의 기능들이 아니다. 정치학의 맥락에서 비판적 사고자로 언급되는 사람이 스포츠의 맥락에서는 우둔한 사람일지도 모른다. 이것은 단지 어떤 맥락에서 관심의 차이나 사실적인 정보의 부족과 관계되는 것만은 아니다. 어떤 종류의 비판적 사고에 공통적인 것으로 이야기할 수 있는 몇 가지 일반적인 전략들이 있더라도, 무엇이 비판적 사고를 구성하고, 무엇이 비판적 사고자들이 인식할 필요가 있는 규칙들과 기준들인지는 주제에 따라 다양하다. 어떤 맥락에서든 비판적 사고는 모순을 피해야만 한다. 그러나 과학에서 모순을 인식하기 위해서는 과학을 알 필요가 있다. 그리고 거기에서 모순을 인식할 수 있다고 해서 예술에 관한 논쟁에서 모순을 인식할 수 있다는 의미는 아니다. 따라서 비판적 사고를 가르치는 데 있어 개연성 있는 유일한 방식은 다른 이유들 때문에 가르치길 선택한 어떤 과목들에 대해서든 비판적 접근을 강조하는 것이다. 철학조차도 무비판적인 방식으로 가르칠 수 있다. 그리고 비판적 철학자들을 길러내는 유일한 방법은 비판적 방식으로 철학을 가르치는 것에 통해서다. 같은 방식으로, 도덕적으로 사고하거나 도덕적인 것을 지향하는 사람들을 길러내는 방법은 학생들에게 그들이 배우고 행동하는 모든 것의 도덕적 측면들을 강조하면서 가르치는 것이다. 그러나 여기에 이것을 하는 또 다른 이유가 있다. 도덕은 비판적 사고가 가지고 있지 않은 내용을 가진다. 동물 연구의 윤리학, 부정한 과학적 연구, 역사적 사건들과 인물들의 도덕성, 그리고 어떤 생물학적 문제들의 도덕적 차원들에 대한 질문들 모두가 제기될 필요가 있다.

인문학은 특별한 역할을 수행해야 한다. 우선, 문학을 통해 우리는 상상력과 이해력을 함양하는 인간의 도덕성에 대한 연구들을 만난다. 그것들은 또한 인간 심리학에 대한 연구들이다. 물론, 모든 책들이 똑같이 만족스러운 것은 아니다. 그러나 위대한 문학을 위대한 문학으로 분류하도록 이끄는 논거의 부분은 위대한 문학이 사람들과 그들의 삶의 방식에 대한 묘사에서 특별히 통찰력 있고 예리하며 그럴듯하다고 생각된다는 것이다. 여기에서 기교를 바탕으로 토론하는 것보다 그것을 읽어서 이해한다는 견지에서 문학을 공부하는 것이 인간에 대한 박학한 탐색들, 특히 도덕적 민감성, 도덕적 문제들, 도덕적 도전들을 이해하기 위해 필자가 생각할 수 있는 가장 확실한 방법이다. 물론 학생들 자신의 도덕적 관심사를 토론하는 데 몰두하는 수업으로 대신할 수도 있을 것이다. 그러나 이것이 행해져야 한다는 견해와는 달리, 그런 방식이 실제로 모든 학생들에게 흥미가 있는 것인지는 불명확하다. 그들은 경험이 풍부한 것도, 이야기를 할 수 있는 상상적 능력이나 해결책을 가지고 있는 것도 아니다. 또한 치열하지는 않지만 통찰력 있는 논쟁을 하는 것이 종종 더 쉽다. 물론, 역사는 때로는 명백하게, 때로는 간접적으로 무수한 도덕적 논의의 사례들과 도덕적 논의를 위한 기회들을 제공한다. 문학과 역사는 말하자면 도덕성 학습을 위해 재단사가 만든 옷감의 창고로서 아주 중요한 교육적 가치를 가진다.

그러나 이것 중의 어느 것 하나라도 궁극적으로 도덕교육에 기여하는 데 쓸모가 있으려면, 논쟁, 토론, 그리고 사고가 모두 분류되어 있어야 한다. 반복적으로 언급했듯이, 문제의 사실들은 알려져야 하고 정확해야 한다. 그리고 그 때문에 거의 모든 학과목들이 도움이 될지 모른다. 당신은 낙태, 체세포 복제, 동물의 권리 등에 대해 지적으로 이야기하기 위해서 상당히 많은 과학, 특히 생물학을 이해해야만 한다. 그리고 정치적 문제들에 대해 지적으로 이야기하기 위해서 상당히 많은 역사를 이해해야만 한다. 도덕성은 또한 진실과 합리성에 대한 신념과 그것들의 발달에 연관된 사람들이 바라는, 전일적全一的인 것으로서의 교육에 근거한다. 그러나 여전히 결정적인 요소가 부족하다. 그것은 물론 도덕철학이다. 의미 있는 논쟁을 하기 위해서는, 다른 요인들에 덧붙여, 어느 정도의 철학적 **지성**을 가져야 한다. 특히 도덕 이론과 핵심적 도덕 개념들의 본질을 어느 정도 이해해야만 한다. 이 책은 필수적인 도덕철학의 근본 원리들에 대한 비판적 이해력을 발달시키는 데 작은 기여를 할지도 모른다는 바람에서 썼다.

이 장을 위한 참고 문헌

"덕은 가르칠 수 있는가?"는 플라톤이 고민한 질문이다. 예를 들면, 『프로타고라스*Protagoras*』를 보라. 그러나 그 질문에 대한 그의 관심은 많은 대화에까지 스며들어 있다. 플라톤은 또한 본질적으로 본성 대 양육 논쟁에 대한 올바른 대답임에 틀림없는 것을 가지고 있었다. 우리의 도덕적 인격은 타고난 본성과, 가장 중요한 것으로서 교육을 포함하는 환경의 상호작용의 결과다. 현대적인 유전학적 이해의 측면에서 이런 상호작용을 훌륭히 요약해 놓은 책으로는, 리들리Matt Ridley의 『본성 대 양육*Nature via Nurture*』을 보라. 마지막으로, 우리가 음악, 건축, 과학 등에서 가장 훌륭한 교사들을 고를 수 있지만 덕이 있는 교사를 고를 수는 없다는 것을 처음으로 말한 것도 플라톤이다. 일반적으로 플라톤의 교육철학에 관해서는 배로의 『플라톤』을 보라.

 "아이들에게 일련의 도덕적 규칙을 주입하는 것은… 일종의 부도덕성에 이르게 된다"고 주장하는 것은 너무 강한 것이다. 이런 접근은 때때로 누군가에게 실제로 그른 것을 하게 하는 부적절한 교조주의에 이르게 되고, 동시에 우리가 보아 온 것처럼, 진정한 도덕적 행동의 한 측면, 즉 어떤 사람이 어떤 방식으로 행동하는 것을 자신의 의무로 생각하기 때문에 그것을 선택하는 것에 반하여 작동할 것 같다. 따라서 "불가능하지는 않지만, 진정한 도덕적 행동을 어렵게 만든다"는 문장에 종지부를 찍는 것이 더 좋을지 모른다. 어쨌든 실천은 활기를 잃지 않는다. 이 글을 쓰고 있을 때, 영국 정부가 "핵심적인 영국의 가치들"에 관한 의무적인 수업을 도입하기를 원한다는 언론 보도들이 있었다. 이런 수업에 무엇을 포함시킬 것인지는 명확하지 않다. 그러나 도덕성의 다섯 가지 기본 원리들이 (다른 많은 국민들의 핵심 가치일 뿐만 아니라) 핵심적인 영국의 가치들이라고 주장하더라도,

언뜻 보기에 이런 접근은 이 책에서 주장한 접근과 조화되지 않는다.

래스 등Louis Raths et al.의 『가치와 교수*Values and Teaching*』는 가치 명료화의 입장에서 독창적인 책이다. 사이먼S. B. Simon의 『자기 자신에게 다가가기*Meeting Yourself Halfway*』와 사이먼과 클라크J. Clark의 『가치 명료화*More Values Clarification*』는 둘 다 극단적이고 이치에 맞지 않는 형태의 주관주의를 묵인하는 것처럼 보인다. 그럼에도 불구하고 실천적 전략들의 사례들에 관심을 가지고 있는 사람들은 사이먼 등의 『가치 명료화*Values Clarification*』를 보라.

콜버그Lawrence Kohlberg는 탁월한 도덕 발달 이론가들 중의 한 명이다. 『도덕 발달의 철학*The Philosophy of Moral Development*』과 시저 부부N. F. Sizer & T. R. Sizer가 편집한 『도덕교육*Moral Education: Five Lectures*』 안의 「정의를 위한 교육Education for Justice: a Modern Statement of the Platonic View」을 보라. 특별히 도덕 발달에 초점을 맞추는 것이 아니라면, 주목할 만한 다른 발달 이론가들로는 피아제Jean Piaget, 아이작스Susan Issacs, 브루너Jerome Bruner, 에릭슨Erik Erikson이 포함된다.

상상력에 관해서는 워녹Mary Warnock의 『상상력*Imagination*』과 이건K. Egan과 나다너D. Nadaner가 편집한 『상상력과 교육*Imagination and Education*』을 보라. 또한 나딩스Nel Noddings의 『배려*Caring*』를 보라. 많은 곳에서, 특히 「일반적 오류The Generic Fallacy」와 『기술 이해*Understanding Skills*』에서, 필자는 상상력, 창의성, 비판적 사고, 지능intelligence과 같은 것들이 일반적 기능이라는 생각에 반대하여 논의했다.

도덕적 용기나 당당히 자기 입장을 밝히는 용기에 준거하여 그런 용기가 그 자체로 도덕적 덕이라는 것을 암시하는 것으로 여겨서는 안 된다. 의지의 나약함이 도덕적 실패가 아닌 것처럼, 용기나 결단력은 — 오늘날의 세계에서 사람들로 하여금 여러 경우에서 도덕적으로 행동하게 하는 데 필요한 것이더라도 — 자유로운 선택을 실행하는 것이 그런 것처럼 그 자체로 도덕적 덕은 아니다. 플라톤이 영혼을 세 부분(이성, 기개, 그리고 욕구 혹은 감정)으로 나눈 것의 명백한 반향들이 여기에 존재한다.

스토리텔링story-telling으로서의 교육에 대한 관념은 또 하나의 진부한 생각이다. 즉, 내용보다는 웅변술과 더 많은 관련이 있는, 주의를 끌기 위한 하나의 수법이다. 가르치는 것은 이야기하기가 아니다. 교육은 단지 이야기에만 근거해서는 안 된다. 그러나 본문에서 언급한 것처럼, 더 제한적이고 글자 그대로의 측면에서, 우리가 아이들에게 어떤 이야기들을 할 것인가는 문제가 된다. 왜냐하면 대부분의 경우에 아이들은 어느 정도까지는 이야기들에 의해 영향을 받을 것이기 때문이다.

비판적 사고 운동의 이면에 존재하는 오류는 정확히 위에서 언급된 일반적 오류이다. 정신적 능력을 기능으로 간주하는 것 또한 오류다. 맥펙John McPeck의 『비판적 사고Critical Thinking』는 이 주제에 있어서 가장 눈에 띄는 책들 중의 하나다. 또한 시걸Harvey Siegel의 『이성을 교육하기 Educating Reason: Rationality, Critical Thinking and Education』를 보라.

필자는 학교에서 도덕철학을 공부하는 것을 옹호하는 것이 반드시 아이들을 위한 철학 교육을 옹호하는 것과 같은 것은 아니라는 걸 말해 두어야 할 것 같다. 말하자면, 다양한 비전통적인 방식으로 비교적 어린 아이들을 철학적 사고에 입문시키려는 특별한 프로그램들이 많이 있다. 필자는 일반적으로 그런 프로그램들의 아이디어에 관해 특별한 견해를 가지고 있지는 않다. 그러나 여기서 필자가 언급하고 있는 것은 더 나이가 든 학생들에 대한 직접적인 전통적 공부에 대한 것이다.

옮긴이의 글

이 책은 로빈 배로Robin Barrow가 쓴 *An Introduction to Moral Philosophy and Moral Education*(2007)을 번역한 것이다. 지난 2007년에 역자가 번역한 『도덕 심리학과 도덕교육』(도서출판 인간사랑)을 포함해서 도덕 심리학과 도덕교육 간의 관계를 다룬 저서들은 상당수 발간되어 왔지만, 도덕교육을 위해 도덕철학이 기여 혹은 공헌할 수 있는 바가 구체적으로 무엇인지 체계적으로 연구한 서적은 적어도 최근 20년 내에 찾아보기가 쉽지 않다. 린지Colin Wringe가 쓴 『도덕교육: 옳고 그름의 가르침을 넘어서*Moral Education: Beyond the Teaching of Right and Wrong*』(2006) 정도가 여기에 해당될 것 같다. 이와 같이, 도덕교육을 직접 겨냥하면서 도덕철학적 접근을 시도한 연구 성과가 극히 드문 상황 속에서, 로빈 배로가 쓴 이 책은 도덕교육을 위해 도덕철학이 담당해야 할 역할과 기능을 확인하고, 오늘날 우리나라 도덕교육의 이론적theoretical이고 실제적practical 문제점을 성찰하고 보다 나은 가능성을 모색해 가는 데 큰 도움을 줄 것으로 기대된다.

로빈 배로는 지금까지 윤리학 서적에서 흔히 볼 수 있는 내용 구성 방식, 즉 다양한 도덕 이론들과 학자들을 소개하고, 이러한 각 이론들이 가진 강점과 한계를 지적하면서, 어떤 이론이 도덕 문제를 풀어가는 데 보다 적합한가를 탐구하는 방식으로 접근하지 않는다. 이보다는 학생들에게 도덕적 사고로 안내하고 각자 자신의 도덕철학을 형성해 나갈 수 있도록 돕기 위해, 도덕 이론의 역할은 무엇인가, 왜 '나는' 도덕적이어야 하는가, 도덕성의 원천은 무엇이고 도덕성을 정의하는 원리에는 어떤 것들이 있는가, 진정한 도덕 문제란 어떤 것인가 등의 물음에 초점을 맞춘다.

첫째, 저자는 도덕 이론이 무엇을 위해 존재하며, 도덕 이론으로 우리가 무엇을 할 수 있고 그로부터 무엇을 기대해야 하는지에 관해 논한다. 그러면서 도덕 이론의 역할과 관련하여 저자는 너무 많은 것을 기대하지 말아야 한다고 주장한다. 특히 개념 지도concept map와 같이, 체계적으로 분류되어 있는 도덕 이론의 틀 속에서 어떤 특정 이론을 선택해야 한다는 관념에서 벗어나야 한다고 강조한다. 그는 현실의 도덕 문제를 해결하는 데 완벽한 실천적 지침을 제공하는 도덕 이론이란 존재하지 않으며, 도덕 이론은 도덕성의 영역이 어떤 특징을 가지고 있고 어떻게 작동하는지를 우리가 이해할 수 있게 해 주고, 도덕성의 본질에 붙박여 있는 주요한 도덕원리를 제공하는 역할을 한다고 본다.

둘째, 저자는 '사회'가 아니라 왜 '내가' 도덕적으로 살아야 하는가에 대한 이유를 찾아야 한다고 주장한다. 이것은 왜 나는 사랑에 빠져야 하는가와 같이 무의미한 질문이 될 수도 있을 것이다. 하지만, 저자는 비난, 강제, 처벌, 수치심 등의 논리를 넘어서, 다른 사람들은 도덕적으로 살고 나는 타산적이고 이기적으로 살면 보다 큰 이익을 얻을 수 있음에도 왜 내가 도덕적으로 살아야 하는가에 대한 이유를 스스로 찾아야만 자신의 도덕철학을 제대로 정립할 수 있다고 말한다. 여기서 자신의 도덕철학을 정립한다는 것에는 윤리적 이상의 본질에 대한 이해를 보다 넓고 깊게 한다는 의미가 담겨 있다. 저자는 왜 '나는' 도덕적이어야 하는가에 대한 답변으로서, 일단은 비도덕적인 행위를 통해 처벌과 수치심이라는 대가를 치러야 하고, 궁극적으로는 이러한 행위가 인간 이상human ideal에 등을 돌리는 것이기 때문이라고 말한다.

셋째, 저자는 도덕성의 원천이 무엇이고, 도덕성을 정의하는 원리가 무엇인지에 대해 심층적으로 탐구한다. 우선 저자는 도덕성의 원천으로서 신과 자연(자연법, 자연권 등)을 고려하는 것에 대해 명확한 한계를 지적한다. 또한 직관도 한계가 있지만, '무지를 바탕으로 한 직관'이 아닌 '지식을 바탕으로 한 직관' 혹은 '문명화된 직관'은 도덕성의 원천으로서 다른 것보다 의미 있게 고려될 수 있다고 본다. 한편, 저자는 도덕원리를 일차적 원리와 이차적 원리로 구분하면서 전자에 공정성, 인간 존중, 자유, 진실, 복지를 포함시킨다. 이차적 원리는 일차적 원리보다 덜 중요해서가 아니라, 보편성과 추상성의 수준이 낮은 단계에 있기 때문에 그렇게 부른다고 설명한다. 그러면서 저자는 왜 내가 도덕적이어야 하는가에 대한 답변을 추구하는 과정에서 이러한 다섯 가지 일차적 도덕원리들을 추구해야 하는지에 대한 이유를 찾아보는 것이 도움이 될 것이라고 확신한다.

넷째, 저자는 진정한 도덕 문제란 어떤 것인가라는 물음에 주목한다. 그는 도덕성을 "우리가 누구든지, 어디에 있든지 준수해야 할 행위의 원리에 관한 것 혹은 그러한 원리를 지키는 것에 관한 것"이라고 보면서, 다양한 종류의 가치 판단에서 진정한 도덕 문제를 구별하기 위해 시도한다. 예를 들어, 권리의 맥락에서 도덕성을 논하게 되면 '나의' 혹은 '우리의' 권리를 능가할 수 있는 것은 과연 무엇인가의 물음에 집착하게 되고, 이를 통해 '나의' 혹은 '우리의' 권리를 우선적으로 강조하게 되어 결국 도덕성과는 거리가 멀어지게 되고 비생산적인 결론을 도출할 수 있음을 지적한다. 또한 의사 결정의 과정이 정당하다고 해서 그러한 과정을 거쳐 도출된 결정들이 정당한 것은 아니라는 점에서 절차적 정의의 한계도 지적한다. 공정성이라는 도덕원리 및 실질적 정의 개념과의 연결이 간과되거나 무시되는 담론은 도덕적 담론이 되기 어렵다고 지적한다. 이와 더불어, 사회적·종교적·법적 가치, 생태학적 가치, 성적 가치, 건강과 안전에 관련된 가치

등이 그 자체로 도덕적 가치가 되는 것은 아니며, 도덕원리와의 연결점을 찾아야 도덕 문제로 간주될 수 있다고 지적한다.

여기까지가 1부에서 3부까지의 주된 내용이며, 도덕교육을 위해 도덕철학적 측면에서 물어야 할 것이 무엇인지, 혹은 다루어야 할 주제가 무엇인지에 대해 초점을 맞추고 있다. 한편, 4부에서는 도덕철학의 측면에서 도덕교육의 목적과 방법을 설정하는 데 강조점을 두고 있다. 이를 위해 저자는 칼로스카가토스kaloskagathos(고매하고 도덕적으로 선한 사람) 개념을 제시하면서 교육의 본질을 도덕성 형성 측면에서 규정한 후, 무엇이 도덕교육을 받은 사람의 특징인가를 본격적으로 논한다. 학교교육을 통해 도덕교육의 기회가 공식적으로 제공된 경우, 이러한 도덕교육을 받은 사람은 도덕적인 사람과 동등하게 고려되어야 하는가? 이에 대한 로빈 배로의 답변은 도덕적 행동 자체보다는 도덕적 이해의 증진이 학교 도덕교육을 받은 사람의 특징에 보다 잘 부합한다고 말한다. 그는 또한 사회 속에서 도덕적 행위의 증가나 쇠퇴를 측정함으로써 학교 도덕교육의 질을 따져서는 결코 안 된다고 지적한다. 도덕적 행동에는 사회적 조건화와 문화의 영향이 더 지배적이기 때문이다.

저자는 도덕적 이해의 증진을 위해서는 결코 교화의 방식을 따라서는 안 되며, 특히 십계명과 같은 규칙의 목록을 학생들에게 일방적으로 제시하는 방식은 부적절할 뿐만 아니라 위험하기까지 하다고 지적한다. 이와 같이 단순히 규칙을 추종하도록 하는 것뿐만 아니라 상황에 대한 지각 없이, 그리고 도덕원리에 대한 고려 없이 습관적으로 반응하도록 교육받아서도 안 된다고 지적한다. 저자는 도덕교육을 통해 기본적으로 정답이나 옳고 그름이 있을지라도 그것을 쉽게 확인할 수 없는 상황들, 즉 도덕적 쟁점이나 딜레마 등을 풍부하게 활용하면서 도덕원리의 측면에서 그렇게 행동해야 할 필요성을 이해하도록 안내해야 하고, 도덕원리에 대한 관심과 긍정적인 정서(공감, 동정심 등)를 통해 도덕적 행동으로 나아갈 수 있도록 해야 한다고 주장한다.

이 책은 우리나라의 학교 도덕교육을 위해 다양한 시사점을 제공하고 있다. 예를 들어, 이 책에서는 학교 도덕교육을 위한 내용 선정의 기준을 나름대로 제시하고 있다. 저자는 도덕교육 내용의 범위를 지나치게 넓게 설정하게 되는 것은 결국 도덕 문제의 범위를 지나치게 포괄적으로 고려하는 것에서 비롯되는 것이므로, 어떤 주제가 도덕 문제일 수 있는 이유에 대한 통찰을 통해 도덕교육의 내용 범위를 재설정해야 한다고 조언한다. 그러면서 저자는 '도덕 문제'와 '도덕과 무관한 혹은 거리가 먼 문제'를 구분할 수 있는 기준에서 특히 중요하게 고려되는 것은 다섯 가지 도덕원리라고 강조한다.

하지만, 미국과 한국 간에 학문적 전통이 다르고 교육적 풍토와 현실도 엄연히 다르기 때문에, 적용상의 한계점 또한 동시에 존재한다는 점에 유의할 필요가 있다. 예를 들어, 이 책은 학문함, 특히 철학함doing philosophy의 의미와 필요성을 인격 수양과 관련지어 찾는 동양철학적 전통과는 달리, 이성적 사유를 중시하는 서양철학적 전통 위에서 도덕적 사고를 강조하고 있기 때문에, 동양적 관점에서 볼 때 비판의 여지가 많을 수 있다. 그러므로 이 책에서 제시하고 있는 다양한 이론적 견해와 교육실천적 주장들을 여과 없이 그대로 수용하려 하기보다, 우리의 도덕교육 이론 체계 및 교육 현실 개선을 위한 일종의 문제제기 차원에서 의미를 부여하는 것이 보다 타당하다고 본다.

이 책은 번역하기 결코 쉽지 않은 문장 구조를 가지고 있다. 이로 인해 이 책을 번역하는 작업은 많은 시간과 다른 사람의 도움을 필요로 하였다. 타인의 도움과 관련하여, 특히 번역상의 오류를 찾아서 교정과 수정의 과정을 세심하게 밟아준 도서출판 울력의 강동호 사장님께 진심으로 고마움을 표현하지 않을 수 없다. 끝으로, 이 번역서는 서울대학교 사범대학 교육연구재단의 2009년도 저술·번역 연구비 지원을 받아 간행되었음을 밝힌다.

참고 문헌

Acton, H.B. (ed.) (1969), *The Philosophy of Punishment*, London, Macmilian.

Anscombe, G.E.M. (1958), "Modern Moral Philosophy," *Philosophy* 33, pp. 1-19.

Archambault, Reginald D. (ed.) (1965), *Philosophical Analysis and Education*, London, Routledge & Kegan Paul.

Aristotle (1955), *Nicomachean Ethics*, Harmondsworth, Penguin.

Aristotle (1962), *Politics*, Harmondsworth, Penguin.

Ayer, A.J. (1936), *Language, Truth and Logic*, London, Gollancz

Barrow, Robin (1975), *Plato, Utilitarianism and Education*, London, Routledge and Kegan, Paul.

Barrow, Robin (1978), *Radical Education*, Oxford, Martin Robertson.

Barrow, Robin (1980), *Happiness*, Oxford, Martin Robertson.

Barrow, Robin (1981), *The Philosophy of Schooling*, Brighton, Wheatsheaf.

Barrow, Robin (1982), *Injustice, Inequality and Ethics*, Brighton, Wheatsheaf.

Barrow, Robin (1990), *Understanding Skills: Thinking, Feeling and Caring*, London, Ont., Althouse Press.

Barrow, Robin (1991), "The Generic Fallacy," *Educational Philosophy and Theory* 23(1), pp. 7-17.

Barrow, Robin (1997), *Utilitarianism: a Contemporary Statement*, Aldershot, Edward Elgar.

Barrow, Robin (1999), "The Need for Philosophical Analysis in a Postmodern Era," *Interchange* 30(4), pp. 415-32.

Barrow, Robin (2007), *Plato*, London, Continuum.

Barrow, Robin and Foreman-Peck, Lorraine (2006), *What Use is Educational Research? A Debate*, London, Philosophy of Education Society.

Barrow, Robin and Keeney, Patrick (eds) (2006), *Academic Ethics*, Aldershot, Ashgate.

Barrow, Robin and Woods, Ronald (2006), *An Introduction to Philosophy of Education*, 4th edition, London, Routledge.

Bavidge, Michael and Ground, Ian (1994), *Can We Understand Animal Minds?*, Bristol, Bristol Classical Press.

Beardsmore, R.W. (1971), *Art and Morality*, London, Macmillan.

Beckerman, Wilfred and Pasek, Joanna (2006), *Justice, Posterity and the Enviroment*, Oxford, Oxford University Press.

Benn, S.I. and Peters, R.S. (1959), *Social Principles and the Democratic State*, London, Allen and Unwin.

Bentham, Edward (1999), *An Introduction to Moral Philosophy*, Bristol, Thoemmes Press.

Bentham, Jeremy (1948), *The Principles of Morals and Legislation*, New York, Hafner.

Billington Ray (2003), *Living Philosophy: an Introduction to Moral Thought*, 3rd edition, London, Routledge.

Blackburn, Simon (2002), *Ethics: a Very Short Introduction*, Oxford, Oxford University Press.

Blackburn, Simon (2004), *Lust*, New York, Oxford University Press.

Blackburn, Simon (2005), *Truth: a Guide*, Oxford, Oxford University Press.

Blum, Lawrence A. (1980), *Friendship, Altruism and Morality*, London, Routledge and Kegan Paul.

Boyd, Neil (2004), *Big Sister*, Vancouver, Greystone Books.

Bradley, F.H. (1967), *Ethical Studies*, Oxford, Clarendon Press.

Braybrooke, David (2004), *Utilitarianism: Restorations; Repairs; Renovations*, Toronto, University of Toronto Press.

Brown, Montague (2002), *The Quest for Moral Foundations: an Introduction to Ethics*, Toronto, Scholarly Book Service.

Burge, James (2003), *Heloise and Abelard*, San Francisco, Calif., Harper.

Butler, Christopher (2002), *Postmodernism: a Very Short Introductions*, Oxford, Oxford University Press.

Butler, Joseph (1950), *Five Sermons*, New York, Bobbs-Merrill.

Campbell, Robert (1988), *Ending Lives*, Oxford, Basil Blackwell.

Carter, Robert E. (1984), *Dimensions of Moral Education*, Toronto, University of Toronto Press.

Cavalieri, Paolo and Singer, Peter (1993), *The Great Ape Project*, London, Fourth Estate.

Chang, Iris (1997), *The Rape of Nanking*, Toronto, HarperCollins.

Chappell, V.C. (ed.) (1962), *The Philosophy of Mind*, Englewood Cliffs, NJ, Prentice-Hall.

Chisholm, Roderick (1966), *Theory of Knowledge*, Englewood Cliffs, NJ, Prentice-Hall.

Chomsky Noam (1967), *Syntactic Structures*, New York, Mouton.

Clark, Stephen R.L. (1977), *The Moral Status of Animals*, Oxford, Oxford University Press.

Cochrane, D.B., Hamm, C.M., and Kazepides, A.C. (eds) (1979), *The Domain of Moral Education*, Toronto, Paulist Press.

Cooper, David E. (1980), *Illusions of Equality*, London, Routledge and Kegan Paul.

Cooper, David E. (1983), *Authenticity and Learning*, London, Routledge and Kegan Paul.

Cranston, Maurice (1973), *What Are Human Right?*, London, The Bodley Head.

Crofton, Ian (1988), *A Dictionary of Art Quotations*, London, Routledge.

Cross, R.C and Woozely, A.D. (1964), *Plato's Republic: a Philosophycal Com-*

mentary, London, Macmillan.

Curry, Patrick (2005), *Ecological Ethics: an Introduction*, Cambridge, Polity Press.

Damasio, Antonio (2003), *Looking for Spinoza*, Toronto, Harcourt.

de George, Richard T. (ed.)(1966), *Ethics and Society*, London, Macmillan.

d'Entreves, A.P. (1951), *Natural Law*, London, Hutchinson.

Devettere, Raymond J. (2002), *Introduction to Virtue Ethics: Insights of the Ancient Greeks*, Washington, DC, Georgetown University Press.

Downey, Meriel and Kelly, A.V. (1978), *Moral Education*, London, Harper and Row.

Downie, R.S. and Telfer, Elizabeth (1969), *Respect for Persons*, London, Harper and Row.

D'Souza, Dinesh (1991), *Illiberal Education*, New York, Free Press.

Dunant, Sarah (ed.)(1994), *The War of the Words*, London, Virago.

Durkeim, Emile (2002), *Moral Education*, New York, Dover Publications.

Dworkin, Ronald (1993), *Life's Dominion*, London, Harper Collins.

Egan, K. and Nadaner, D. (eds)(1988), *Imagination and Education*, New York, Teachers College Press.

Encyclopedia of Philosophy (1967), New York, Macmillan.

Enright, D.J. (2003), *Injury Time: a Memoir*, London, Pimlico.

Ewing, A.C. (1947), *The Definition of Good*, London, Routledge and Kegan Paul.

Ewing, A.C. (1953), *Ethics*, London, English Universities Press.

Feinberg, Joel (ed.)(1973), *The Problem of Abortion*, Belmont, Calif., Wadsworth.

Feinberg, Joel (1980), *Rights, Justice and the Bounds of Liberty*, Princeton, NJ, Princeton University Press.

Foot, Phillippa (1978), *Virtues and Vices*, Oxford, Basil Blackwell.

Frey, R.G. (ed.)(1984), *Utility and Rights*, Oxford, Basil Blackwell.

Fulford, K.W.M. (1989), *Moral Theory and Medical Practice*, Cambridge, University of Cambridge Press.

Gallie, W.B. (1955), "Essentially Contested Concepts," *Proceedings of the Aristotelian Society, 1955-6*, pp. 167-98.

Glendon, Mary Ann (1991), *Rights Talk*, New York, The Free Press.

Glover, Jonathan (1977), *Causing Death and Saving Lives*, Harmondsworth, Pengiun.

Gray, John (1983), *Mill on Liberty: a Defence*, London, Routledge and Kegan Paul.

Gregory, I.M. and Woods, R.G. (1971), "Valuable in Itself," *Educational Philosophy and Theory*, pp. 51-64.

Gregory, Richard L. (ed.)(1987), *The Oxford Companion to the Mind*, Oxford, Oxford University Press.

Gribble, James (1969), *Introduction to Philosophy of Education*, Boston, Mass, Allyn and Bacon.

Ground, Ian (1989), *Art of Bunk?*, Bristol, Bristol Classical Press.

Hampshire, Stuart (1977), *Two Theories of Morality*, Oxford, Oxford University Press.

Hampshire, Stuart (ed.)(1978), *Public and Private Morality*, Cambridge, University of Cambridge Press.

Hare, R.M. (1952), *The Language of Morals*, Oxford, Clarendon Press.

Hare, R.M. (1963), *Freedom and Reason*, Oxford, Clarendon Press.

Hare, R.M. (1981), *Moral Thinking: Its Levels, Method and Point*, Oxford, Clarendon Press.

Hare, William (1979), *Open-mindedness and Education*, Montreal, McGill-Queen's University Press.

Hare, William (1985), *Controversies in Teaching*, London, Ont., Althouse Press.

Harris, Alan (1976), *Teaching Morality and Religion*, London, Allen and Unwin.

Harris, John (1985), *The Value of Life: an Introduction to Medical Ethics*, London, Routledge and Kegan Paul.

Hart, H.L.A. (1963), *Law, Liberty and Morality*, Oxford, Oxford University Press.

Hayman, Ronald (1977), *Nietzsche: Nietzsche's Voices*, London, Phoenix.

Hentoff, Nat (1992), *Free Speech For Me - But Not for Thee*, London, HarperCollins.

Herodotus (1954), *Histories*, Harmondsworth, Penguin.

Hick, John (1964), *The Existence of God*, London, Macmillan.

Hick, John and McGill, Arthur (1968), *The Many-faced Argument*, London, Macmillan.

Hirst, P.H. (1974), *Moral Education in a Secular Society*, London, University of London Press.

Hirst, P.H. (1974), *Knowledge and the Curriculum: a Collection of Philosophical Papers*, London, Routledge and Kegan Paul.

Hirst, P.H. and Peters, R.S. (1970), *The Logic of Education*, London, Routledge and Kegan Paul.

Hobbes, Thomas (1914), *Leviathan*, London, Dent.

Holt, John (1974), *Escape from Childhood*, Harmondsworth, Penguin.

Honderich, Ted (ed.)(1973), *Essays on Freedom of Action*, London, Macmillan.

Honig, W.K. (ed.)(1966), *Operant Behaviour*, Englewood Cliffs, NJ, Prentice-Hall.

Horace (1979), *The Satires of Horace and Persius*, Harmondsworth, Penguin.

Horace (1983), *The Complete Odes and Epodes*, Harmondsworth, Penguin.

Hospers, John (1946), *Meaning and Truth in the Arts*, Chapel Hill, University of North Carolina.

Hospers, John (1961), *Human Conduct: an Introduction to the Problems of Ethics*, New York, Harcourt Brace.

Hudson, W.D. (1967), *Ethical Intuitionism*, London, Macmillan.

Hudson, W.D. (ed.)(1969), *The Is/Ought Question*, London, Macmillan.

Hudson, W.D. (1970), *Modern Moral Philosophy*, London, Macmillan.

Hughes, Robert (1993), *The Culture of Complaint*, New York, Oxford University Press.

Hume, David (1911), *A Treatise of Human Nature*, London, Dent.

Hume, David (1953), *Political Essays*, Indianapolis, Bobbs-Merrill.

Hume, David (1957), *An Inquiry Concerning the Principles of Morals*, Indianapolis, Bobbs-Merrill.

Hursthouse, Rosalind (1987), *Beginnig Lives*, Oxford, Basil Blackwell.

Hutcheson, Francis (1994), *Philosophical Writings*, London, Dent.

Ignatieff, Michael (2000), *The Rights Revolution*, Toronto, Anansi.

Jones, Peter (1995), *Rights*, St Louis, Mo., Vhps Distribution.

Kant, Immanuel (1934), *Critique of Pure Reason*, London, Dent.

Kant, Immanuel (1948), *Groundwork of the Metaphysic of Morals*, translated and analysed by H.J. Paton as *The Moral Law*, London, Hutchinson.

Kay, William (1975), *Moral Education*, London, Allen and Unwin.

Kleinig, John (1982), *Philosophical Issues in Education*, London, Croom Helm.

Kleinig, John (1985), *Ethical Issues in Psychosurgery*, London, Allen and Unwin.

Kluge, Elke Henner W. (1992), *Biomedical Ethics in a Canadian Context*, Scarborough, Ont., Prentice Hall.

Kohlberg, Lawrence (1981), *The Philosophy of Moral Development*, Toronto, HarperCollins.

Kupperman, Joel J. (1983), *The Foundations of Morality*, London, Allen and Unwin.

Lacey, A.R. (1976), *Dictionary of Philosophy*, London, Routledge.

Ladd, John (ed.)(1968), *Ethical Issues Relating to Life and Death*, Oxford, Oxford University Press.

Langford, Glenn (1968), *Philosophy and Education*, London, Macmillan.

Leahy, Michael P.T. (1991), *Against Liberation: Putting Animals in Perspective*, London, Routledge.

Lillie, William (1948), *An Introduction to Ethics*, London, Methuen.

Locke, John (1950), *A Letter Concerning Toleration*, Indianapolis, Bobbs-Merrill.

Lockwood, Michael (1985), *Moral Dilemmas in Modern Medicine*, Oxford, Oxford University Press.

Lyotard, Jean-François (1984), *The Postmodern Condition*, Minneapolis, University of Minnesota Press.

Mabbott, J.D. (1966), *An Introduction to Ethics*, London, Hutchinson.

Machiavelli, Niccolò (1961), *The Prince*, Harmondsworth, Penguin.

MacIntyre, Alasdair (1967), *A Short History of Ethics*, London, Routledge and Kegan Paul.

Mackie, J.L. (1977), *Ethics: Inventing Right and Wrong*, Harmondsworth, Penguin.

McPeck, John (1981), *Critical Thinking*, Oxford, Martin Robertson.

McPhail, Peter, Ungoed-Thomas, J.R., and Chapman, Hilary (1972), *Moral Education in the Secondary School*, London, Longman.

Masson, Jeffrey and McGarthy, Susan (1994), *When Elephants Weep: the Emotional Lives of Animals*, London, Jonathan Cape.

Melden, A.I. (ed.)(1970), *Human Rights*, Belmont, Calif., Wadsworth.

Midgley, Mary (1979), *Beast and Man: the Roots of Human Nature*, Brighton, Harvester Press.

Midgley, Mary (2005), *The Owl of Minerva: a Memoir*, London, Routledge.

Miethe, Terry and Flew, Antony (1991), *Does God Exist?*, London, HarperCollins.

Mill, John Stuart (1968), *Utilitarianism; On Liberty; Representative Government*, London, Dent.

Mitchell, Basil (ed.)(1971), *The Philosophy of Religion*, Oxford, Oxford University Press.

Montefiore, Alan (1958), *A Modern Introduction to Moral Philosophy*, London, Routledge.

Montefiore, Alan (ed.)(1975), *Neutrality and Impartiality*, Cambridge, University of Cambridge Press.

Moore, G.E. (1903), *Principia Ethica*, Cambridge, Cambridge University Press.

Moore, G.E. (1912), *Ethics*, Oxford, Oxford University Press.

Morris, Thomas V. (ed.)(1987), *The Concept of God*, Oxford, Oxford University Press.

Murdoch, Iris (1992), *Metaphysics as a Guide to Morals*, London, Chatto and Windus.

Musgrave, P.W. (1978), *The Moral Curriculum*, London, Methuen.

Nehring, Cristina (2006), "The Higher Yearning: Bringing Eros back to Academe," in Robin Barrow and Patrick Keeney (eds), *Academic Ethics*,

Aldershot, Ashgate.

Neill, A.S. (1962), *Summerhill*, Harmondsworth, Penguin.

Niblett, W.R. (ed.) (1963), *Moral Education in a Changing Society*, London, Faber.

Nietzsche, Friedrich (1961), *Thus Spake Zarathustra*, Harmondsworth, Penguin.

Nietzsche, Friedrich (1973), *Beyond Good and Evil*, Harmondsworth, Penguin.

Noddings, Nel (1984), *Caring*, Berkeley, University of California Press.

Noddings, Nel (2003), *Happiness and Education*, Cambridge, University of Cambridge Press.

Norman, Richard (1988), *The Moral Philosophers: an Introduction to Ethics*, Oxford, Oxford University Press.

Nowell-Smith, P.H. (1954), *Ethics*, Harmondsworth, Penguin.

Nozick, Robert (1993), *The Nature of Rationality*, Princeton, NJ, University of Princeton Press.

O'Connor, D.J. (1967), *Aquinas and Natural Law*, London, Macmillan.

O'Leary, K.D. and O'Leary, S.S. (1977), *Classroom Management*, New York, Pergamon.

Osborne, Harold (ed.) (1972), *Aesthetics*, Oxford, Oxford University Press.

Palmer, Donald (2005), *Why It's Hard to be Good: an Introduction to Ethical Theory*, New York, McGraw Hill.

Pascal, Blaise (1961), *Pensées*, Harmondsworth, Penguin.

Paton, H.J. (1948), *The Moral Law*, London, Hutchinson.

Peters, R.S. (1966), *Ethics and Education*, London, Allen and Unwin.

Peters, R.S. (1974), *Psychology and Ethical Development*, London, Allen and Unwin.

Phillips Griffiths, A. (ed.)(1967), *Knowledge and Belief*, Oxford, Oxford University Press.

Pinker, Stephen (2002), *The Blank Slate*, New York, Viking.

Pitcher, G. (ed.)(1964), *Truth*, Englewood Cliffs, NJ, Prentice-Hall.

Plato (1954), *Phaedo* in *The Last Days of Socrates*, Harmondsworth, Penguin.

Plato (1956), *Protagoras and Meno*, Harmondsworth, Penguin.

Plato (1974), *The Republic*, Harmondsworth, Penguin.

Pring, Richard (1984), *Personal* and *Social Education in the Curriculum*, London, Hodder and Stoughton.

Quinton, Anthony (1973), *Utilitarian Ethics*, London, Duckworth.

Rae, Scott B. (1995), *Moral Choices: an Introduction to Ethics*, Toronto, Harper-Collins.

Raths, Louis, Harmin, Merrill, and Simon, S.B. (1966), *Values and Teaching*, Columbus, Ohio, Merrill.

Ravitch, Diane (2003), *The Language Police*, New York, Alfred A. Knopf.

Rawls, John (1972), *A Theory of Justice*, Oxford, Oxford University Press.

Regan, Donald H. (1980), *Utilitarianism and Co-operation*, Oxford, Clarendon Press.

Regan, Tom (2003), *Animal Rights: Human Wrongs: an Introduction to Moral Philosophy*, Lanham, Md., Rowman and Littlefield.

Regan, Tom and Singer, Peter (eds)(1976), *Animal Rights and Human Obligations*, Englewood Cliffs, NJ, Prentice-Hall.

Reiss, Michael J. and Straughan, Roger (1996), *Improving Nature?*, Cambridge, University of Cambridge Press.

Ridley, Matt (2003), *Nature via Nurture*, London, HaperCollins.

Roberts, T.A. (1973), *The Concept of Benevolence*, London, Macmillan.

Ross. W.D. (1923), *The Right and the Good*, Oxford, Clarendon Press.

Ross. W.D. (1939), *Foundation of Ethics*, Oxford, Clarendon Press.

Rousseau, Jean-Jacques (1913), *The Social Contract*, London, Dent.

Rousseau, Jean-Jacques (1972), *Emile*, London, Dent.

Ryle, Gilbert (1949), *The Concept of Mind*, Hamondsworth, Penguin.

Scarre, Geoffrey (1996), *Utilitarianism*, London, Routledge.

Schauer, Frederick (1982), *Free Speech: a Philosophical Enquiry*, Cambridge, University of Cambridge Press.

Scruton, Roger (1983), *The Aesthetic Understanding*, London, Methuen.

Scruton, Roger (2005), *Gentle Regrets*, London, Cotinuum.

Searle, John (1984), *Minds, Brains and Science*, Cambridge, Mass., Harvard University Press.

Searle, John (1995), *The Construction of Social Reality*, Harmondsworth, Penguin.

Searle, John (2004), *Mind*, Oxford, Oxford University Press.

Sears, R.R.T., Maccoby, E.E., and Levin, H. (1957), *Patterns of Childhood Rearing*, Evanston, Ill., Row, Peterson.

Sellars, Wilfred and Hospers, John (eds)(1970), *Readings in Ethical Theory*, Englewood Cliffs, NJ, Prentice-Hall.

Sen, Amartya and Williams, Bernard (eds)(1982), *Utilitarianism and Beyond*, Cambridge, University of Cambridge Press.

Sidgwick, Henry (1963), *The Methods of Ethics*, London Macmillan.

Sidgwick, Henry (1988), *Outlines of the History of Ethics*, Indianapolis, Hackett.

Siegel, Harvey (1988), *Educating Reason: Rationality, Critical Thinking and Education*, London, Routledge.

Sim, Stuart (ed.)(2005), *The Routledge Companion to Postmodernism*, London, Routledge.

Simon, S.B. (1974), *Meeting Yourself Halfway: Thirty-one Values Clarification Strategies for Daily Living*, Niles, Ill., Argus Communications.

Simon, S.B. and Clark, J. (1975), *More Values Clarification*, San Diego, Calif., Pennant Press.

Simon, S.B., Howe, L.W., and Kirschenbaum, H. (1972), *Values Clarification*, New York, Hart.

Singer, Peter (1977), *Animal Liberation*, St Albans, Paladin Books.

Singer, Peter (1979), *Practical Ethics*, Cambridge, Cambridge University Press.

Singer, Peter (ed.)(1991), *A Companion to Ethics*, Oxford, Basil Blackwell.

Singer, Peter (1994), *Rethinking Life and Death: the Collapse of our Traditional Ethics*, New York, St Martin's Press.

Sizer, Nancy F. and Sizer, Theodore R. (eds)(1970), *Moral Education: Five Lectures*, Cambridge, Mass., Harvard University Press.

Smart, J.J.C. and Williams, Bernard (1973), *Utilitarianism: For and Against*, Cambridge, University of Cambridge Press.

Smith, Page (1990), *Killing the Spirit*, New York, Viking.

Snook, I.A. (1972), *The Concept of Indoctrination*, London, Routledge and Kegan Paul.

Snook, I.A. (ed.)(1972), *Concepts of Indoctrination*, London, Routledge and Kegan Paul.

Spiecker, Ben and Straughan, Roger (eds)(1998), *Philosophical Issues in Moral Education and Development*, Milton Keynes, Open University Press.

Straughan, Roger (1982), *Can We Teach Children to be Good?*, London, Allen and Unwin.

Straughan, Roger (1982), *I Ought to, But⋯*, Windsor, NFER.

Sumner, L.W. (1987), *The Moral Foundation of Rights*, Oxford, Clarendon Press.

Swinburne, Richard (1979), *The Existence of God*, Oxford, Clarendon Press.

Tanner, Michael (2000), *Nietzsche: a Very Short Introduction*, Oxford, Oxford University Press.

Tarnas, Richard (1991), *The Passion of the Western Mind*, New York, Balantine Books.

Taylor, Elizabeth (1998), *At Mrs Lippincote's*, London, Virago.

Telfer, Elizabeth (1980), *Happiness*, London, Macmillan.

Thompson, Mel (2000), *Ethics*, London, Hodder and Stoughton.

Tilghman, B.R. (1984), *But is it Art?*, Oxford, Basil Blackwell.

Trigg, Roger (1973), *Reason and Commitment*, Cambridge, University of Cambridge Press.

Urmson, J.O. (1968), *The Emotivist Theory of Ethics*, London, Hutchinson.

Waldron, Jeremy (ed.)(1984), *Theories of Rights*, Oxford, Oxford University Press.

Walsh, Jill Paton (2006), *Debts of Dishonour*, London, Hodder and Stoughton.

Warnock, Geoffrey (1967), *Contemporary Moral Philosophy*, London, Macmillan.

Warnock, Geoffrey (1971), *The Object of Morality*, London, Methuen.

Warnock, Mary (1960), *Ethics since 1990*, Oxford, Oxford University Press.

Warnock, Mary (1976), *Imagination*, London, Faber.

Warnock, Mary (1998), *An Intelligent Person's Guide to Ethics*, London, Duckworth.

Waugh, Alexander (2004), *God*, London, Review.

Wheelwright, Philip (2005), *A Critical Introduction to Ethics*, Whitefish, Mont., Kessinger Publishing.

White, Patricia (ed.) (1989), *Personal and Social Education*, London, Kogan Page.

Whyte, Jamie (2003), *Bad Thoughts: a Guide to Clear Thinking*, London, Corvo.

Wilde, Oscar (1999), *Complete Works of Oscar Wilde*, Glasgow, HarperCollins.

Williams, Bernard (1972), *Morality: an Introduction to Ethics*, New York, Harper and Row.

Williams, Bernard (1985), *Ethics and the Limits of Philosophy*, Cambridge, Mass., Harvard University Press.

Williams, Gerald J. (1998), *A Short Introduction to Ethics*, Lanham, Md., University Press of America.

Wilson, Bryan R. (ed.)(1975), *Education, Equality and Society*, London, Allen and Unwin.

Wilson, John (1966), *Equality*, London, Hutchinson.

Wilson, John (1979), *Preface to the Philosophy of Education*, London, Routledge and Kegan Paul.

Wilson, J., Williams, N., and Sugarman, B. (1967), *Introduction to Moral Education*, Harmondsworth, Penguin.

Windschuttle, Keith (1996), *The Killing of History*, New York, Free Press.

Wollheim, Richard (1968), *Art and its Objects*, New York, Harper and Row.

Woozley, A.D. (1949), *Theory of Knowledge: an Introduction*, London, Hutchinson.

Wringe, Colin (2006), *Moral Education: Beyond the Teaching of Right and Wrong*, London, Springer.

찾아보기

울력의 책들

인문-사회과학 분야